MITTELMEER
KÜCHE

ALL'ITALIANA

MITTELMEER
KÜCHE
ALL'ITALIANA

**400 Originalrezepte
aus allen Regionen Italiens**

Herausgegeben von Stella Donati

Hallwag Verlag Bern und München

Die Originalausgabe ist unter dem Titel CUCINA MEDITERRANEA
beim Istituto Geografico De Agostini, Novara/Italien, erschienen.

Copyright © 2000 Istituto Geografico De Agostini S.p.A., Novara

Redaktion: Tiziana Campana
Grafische Gestaltung: Gianfranco Fiori
Bildbeschaffung: Centro Iconografico dell'Istituto Geografico De Agostini
Leitung: Maria Serena Battaglia
Bildnachweis: Archivio I.G.D.A. (N. Banas, L. Chiozzi, G. Cigolini,
D. Dagli Orti, M. Del Comune, K. Kissov, G. Losito, R. Marcialis,
P. Martini, G. Pisacane, F. Reculez, M. Sarcina, F. Tanasi, G. Ummarino,
Visual Food, Zanchi-St. Novak)

Deutsche Übersetzung: textdesign Claudine Didier, Heidelberg
Fachlektorat: Regine Ermert, Köln
Redaktion der deutschen Ausgabe: Ralph Henry Fischer, Köln
Umschlaggestaltung: Robert Buchmüller
Satz: Birgit Beyer, Köln
Druck: Officine Grafiche De Agostini, Novara
Bindung: Legatoria del Verbano

© 2001 Hallwag AG, Bern
Alle deutschen Rechte vorbehalten

ISBN 3-7742-5304-8

Hallwag

Die Mittelmeerküche, international wegen ihrer geschmacklichen Vielfalt und Qualität geschätzt, gilt auch als die gesündeste der Welt – sie ist leicht und bekömmlich, fettarm, reich an Vitaminen, Ballast- und Nährstoffen und entspricht damit in jeder Hinsicht den Ansprüchen der modernen Ernährungswissenschaft.

Der vorliegende Wegweiser durch die einladende «Küche der Sonne» versammelt 400 der besten Rezepte – jedes garantiert ein zugleich lukullisches wie gesundes Vergnügen. Die präzisen Zubereitungshinweise und die geschmackvolle Bebilderung machen auch dem Anfänger die erlesensten Gaumenfreuden der mediterranen Welt zugänglich: von köstlichen Crostini mit Miesmuscheln bis zur rustikalen Reistorte mit Zucchini, von der festlichen Fischsuppe bis zu verführerischen Früchten in Aspik – der kulinarische Kosmos, der sich Ihnen hier erschließen wird, ist so abwechslungsreich wie die Landschaften, Kulturen und Völkerschaften des Mittelmeerraums.

Der Einführungsteil stellt jene Eigenschaften der mediterranen Küche vor, die sie in besonderer Weise für eine gesunde Ernährung empfehlen.
Die sieben Kapitel des Rezeptteils helfen Ihnen, das Gewünschte leicht zu finden: Vorspeisen, «Primi Piatti» (Pasta, Reis und Suppen), Pizza, Foccaccia und pikantes Gebäck, Fisch (einschließlich Schalen- und Krustentiere), Fleisch (in erster Linie helles), Gemüse, Süßspeisen und Desserts (vor allem auf der Grundlage von Obst).

Sofern nicht anders angegeben, sind die Rezepte für 4 Personen berechnet. Genaue Brennwertangaben (in kcal und kJ pro Portion) gestatten Ihnen, den Versuchungen der Mittelmeerküche kontrolliert zu erliegen …

Inhalt

Einführung

Zahlreiche wissenschaftliche Studien der letzten drei Jahrzehnte haben gezeigt, dass die traditionelle Ernährungsweise im Mittelmeerraum in besonderem Maße die Gesundheit fördert. Dank der abwechslungsreichen, ausgewogenen, für jedes Alter geeigneten Kost treten hier typische Zivilisationskrankheiten erheblich seltener auf als anderswo.

Seit der Zusammenhang zwischen Ernährung und so genannten Wohlstandskrankheiten wie Übergewicht, Diabetes, Arteriosklerose, Bluthochdruck, Nierensteinleiden u. a. erkannt wurde, feiert die mediterrane Küche eine grandiose Renaissance. Denn sie gewichtet die Kalorien, die wir in Form von Eiweißen, Kohlenhydraten und Fetten zu uns nehmen, nahezu ideal. Dabei sorgt sie für ein ausgewogenes Verhältnis zwischen gesättigten (vorwiegend tierischen) und ungesättigten (überwiegend pflanzlichen) Fettsäuren, und schafft auch einen gesunden Ausgleich zwischen einfachen Kohlenhydraten (Zucker, Süßigkeiten, Konfitüren) und komplexen, wie sie als Stärke vor allem in Pasta, Reis und Brot enthalten sind.

Die traditionelle mediterrane Ernährung

Die mediterrane Kost ist besonders reich an natürlichen Ballaststoffen und enthält wenig Zucker. Dank ihres hohen Anteils an Obst und Gemüse bleibt die Kalorienzufuhr relativ gering. Ihre Geschmacksvielfalt erreicht die Küche des Mittelmeerraums durch ihre typischen Gewürze und Kräuter, durch Paprika, Knoblauch, Zwiebeln und Tomaten – Salz und Fett, vor allem tierische Fette, kommen nur äußerst sparsam zum Einsatz.

Dieses Konzept lässt sich leicht auf die hiesige Ernährung übertragen, denn die traditionellen Lebensmittel der Mittelmeerländer sind mittlerweile auch in unseren Breiten überall erhältlich. Eine über Jahrtausende gewachsene Esskultur stellt ihre Schätze in einfachen altbewährten Gerichten ebenso zur Verfügung wie in anspruchsvollen modernen Kreationen. Beides finden Sie in diesem Band.

Die mediterrane Küche verarbeitet vor allem pflanzliche Produkte. An erster Stelle stehen dabei sämtliche Getreidearten und Getreideerzeugnisse wie Pasta, Reis, Polenta und Brot. Aber auch Hülsenfrüchte spielen eine große Rolle. Obst und Gemüse liefern ausreichend Vitamine und Ballaststoffe, so dass man auf ergänzende Mittel aus der Apotheke getrost verzichten kann.

Nicht nur Obst und Gemüse

Dennoch ist Fleisch in der mediterranen Küche keinesfalls verpönt, allerdings empfiehlt sich auch hier die kreative Variation zwischen Rindfleisch, Geflügel, Kaninchen, Putenfleisch und (magerem) Schweinefleisch. Und in allen Ländern des Mittelmeerraums spielt der reichlich vorhandene Fisch nach wie vor eine wesentliche Rolle.

Für die praktische Anwendung hier einige Orientierungspunkte:

Man sollte täglich mindestens vier Mahlzeiten zu sich nehmen: ein gutes Frühstück, die beiden Hauptmahlzeiten und, an Vor- oder Nachmittagen, eine Zwischenmahlzeit, die aus einem leichten Snack, Obstsäften oder Tee bestehen kann. Damit entlastet man die Verdauung und sorgt dafür, dass der Körper sämtliche Nährstoffe optimal verwertet.

Warum Pasta und Reis?

Pasta und Reis sollten die Grundlage einer der beiden Hauptmahlzeiten bilden. Noch immer stehen diese Getreideprodukte in dem Ruf, extrem kalorienreich zu sein. Das ist ein Irrtum. Es sind vielmehr die dazu gereichten fetthaltigen und üppigen Saucen, die die Kalorienzufuhr in die Höhe treiben. 100 Gramm Nudeln oder Reis liefern etwa 360 Kalorien; aber schon 80 Gramm (280 Kalorien) sind eine durchaus ausreichende Portion. Formen- und Farbenvielfalt der Pasta sind nahezu unerschöpflich, es gibt sie getrocknet, frisch, lang, kurz, glatt, gerillt und gefüllt. Und jede Sorte lässt sich mit einer kaum geringeren Zahl köstlicher Saucen kombinieren – die oft wiederum hervorragend zu Reis schmecken.

Bei der Zubereitung der Saucen sollte man – außer bei besonderen Gelegenheiten – weitgehend auf

Butter, Speck, Margarine oder Sahne verzichten und stattdessen Olivenöl verwenden. Dieses überaus gesunde, leicht verdauliche Fett fördert nicht nur die Verdauung anderer Fette, sondern sorgt auch, dank seines intensiven Aromas, schon in kleinen Mengen für viel Geschmack.

Beschränken Sie hin und wieder die Hauptmahlzeit auf einen einzigen Gang, der nur von Gemüse und frischem Obst begleitet wird. Wenn Sie sich dabei für Fleisch entscheiden, wählen Sie helles, das gesünder und preisgünstiger als Rindfleisch ist, aber den gleichen Nährwert besitzt.

Fisch ist in der mediterranen Küche aus naheliegenden Gründen Pflicht und Kür zugleich. Bevorzugen Sie köstliche Mittelmeerfische wie Makrelen, Sardinen und Sardellen, die hohe Nährwerte und geringe Fettanteile aufweisen.

Vollwertige Ernährung

Selbstverständlich gehören zu jeder Mahlzeit Gemüse und frisches Obst. Karotten, Kürbis, Zucchini, Spinat, Mangold, Paprikaschoten, verschiedene Salate, Aprikosen, Melonen liefern Vitamin A; Tomaten, Blumenkohl, Rübensprossen, Zitrusfrüchte, Erdbeeren sind reich an Vitamin C. Damit wertvolle Nährstoffe nicht verloren gehen, sollte man Gemüse in nur wenig Wasser dünsten; die Brühe lässt sich gut für eine Suppe oder ein Risotto weiter verwenden.

Milch und Käse sollten ebenfalls zu einem festen Bestandteil Ihrer Ernährung werden, wobei einem frischen und kurz gelagerten Käse der Vorzug zu geben ist. Der Mittelmeerraum ist auch Heimat erlesener Weine – in angemessener Menge zu den Mahlzeiten genossen, fördert Wein auf angenehme Weise die Verdauung und rundet den Geschmack der Gerichte ab.

Die mediterrane Küche ist äußerst abwechslungsreich. Da sie pflanzliche und tierische Nahrungsmittel ausgewogen kombiniert, liefert sie uns alles, was unser Körper braucht und macht Nahrungsergänzungsmittel oder diätetische Lebensmittel überflüssig.

Bei einer Tagung der «Accademia Italiana della Cucina» zum Thema mediterrane Küche griffen kürzlich die seriösen wissenschaftlichen Teilnehmer das Bild einer Fußballmannschaft auf, um das Zusammenwirken der Nahrungsmittel zu demonstrieren: Die Hülsenfrüchte stehen im Tor; Fisch, Milch, Gemüse sorgen für die Verteidigung; Fleisch, Eier, Käse, Obst bestimmen das Mittelfeld; Öl, Wein, Getreide leiten den Sturm; Reis, Mais, Tomaten sitzen auf der Reservebank, bereit, jederzeit ins Spiel einzugreifen. Sie fragen nach dem Trainer? Die Kartoffel selbstverständlich, kalorien-, fett- und eiweißarm, dafür reich an Mineralstoffen – ein konservativer Naturbursche.

Cholesterin

Der Zusammenhang zwischen Cholesterin und Gesundheit ist in der Medizin nach wie vor umstritten. Der Laie verwechselt häufig das Lebensmittelcholesterin mit dem Blutcholesterin; das erste ist in Lebensmitteln enthalten, das zweite wird vom Blut an alle Gewebe des Organismus weitergeleitet. Eier, vor allem das Eigelb, sind sehr cholesterinreich; wer unter Hypercholesterinämie leidet, darf sie nur in begrenztem Maß zu sich nehmen, muss aber dieses Naturprodukt nicht ganz vom Speiseplan streichen. Auch Innereien, Hühner- und Gänseklein sind reich an Cholesterin, Gichtkranke sollten sie meiden.

Auf Butter und andere tierische Fette, fettes Fleisch und fetthaltige Süßspeisen sollte man weitestgehend verzichten, um ein riskantes Ansteigen des Cholesterinspiegels zu verhindern. Vollkornbrot und Vollkornnudeln, frisches Gemüse, auch Knoblauch und Zwiebeln, Hülsenfrüchte und frisches Obst können, regelmäßig gegessen, sogar helfen, einen erhöhten Cholesterinspiegel zu senken.

Auch unter dem Aspekt der Gesundheit spricht also die mediterrane Küche für sich selbst. Diese Sicherheit im Hinterkopf, können Sie jedes der folgenden Rezepte unbeschwert genießen. Dazu laden wir Sie herzlich ein.

Vorspeisen

Crostoni di patate
Weißbrot mit Kartoffeln

 einfach

 1 Stunde

310 kcal/1302 kJ

Zutaten

400 g Kartoffeln

3 EL geriebene Möhren

Salz

1¹/₂ EL Maismehl

1 Eiweiß

12 Scheiben kräftig gebackenes Weißbrot

1 EL Sesamsamen

3 EL gehackte Petersilie

2 grüne, in feine Ringe geschnittene Paprikaschoten

1 Die Kartoffeln waschen und sorgfältig abbürsten, anschließend in einem Topf mit Salzwasser gar kochen. Schälen und durch eine Kartoffelpresse in eine große Schüssel drücken. Die geriebenen Möhren hinzugeben, mit Salz abschmecken, dann das Maismehl und das Eiweiß unterheben. Gründlich vermengen und die Mischung auf den Brotscheiben verteilen.

2 Die Sesamsamen mit der gehackten Petersilie mischen und über die Brotscheiben streuen, anschließend ein wenig andrücken. Die Crostoni auf dem Backblech anordnen und bei 180 °C im vorgeheizten Backofen goldbraun rösten. Herausnehmen, auf einer Platte anrichten, mit den Paprikaringen belegen und warm servieren.

Antipasto di gamberetti
Vorspeise mit Garnelen

🍳 einfach
🕐 30 Minuten
160 kcal/672 kJ

Zutaten

500 g Garnelen
2 Knoblauchzehen
2 Tomaten
2 EL edelsüßes Paprikapulver
4 EL Olivenöl
Salz

1 Die Garnelen waschen und schälen, die Därme entfernen. Die Knoblauchzehen schälen, vom Mitteltrieb befreien und fein hacken. Die Tomaten in einem kleinen Topf mit kochendem Wasser blanchieren, anschließend häuten, die Samenstände entfernen, die Flüssigkeit abtropfen lassen und das Fruchtfleisch in Stücke schneiden.

2 In einer Schüssel das Paprikapulver mit 2 Esslöffeln Olivenöl mit einer Gabel verschlagen, die Hälfte des Knoblauchs und 1 Prise Salz hinzufügen, zu einer homogenen Sauce verrühren.

3 Das restliche Olivenöl in einer Pfanne erhitzen, die Garnelen und den restlichen Knoblauch hinzugeben und einige Minuten garen. In eine Salatschüssel füllen, die Tomatenstücke und die Paprikasauce hinzufügen und gut vermischen. Vor dem Servieren etwa 20 Minuten im Kühlschrank ziehen lassen.

Scampi all'avocado con salsa all'uovo
Scampi mit Avocado in Eiersauce

🍳 einfach
🕐 30 Minuten
410 kcal/1722 kJ

Zutaten

400 g Scampischwänze
1 Schalotte
2 EL Olivenöl · 2 EL Sherry
Salz · 1 Prise scharfes Paprikapulver
einige Blätter Kopfsalat
1/2 Avocado

Für die Sauce

1 Eigelb
100 ml Olivenöl · 1 TL Senf
2 EL Ketchup
1 EL Magerjoghurt
Salz

1 Die Scampi am Rücken einschneiden und schälen, die Därme entfernen. Waschen und mit Küchenpapier trockentupfen. Die Schalotte schälen, waschen und klein hacken.

2 Das Olivenöl in einer Pfanne erhitzen, die Schalotte darin kurz dünsten. Die Scampi hinzugeben, mit dem Sherry ablöschen und unter Rühren etwa 5 Minuten köcheln lassen. Die Pfanne vom Herd nehmen, die Scampi abtropfen lassen, salzen und, sobald sie etwas abgekühlt sind, in den Kühlschrank stellen. Den Scampifond beiseite stellen.

3 Inzwischen die Sauce zubereiten. Dazu das Eigelb in einer Schüssel mit einem Schneebesen schlagen, dann nach und nach das Olivenöl in einem dünnen gleichmäßigen Strahl hinzugeben. Auch den Scampifond, durch ein Sieb geseiht, hinzufügen. Anschließend Senf, Ketchup, Magerjoghurt sowie 1 Prise Salz unterrühren und die Sauce in den Kühlschrank stellen.

4 Die Salatblätter waschen, trocken schleudern und in 4 Schälchen anrichten. Die Avocado schälen, den Kern entfernen, das Fruchtfleisch in kleine Würfel schneiden und in eine Schüssel geben. Die Scampi hinzugeben, mischen und ebenfalls in die Schälchen verteilen. Mit Paprikapulver bestreuen, die Sauce darüber geben und servieren.

Crostini alle cozze piccanti
Weißbrot mit scharfen Miesmuscheln

☷ einfach
⏱ 30 Minuten
210 kcal/882 kJ

Zutaten

2 rote Paprikaschoten
1 Zwiebel
500 g Miesmuscheln
4 EL Olivenöl
Salz
2 scharfe rote Peperoncini
4 Scheiben kräftig gebackenes Weißbrot

1 Die Paprikaschoten waschen, Stielansätze, Kerne und Stege entfernen und in Ringe schneiden. Die Zwiebel schälen und ebenfalls in Ringe schneiden. Die Miesmuscheln waschen, dabei die Schalen abbürsten, um sie von Kalkablagerungen zu befreien. Dann die Bärte entfernen und die Muscheln abgetrocknet in eine Pfanne mit 1 Esslöffel heißem Olivenöl geben. Erhitzen, bis sie sich öffnen, dann die Schalen entfernen. Diejenigen wegwerfen, die sich nicht geöffnet haben. Den Sud abseihen und beiseite stellen.

2 In der gleichen Pfanne 2 Esslöffel Olivenöl erhitzen und die Zwiebel, die Paprikaschoten und 4 Esslöffel Muschelsud hinzugeben. Aufkochen lassen, dabei ab und zu mit einem Holzlöffel umrühren, bis die gesamte Flüssigkeit verdampft ist. Die Mischung passieren und in eine Schüssel geben.

3 Das Muschelfleisch grob hacken, in einer Pfanne mit dem restlichen Olivenöl, Salz und den klein geschnittenen Peperoncini etwa 5 Minuten anbraten, dabei häufig umrühren.

4 Die Brotscheiben vierteln und im vorgeheizten Backofen bei 180 °C etwa 5 Minuten rösten, nach der Hälfte der Zeit wenden. Die Crostini mit der Paprikamischung bestreichen, das Muschelfleisch darauf verteilen und nach Belieben warm oder kalt servieren.

Antipasto di melanzane e peperoni
Vorspeise mit Auberginen und Paprikaschoten

☷ einfach
⏱ 30 Minuten
150 kcal/630 kJ

Zutaten

2 EL Rosinen
1/2 Zwiebel
1 Aubergine (200 g)
1 Paprikaschote
4 EL Olivenöl
Salz
1 EL Pinienkerne
1 EL eingelegte Kapern

1 Die Rosinen etwa 15 Minuten in Wasser einweichen. Die Zwiebel schälen, waschen, trockentupfen und fein hacken. Die Aubergine nicht schälen, aber von Stiel- und Blütenansatz, die Paprikaschote von Stielansatz, Samen und Stegen befreien. Beides waschen und in 1/2 Zentimeter große Würfel schneiden.

2 In einer Pfanne 1 Esslöffel Olivenöl erhitzen, die Zwiebel darin andünsten, Paprikaschoten- und Auberginenwürfel hinzugeben, salzen, mit einem Holzlöffel gut mischen und etwa 15 Minuten garen.

3 Die gut ausgedrückten Rosinen hinzugeben, erneut mischen und weitere 5 Minuten köcheln lassen. Zuletzt die Pinienkerne, die Kapern und das restliche Öl hinzufügen, alle Zutaten gut miteinander vermengen, vom Herd nehmen, auf einer Platte anrichten und servieren.

Palline di riso al limone

Reisbällchen mit Zitrone

☕ **einfach**
🕐 **40 Minuten**
410 kcal/1722 kJ

Zutaten

1 Knoblauchzehe
1 Bund Petersilie
250 g Reis
4 EL Olivenöl
4 unbehandelte Zitronen
Salz · Pfeffer
100 g geriebener Parmesan
1 TL eingelegte Kapern

1 Den Knoblauch schälen und vom grünen Mitteltrieb befreien. Die Petersilie waschen, trockentupfen und mit dem Knoblauch fein hacken. Den Reis in einem großen Topf mit kochendem Salzwasser garen, abtropfen lassen, in eine Schüssel geben, etwas abkühlen lassen.

2 In der Zwischenzeit das Olivenöl in eine Schüssel geben, den Saft von 1 Zitrone sowie Salz, Pfeffer, Petersilie, Knoblauch und die abgeriebene Schale von 1 Zitrone hinzufügen. Alle Zutaten mit einer Gabel gründlich mischen.

3 Die Mischung auf dem Reis verteilen, den geriebenen Parmesan hinzufügen und alles mit einem Holzlöffel sorgfältig und gründlich vermengen. Aus der entstandenen Masse walnussgroße Bällchen formen.

4 Die übrigen Zitronen in sehr dünne Scheiben schneiden und dekorativ auf der Servierplatte verteilen. Auf jede Zitronenscheibe ein Reisbällchen setzen und mit einer Kaper krönen. Die gehackte Petersilie am Rand der Platte anrichten und servieren.

Carciofi e carote in coppa
Artischocken-Möhren-Schale

🍳 **einfach**
🕐 **1 Stunde**
390 kcal/1638 kJ

Zutaten

4 Artischocken

3 Zitronen

1 EL Weißweinessig

2–3 Gewürznelken

1 Lorbeerblatt

2 Möhren

200 g Mayonnaise

1 EL Olivenöl

1 TL Senf

Salz · Pfeffer

1 Bund Rucola

12 schwarze Oliven

1 Die Artischocken von den äußeren, harten Blättern, den Stielen und den oberen Blattspitzen befreien und in eine Schüssel mit Wasser und dem Saft von 1 Zitrone legen, damit sie nicht dunkel anlaufen. Abtropfen lassen und in einen Topf mit kochendem Salzwasser, dem Essig, den Gewürznelken und dem Lorbeerblatt legen.

2 15–20 Minuten kochen, das Wasser abgießen, die Artischocken kopfüber auf Küchenpapier abtropfen lassen. Sobald sie ganz trocken sind, in dünne Streifen schneiden und das Heu in der Mitte entfernen. Die Möhren schälen, waschen, trockentupfen und kochen, anschließend in Scheiben schneiden. In einer Schüssel die Mayonnaise mit Olivenöl, Senf, Saft von 1 Zitrone, 1 Prise Salz und etwas frisch gemahlenem Pfeffer sorgfältig verrühren.

3 Die Artischocken und die Möhren in eine Schüssel geben, die fertige Sauce darüber geben und mit einem Holzlöffel gründlich unterheben. Die Vorspeise auf kleine Schalen verteilen. Jede Schale mit dem gewaschenen, abgetrockneten und in Streifen geschnittenen Rucola, einigen Oliven und Zitronenscheiben dekorieren und servieren.

Artischocken und Möhren in Scheiben schneiden.

Die Artischocken von den harten Blättern und den Blattspitzen befreien.

In eine Schüssel geben und mit der aus Mayonnaise, Olivenöl, Senf, Zitronensaft, Salz und Pfeffer zubereiteten Sauce mischen.

Insalata di calamari e valerianella
Feldsalat mit Tintenfischen

🍲 **mittelschwer**
🕐 **40 Minuten**
150 kcal/630 kJ

Zutaten

200 g Tintenfische (Kalmare)
2 kleine Tomaten
100 g Feldsalat
5 EL Olivenöl
1 TL Weißweinessig
1 TL Sojasauce
Salz · Pfeffer

1 Die Tintenfische säubern, den Schulp entfernen, ausnehmen, von Kauwerkzeugen, Augen und Haut befreien. Die dreieckigen Flossen abtrennen und den Beutel der Länge nach aufschneiden. Das so erhaltene Dreieck in drei Teile schneiden und jedes dieser Teile mit einem scharfen Messer waagerecht und senkrecht einschneiden. Gleichermaßen mit den Flossen verfahren und schließlich auch die noch miteinander verbundenen Tentakel längs in zwei Teile schneiden.

2 Die Tomaten in einem kleinen Topf mit kochendem Wasser blanchieren, anschließend häuten, die Samen entfernen, die Flüssigkeit abtropfen lassen und das Fruchtfleisch in Würfel schneiden. Den Feldsalat putzen, sorgfältig waschen, gründlich trockentupfen und in eine Salatschüssel geben.

3 Die Tintenfische in eine mit 1 Esslöffel Olivenöl eingefettete feuerfeste Form geben, mit etwas Olivenöl bepinseln und im vorgeheizten Backofen bei 180 °C etwa 20 Minuten garen. Sobald sie gar sind, die Tintenfische aus dem Ofen nehmen und zusammen mit den Tomatenwürfeln in die Salatschüssel geben.

4 In einer kleinen Schüssel den Pfeffer mit dem Essig verrühren, die Sojasauce und das restliche Öl hinzugeben und alles mit einer Gabel verschlagen, damit sich die Zutaten gut vermischen. Die Sauce über den Salat verteilen, unterheben und servieren.

Cestini di pomodoro
Tomatenkörbchen

🍲 **einfach**
🕐 **45 Minuten**
280 kcal/1176 kJ

Zutaten

200 g Weißbrot
4 in Salz eingelegte Sardellen
1 Knoblauchzehe
1 Bund Petersilie
5 EL Olivenöl
4 große, möglichst kugelförmige Tomaten
Salz

1 Das Weißbrot in etwa 1 Zentimeter große Würfel schneiden. Die Sardellen unter fließendem Wasser gut abspülen, um sie vom Salz zu befreien, und entgräten. Die Knoblauchzehe schälen und den Mitteltrieb entfernen, die Petersilie waschen, das Wasser ausschütteln, dann zusammen mit dem Knoblauch fein hacken.

2 Den Knoblauch in einer Pfanne mit 4 Esslöffeln Olivenöl hell andünsten und anschließend herausnehmen. Die Pfanne vom Herd nehmen, die Sardinen darin zerdrücken, die Brotwürfel hinzugeben und bei mäßiger Hitze unter gelegentlichem Rühren so lange rösten, bis alle Zutaten sich miteinander verbunden haben.

3 Die Tomaten waschen, abtrocknen und jeweils in zwei Hälften teilen; die Flüssigkeit abtropfen lassen und die Samen entfernen. Das geröstete Brot auf die Tomatenhälften verteilen und die in der Pfanne verbliebene Würzmischung darüber geben. In eine mit 1 Esslöffel Olivenöl eingefettete feuerfeste Form setzen und im vorgeheizten Backofen bei 200 °C etwa 20 Minuten garen. Aus dem Ofen nehmen und heiß servieren.

Crostini di cozze e verdure
Weißbrotscheiben mit Miesmuscheln und Gemüse

einfach
45 Minuten
180 kcal/756 kJ

Zutaten

8 Miesmuscheln
3 EL Olivenöl
2 große Scheiben kräftiges Weißbrot
1 Knoblauchzehe
1/2 Aubergine
1/2 Paprikaschote
1 Zucchino
100 g Tomaten aus der Dose
1 EL in Salz eingelegte Kapern
1 Hand voll entsteinte Oliven
Salz
1/2 EL Oregano
1 Prise scharfes Paprikapulver

1 Die Miesmuscheln abbürsten und gründlich waschen. In einer Pfanne 1 Esslöffel Olivenöl erhitzen, die Miesmuscheln hinein geben. Sobald sie sich öffnen, herausnehmen, die Schalen entfernen und die Muscheln beiseite stellen. Jede Brotscheibe in 4 Teile schneiden und diese Rechtecke im vorgeheizten Backofen bei 180 °C etwa 5 Minuten rösten, dabei nach der Hälfte der Zeit einmal wenden.

2 Währenddessen die Knoblauchzehe schälen, vom Mitteltrieb befreien und fein hacken. Die Aubergine und die Paprikaschote waschen und in kleine Würfel schneiden. Den Zucchino waschen und ebenfalls in kleine Würfel schneiden. Die Tomaten zerkleinern, die Kapern unter fließendem Wasser abwaschen und mit den Oliven fein hacken.

3 Das restliche Olivenöl in einer Pfanne erhitzen, das Gemüse mit den Kapern und den Oliven sowie 2 Esslöffel Wasser hinzufügen, leicht salzen und bei geschlossenem Deckel 15 Minuten garen. Anschließend die grob zerkleinerten Miesmuscheln, den Oregano und das Paprikapulver hinzugeben und weitere 5 Minuten köcheln lassen. Die Crostini auf einer Servierplatte anrichten, die Muschelmischung darauf verteilen und sofort servieren.

Alici in guazzetto
Sardellen in Zitronenmarinade

mittelschwer
30 Minuten
120 kcal/504 kJ

Zutaten

2 Knoblauchzehen
400 g fangfrische Sardellen
Salz · Pfeffer
Saft von 2 Zitronen
1 Bund Petersilie
2 EL Olivenöl

1 Die Knoblauchzehe schälen, vom Mitteltrieb befreien, waschen und in feine Scheiben schneiden. Die Sardellen entschuppen, den Kopf entfernen und am Bauch aufschneiden. Jeweils die Gräte entfernen, wobei der Rücken unversehrt bleiben sollte. Unter fließendem Wasser gründlich waschen und mit Küchenpapier sorgfältig trockentupfen.

2 Die Sardellen 1 Minute lang in einen Topf mit kochendem Salzwasser und dem Saft von 1 Zitrone tauchen. Auf einem Tuch abtropfen lassen, dann vorsichtig trockentupfen und abkühlen lassen. Die Petersilie waschen, ausschütteln und fein hacken.

3 Die Servierplatte mit Olivenöl bestreichen, die Sardellenfilets versetzt übereinander liegend darauf anrichten und mit etwas Salz und frisch gemahlenem Pfeffer würzen. Mit gehackter Petersilie und dem Knoblauch bestreuen und mit Olivenöl und dem restlichen Zitronensaft beträufeln, heiß servieren.

Friselle alla marinara

Friselle mit Meeresfrüchten

🍲 **einfach**
🕐 **40 Minuten + Einweichzeit**
490 kcal/2058 kJ

Zutaten

300 g Venusmuscheln

300 g Miesmuscheln

5 EL Olivenöl

2 geschälte Knoblauchzehen

3 EL gehackte Petersilie

1/2 Glas trockener Weißwein

250 g Garnelen

2 Paprikaschoten

1 geschälte Schalotte

1 Tütchen Safran

Salz · Pfeffer

8 Friselle (oder kleine getoastete Brotscheiben)

1 Die Venusmuscheln waschen und 3–4 Stunden in reichlich kaltem Salzwasser einweichen. Die Miesmuscheln abbürsten und unter fließendem kaltem Wasser abwaschen. Die eingeweichten Venusmuscheln mit den Miesmuscheln in eine große Pfanne geben. Mit 1 Esslöffel Olivenöl benetzen, 1 leicht zerdrückte Knoblauchzehe hinzugeben, mit etwas Petersilie bestreuen. Den Wein hinzugießen und bei starker Hitze so lange dünsten, bis sich die Muscheln öffnen; dabei die Pfanne häufig schütteln.

2 Die Pfanne vom Herd nehmen, das Muschelfleisch aus den Schalen lösen und in eine Schüssel geben, ungeöffnete Muscheln aussondern. Den Sud in ein Gefäß abseihen. Die Garnelen schälen und waschen, die Därme entfernen. Die Paprikaschoten waschen, Samen und Stege entfernen und in Würfel schneiden. Die Schalotte fein hacken.

3 Zunächst die Schalotte, dann die Paprikawürfel in einer Pfanne mit 2 Esslöffeln Olivenöl andünsten. Den im Muschelsud aufgelösten Safran hinzufügen, mit Salz und Pfeffer abschmecken und kurz weiterköcheln lassen. Nun die Garnelen unterheben, dann die Mies- und Venusmuscheln hinzufügen, mit der restlichen Petersilie bestreuen und weitere 3 Minuten köcheln lassen.

4 Die Friselle kurz in kaltes Wasser tauchen, mit der zweiten Knoblauchzehe bestreichen und mit dem restlichen Öl bepinseln. Die Meeresfrüchte auf den Broten verteilen und servieren.

Stecchi di mare
Spieße mit Meeresfrüchten

🍳 mittelschwer
🕐 30 Minuten + Ruhezeit
300 kcal/1260 kJ

Zutaten

8 Braune Venusmuscheln

4 Raue Venusmuscheln

8 große Garnelen

4 Jakobsmuscheln

16 Miesmuscheln

1 Hand voll Petersilie

4 EL Olivenöl

Salz · Pfeffer

2 EL Semmelbrösel

1 Braune und Raue Venusmuscheln etwa 40 Minuten lang in Salzwasser einlegen, um sie zu säubern. Die Garnelen waschen, schälen und Därme entfernen. Die Jakobsmuscheln öffnen, waschen und den Sand entfernen. Die Miesmuscheln waschen, dabei die Schalen gut abbürsten und alle Bärte entfernen. Die Petersilie waschen, das Wasser ausschütteln und fein hacken.

2 In einer Pfanne 1 Esslöffel Olivenöl erhitzen, die Jakobsmuscheln und die Garnelen hineingeben, salzen und pfeffern. Sobald sie gar sind, vom Herd nehmen und auf einem Teller beiseite stellen. 1 weiterer Esslöffel Olivenöl in die gleiche Pfanne geben, erhitzen und die Miesmuscheln sowie sämtliche Venusmuscheln hinzufügen. Sobald sich die Muscheln geöffnet haben, vom Herd nehmen; ungeöffnete wegwerfen.

3 Alle Muscheln von der Schale befreien und jeweils in folgender Reihenfolge auf 4 gewässerte Holzspieße reihen: 1 Miesmuschel, 1 Braune Venusmuschel, 1 Raue Venusmuschel, 1 Miesmuschel, 1 Garnele, 1 Jakobsmuschel, 1 Miesmuschel, 1 Garnele, 1 Braune Venusmuschel und 1 Miesmuschel.

4 Die Spieße mit dem restlichen Olivenöl bepinseln, mit Semmelbröseln bestreuen und im vorgeheizten Backofen bei 180 °C etwa 5 Minuten braten, dabei einmal wenden. Aus dem Ofen nehmen, mit gehackter Petersilie bestreuen, auf einer Servierplatte anrichten und sofort heiß servieren.

Gianchetti con zucchine
Junge Sardellen mit Zucchini

🍳 einfach
🕐 30 Minuten
200 kcal/840 kJ

Zutaten

1 Bund Kerbel

1 Bund Petersilie

1 Bund Estragon

3 reife, feste Tomaten

3 EL Zitronensaft

Salz · Pfeffer

5 EL Olivenöl · 1 Knoblauchzehe

300 g junge Sardellen

200 g Zucchini

1 Den Kerbel, die Petersilie und den Estragon waschen, ausschütteln und getrennt klein hacken. Die Tomaten in kochendem Wasser blanchieren, anschließend häuten, die Samen entfernen, die Flüssigkeit abtropfen lassen und das Fruchtfleisch würfeln.

2 Den Zitronensaft in einer Schüssel mit Salz und Pfeffer verrühren. Das Olivenöl hinzufügen und mit einer Gabel zu einer homogenen Sauce verschlagen. Die geschälte und gehackte Knoblauchzehe, die Tomatenwürfel, den Kerbel, die Petersilie und den Estragon hinzugeben und mit einem Holzlöffel gründlich durchrühren

3 Die Sardellen in ein Sieb geben, sorgfältig waschen und säubern, abtropfen lassen und etwa 2 Minuten in einem Dampfeinsatz garen. Die Zucchini von Blüten- und Stielansätzen befreien, waschen, in feine Scheiben schneiden und ebenfalls dampfgaren. Die Sardellen und die Zucchinischeiben abwechselnd auf einer Platte anrichten, mit der Sauce beträufeln und sofort servieren.

Insalata trionfale
Süßsaurer Salat

👨‍🍳 einfach
🕐 40 Minuten
220 kcal/924 kJ

Zutaten

1/2 Zwiebel

1/2 Lauchstange

3 Petersilienzweige

1 Thymianzweig

1 Lorbeerblatt

1 Glas trockener Weißwein

Salz · Pfefferkörner

12 Krebsschwänze

1 Zitrone · 1 rosa Grapefruit

1 Orange · 1/2 Ananas

1 Apfel · 1 Birne

5 EL Magerjoghurt

2 EL Orangensaft

20 g geschälte, grob gehackte
Haselnusskerne

1 Die Zwiebel schälen, waschen und in Ringe schneiden. Von der Lauchstange die äußeren Teile entfernen, den Rest waschen und in Ringe schneiden. Zwiebel- und Lauchringe in einen Topf geben, 2 Petersilienzweige, den Thymianzweig und das Lorbeerblatt gewaschen hinzufügen. Mit 1 Liter Wasser und dem Weißwein auffüllen, mit 1 Prise Salz und 3 Pfefferkörnern würzen, zum Kochen bringen und 10 Minuten köcheln lassen.

2 Die Krebsschwänze waschen, in den Topf geben und 3 Minuten köcheln lassen. Dann mit der Brühe abkühlen lassen. Die Zitrone auspressen, den Saft in eine kleine Schüssel geben, ein kleines Stück Schale beiseite legen. Die Grapefruit und die Orange schälen, filettieren, in kleine Stücke schneiden und in eine Servierschüssel geben.

3 Die Ananas schälen, den Strunk entfernen, das Fruchtfleisch würfeln und zu den Grapefruit- und Orangenstücken geben. Den Apfel und die Birne schälen, das Kerngehäuse entfernen, mit Zitronensaft beträufeln, klein schneiden und zu dem übrigen Obst geben.

4 Die Zitronenschale in feine Streifen schneiden, etwa 1 Minute in kochendes Wasser legen, abgießen, abkühlen lassen und zu den übrigen Zutaten geben. Die abgetropften Krebsschwänze und die Haselnüsse mit dem Obst mischen.

5 Joghurt, Orangensaft, je 1 Prise Salz und Pfeffer in einer kleinen Schüssel zu einer homogenen Sauce verrühren. Auf den Salat geben, vorsichtig unterheben, mit der restlichen Petersilie bestreuen und servieren.

Asparagi e seppioline caldi
Warmer Spargel mit Tintenschnecken

👨‍🍳 mittelschwer
🕐 30 Minuten
110 kcal/462 kJ

Zutaten

400 g kleine Tintenschnecken (Sepiolen)

400 g Spargel

1 Schalotte

3 EL Olivenöl

1/2 Glas trockener Weißwein

Salz · Pfeffer

1 Die Tintenschnecken von der Haut befreien und gründlich waschen. Den Spargel putzen, dabei die harten unteren Enden abschneiden, schälen, waschen, abtropfen lassen und in Scheiben schneiden, die Spitzen jedoch ganz lassen.

2 Die Schalotte schälen und in dünne Ringe schneiden. Mit dem Olivenöl in einen Topf geben, andünsten und die trockengetupften Tintenschnecken hinzugeben. 2–3 Minuten anbraten und anschließend mit dem Weißwein ablöschen, bis dieser verdampft ist. Dabei mit einem Holzlöffel umrühren und zuletzt mit Salz und Pfeffer abschmecken. Die Tintenschnecken mit dem Schaumlöffel herausnehmen und zwischen zwei Tellern warmhalten.

3 Die Spargelscheiben und -spitzen in den gleichen Topf geben, mit Salz und Pfeffer abschmecken und bei mäßiger Hitze 6–7 Minuten kochen lassen, dabei gelegentlich mit einem Holzlöffel umrühren. Die Tintenschnecken wieder hineingeben und weitere 5 Minuten mitköcheln lassen. Auf einem Teller anrichten und servieren.

Insalata all'arancia
Orangensalat

einfach
20 Minuten
160 kcal/672 kJ

Zutaten

1 Bund Petersilie
8 junge Möhren
1 Apfel
1 Orange
3 EL Olivenöl · Salz

1 Die Petersilie waschen, gut ausschütteln und mit einem Wiegemesser fein hacken. Die Möhren gut abbürsten, waschen, abtrocknen und in eine große Schüssel reiben.

2 Den Apfel schälen, vom Kerngehäuse befreien, würfeln und mit den Möhren vermengen. Die Orange auspressen, den Saft in eine kleine Schüssel geben, das Olivenöl sowie 1 Prise Salz hinzufügen und gründlich mit einer Gabel verrühren.

3 Diese Sauce über die Möhren-Apfel-Mischung geben, mit der gehackten Petersilie bestreuen und als Vorspeise zu einem leichten Sommermenü servieren.

Timballini di gamberi, peperoni e melanzane
Garnelen-Paprika-Auberginen-Auflauf

☖ **mittelschwer**
🕐 **40 Minuten**
250 kcal/1050 kJ

Zutaten

1 Aubergine
1 Paprikaschote
2 reife, feste Tomaten
800 g große Garnelen
7 EL Olivenöl
Salz · Pfeffer
1 Schalotte, in feinen Ringen
1 Bund Basilikum
¹/₂ Knoblauchzehe
1 kleines Bund Petersilie

1 Die Aubergine von Stiel- und Blütenansatz, die Paprikaschote von Samen und Stegen befreien, beide waschen und klein würfeln. Die Tomaten in kochendem Wasser blanchieren, dann häuten, die Samen entfernen und die Flüssigkeit abtropfen lassen.

2 Die Garnelen schälen, waschen und trockentupfen; längs aufschneiden und den schwarzen Darmfaden entfernen. Kleine Auflaufformen mit etwas Olivenöl auspinseln, Böden und Ränder mit den Garnelen auslegen; salzen und pfeffern.

3 Die Auberginenwürfel in einer beschichteten Pfanne in 2 Esslöffeln Olivenöl anbraten. In einer zweiten Pfanne die Schalottenringe mit 2 Esslöffeln Olivenöl andünsten, die Paprikawürfel hinzufügen und 5 Minuten anbraten. Die Auberginenwürfel und 1 gewürfelte Tomate hinzufügen, abschmecken und mit etwas gewaschenem und fein gehacktem Basilikum bestreuen. Die Mischung in die Formen füllen. Im vorgeheizten Backofen bei 200 °C etwa 10 Minuten garen.

4 Den Knoblauch klein hacken, die zweite gewürfelte Tomate, das restliche Olivenöl und einige gezupfte Basilikumblätter hinzugeben, abschmecken. Die Auflaufformen aus dem Ofen nehmen, kurz ruhen lassen, dann auf Teller stürzen. Mit einigen Petersilienblättern anrichten und heiß servieren.

1 Die Aubergine und die Paprikaschote waschen, trockentupfen und klein würfeln.

3 Die Tomatenwürfel mit den Auberginen- und Paprikawürfeln anbraten.

2 Die Auflaufformen mit Öl auspinseln und mit den Garnelen auslegen.

4 Die gedünstete Gemüsemischung in die Auflaufformen füllen.

Insalata di scampi e asparagi
Scampi-Spargel-Salat

☐ **mittelschwer**
🕑 **40 Minuten**
170 kcal/714 kJ

Zutaten

¹/₂ Selleriestange

¹/₂ Möhre

¹/₂ Zwiebel

1 Lorbeerblatt

Salz · Pfeffer

400 g Scampischwänze

16 Spargelstangen

1 Kopf Salat der Saison

4 EL Olivenöl

2 EL Zitronensaft

1 Den Sellerie putzen, die Möhre und die Zwiebel schälen, dann sämtliche Gemüse klein schneiden, waschen und in eine große Pfanne geben. 1 Liter Wasser hinzufügen und das Lorbeerblatt hineingeben. Zum Kochen bringen, salzen, pfeffern und etwa 15 Minuten weiterkochen lassen. Die gewaschenen Scampischwänze hinzufügen, 4 Minuten mitkochen lassen, herausnehmen und abkühlen lassen. Anschließend schälen und von den Därmen befreien.

2 Die harten Enden der Spargelstangen entfernen, die Stangen auf eine Größe zurechtschneiden, schälen und waschen. Die Spitzen abtrennen und die Stangen in Scheiben schneiden. Spitzen und Scheiben 5–7 Minuten im Dampfkochtopf bissfest garen. Abgießen und die Spargelscheiben einige Minuten in einer beschichteten Pfanne dünsten.

3 Den Salat putzen, waschen und vorsichtig mit einem Küchentuch trockentupfen. Auf einer Platte anrichten, die Scampischwänze und die Spargelspitzen darauf anordnen, die Spargelscheiben in die Mitte geben.

4 Das Olivenöl, den Zitronensaft, 1 Prise Salz und etwas frisch gemahlenen Pfeffer in eine kleine Schüssel geben und mit einer Gabel sorgfältig verrühren. Über den Scampi-Spargel-Salat verteilen. Sofort servieren.

Die Scampischwänze in das kochende Wasser mit dem Gemüse geben.

Die harten Enden der Spargelstangen entfernen und die Spargelstangen schälen.

Die Spargelscheiben nach dem Garen in einer beschichteten Pfanne dünsten.

Insalata di gamberetti alla frutta
Garnelensalat mit Obst

☖ mittelschwer
🕐 30 Minuten
360 kcal/1512 kJ

Zutaten

500 g Garnelen
100 g Mayonnaise
125 g Magerjoghurt
3 EL Orangensaft
Salz · Pfeffer
1 Avocado
Saft von ¹/₂ Zitrone
250 g weiße Trauben

1 Die Garnelen säubern und schälen, Därme entfernen, waschen und 5 Minuten in einem Topf mit kochendem Salzwasser garen. Anschließend abtropfen und abkühlen lassen.

2 Währenddessen die Mayonnaise in eine Schüssel füllen, den Magerjoghurt, den Orangensaft, 1 Prise Salz sowie 1 großzügige Prise Pfeffer hinzufügen. Alles gründlich verrühren, bis eine homogene Sauce entsteht. Beiseite stellen.

3 Die Avocado längs in zwei Hälften teilen, den Stein entfernen, schälen und das Fruchtfleisch in Würfel schneiden. Mit Zitronensaft beträufeln, damit sie nicht schwarz werden. Die Trauben waschen und sorgfältig trockentupfen.

4 Die Avocadowürfel, die Trauben und die Garnelen in die vorbereitete Sauce geben und vorsichtig mit einem Holzlöffel unterheben. Den Salat in 4 Glasschalen verteilen und servieren.

Panzanella
Herzhafter Brotsalat mit Tomaten

☖ einfach
🕐 30 Minuten + Ruhezeit
270 kcal/1134 kJ

Zutaten

10 Scheiben altbackenes kräftiges Weißbrot
1 Zwiebel
1 kleines Bund Petersilie
1 Hand voll Basilikumblätter
6 reife, feste Tomaten
Salz · Pfeffer
Weißweinessig nach Belieben
3 EL Olivenöl

1 Die Weißbrotscheiben 5 Minuten in kaltem Wasser einweichen, dann vorsichtig ausdrücken und in eine Terrine oder ein Tongefäß geben.

2 Die Zwiebel schälen, waschen und in hauchfeine Ringe schneiden. Die Petersilie und das Basilikum waschen, das Wasser ausschütteln; die Petersilie fein hacken und das Basilikum zupfen. Die Tomaten waschen, häuten, die Samen entfernen, die Flüssigkeit abtropfen lassen und in kleine Stücke schneiden.

3 Alle Zutaten in die Terrine oder das Tongefäß auf das vorbereitete Brot geben, mit 1 Prise Salz, etwas frisch gemahlenem Pfeffer und dem Essig würzen und sorgfältig vermengen. Das Olivenöl hinzufügen und den Salat erneut gründlich durchmischen.

4 Die Panzanella einige Stunden an einem kühlen Ort ruhen und ziehen lassen. Sie eignet sich hervorragend als Vorspeise zu einem deftigen oder herzhaften Menü.

Antipasto arlecchino
Vorspeise mit Wachteleiern und Thunfisch

 einfach
 30 Minuten
230 kcal/966 kJ

Zutaten

2 saure Äpfel · 2 Orangen
200 g Thunfisch natur
4 junge Selleriestangen
8 Wachteleier
3 EL Olivenöl · Salz
Saft von 1/2 Zitrone
20 g Pinienkerne

1 Die Äpfel und Orangen schälen, in feine Scheiben schneiden und in eine Schüssel geben. Den Thunfisch abtropfen lassen und mit einer Gabel zerkleinern. Die Selleriestangen waschen und in Ringe schneiden. Thunfisch und Sellerie zu dem Obst in die Schüssel geben.

2 In einem kleinen Topf Wasser zum Kochen bringen und die Wachteleier darin in wenigen Minuten hart kochen

lassen. Die Eier herausnehmen, schälen, halbieren und in die Schüssel zu den übrigen Zutaten geben.

3 Das Olivenöl mit 1 Prise Salz und dem Zitronensaft in einer kleinen Schüssel verrühren und mit einer Gabel gut verschlagen. Die Sauce über den Salat geben, vorsichtig unterheben. Den Salat auf einer Platte anrichten und mit den Pinienkernen bestreut servieren.

Crostini di peperoni alle acciughe
Crostini mit Paprika und Sardellen

 einfach
 30 Minuten
140 kcal/588 kJ

Zutaten

1 gelbe Paprikaschote
2 in Salz eingelegte Sardellen
1 Knoblauchzehe
2 dicke Scheiben kräftiges Weißbrot
3 EL Olivenöl
Salz

1 Die Paprikaschote waschen, Stielansatz, Samen sowie Stege entfernen und in dünne Streifen schneiden. Die Sardellen unter fließendem kaltem Wasser vom Salz befreien, aufklappen, von den Gräten befreien und zerkleinern. Die Knoblauchzehe schälen, waschen, eventuell vom Mitteltrieb befreien und klein hacken.

2 Die Brotscheiben 5 Minuten im vorgeheizten Backofen bei 180 °C rösten, dabei einmal wenden. Aus dem Ofen nehmen und jede Scheibe vierteln.

3 Den Knoblauch in einer Pfanne mit 1 Esslöffel Olivenöl hell anschwitzen, anschließend herausnehmen. Die Pfanne vom Herd nehmen, die Sardellenfilets darin zerdrücken und diese Mischung auf einem kleinen Teller warm halten.

4 Das restliche Olivenöl in der gleichen Pfanne erhitzen, die Paprikastreifen unterrühren, salzen und 10 Minuten garen lassen, dabei ab und zu umrühren. Die Sardellensauce auf den Crostini verteilen, die Paprikaschoten darauf anordnen und sofort heiß servieren.

Insalatina di gamberetti, rucola e carote

Salat mit Garnelen, Rucola und Möhren

🍴 **mittelschwer**
🕐 **20 Minuten + Ruhezeit**
150 kcal/630 kJ

Zutaten

400 g Garnelen
600 g Möhren
1 Bund Rucola
3 EL Olivenöl
1 EL Orangensaft
1 EL Zitronensaft
Salz · Pfeffer
nach Wunsch einige dünne Orangen- und
  Zitronenscheiben

1 Die Garnelen schälen, die Därme entfernen, unter fließendem kaltem Wasser waschen, trockentupfen und in einem Topf mit kochendem Salzwasser 3 Minuten garen. Abtropfen lassen und beiseite stellen.

2 Die Möhren schälen, waschen, abtrocknen und in Stifte schneiden. Den Rucola unter fließendem kaltem Wasser waschen, trockenschleudern, in Streifen schneiden und auf einer runden Platte anrichten.

3 Die Garnelen und Möhren in eine Schüssel geben, mit Olivenöl, Orangen- und Zitronensaft, 1 Prise Salz und etwas frisch gemahlenem schwarzen Pfeffer würzen. Mit einem Holzlöffel alle Zutaten gründlich verrühren und auf dem Rucolabett anrichten. Den Rand der Platte nach Wunsch mit einigen dünnen Orangen- und Zitronenscheiben dekorieren. Die Platte mit Frischhaltefolie bedecken und den Salat vor dem Servieren mindestens 30 Minuten im Kühlschrank ruhen lassen.

Scampi con salsa al prezzemolo
Scampi mit Petersiliensauce

🍴 **mittelschwer**
🕐 **30 Minuten**
190 kcal/798 kJ

Zutaten

einige Thymianzweige
einige Petersilienzweige
2 Lorbeerblätter
Salz · weiße Pfefferkörner
1 kg Scampi

Für die Sauce

5 EL Olivenöl
1 EL gehackte Petersilie · Salz

1 Thymian, Petersilie und Lorbeerblätter waschen und vorsichtig trockentupfen. Reichlich Salzwasser in einem großen Topf zum Kochen bringen, Thymian, Petersilie und Lorbeerblätter sowie einige weiße Pfefferkörner hineingeben, die Scampi hinzufügen und etwa 5 Minuten mitkochen lassen.

2 Die Scampi herausnehmen, abtropfen lassen, schälen, von den Därmen befreien, auf einen geeigneten Teller legen und über einem Topf mit kochendem Wasser warm halten.

3 Währenddessen die Sauce zubereiten. Dazu das Olivenöl in eine Schüssel geben, die gehackte Petersilie und 1 Prise Salz hinzufügen und mit einer Gabel verschlagen, bis sich alle Zutaten miteinander vermischt haben. Den Dampf vom Boden des Tellers mit den Scampi abwischen, die Sauce über die Scampi gießen und sofort servieren.

Sformatini alle erbe
Kräuterauflauf

♙ **mittelschwer**
🕐 **1 Stunde 20 Minuten**
340 kcal/1428 kJ

Zutaten für 6 Personen

1 kg mehlig kochende Kartoffeln
6 Spargelstangen
3 EL Olivenöl
100 ml Magerjoghurt
50 g geriebener Emmentaler
1 TL gehackte Petersilie
1 TL gehackter Estragon
1 TL gehackter Schnittlauch
Salz · Pfeffer
3 Eier · 1 TL Backpulver
Semmelbrösel

1 Die geschälten Kartoffeln in einem großen Topf mit reichlich Salzwasser kochen, den Spargel dampfgaren. Sobald die Kartoffeln weich sind, das Wasser abgießen, schälen und zerdrücken. Die Spargelspitzen in dünne Scheiben schneiden, die Stangen im Mixer pürieren.

2 Das Kartoffel- und das Spargelpüree sowie die Spargelspitzen in eine Pfanne geben und bei mäßiger Hitze etwas ausdünsten lassen, dabei ständig mit einem Holzlöffel umrühren. 2 Esslöffel Olivenöl, den Magerjoghurt, den Emmentaler, die Kräuter, 1 Prise Salz und etwas frisch gemahlenen Pfeffer hinzugeben. Abkühlen lassen und nach und nach die Eier und das durchgesiebte Backpulver unterrühren. Alle Zutaten vorsichtig miteinander vermengen.

3 Die Mischung auf 6 zuvor mit dem restlichen Olivenöl eingefettete kleine Auflaufformen verteilen und sparsam mit Semmelbröseln bestreuen. In den vorgeheizten Backofen schieben und bei 180 °C etwa 30 Minuten backen. Aus dem Ofen nehmen, auf den Tellern anrichten und, je nach Wunsch, heiß oder lauwarm servieren.

Antipasto di fagiolini e calamaretti
Vorspeise mit grünen Bohnen und kleinen Tintenfischen

♙ **mittelschwer**
🕐 **1 Stunde**
220 kcal/924 kJ

Zutaten

400 g kleine Tintenfische (Kalmare)
300 g grüne Bohnen
1 Kartoffel
6 EL Olivenöl
Salz · Pfeffer
1 kleines Bund Petersilie
1 Knoblauchzehe
1 EL Weißweinessig

1 Die Tintenfische säubern, von Augen und Kauwerkzeugen befreien, die größeren ausnehmen. Die Enden der Bohnen abschneiden, eventuell Fäden abziehen und waschen. Die Kartoffel schälen, waschen und würfeln. Die Bohnen in einem Topf mit kochendem Salzwasser blanchieren, bis sie weich sind, anschließend abgießen und warm halten.

2 In einer Pfanne 1 Esslöffel Olivenöl erhitzen, die Tintenfische hineingeben, mit 1 Prise Salz und etwas Pfeffer würzen und in etwa 20 Minuten weich garen. Herausnehmen und warm halten.

1 Esslöffel Olivenöl in die Pfanne geben und darin die Kartoffelwürfel anbräunen.

3 Die Petersilie waschen, ausschütteln und mit dem Knoblauch fein hacken. Alles in eine Schüssel geben, den Essig und das restliche Olivenöl hinzugeben und mit einer Gabel verrühren, bis eine homogene Sauce entsteht.

4 Tintenfische, Bohnen und Kartoffeln auf einem tiefen Servierteller anrichten, mit der Petersiliensauce übergießen, nach Belieben mit etwas Salz nachwürzen und bei Zimmertemperatur servieren.

Barchette con vongole alle uova
Venusmuschelschiffchen mit Eiersauce

🍴 **mittelschwer**
🕐 **30 Minuten + Ruhezeit**
300 kcal/1260 kJ

Zutaten

1 kg Venusmuscheln

2 Knoblauchzehen

1 Schalotte

1 Bund Petersilie

3 EL Olivenöl

1 Ei

2 Eigelb

1 EL Weißweinessig

4 EL trockener Weißwein

Salz · Pfeffer

8 Scheiben rustikales Weißbrot

1 Die Venusmuscheln waschen und 3–4 Stunden in kaltem Salzwasser einweichen. Die Knoblauchzehen und die Schalotte schälen, waschen, die Schalotte fein hacken. Die Petersilie waschen, ausschütteln und fein hacken. Die Venusmuscheln abgießen, in eine Pfanne geben, 1 Knoblauchzehe, 1 Esslöffel Olivenöl und etwas gehackte Petersilie hinzugeben und bei großer Hitze anbraten, bis sich die Muscheln öffnen. Dabei ab und zu die Pfanne schütteln oder mit einem Holzlöffel umrühren.

2 Die Pfanne vom Herd nehmen, das Muschelfleisch aus den Schalen lösen und in eine Schüssel geben. Schalen und ungeöffnete Muscheln wegwerfen. Den Muschelsud durchsieben und beiseite stellen. Das restliche Olivenöl in einer Pfanne erhitzen, die Schalotte darin andünsten, die Muscheln hinzugeben und kurz mitbraten.

3 Das Ei und die beiden Eigelbe in eine Schüssel geben, den Essig, den Weißwein, 4 Esslöffel vom Muschelsud, Salz und Pfeffer hinzufügen. Die Hitze reduzieren und die Eimischung in die Pfanne geben, dabei mit einem Schneebesen so lange schlagen, bis die Sauce das doppelte Volumen erreicht hat. Schließlich auch die Muscheln hineingeben. Die Brotscheiben im Backofen leicht rösten, mit dem restlichen Knoblauch einreiben und die Muschelsauce darauf verteilen. Mit der restlichen Petersilie bestreuen und servieren.

Paté di melanzane
Auberginenpaste

🍴 **einfach**
🕐 **30 Minuten**
130 kcal/546 kJ

Zutaten

2 Auberginen

1 Knoblauchzehe · 5 EL Olivenöl

¹/₂ kleiner roter Peperoncino · Salz

¹/₂ TL getrockneter Oregano

geröstetes Weißbrot

1 Die Auberginen waschen, von Stiel- und Blütenansätzen befreien, schälen und grob würfeln. Die Knoblauchzehe schälen, nach Wunsch vom Mitteltrieb befreien und fein hacken.

2 In einer Pfanne 2 Esslöffel Olivenöl erhitzen, den Knoblauch und den Peperoncino hineingeben. Wenn der Knoblauch goldgelb angedünstet ist, die Auberginenwürfel hinzufügen. Mit 1 Prise Salz abschmecken, gut umrühren und 15 Minuten garen lassen.

3 Die Pfanne vom Herd nehmen, die Auberginenwürfel mit einer Gabel zu einer cremigen Paste zerdrücken. Den Oregano und das restliche Olivenöl einrühren und sämtliche Zutaten gut miteinander vermischen. Die Paste in eine kleine Glasschüssel füllen und mit gerösteten Weißbrot servieren.

Indivia belga con ricotta
Chicorée mit Ricotta

🍳 einfach
🕐 20 Minuten
120 kcal/504 kJ

Zutaten

1 Chicorée
1 Hand voll Basilikumblätter
50 g Pinienkerne
240 g Ricotta
6 EL Magerjoghurt
Salz · Pfeffer

1 Welke Chicoréeblätter entfernen und 12 einwandfreie Blätter ablösen. Kurz unter fließendem kaltem Wasser waschen und mit Küchenpapier trockentupfen. Die Basilikumblätter mit einem feuchten Tuch säubern und zusammen mit den Pinienkernen fein hacken.

2 Den Ricotta in eine Schüssel füllen und mit einem Holzlöffel cremig rühren. Nun mit dem Magerjoghurt, dem gehackten Basilikum und den gehackten Pinienkernen vermengen und mit Salz sowie frisch gemahlenem Pfeffer abschmecken.

3 Die Salatblätter portionsweise mit der Ricottamischung füllen. Auf einem Teller anrichten und nach Wunsch mit Vollkornkräckern oder Grissini servieren.

Crostoni mediterranei
Weißbrotscheiben nach mediterraner Art

🍳 einfach
🕐 15 Minuten
200 kcal/840 kJ

Zutaten

4 Scheiben rustikales Weißbrot
1 Knoblauchzehe · 4 EL Tomatenpüree
4 Scheiben Mozzarella
4 in Öl eingelegte Sardellen
1 EL in Essig eingelegte Kapern
1 EL Oreganopulver · 2 EL Olivenöl

1 Den Backofen auf 200 °C vorheizen und die Weißbrotscheiben 5 Minuten darin rösten, nach der Hälfte der Zeit wenden. Aus dem Ofen nehmen und mit der geschälten, gewaschenen und abgetrockneten Knoblauchzehe abreiben.

2 Auf jeder Brotscheibe 1 Esslöffel Tomatenpüree verteilen, dann die Scheiben jeweils mit einer Scheibe Mozzarella, einem Sardellenfilet sowie einigen abgetropften Kapern belegen und mit 1 Prise Oregano würzen. Mit Olivenöl beträufeln und einige Minuten in den heißen Ofen schieben.

3 Die Crostoni sind fertig, sobald der Mozzarella geschmolzen ist. Aus dem Ofen nehmen, auf einer Platte anrichten und sofort heiß servieren.

Pizza, Focaccia und pikantes Gebäck

Pizza all'Andrea

Pizza Andrea

 mittelschwer
 1 Stunde 20 Minuten
450 kcal/1890 kJ

Zutaten

100 g Hartweizengrieß

300 g Brotteig

4 EL Olivenöl

2 große Zwiebeln

8 in Salz eingelegte Sardellen

500 g Tomatenstücke aus der Dose

Salz · Pfeffer

4 Basilikumblätter

100 g schwarze Oliven

1 Den Hartweizengrieß mit dem Brotteig verkneten, dabei 2 Esslöffel Olivenöl unterheben. Den Teig in ein Tuch einschlagen und an einem warmen Ort etwa 30 Minuten gehen lassen. Eine Backform mit Olivenöl einfetten, den Teig hineinfüllen und mit den Händen verteilen, so dass Boden und Ränder der Form vollständig bedeckt sind.

2 Die Zwiebeln schälen, waschen und in dünne Ringe schneiden. Die Sardellen unter fließendem kaltem Wasser abspülen, um sie vom Salz zu befreien, entgräten und in kleine Stücke schneiden. Das restliche Olivenöl in einem kleinen Topf erhitzen und die Zwiebeln darin andünsten. Die Tomaten, 1 Prise Salz, etwas frisch gemahlenen Pfeffer und das gewaschene, trockengetupfte und klein geschnittene Basilikum hinzugeben.

3 Die Hitze reduzieren und solange weiter köcheln lassen, bis eine nicht zu sämige Sauce entsteht. Die Sardellen hineingeben, den Herd ausschalten und umrühren. Die Sardellensauce nun auf dem Teig in der Backform verteilen und mit den schwarzen Oliven belegen. Die Pizza im vorgeheizten Backofen bei 220 °C etwa 30 Minuten knusprig backen. Aus dem Ofen nehmen und servieren.

Focacce con le acciughe
Focaccia mit Sardellen

☖ mittelschwer
⊙ 1 Stunde + Ruhezeit
500 kcal/2100 kJ

Zutaten

Für den Teig

15 g Hefe
300 g Weißmehl
3 EL Olivenöl
Salz

Für den Belag

1 Zwiebel
1 Knoblauchzehe
Olivenöl
300 g Tomaten in Stücken aus der Dose
Salz · Pfeffer
4–5 in Salz eingelegte Sardellen
80 g Caciocavallo
1 Prise Oregano

1 Die Hefe mit ½ Glas lauwarmem Wasser in einer Tasse auflösen. Das Weißmehl auf ein Backbrett sieben, in die Mitte eine Mulde drücken. Die Hefe hineingeben und etwas Mehl vom Rand mit untermischen. Das Olivenöl und 1 Prise Salz hinzufügen. Alle Zutaten zu einem glatten, geschmeidigen Teig verkneten. Den Teig zu einer Kugel formen, in eine Schüssel legen, mit einem Tuch bedecken und an einem warmen Ort mindestens 1 Stunde gehen lassen.

2 Die Zwiebel und die Knoblauchzehe schälen, waschen, abtrocknen und in Ringe schneiden. In einer Pfanne mit 2 Esslöffeln Olivenöl andünsten, nicht anbräunen lassen. Die Tomaten, 1 Prise Salz und etwas Pfeffer hinzugeben und 10–15 Minuten köcheln lassen. Die eingelegten Sardellen waschen, vom Salz befreien, entgräten und in kleine Stücke schneiden. Den Caciocavallo von der Rinde befreien und in kleine Würfel schneiden.

3 Den aufgegangenen Teig noch einmal kräftig durchkneten und zu 4 Rechtecken ausrollen. Die vorbereitete Sauce, die Caciocavallo-Würfel, die Sardellen und den Oregano auf dem Teig verteilen und mit etwas Olivenöl beträufeln. Auf einem Backblech im vorgeheizten Backofen bei 220 °C 20–30 Minuten backen. Aus dem Ofen nehmen und sofort heiß servieren.

Pizza alla scarola
Pizza mit Endivie

🍳 einfach
🕐 1 Stunde + Ruhezeit
450 kcal/1890 kJ

Zutaten

1 EL Rosinen
4 Köpfe breitblättriger Endiviensalat
1 EL in Salz eingelegte Kapern
6 in Salz eingelegte Sardellen
150 g schwarze Oliven
400 g Brotteig
4 EL Olivenöl
1 EL Pinienkerne
Salz

1 Die Rosinen in lauwarmem Wasser einweichen. Den Endiviensalat putzen, waschen und 5 Minuten in einem Topf mit leicht gesalzenem Wasser blanchieren. Abtropfen lassen und so ausdrücken, dass möglichst wenig Feuchtigkeit haften bleibt. Kapern und Sardellen unter fließendem kaltem Wasser abwaschen, die Gräten der Sardellen entfernen und die Oliven entsteinen.

2 In einer Pfanne 3 Esslöffel Olivenöl erhitzen, Sardellen, Kapern und Oliven hineingeben. Bei minimaler Hitze unter Rühren andünsten, bis die Sardellen zerfallen. Den Endiviensalat hinzufügen und unterrühren.

3 Eine Backform mit Olivenöl einfetten, den Brotteig darin ausbreiten und die Endivienmischung darauf verteilen. Mit den abgetrockneten Rosinen und den Pinienkernen bestreuen und mit dem restlichen Olivenöl beträufeln. Im vorgeheizten Backofen bei 230 °C 30 Minuten backen. Heiß servieren.

Calzoni alle bietole e peperoncino
Teigtaschen mit Mangold und Peperoncino

🍳 einfach
🕐 50 Minuten
470 kcal/1974 kJ

Zutaten für 4 bis 6 Personen

800 g Mangold
100 g schwarze Oliven
1 scharfer roter Peperoncino
Salz
6 EL Olivenöl
500 g Brotteig

1 Den Mangold putzen, die Stiele abschneiden und nur die Blätter weiterverwenden. Gründlich waschen, trockentupfen, in dünne Streifen schneiden und in eine Salatschüssel geben. Die Oliven entsteinen und klein schneiden, den Peperoncino zerbröckeln und mit den Oliven zu dem Mangold geben. 1 Prise Salz und 2 Esslöffel Olivenöl hinzugeben, alles gründlich miteinander verrühren.

2 Den Brotteig mit 2 Esslöffeln Olivenöl verkneten. Mit einem Nudelholz sehr dünn ausrollen und in runde Scheiben mit einem Durchmesser von etwa 10 Zentimeter schneiden. In die Mitte jeder Scheibe ein kleines Häufchen der Mangoldmischung setzen. Die Teigscheiben jeweils in der Mitte umklappen, so dass kleine Halbmonde entstehen. Den Rand festdrücken.

3 Die Halbmonde mit einer Gabel einstechen und die Teigtaschen auf ein leicht gefettetes Backblech legen. Mit dem restlichen Olivenöl sparsam bepinseln und im vorgeheizten Backofen bei 220 °C goldgelb backen.

Focaccia con cipolle e pomodoro
Focaccia mit Zwiebeln und Tomaten

👨‍🍳 mittelschwer
🕐 1 Stunde 10 Minuten + Ruhezeit
670 kcal/2814 kJ

Zutaten

Für den Teig

500 g Weißmehl

25 g Hefe

5 EL lauwarme Milch

Salz

4 EL Olivenöl

Für den Belag

2 Zwiebeln

3 EL Olivenöl

einige Basilikumblätter

500 g Tomatenstücke aus der Dose

3 in Salz eingelegte Sardellen

8 Knoblauchzehen

eine Hand voll schwarze Oliven

1 Prise Oregano

1 Das Mehl auf ein Küchenbrett geben und eine Mulde hineindrücken. Die Hefe in einer kleinen Schüssel in der lauwarmen Milch auflösen, in die Mulde gießen. Salzen, das Olivenöl hinzugeben und mit soviel lauwarmem Wasser verrühren, dass ein glatter, geschmeidiger Teig entsteht.

2 Den Teig kräftig kneten und dabei ab und zu auf das Brett schlagen. Anschließend mit einem Tuch bedecken und aufgehen lassen, bis er sein Volumen verdoppelt hat.

3 Die Zwiebeln waschen, in dünne Ringe schneiden und bei kleiner Hitze in einer Pfanne mit dem Olivenöl andünsten. Sobald sie weich sind, die Basilikumblätter und die Tomatenstücke hinzu-

fügen. In die eingedickte Sauce die von Salz und Gräten befreiten, zerkleinerten Sardellen geben.

4 Den Teig noch einmal kurz durchkneten, fingerdick ausrollen und in eine eingefettete Backform legen.

5 Die vorbereitete Sauce auf dem Teig verteilen und die geschälten sowie vom Mitteltrieb befreiten Knoblauchzehen senkrecht in den Teig hineinstecken (nach Wunsch können die Knoblauchzehen auch erst gegen Ende der Backzeit hinzugefügt werden). Den Teig mit den entsteinten Oliven belegen, mit Oregano bestreuen und im vorgeheizten Backofen bei 230 °C etwa 30 Minuten backen. Die Focaccia aus dem Ofen nehmen und heiß servieren.

Pizza napoletana
Neapolitanische Pizza

👨‍🍳 einfach
🕐 45 Minuten
510 kcal/2142 kJ

Zutaten

3 Tomaten

2 Knoblauchzehen

4 Basilikumblätter

$\frac{1}{2}$ TL Oregano · Salz

800 g Brotteig

3 EL Olivenöl

1 Die Tomaten in kochendem Wasser blanchieren, häuten, die Samen entfernen, die Flüssigkeit abtropfen lassen, das Fruchtfleisch achteln und in eine Schüssel geben. Die Knoblauchzehen schälen und fein hacken, die Basilikumblätter waschen und klein zupfen. Knoblauch, Basilikum, Oregano und 1 Prise Salz zu den Tomatenachteln geben und alles miteinander vermischen.

2 Den Brotteig ausrollen und auf eine oder mehrere, zuvor mit etwas Olivenöl eingefettete Pizzabackformen verteilen. Die Tomaten-Kräuter-Mischung auf dem Teig verteilen, dabei die Ränder aussparen, und mit dem Olivenöl beträufeln. Die Pizza in den vorgeheizten Backofen schieben und bei 230 °C in etwa 20 Minuten knusprig backen. Aus dem Ofen nehmen und sofort servieren.

Pizza margherita
Pizza Margherita

mittelschwer
1 Stunde + Ruhezeit
550 kcal/2310 kJ

Zutaten

Für den Teig

30 g Hefe
500 g Mehl Type 550
Salz
2 EL Olivenöl

Für den Belag

400 g Tomatenstücke, aus der Dose
4 EL Olivenöl
Salz · Pfeffer
150 g Mozzarella
einige Basilikumblätter

1 Die Hefe in einer Schüssel in 2 Esslöffeln warmem Wasser auflösen und mit 2 Esslöffeln Mehl verrühren. Diesen Vorteig mit einem Tuch bedeckt an einem warmen Ort gehen lassen. Wenn er sein Volumen verdoppelt hat, das restliche Mehl auf ein Küchenbrett sieben, eine Mulde hineindrücken und den Vorteig in die Mitte geben. 1 Prise Salz und 2 Esslöffel Olivenöl hinzufügen und verkneten. Nach und nach soviel lauwarmes Wasser hinzugeben, bis der Teig die richtige Konsistenz hat.

2 Den Teig einige Minuten lang kräftig kneten, dann in eine mit Mehl bestäubte Schüssel geben. Abgedeckt an einem warmen Ort gehen lassen, bis er sein Volumen verdoppelt hat. Erneut auf das mit Mehl bestäubte Brett legen und einige Minuten durchkneten, dabei hin und wieder auf das Brett schlagen, um ihn zu komprimieren. In 4 Portionen dünn ausrollen und auf ein oder mehrere leicht eingefettete Backbleche verteilen.

3 Die Tomatenstücke auf dem Teig verteilen, mit etwas Olivenöl beträufeln und mit Salz und Pfeffer würzen. Die Pizza im vorgeheizten Ofen bei 230 °C etwa 15 Minuten backen. Anschließend mit dem gewürfelten Mozzarella und Basilikum bestreuen. Weitere 10 Minuten backen und anschließend heiß servieren.

Torta di verdure e pomodori secchi
Gemüsetorte mit getrockneten Tomaten

mittelschwer
1 Stunde + Ruhezeit
710 kcal/2982 kJ

Zutaten

Für den Teig

30 g Hefe
520 g Auszugsmehl
Salz
5 EL Olivenöl

Für die Füllung

650 g geputzter Mangold
5–6 in Öl eingelegte, getrocknete Tomaten
1 Prise scharfes Paprikapulver · Salz
etwas Weißmehl
5 EL Olivenöl

1 Für den Teig die Hefe zerbröckeln und mit ½ Glas lauwarmem Wasser in eine große Schüssel geben. 500 g Auszugsmehl auf ein Küchenbrett sieben, eine Mulde hineindrücken und 1 Prise Salz einstreuen. Die Hefe in die Mulde geben und verkneten. Dabei soviel von dem lauwarmen Wasser hinzufügen, dass ein recht fester Teig entsteht. Den Teig nun zu einer Kugel formen, mit dem restlichen Mehl bestäuben, mit einem Tuch abdecken und mindestens 1 Stunde gehen lassen.

2 Den Teig erneut durchkneten und nach und nach 5 Esslöffel Olivenöl hinzugeben. So lange kneten, bis alle Zutaten gut miteinander vermischt sind. Den Teig teilen und zu zwei nicht zu dünnen Platten ausrollen, wobei die eine ein wenig größer sein sollte. Eine Backform mit etwas Olivenöl einfetten, sparsam mit Mehl bestäuben und die größere der beiden Teigplatten hineingeben.

3 Den Backofen auf 230 °C vorheizen. Den gewaschenen und in dünne Streifen geschnittenen Mangold in eine Schüssel geben, die klein geschnittenen, getrockneten Tomaten und das Paprikapulver hinzufügen, salzen und mit dem restlichen Olivenöl vermengen. Die Füllung auf den Teig geben, mit der kleineren Teigscheibe bedecken, dabei die Ränder gut festdrücken. Die Oberfläche mit einer Gabel mehrmals einstechen. Im vorgeheizten Backofen etwa 30 Minuten backen. Die Gemüsetorte vor dem Servieren leicht abkühlen lassen.

Calzone di verdura
Gemüseteigtasche

🍳 mittelschwer
🕐 1 Stunde
360 kcal/1512 kJ

Zutaten

200 g Weißmehl
30 g bereits aufgegangener Brotteig
Salz
5 EL Olivenöl
2 EL Rosinen
700 g Mangold
1 Prise scharfes Paprikapulver

1 Das Mehl auf ein Küchenbrett sieben, eine Mulde hineindrücken und den in kleine Stücke zerteilten, bereits aufgegangenen Brotteig hineingeben. Salz und 2 Esslöffel Olivenöl hinzufügen und alles kräftig verkneten. Dabei soviel Wasser untermischen, dass ein glatter, geschmeidiger Teig entsteht. Den Teig zu einer Kugel formen und abgedeckt an einem warmen Ort ruhen lassen.

2 Die Rosinen in einer Schüssel mit lauwarmem Wasser etwa 5 Minuten einweichen. Den Mangold unter fließendem kaltem Wasser waschen, abtropfen lassen, trockentupfen, in dünne Streifen schneiden und in eine Schüssel geben. Die abgetropften und trockengetupften Rosinen sowie 1 Esslöffel Olivenöl und je 1 Prise Salz und scharfes Paprikapulver hinzufügen.

3 Den Teig so ausrollen, dass eine runde dünne Teigplatte entsteht. Die Platte auf ein mit Olivenöl eingefettetes Backblech legen und die Mangoldmischung auf einer Teighälfte verteilen. Die andere Hälfte über die Füllung klappen, so dass ein Halbmond entsteht. Die Teigränder gut verschließen und mit den Fingerspitzen fest zusammendrücken. Die Teigtasche mit dem restlichen Olivenöl bepinseln und in den auf 200 °C vorgeheizten Backofen schieben. 25 Minuten backen, aus dem Ofen nehmen und dampfend frisch servieren.

Torta di erbe selvatiche
Wildkräutertorte

🍳 mittelschwer
🕐 1 Stunde
480 kcal/2016 kJ

Zutaten

1 EL Rosinen
300 g Wildkräuter (Borretsch, Brennnesseln usw.)
1/2 Knoblauchzehe
2 Eier · 1 Eigelb
50 g Ricotta
1 EL Zucker
2 EL geriebener Grana
Salz · Pfeffer
1 EL Pinienkerne
400 g Brotteig
5 EL Olivenöl

1 Die Rosinen in einer kleinen Schüssel in lauwarmem Wasser einweichen. Die Wildkräuter gründlich waschen, abtropfen lassen und 5–6 Minuten in kochendem Salzwasser blanchieren. Herausnehmen und gut ausdrücken. 2 Esslöffel Olivenöl in einer Pfanne erhitzen und die vom Mitteltrieb befreite Knoblauchzehe darin mit den Kräutern einige Minuten andünsten. Die Kräuter herausnehmen und abgetropft in eine Schüssel geben.

2 Die Rosinen abtropfen lassen, ausdrücken und zu den Kräutern geben. Die Eier, das Eigelb, den Ricotta, den Zucker und den Grana hinzufügen, salzen, pfeffern und alles gut miteinander vermischen. Die Pinienkerne einige Minuten bei 180 °C im Backofen rösten und dann zu den übrigen Zutaten geben. Eine kleine Backform mit Olivenöl einfetten, zwei Drittel des Teigs auf den Boden und die Ränder der Form verteilen und die Füllung darauf verstreichen.

3 Den restlichen Teig zu einer runden Platte ausrollen. Mit dieser Platte die Füllung bedecken, dabei die Ränder fest mit den Fingern zusammendrücken. Die Oberfläche der Torte mehrmals mit einer Gabel einstechen und mit dem restlichen Olivenöl bepinseln. Die Backform in den vorgeheizten Backofen schieben und bei 220 °C 30 Minuten backen. Aus dem Ofen nehmen und nach Belieben heiß oder kalt servieren.

Torta di ortaggi
Gemüsetorte

🍳 **mittelschwer**
🕐 **1 Stunde**
380 kcal/1596 kJ

Zutaten

300 g Möhren
300 g grüne Bohnen
300 g Erbsen ohne Hülsen
1 Bund Basilikum
5 Eier
6 EL geriebener Grana
3 EL Milch
4 EL Semmelbrösel
Salz · Pfeffer
2 EL Olivenöl

1 Die Möhren abbürsten und schälen, die Bohnen putzen, eventuell die Fäden abziehen. Das gesamte Gemüse waschen, die Möhren würfeln und die Bohnen klein schneiden. Das Basilikum waschen, ausschütteln und fein hacken. Die Möhrenwürfel, die Bohnenstücke und die Erbsen jeweils getrennt in kochendem Salzwasser blanchieren, abgießen und in eine Schüssel geben.

2 Die Eier in einer Schüssel verschlagen, den geriebenen Grana und die Milch hinzufügen. Das Gemüse, die Semmelbrösel, das gehackte Basilikum, 1 Prise Salz und Pfeffer hinzufügen und alle Zutaten miteinander vermengen.

3 Eine Backform von 22–24 Zentimeter Durchmesser mit etwas Olivenöl einfetten, die vorbereitete Mischung hineinfüllen und in den auf 200 °C vorgeheizten Ofen schieben. Etwa 20 Minuten backen, bis die Oberfläche goldbraun ist. Aus dem Ofen nehmen, abkühlen lassen, auf einer Platte anrichten und lauwarm servieren.

Crostata Teresa

Blätterteigtorte mit Tomaten und Auberginen

 mittelschwer
 1 Stunde 30 Minuten
820 kcal/3444 kJ

Zutaten

2 Auberginen
1 Knoblauchzehe
3 Tomaten
2 EL Olivenöl
Salz · Pfeffer
Oregano
2 Eier
150 g Emmentaler
400 g tiefgefrorener Blätterteig
einige Basilikumblätter

1 Die Auberginen schälen, in Stücke schneiden und in ein Sieb legen. Mit Salz bestreuen und etwa 30 Minuten ziehen lassen. Abwaschen und mit Küchenpapier trockentupfen. Die Knoblauchzehe schälen, vom Mitteltrieb befreien und waschen. Die Tomaten waschen und abtrocknen, achteln, die Samen entfernen und abtropfen lassen.

2 Das Olivenöl in einer Pfanne erhitzen, darin den Knoblauch hell andünsten, dann herausnehmen. Die Auberginen, etwas Salz, 1 Prise Pfeffer und den Oregano hinzugeben und bei kleiner Hitze garen. Die aufgeschlagenen Eier hinzufügen, gründlich verrühren, den Herd ausschalten und den in Würfel geschnittenen Emmentaler einrühren.

3 Den aufgetauten Blätterteig ausrollen und Boden und Ränder einer feuerfesten Form damit auslegen. Die Auberginen-Mischung darauf verteilen und darüber die Tomaten wie Dachziegel anordnen. In den auf 200 °C vorgeheizten Backofen schieben und etwa 30 Minuten backen. Kurz vor dem Servieren mit den Basilikumblättern dekorieren.

Rotolo di carciofi
Artischocken-Teigrolle

☐ mittelschwer
🕐 1 Stunde
540 kcal/2268 kJ

Zutaten

Für die Füllung

8 Artischocken
Saft von ¹/₂ Zitrone
1 Knoblauchzehe
1 kleines Bund Petersilie
5 EL Olivenöl · Salz
2 EL Semmelbrösel
2 EL geriebener Grana

Für den Teig

300 g Weißmehl
Salz · 4 EL Olivenöl

1 Die Artischocken putzen, die Stiele sowie die harten äußeren Blätter entfernen und die Spitzen abschneiden. Die Artischocken in dünne Scheiben schneiden und in eine Schüssel mit Wasser und Zitronensaft legen, damit sie nicht schwarz werden. Den Knoblauch schälen, die Petersilie waschen, beides hacken.

2 In einer Pfanne 4 Esslöffel Olivenöl erhitzen, Knoblauch und Petersilie hineingeben, andünsten, dann die Artischocken hinzufügen. Salzen und bei niedriger Hitze zugedeckt etwa 20 Minuten köcheln lassen. Wenn nötig, etwas Wasser hinzugießen. Am Ende des Kochvorgangs mit Semmelbröseln und geriebenem Grana bestreuen.

3 Das Mehl mit dem Salz, dem Olivenöl und so viel lauwarmem Wasser verkneten, dass ein kompakter, aber geschmeidiger Teig entsteht. Einige Minuten durchkneten, anschließend mit einer Teigrolle dünn ausrollen. Die Artischocken-Mischung darauf verteilen.

4 Die Teigplatte aufrollen und dabei die Ränder fest zusammendrücken, um sie zu verschließen. Die Teigrolle auf ein mit dem restlichen Öl eingefettetes Backblech legen. In den auf 200 °C vorgeheizten Backofen schieben und etwa 20 Minuten backen. Aus dem Ofen nehmen und in Scheiben schneiden. Die Scheiben auf einer Platte anrichten und nach Belieben heiß oder lauwarm servieren.

Pizza al radicchio
Pizza mit Radicchio

☐ mittelschwer
🕐 1 Stunde + Ruhezeit
410 kcal/1722 kJ

Zutaten

Für den Teig

15 g Hefe · 300 g Weißmehl
Salz · Pfeffer

Für die Füllung

1 kg roter Radicchio
4 EL Olivenöl · 1 geschälte Knoblauchzehe
Salz · Pfeffer
40 g in Salz eingelegte Kapern
40 g schwarze Oliven aus Apulien · 1 Ei

1 Die Hefe in etwas lauwarmem Wasser auflösen. Das Mehl auf ein Backbrett sieben, in die Mitte eine Mulde hineindrücken, mit je 1 Prise Salz und Pfeffer bestreuen, dann die Hefe in die Mulde geben. Verkneten und noch etwas Wasser untermischen. Den Teig zu einer Kugel formen und bis zum doppelten Volumen aufgehen lassen.

2 Den Radicchio gut waschen, grob zerkleinern und mit dem Olivenöl und der Knoblauchzehe in eine Pfanne geben. Salzen, pfeffern und zugedeckt bei mäßiger Hitze braten, bis die Kochflüssigkeit verdampft ist.

3 Den Teig teilen, wobei eine Hälfte etwas größer ausfallen sollte. Diese Hälfte dünn ausrollen und eine mit Olivenöl eingefettete feuerfeste Form damit auslegen. Den Radicchio ohne den Knoblauch auf den Teig geben, darauf die gewaschenen und ausgedrückten Kapern sowie die entsteinten Oliven verteilen.

4 Die kleinere Teighälfte ausrollen, die Pizza damit bedecken und die Ränder festdrücken. Die Oberfläche mit dem geschlagenen Ei bestreichen, dann die Pizza in den auf 200 °C vorgeheizten Backofen schieben. 25 Minuten backen und heiß oder lauwarm servieren.

Pizza alle vongole
Pizza mit Venusmuscheln

☺ einfach
🕐 1 Stunde + Ruhezeit
440 kcal/1848 kJ

Zutaten

1 kg Venusmuscheln
400 g reife, feste Tomaten
5 EL Olivenöl
Salz · Pfeffer
1 Prise Oregano
1 EL gehackte Petersilie
500 g Brotteig

1 Die Venusmuscheln waschen und mindestens 3 Stunden in einem Topf mit reichlich Salzwasser einweichen. Abgießen, in eine Pfanne geben und bei starker Hitze anbraten, bis sie sich öffnen. Das Muschelfleisch sachte aus den Schalen lösen und in eine Schüssel füllen, die ungeöffneten Muscheln aussondern.

2 Die Tomaten kurz in einem Topf mit kochendem Wasser blanchieren, häuten, Samen entfernen, die Flüssigkeit abtropfen lassen und das Fruchtfleisch in mittelgroße Stücke schneiden. 2 Esslöffel Olivenöl in einer Pfanne erhitzen, darin die Tomaten bei starker Hitze mit 1 Prise

Salz, frisch gemahlenem schwarzem Pfeffer, Oregano und etwas gehackter Petersilie anbraten.

3 Den Teig mit 2 Esslöffeln Olivenöl verkneten und mit der Teigrolle zu einer etwa $1/2$ Zentimeter dicken Platte ausrollen. Auf einem mit dem restlichen Öl eingefetteten Backblech verteilen, die Tomatenmischung darüber geben und in den auf 230 °C vorgeheizten Backofen schieben. Die Pizza in etwa 25 Minuten knusprig backen. Einige Minuten vor Ende der Backzeit mit den Venusmuscheln belegen und mit der restlichen Petersilie bestreuen. Heiß servieren.

Torta di riso e zucchine
Reis-Zucchini-Torte

☺ mittelschwer
🕐 1 Stunde 10 Minuten
390 kcal/1638 kJ

Zutaten

Für die Füllung

100 g Reis
250 g Zucchini · 1 Zwiebel
2 EL geriebener Grana
2 EL Olivenöl
Salz · Pfeffer
1 Ei

Für den Teig

150 g Weißmehl
Salz · 3 EL Olivenöl

1 Einen Topf mit reichlich Wasser zum Kochen bringen, leicht salzen, den Reis hineingeben und bissfest kochen. Die Zucchini abbürsten, waschen, abtrocknen, in Stifte schneiden und in eine Schüssel füllen. Die Zwiebel schälen, waschen, abtrocknen und fein hacken, dann zu den Zucchini geben. Den Reis, den Grana, das Olivenöl, 1 Prise Salz sowie etwas frisch gemahlenen Pfeffer hinzufügen und das Ei unterheben.

2 Für den Teig das Mehl in einer Schüssel mit etwas Salz, 2 Esslöffeln Olivenöl und soviel lauwarmem Wasser verrühren, dass ein weicher, aber glatter Teig entsteht. Eine Tortenform mit etwas Olivenöl einfetten, den Teig teilen und zu

2 Platten ausrollen, von denen eine etwas größer als die andere sein sollte. Den Boden und die Ränder der Tortenform mit der größeren Teigplatte auslegen. Die Zucchini-Mischung darauf verteilen, glatt streichen und mit der kleineren Teigplatte bedecken.

3 Die Ränder der beiden Teigplatten mit den Fingern fest zusammendrücken, um sie zu verschließen. Überschüssiger Teig kann zur Dekoration der Tortenoberfläche verwendet werden. Die Torte nun mit dem restlichen Olivenöl sparsam bepinseln, in den auf 200 °C vorgeheizten Backofen schieben und etwa 30 Minuten backen. Herausnehmen und lauwarm servieren.

Torta salata di cipolle e peperoni

Herzhafte Torte mit Zwiebeln und Paprika

🍴 **mittelschwer**

🕐 **1 Stunde 10 Minuten**

380 kcal/1596 kJ

Zutaten

Für den Teig

130 g Weißmehl

60 g Butter

Salz

Für den Belag

300 g Zwiebeln

1 rote Paprikaschote

1 gelbe Paprikaschote

2 EL Olivenöl

2 Eier

200 ml Milch

Salz · Pfeffer

1 Das Mehl auf ein Küchenbrett sieben, die Butter in Flöckchen sowie einige Esslöffel Wasser und 1 Prise Salz in die Mitte geben. Die Zutaten mit den Fingerspitzen rasch vermengen, ohne den Teig ausgiebig zu kneten. Den Teig in Frischhaltefolie oder in ein Tuch schlagen und etwa 30 Minuten im kälteren Teil des Kühlschranks ruhen lassen.

2 Währenddessen die Zwiebeln schälen und in dünne Ringe schneiden. Die Paprikaschoten von Samen und Stegen befreien, waschen und ebenfalls in dünne Ringe schneiden. Das Olivenöl in einer Pfanne erhitzen, die Zwiebeln darin andünsten, abtropfen lassen und in eine Schüssel geben. In der gleichen Pfanne die Paprikaringe etwa 5 Minuten anbraten, dann zu den Zwiebeln geben.

3 Die Eier in einer Schüssel verschlagen, die Milch sowie je 1 Prise Salz und Pfeffer hinzufügen und alles mit einer Gabel leicht verrühren. Die Zwiebel- und Paprikaringe unterheben und gründlich umrühren.

4 Den Teig aus dem Kühlschrank nehmen und etwa 3 mm dick ausrollen. Eine sparsam mit Olivenöl eingefettete Tortenbodenform damit auslegen. Den Tortenboden mehrmals mit einer Gabel einstechen, dann die Eier-Gemüse-Mischung darauf verteilen. Die Torte im vorgeheizten Backofen bei 200 °C 30 Minuten backen, bis die Oberfläche goldgelb ist. Die Torte nach dem Backen eine Weile ruhen lassen, dann aus der Form nehmen, auf einer Platte anrichten und heiß oder lauwarm servieren.

Die gewaschenen und in Ringe geschnittenen Zwiebeln in einer Pfanne andünsten.

Zwiebel- und Paprikaringe in eine Schüssel geben und die mit der Milch verschlagenen Eier hinzufügen.

Die Mischung in die mit dem Teig ausgelegte Tortenform geben.

Crostata di zucchine, mozzarella e pomodori
Zucchini-Mozzarella-Tomaten-Kuchen

☕ **einfach**
🕐 **1 Stunde**
300 kcal/1260 kJ

Zutaten

300 g kleine Zucchini
3 EL Olivenöl
Salz · Pfeffer
250 g reife, feste Tomaten
200 g Mozzarella
1 Bund Basilikum
200 g fertiger Mürbeteig
60 g geriebener Grana
1 EL Semmelbrösel
1 EL Weißmehl

1 Die Zucchini von Stiel- und Blütenansatz befreien, waschen, in Scheiben schneiden und in einer Pfanne in 2 Esslöffeln heißem Olivenöl kurz anbraten. Salzen, pfeffern, vom Herd nehmen und beiseite stellen.

2 Die Tomaten in kochendem Wasser blanchieren. Abgießen, häuten, die Samen entfernen, die Flüssigkeit abtropfen lassen und die Tomaten in Scheiben schneiden. Den Mozzarella ebenfalls in Scheiben schneiden, das Basilikum waschen, ausschütteln und klein zupfen.

3 Den Mürbeteig etwa 3 mm dünn ausrollen und eine leicht eingefettete Tortenbodenform damit auslegen. Den Teigboden mit einer Gabel mehrmals einstechen. Mit der Hälfte der Zucchinischeiben belegen, darauf die Hälfte der Mozzarellascheiben verteilen, etwas geriebenen Grana darüber streuen und zuletzt mit den Tomatenscheiben belegen. Mit Salz, Pfeffer und Basilikum würzen.

4 Mit den restlichen Mozzarellascheiben, etwas Grana und den restlichen Zucchinischeiben belegen. Die Semmelbrösel mit dem restlichen Grana mischen, den Kuchen damit bestreuen und mit dem restlichen Olivenöl beträufeln. In den auf 200 °C vorgeheizten Backofen schieben und 30 Minuten backen. Aus dem Ofen nehmen, aus der Form heben und auf einer Platte servieren.

Den Mürbeteig mit der Hälfte der vorbereiteten Zucchinischeiben belegen.

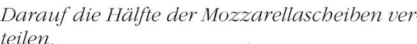

Darauf die Hälfte der Mozzarellascheiben verteilen.

Die Mozzarellascheiben mit den Tomatenscheiben bedecken.

Pizza alle quattro stagioni
Pizza Vier Jahreszeiten

☺ einfach
🕐 30 Minuten
230 kcal/966 kJ

Zutaten für 1 Pizza

*15–20 in Wasser eingeweichte
 Venusmuscheln*

8–10 Miesmuscheln

etwas Weißmehl

200 g Brotteig

12–15 schwarze Oliven

4 in Öl eingelegte Sardellenfilets

6–7 in Öl eingelegte Artischockenherzen

2 EL Olivenöl

1 Die Venus- und Miesmuscheln waschen und bei starker Hitze in einem kleinen Topf anbraten, bis sie sich öffnen. Das Muschelfleisch aus den geöffneten Schalen lösen. Ein Küchenbrett mit etwas Weißmehl bestäuben und den Brotteig zu einem runden Fladen ausrollen. Die Teigplatte auf ein eingefettetes Backblech legen und die Oberfläche mit einem Messer kreuzförmig einschneiden, um 4 Viertel zu markieren.

2 Jedes Viertel mit einer anderen Zutat belegen: eines mit den Venusmuscheln, eines mit den entsteinten und zerkleinerten Oliven und den Sardellenfilets, ein drittes mit den halbierten oder klein geschnittenen Artischockenherzen und das letzte mit den Miesmuscheln. In den vorgeheizten Backofen schieben und bei 220 °C etwa 15 Minuten backen. Aus dem Ofen nehmen und heiß servieren, dazu mit etwas Olivenöl beträufeln.

Pizza ai funghi
Pizza mit Pilzen

☺ mittelschwer
🕐 1 Stunde + Ruhezeit
450 kcal/1890 kJ

Zutaten

Für den Teig

20 g Hefe

400 g Weizenmehl

Salz

Für den Belag

400 g Zuchtpilze

1 kleines Bund Petersilie

2 Knoblauchzehen

4 EL Olivenöl

Salz

1 Die Hefe in einer Tasse mit lauwarmem Wasser auflösen, das Weizenmehl auf die Arbeitsfläche sieben, in die Mitte eine Mulde hineindrücken und das Wasser mit der aufgelösten Hefe langsam in die Mulde gießen. Die Hefe mit Hilfe einer Gabel mit dem Mehl verrühren, mit 1 Prise Salz bestreuen und den Teig mit den Händen kräftig kneten, bis er weich und geschmeidig ist. Aus dem Teig eine Kugel formen, in eine mit Mehl bestäubte Schüssel legen, mit einem Tuch abdecken und bei Zimmertemperatur 2 Stunden gehen lassen.

2 Die Zuchtpilze kurz unter fließendem Wasser abwaschen, trockentupfen und in Scheiben schneiden. Die Petersilie waschen und mit den geschälten Knoblauchzehen fein hacken.

3 In einer Pfanne 3 Esslöffel Olivenöl erhitzen, die Pilze und die Petersilien-Knoblauch-Mischung mit einem Holzlöffel einrühren und bei mittlerer Hitze 10 Minuten dünsten, bis die Flüssigkeit der Pilze verdunstet ist. Nach 5 Minuten mit 1 Prise Salz würzen.

4 Den Teig ausrollen, eine feuerfeste Form mit Olivenöl einfetten, mit dem Teig auslegen, die Pilz-Mischung so darauf verteilen, dass ein kleiner Rand unbedeckt bleibt. Im vorgeheizten Backofen bei 220 °C 20 Minuten backen. Die fertige Pizza sofort heiß servieren.

Focaccia con le olive verdi
Focaccia mit grünen Oliven

🔖 mittelschwer
🕐 40 Minuten + Ruhezeit
610 kcal/2562 kJ

Zutaten

15 g Hefe
450 g Weißmehl
100 ml kohlensäurehaltiges Mineralwasser
Salz
5 EL Olivenöl
1 Tasse entsteinte grüne Oliven

1 Die Hefe in einer Tasse mit lauwarmem Wasser auflösen. Das Weißmehl auf ein Küchenbrett sieben, eine Mulde hineindrücken, die aufgelöste Hefe in die Mulde geben und alles miteinander verkneten. Mineralwasser, Salz und 3 Esslöffel Olivenöl hinzufügen und mindestens 5 Minuten lang kräftig verkneten, damit sich alle Zutaten gut vermischen. ³/₄ der Oliven klein schneiden, die restlichen halbieren.

2 Den Teig aufgehen lassen. Sobald er sein Volumen verdoppelt hat, die klein geschnittenen Oliven unterheben. Den Teig 1 Zentimeter dick ausrollen, in eine mit Olivenöl eingefettete feuerfeste Form legen und mit etwas Salz bestreuen. Mit den Olivenhälften belegen. Die Focaccia im vorgeheizten Backofen bei 220 °C 20 Minuten backen. Sobald die Oberfläche goldgelb ist, aus dem Ofen nehmen und servieren.

Erbazzone
Mürbeteigkuchen mit Spinat oder Mangold

🔖 mittelschwer
🕐 1 Stunde 40 Minuten + Ruhezeit
580 kcal/2436 kJ

Zutaten

Für den Teig

250 g Weißmehl
50 g weiche Butter · Salz

Für die Füllung

1 kg Spinat oder Mangold
5 EL Olivenöl
1 EL gehackte Petersilie
1 gehackte Knoblauchzehe
1 Ei
80 g geriebener Grana
Salz · Pfeffer

1 Zur Vorbereitung des Teigs das Mehl auf ein Küchenbrett sieben, eine Mulde hineindrücken und die weiche Butter sowie 1 Prise Salz in die Mitte geben. Alles miteinander verkneten, dabei soviel Wasser unterrühren, dass ein weicher und glatter Teig entsteht. Mit einem Tuch abdecken und 30 Minuten an einem kühlen Ort ruhen lassen.

2 Spinat oder Mangold gründlich waschen, abtropfen lassen und in einem Topf mit wenig kochendem Salzwasser bissfest garen. Abgießen, vorsichtig ausdrücken und klein hacken. 3 Esslöffel Olivenöl in einer Pfanne erhitzen und die Petersilie mit der gehackten Knoblauchzehe darin anbraten, den Spinat oder Mangold hinzufügen und kurz andünsten.

Vom Herd nehmen, das Ei, den Grana und 1 Prise frisch gemahlenen Pfeffer unterrühren.

3 Den Teig ausrollen und zwei Teigplatten daraus formen, wobei eine den Durchmesser der Tortenform aufweisen, die andere jedoch etwas größer sein sollte. Die Tortenform einfetten und die größere Teigplatte hineinlegen. Die Füllung darauf verteilen, glatt streichen und mit der zweiten Teigplatte abdecken.

4 Die Ränder beider Teigplatten zusammendrücken, die Oberfläche mit einer Gabel einstechen und mit etwas Olivenöl bepinseln. Im vorgeheizten Backofen bei 200 °C 45 Minuten backen. Lauwarm oder kalt servieren.

Torta con peperoni e melanzane
Paprika-Auberginen-Torte

einfach
1 Stunde 10 Minuten
510 kcal/2142 kJ

Zutaten

1 Zwiebel

1 Paprikaschote

2 Auberginen

4 EL Olivenöl

Salz · Pfeffer

30 g geriebener Parmesan

700 g Brotteig

1 Die Zwiebel schälen, waschen, abtrocknen und in Ringe schneiden. Die Paprikaschote waschen, von Samen und Stegen befreien und in dünne Ringe schneiden. Die Auberginen waschen, den Stielansatz entfernen und in Würfel schneiden. 3 Esslöffel Olivenöl in einer Pfanne erhitzen und die Zwiebelringe darin anbraten. Die Paprikaringe und die Auberginenwürfel hinzufügen. Mit Salz und Pfeffer würzen und bei mäßiger Hitze etwa 20 Minuten garen. Vom Herd nehmen und den geriebenen Parmesan unterrühren.

2 Den Teig teilen und jede Hälfte zu einer Platte ausrollen, wobei die eine etwas kleiner sein sollte als die andere. Mit der größeren Teigplatte die mit dem restlichen Olivenöl eingefettete feuerfeste Form auslegen, die Gemüsemischung darauf verteilen und mit der kleineren Teigplatte abdecken. Die Ränder beider Teigplatten zusammendrücken, um sie fest miteinander zu verbinden. Die Torte im vorgeheizten Backofen bei 200 °C etwa 30 Minuten backen. Aus dem Ofen nehmen und nach Belieben heiß oder lauwarm servieren.

Focaccia al rosmarino
Focaccia mit Rosmarin

einfach
45 Minuten + Ruhezeit
370 kcal/1554 kJ

Zutaten

300 g Weißmehl

15 g Hefe

5 EL Olivenöl

2 EL gehackter Rosmarin

Salz

1 Das Mehl auf ein Küchenbrett sieben und eine Mulde hineindrücken. Die Hefe in einer kleinen Schüssel in 3 Esslöffeln lauwarmem Wasser auflösen und in die Mulde gießen. Mit etwas Mehl vom Rand verrühren, dann 3 Esslöffel Olivenöl, den Rosmarin, das Salz und nach und nach 5 Esslöffel Wasser hinzufügen. 10 Minuten kräftig kneten, bis ein glatter und geschmeidiger Teig entsteht. Mit einem Tuch abdecken und 30 Minuten bei Zimmertemperatur gehen lassen.

2 Den Teig abermals kräftig durchkneten und schließlich zu einer knapp 1 Zentimeter dicken Platte ausrollen. Die Platte in eine mit 1 Esslöffel Olivenöl eingefettete feuerfeste Form legen und die Oberfläche der Teigplatte mit 1 Esslöffel Olivenöl bepinseln. Dann weitere 30 Minuten gehen lassen. Die Focaccia im vorgeheizten Backofen bei 200 °C 20 Minuten backen. Aus dem Ofen nehmen, auf einer Platte anrichten und nach Belieben heiß oder kalt servieren.

Torta alle verdure
Gemüsekuchen mit Sardellen

♙ mittelschwer
🕐 1 Stunde 10 Minuten
420 kcal/1764 kJ

Zutaten

2 Zwiebeln

1 Knoblauchzehe

3 EL Olivenöl

4 in Öl eingelegte Sardellenfilets

400 g geputzter Spinat

400 g geputzter Mangold

50 g entsteinte grüne Oliven

1 TL in Salz eingelegte Kapern

Salz · Pfeffer

400 g Brotteig

1 Ei

250 ml Milch

1 Die Zwiebeln und die Knoblauchzehe schälen, waschen und fein hacken. 2 Esslöffel Olivenöl in einer Pfanne erhitzen, Zwiebeln und Knoblauch darin andünsten. Die Sardellenfilets hinzufügen, mit einem Holzlöffel umrühren, vom Herd nehmen und die Sardellenfilets zerkleinern. Spinat und Mangold kurz dünsten, die Oliven sowie die gewaschenen und ausgedrückten Kapern, 1 Prise Salz und etwas Pfeffer hinzufügen. So lange garen lassen, bis das Gemüse weich und die Kochflüssigkeit verdunstet ist. Vom Herd nehmen, in eine Schüssel geben und abkühlen lassen.

2 Den Teig zu einer knapp 1 Zentimeter dicken Platte ausrollen. Eine mit Olivenöl eingefettete Tortenform damit auslegen, überschüssigen Teig entfernen und beiseite legen. Das Ei mit der Milch in einer Schüssel kurz verschlagen, mit Salz und Pfeffer würzen und die Mischung zum Gemüse geben. Alle Zutaten gut miteinander vermengen und dann auf dem Teig verteilen. Den überschüssigen Teig ausrollen, in Streifen schneiden und als Gitter über die Gemüsemischung legen. Im vorgeheizten Backofen bei 200 °C etwa 30 Minuten backen. Den Gemüsekuchen heiß oder lauwarm servieren.

Strudel con melanzane e funghi
Strudel mit Auberginen und Pilzen

♙ mittelschwer
🕐 1 Stunde
200 kcal/840 kJ

Zutaten für 6 Personen

350 g Auberginen

250 g Zuchtpilze

1 Bund Petersilie

4 EL Olivenöl

Salz · Pfeffer

50 g schwarze Oliven

2 Knoblauchzehen

Saft von ¹/₂ Zitrone

300 g Brotteig

etwas Mehl

1 Die Auberginen schälen, waschen, abtrocknen und klein schneiden. Die Pilze putzen, harte Stiele entfernen, waschen und klein schneiden. Die Petersilie waschen, in kochendem Wasser blanchieren, mit kaltem Wasser abschrecken, trockentupfen und fein hacken.

2 In einer Pfanne 2 Esslöffel Olivenöl erhitzen, die Auberginen und Pilze darin anbraten, ab und zu mit einem Holzlöffel umrühren, bis die Kochflüssigkeit verdampft ist. Mit 1 Prise Salz und etwas frisch gemahlenem schwarzem Pfeffer würzen, die Petersilie, die entsteinten schwarzen Oliven, die geschälten und gehackten Knoblauchzehen hinzufügen und kurz mitdünsten lassen. Vom Herd nehmen, den Zitronensaft darüber gießen und abkühlen lassen.

3 Den Brotteig auf einem mit etwas Mehl bestäubten Küchentuch so dünn ausrollen, dass ein etwa 50–60 Zentimeter langes Rechteck entsteht, den Teig mit Olivenöl bepinseln. Die Auberginen-Pilz-Mischung darauf verteilen, dabei einen Teigrand von 2 Zentimeter frei lassen. Den Strudel mit Hilfe des Tuchs aufrollen, die Enden dicht verschließen, mit dem restlichen Öl bepinseln und im vorgeheizten Backofen bei 200 °C etwa 30 Minuten backen. Aus dem Ofen nehmen und heiß oder lauwarm servieren.

Puddica
Pizza mit Tomaten und Knoblauch

☕ **mittelschwer**
🕐 **50 Minuten + Ruhezeit**
490 kcal/2058 kJ

Zutaten

Für den Teig

400 g Weißmehl
20 g Hefe
Salz

Für den Belag

6 kleine Tomaten
4 Knoblauchzehen
5 EL Olivenöl
Salz · Pfeffer
1 Prise Oregano

1 Das Weißmehl auf ein Küchenbrett geben, eine Mulde hineindrücken. Die in ½ Glas lauwarmem Wasser aufgelöste Hefe in die Mulde geben und mit 1 Prise Salz bestreuen. Die Hefe mit dem Mehl verrühren und den Teig kräftig durchkneten. Wenn er fest und glatt ist, eine Kugel formen, in eine Schüssel geben, mit einem Tuch abdecken und ruhen lassen, bis er sein Volumen verdoppelt hat.

2 Die Tomaten waschen, häuten, halbieren und die Samen entfernen. Die Knoblauchzehen schälen, halbieren und nach Wunsch den Mitteltrieb entfernen.

Den Teig erneut einige Minuten durchkneten. Eine feuerfeste Form einfetten, den Teig hineingeben, mit den Händen flach andrücken und gleichmäßig in der Form verteilen.

3 In den Teig an einigen Stellen mit dem Finger Vertiefungen drücken und in diese die Tomaten- und Knoblauchhälften setzen. Das restliche Olivenöl in einem dünnen Strahl gleichmäßig über den Teig gießen. Mit 1 Prise Salz und etwas Oregano bestreuen. Die Pudicca im vorgeheizten Backofen 20 Minuten bei 230 °C backen.

Torta di zucca
Kürbiskuchen

☕ **mittelschwer**
🕐 **2 Stunden**
860 kcal/3612 kJ

Zutaten

1 gelber Kürbis (etwa 400 g)
125 g Reis
200 g Mangold
1 Zwiebel
1 Knoblauchzehe
3 EL Olivenöl
1 Prise geriebene Muskatnuss
3 EL geriebener Grana
1 Prise getrockneter Majoran
Salz · Pfeffer
3 Eier
400 g tiefgefrorener Blätterteig

1 Die Schale des Kürbis ablösen, den faserigen Samenstand mitsamt den Kernen entfernen und das Fruchtfleisch in Scheiben schneiden. Auf einem beschichteten Backblech im vorgeheizten Backofen bei 160–180 °C 25–30 Minuten garen, bis es weich und trocken ist. Den Reis in reichlich Salzwasser bissfest kochen und abgießen. Den Mangold waschen und 5 Minuten in schwach kochendem Salzwasser blanchieren. Abgießen und die Flüssigkeit gut auspressen.

2 Den Mangold und das Kürbisfleisch klein hacken, in eine Schüssel geben und mit dem Reis vermengen. Die Zwiebel und die Knoblauchzehe schälen, hacken und in einer kleinen Pfanne mit 3 Esslöffeln Olivenöl dünsten, anschließend mit dem Bratfett in die Schüs-

sel geben. Geriebene Muskatnuss, Grana, Majoran sowie Salz und Pfeffer hinzufügen. Die Gemüsemischung etwas abkühlen lassen und anschließend 2 Eier unterheben.

3 Den aufgetauten Blätterteig zu 2 Platten ausrollen, von denen eine etwas größer als die andere sein sollte. Eine Tortenform mit etwas Wasser besprühen und mit der größeren Teigplatte auslegen. Die Gemüsemischung gleichmäßig darauf verteilen, mit der zweiten Teigplatte abdecken und die Teigränder fest zusammendrücken. Die Teigoberfläche mit 1 verschlagenen Ei bestreichen, mit einigen Teigresten verzieren und erneut mit Ei bepinseln. Den Kürbiskuchen im vorgeheizten Backofen bei 200 °C etwa 40 Minuten backen und ofenfrisch servieren.

Pizza di patate
Kartoffelpizza

👨‍🍳 **mittelschwer**
🕐 **1 Stunde**
400 kcal/1680 kJ

Zutaten

500 g Kartoffeln
100 g Mozzarella
130 g Weißmehl
Salz
Olivenöl
500 g Tomaten
50 g geriebener Pecorino
Oregano

1 Die Kartoffeln gründlich abbürsten, unter fließendem Wasser waschen und ungeschält im Schnellkochtopf garen. Den Mozzarella in dünne Scheiben schneiden. Die gegarten Kartoffeln schälen und durch die Kartoffelpresse in eine Schüssel füllen. Das gesiebte Weißmehl und 1 Prise Salz hinzufügen, dann mit einem Holzlöffel so lange umrühren, bis alle Zutaten miteinander vermischt sind. Die Tomaten häuten und zerkleinern.

2 Eine feuerfeste Form mit etwas Olivenöl einfetten, den Kartoffelteig darauf verteilen und glatt streichen. Mit den Tomaten belegen und mit dem geriebenen Pecorino bestreuen. Anschließend mit den Mozzarellascheiben bedecken, mit Oregano und 1 Prise Salz würzen und mit etwas Olivenöl beträufeln. Im vorgeheizten Backofen bei 200 °C etwa 20 Minuten backen. Die fertige Pizza sofort heiß servieren.

Pizza capricciosa
Pizza mit Artischocken und Pilzen

♢ mittelschwer
⏱ 45 Minuten + Ruhezeit
530 kcal/2226 kJ

Zutaten

Für den Teig

300 g Weißmehl · 15 g Hefe
1 EL Olivenöl
Salz

Für den Belag

120 g Mozzarella
100 g frisches Tomatenfruchtfleisch
5 EL Olivenöl · Salz
5 in Öl eingelegte Artischockenherzen
3 in Öl eingelegte Sardellenfilets
50 g in Öl eingelegte kleine Pilze
50 g schwarze Oliven
10 Kapern

1 Das Weißmehl auf ein Küchenbrett sieben, eine Mulde hineindrücken und die in ¹/₂ Glas lauwarmem Wasser aufgelöste Hefe hineingeben. Das Mehl nach und nach unterheben, das Olivenöl, 1 Prise Salz und so viel Wasser hinzufügen, dass ein glatter und geschmeidiger Teig entsteht. Gut verkneten, dabei den Teig einige Male auf das Brett schlagen. Eine Teigkugel formen, in eine Schüssel legen, mit einem Küchentuch abdecken und an einem warmen Ort etwa 1 Stunde gehen lassen.

2 Den Mozzarella in kleine Würfel schneiden. Das Tomatenfruchtfleisch grob zerkleinern, in eine Schüssel geben, 2 Esslöffel Olivenöl sowie 1 Prise Salz hinzufügen und mit einem Holzlöffel umrühren. Den Teig gleichmäßig ausrollen und mit den Händen gleichmäßig von der Mitte nach außen drücken, um einen Rand zu formen.

3 Den Teig in eine mit Olivenöl eingefettete feuerfeste Form legen, die Tomaten gleichmäßig darauf verteilen, dabei jedoch einen Teigrand von etwa 1 Zentimeter aussparen. Die in Stücke geschnittenen Artischockenherzen, die zerkleinerten Sardellenfilets, die Pilze, die entsteinten Oliven, die Kapern und die Mozzarellawürfel darauf verteilen und mit dem restlichen Olivenöl beträufeln. Im vorgeheizten Backofen bei 230 °C etwa 20 Minuten backen. Heiß servieren.

Focaccia alle cipolle
Focaccia mit Zwiebeln

♢ einfach
⏱ 45 Minuten
300 kcal/1260 kJ

Zutaten

500 g rote Zwiebeln
5 EL Olivenöl
Salz · Pfeffer
300 g Brotteig
1 Prise Zucker

1 Die Zwiebeln schälen und in feine Ringe schneiden. 2 Esslöffel Olivenöl in einer beschichteten Pfanne erhitzen, die Zwiebeln hineingeben, salzen und bei niedriger Hitze und geschlossenem Deckel andünsten. Mit etwas frisch gemahlenem Pfeffer würzen.

2 Den Brotteig leicht durchkneten, 2 Esslöffel Olivenöl einarbeiten, auf einem mit dem restlichen Olivenöl bepinselten Backblech verteilen und mit der Handinnenfläche flach drücken. Im vorgeheizten Backofen bei 220 °C etwa 15 Minuten backen.

3 Die Focaccia aus dem Ofen nehmen, die Zwiebelringe darauf verteilen und mit dem Zucker bestreuen. Weitere 5 Minuten im Ofen backen. Herausnehmen, auf einer Platte anrichten und nach Belieben heiß oder lauwarm servieren.

Teglia di sarde alla partenopea
Pizza mit Sardinen nach neapolitanischer Art

🍳 **mittelschwer**
🕐 **1 Stunde + Ruhezeit**
755 kcal/3171 kJ

Zutaten

Für den Teig

25 g Hefe
500 g Weißmehl
Salz
1 EL Olivenöl

Für den Belag

2 Knoblauchzehen
300 g kleine Tomaten
1 kg Sardinen
Salz · Pfeffer
3 EL Olivenöl
1 EL Oregano

1 Die Hefe in einer kleinen Schüssel in knapp 200 ml lauwarmem Wasser auflösen. Das Weißmehl auf ein Küchenbrett sieben, eine Mulde hineindrücken, das Wasser mit der Hefe hineingießen und 1 Prise Salz sowie das Olivenöl hinzufügen. Alle Zutaten miteinander verkneten, bis ein glatter Teig entsteht. Mit einem Tuch abdecken und 30 Minuten an einem warmen Ort gehen lassen. Danach den Teig erneut 2 Minuten durchkneten und weitere 10 Minuten gehen lassen.

2 In der Zwischenzeit die Knoblauchzehen schälen, vom Mitteltrieb befreien und in dünne Scheiben schneiden. Die Tomaten waschen, abtrocknen und je-weils in 4 Scheiben schneiden. Die Köpfe und die Eingeweide der Sardinen entfernen, die Fische aufklappen, entgräten und unter fließendem kaltem Wasser abspülen. Trockentupfen und von beiden Seiten leicht salzen und pfeffern.

3 Den Teig zu einer runden Teigplatte ausrollen und eine mit Olivenöl eingefettete feuerfeste Form damit auslegen. Die Sardinen sternförmig auf dem Teig arrangieren, die Knoblauchscheiben darauf verteilen und mit Oregano bestreuen. Anschließend mit den Tomatenscheiben belegen, salzen, mit dem restlichen Olivenöl beträufeln und im vorgeheizten Ofen bei 200 °C etwa 20 Minuten backen. Heiß servieren.

Pizza bianca all'origano e aglio
Pizza mit Oregano und Knoblauch

🍳 **mittelschwer**
🕐 **1 Stunde 10 Minuten + Ruhezeit**
345 kcal/1449 kJ

Zutaten

300 g Weißmehl
15 g Hefe · 1 Prise Salz
4 EL Olivenöl
3 geschälte, in dünne Scheiben geschnittene
   Knoblauchzehen
1/2 TL Oregano

1 Das Weißmehl auf ein Küchenbrett sieben, eine Mulde hineindrücken und die Hefe in die Mitte bröckeln. Salz hinzufügen und die Hefe mit etwas lauwarmem Wasser auflösen. Die Zutaten mit weiterem lauwarmem Wasser gründlich verkneten, bis ein weicher und gleichmäßiger Teig entsteht. Erneut kräftig durchkneten, um den Teig geschmeidig zu machen. Zu einer Kugel formen, in eine mit Mehl bestäubte Schüssel legen und mit einem Tuch abgedeckt an einem warmen Ort auf das Doppelte seines Volumens gehen lassen.

2 In die Teigkugel 2 Esslöffel Olivenöl einkneten, dann ausrollen, in eine eingefettete Backform legen und mit Olivenöl bepinseln. Die Knoblauchzehen in dünne Scheiben schneiden, auf dem Teig verteilen und mit Oregano bestreuen. Den Teig mit einer Gabel einstechen und die Pizza im vorgeheizten Backofen bei 220 °C etwa 20–30 Minuten backen.

Crostata con ricotta e verdure
Ricotta-Gemüse-Kuchen

👨‍🍳 **mittelschwer**
🕐 **1 Stunde**
600 kcal/2520 kJ

Zutaten

400 g Mangold
100 g Zuchtpilze
einige eingeweichte getrocknete Pilze
3 in Salz eingelegte Sardellen
1 Zwiebel
4 EL Olivenöl
1 Prise Majoran
Salz · Pfeffer
2 Eier
100 g Ricotta romana
2 EL geriebener Emmentaler
250 g Mürbeteig

1 Den Mangold waschen, abtropfen lassen und klein schneiden. Die Zuchtpilze säubern, mit einem feuchten Tuch abreiben und in dünne Scheiben schneiden. Die eingeweichten Pilze ausdrücken und grob zerkleinern. Die Sardellen unter fließendem kaltem Wasser vom Salz befreien, entgräten und in kleine Stücke schneiden. Die Zwiebel schälen, waschen und fein hacken.

2 Das Olivenöl in einer Pfanne erhitzen und die Zwiebel darin andünsten. Die Sardellen hinzufügen und, sobald sie zerfallen, den Mangold, Majoran, sämtliche Pilze mitsamt 1 Esslöffel des Einweichwassers ebenfalls in die Pfanne geben.

Salzen, pfeffern und 10–12 Minuten zugedeckt garen lassen. Falls zuviel Flüssigkeit übrig bleibt, einige Minuten bei starker Hitze ohne Deckel einkochen lassen.

3 Vom Herd nehmen, abkühlen lassen und dann die Eier, den Ricotta romana, den geriebenen Käse sowie je 1 Prise Salz und Pfeffer hinzufügen. Alles mit einem Holzlöffel gut verrühren. Den Teig dünn ausrollen, eine eingefettete Tortenform damit auslegen, den Rand rundum gut festdrücken und die vorbereitete Füllung hineingeben. Die Crostata im vorgeheizten Backofen bei 200 °C etwa 30 Minuten backen. Aus dem Ofen nehmen und heiß servieren.

Pizza regina
Königinnenpizza

♙ einfach
🕐 45 Minuten
510 kcal/2142 kJ

Zutaten

500 g Brotteig
4 EL Olivenöl
300 g geschälte Tomaten
60 g gekochter Schinken
100 g Mozzarella
100 g in Öl eingelegte Artischockenherzen
1 Prise Oregano
Salz · Pfeffer

1 Den Brotteig mit 2 Esslöffeln Olivenöl gründlich verkneten, mit einem Tuch auf dem Küchenbrett abdecken und während der Vorbereitung der übrigen Zutaten ruhen lassen. Die geschälten Tomaten in kleine Stücke schneiden und die Samen entfernen. Den gekochten Schinken grob zerkleinern, den Mozzarella in Scheiben schneiden und die Artischockenherzen jeweils vierteln.

2 Eine feuerfeste Form mit etwas Olivenöl einfetten, den Teig etwa $^1/_2$ Zentimeter dick ausrollen und in die Form legen. Mit den Tomaten- und Schinkenstücken, den Mozzarellascheiben, den Artischockenvierteln und dem Oregano belegen. Salzen, pfeffern und mit dem restlichen Olivenöl beträufeln. Die Pizza im vorgeheizten Backofen bei 230 °C 20–25 Minuten backen.

Focaccia ripiena
Gefüllte Focaccia

♙ mittelschwer
🕐 1 Stunde + Ruhezeit
690 kcal/2898 kJ

Zutaten

Für den Teig

400 g Weißmehl
Salz
20 g Hefe

Für den Belag

750 g reife, feste Tomaten
6 EL Olivenöl
1 geschälte Knoblauchzehe
30 g in Salz eingelegte Kapern
30 g in Salz eingelegte Sardellen
150 g in Öl eingelegter Thunfisch
75 g schwarze Oliven
Salz · Pfeffer
2 Eigelb
etwas Mehl

1 Das Weißmehl mit 1 Prise Salz auf ein Backbrett sieben, eine Mulde hineindrücken und die in wenig lauwarmem Wasser aufgelöste Hefe in die Mulde gießen. Die Zutaten gründlich mischen und so viel Wasser hinzufügen, dass ein geschmeidiger und weicher Teig entsteht. Den Teig in eine mit etwas Mehl bestäubte Schüssel legen, mit einem Tuch abdecken und an einem warmen Ort so lange gehen lassen, bis er das Doppelte seines Volumens erreicht hat.

2 Die Tomaten in kochendem Wasser blanchieren, schälen, von den Samen befreien, klein schneiden und in eine Pfanne geben. 2 Esslöffel Olivenöl sowie die Knoblauchzehe hinzufügen und 20 Minuten garen. Vom Herd nehmen und in eine Schüssel gießen. Die Kapern und Sardellen waschen und vom Salz befreien, die Sardellen entgräten und zerkleinern. Die Oliven entsteinen und klein schneiden, den eingelegten Thunfisch ebenfalls zerkleinern.

3 Den aufgegangenen Teig auf das Küchenbrett legen und einige Male kräftig schlagen, damit er zusammenfällt. 1 Prise Pfeffer, 3 Esslöffel Olivenöl und die verschlagenen Eigelbe einkneten (1 Esslöffel Eigelb aufbewahren, um später den Teig damit zu bestreichen). Den Teig in 2 Hälften teilen, eine etwas größer bemessen. Eine Tortenform mit hohem Rand mit etwas Olivenöl einfetten und mit der ausgerollten größeren Teigplatte auslegen. Die gegarten Tomaten mit dem Thunfisch, den Sardellen, den Kapern und den Oliven vermengen und auf den Teig geben.

4 Den restlichen Teig rund ausrollen, die Füllung damit bedecken. Die Teigränder fest zusammendrücken. Den Teig zunächst mit dem restlichen Olivenöl, dann mit dem Eigelb bepinseln. Die Focaccia an einem warmen Ort 30 Minuten gehen lassen. Im vorgeheizten Backofen bei 220 °C etwa 20 Minuten backen. Heiß servieren.

Pizza con le acciughe
Sardellenpizza

👨‍🍳 einfach
🕐 45 Minuten
320 kcal/1344 kJ

Zutaten

300 g frische Sardellen
3 EL Olivenöl
500 g Brotteig
4 Knoblauchzehen
1 kräftige Prise Oregano
Salz · Pfeffer

1 Köpfe und Eingeweide der Sardellen entfernen. Die Fische unter fließendem kaltem Wasser waschen und mit Küchenpapier sorgfältig trockentupfen. Aufklappen, entgräten und filettieren.

2 Eine Pizzabackform mit etwas Olivenöl einfetten, den Brotteig darin verteilen und sternförmig mit den Sardellenfilets belegen. Die geschälten, vom Mitteltrieb befreiten und in dünne Scheiben geschnittenen Knoblauchzehen, das restliche Olivenöl, den Oregano, 1 Prise Salz und 1 kräftige Prise Pfeffer auf den Sardellenfilets verteilen.

3 Die Pizza in den vorgeheizten Backofen schieben und bei 220 °C etwa 15 Minuten backen, bis der Rand gut aufgegangen und goldbraun ist. Aus dem Ofen nehmen, auf einer Platte anrichten und heiß servieren.

Torta rustica con cipolle e olive
Deftige Zwiebeltorte mit Oliven

👨‍🍳 einfach
🕐 1 Stunde
470 kcal/1974 kJ

Zutaten für 6 Personen

600 g reife, feste Tomaten
4 in Salz eingelegte Sardellen
500 g Zwiebeln
5 EL Olivenöl
Salz · Pfeffer
500 g Brotteig
50 g entsteinte grüne Oliven
1 EL Kapern
1 Prise Oregano

1 Die Tomaten blanchieren, abgießen, häuten, die Samen entfernen, Flüssigkeit abtropfen lassen und das Fruchtfleisch zerkleinern. Die Sardellen unter fließendem kaltem Wasser vom Salz befreien, entgräten und zerkleinern. Die Zwiebeln schälen, waschen und in dünne Ringe schneiden. 3 Esslöffel Olivenöl in einer Pfanne erhitzen und die Zwiebeln darin andünsten. Die Tomaten hinzufügen und 10 Minuten bei starker Hitze garen; salzen und pfeffern.

2 Zwei Drittel des Brotteigs dünn ausrollen und eine mit Olivenöl eingefettete feuerfeste Form damit auslegen. Den Boden mehrfach mit einer Gabel einstechen, die Zwiebel-Tomaten-Mischung darauf verteilen und mit den zerkleinerten Sardellen, den Oliven, den Kapern und dem Oregano belegen.

3 Nun den restlichen Teig ausrollen, die Füllung damit bedecken und die Teigränder mit den Fingerspitzen fest zusammendrücken. Die Teigoberfläche einige Male mit einer Gabel einstechen, mit dem restlichen Olivenöl bepinseln und die Backform in den vorgeheizten Backofen schieben. Bei 220 °C etwa 30 Minuten backen, auf einer Platte anrichten und lauwarm servieren.

Pasta, Reis und Suppen

Tagliatelle alla barbabietola con salsa ai porri

Rote-Bete-Tagliatelle mit Lauchsauce

🍳 **mittelschwer**
🕐 **1 Stunde**
480 kcal/2016 kJ

Zutaten

1 kleine gekochte rote Bete

300 g Weißmehl

2 Eier

Salz

500 g Lauchstangen

3 EL Olivenöl

Pfeffer

1/2 Glas trockener Weißwein

150 g Ricotta

etwas Magermilch

2 EL frisch geriebener Grana

1 Die rote Bete schälen, zerkleinern und im Mixer pürieren. Das Weißmehl, die Eier, die rote Bete und 1 Prise Salz zu einem glatten und geschmeidigen Teig verkneten. Den Teig dünn ausrollen, mit etwas Mehl bestäuben, aufrollen und in schmale Tagliatellestreifen schneiden.

2 Vom Lauch die Wurzeln, die äußeren Blätter und das obere, dunklere Grün abschneiden. Waschen, trockentupfen und in dünne Ringe schneiden. Das Olivenöl in einer Pfanne erhitzen und den Lauch mit 1 Prise Salz zugedeckt dünsten. Abschmecken, 1 kräftige Prise Pfeffer sowie den Wein hinzufügen und eindicken lassen. Den Ricotta mit einigen Esslöffeln Magermilch cremig rühren. Zu dem Lauch hinzufügen und bei niedriger Temperatur unter Rühren einige Minuten erhitzen, bis alle Zutaten erwärmt und miteinander vermengt sind.

3 In der Zwischenzeit die Tagliatelle in reichlich kochendem Salzwasser al dente garen, dann abgießen und mit der vorbereiteten Sauce verrühren. Auf einen großen vorgewärmten Teller geben, mit geriebenem Grana bestreuen und sofort servieren.

Bavette all'avocado
Bavette mit Avocado

♟ einfach
🕐 30 Minuten
565 kcal/2373 kJ

Zutaten

50 g schwarze Oliven
1 Bund Petersilie
1 Bund Basilikum
4 reife, feste Tomaten
1 EL Weißweinessig
Salz · Pfeffer
5 EL Olivenöl
1 Avocado
Saft von ¹/₂ Zitrone
320 g Bavette

1 Die Oliven entsteinen, zunächst quer in Ringe schneiden, diese dann längs halbieren. Die Petersilie und das Basilikum waschen und sorgfältig mit einem Küchentuch trockentupfen. Die Petersilie fein hacken und das Basilikum in Streifen schneiden. Die Tomaten waschen, von den Samen befreien, würfeln und die Flüssigkeit abtropfen lassen.

2 Den Weißweinessig, etwas Salz und 1 kräftige Prise frisch gemahlenen Pfeffer in eine kleine Schüssel geben und die Zutaten gut vermengen, bis das Salz vollständig aufgelöst ist. Das Olivenöl hinzufügen und alles mit einer Gabel zu einer gleichmäßigen Sauce verrühren.

3 Die abgetropften Tomaten, die geschnittenen Oliven, die gehackte Petersilie und die Basilikumstreifen in eine zweite Schüssel geben, die Sauce darüber gießen und alle Zutaten mit einem Holzlöffel vorsichtig mischen.

4 Die Avocado schälen, den Stein entfernen und das Fruchtfleisch in dünne Scheiben schneiden. Mit Zitronensaft beträufeln, damit sie nicht schwarz werden. In einem großen Topf reichlich Wasser zum Kochen bringen, salzen, die Bavette hineingeben und al dente kochen. Abgießen und mit der Tomatensauce und den Avocadoscheiben vermengen. Vorsichtig umrühren und servieren.

Spaghetti integrali alle acciughe
Vollkornspaghetti mit Sardellen

♟ einfach
🕐 30 Minuten
460 kcal/1932 kJ

Zutaten

100 g in Salz eingelegte Sardellen
4 weiße Zwiebeln
6 EL Olivenöl
Salz · Pfeffer
320 g Vollkornspaghetti
etwas frisch geriebener Pecorino

1 Die Sardellen unter fließendem kaltem Wasser abwaschen, um sie vom Salz zu befreien, entgräten und mit Küchenpapier trockentupfen. Die Zwiebeln schälen, waschen, abtrocknen und in feine Ringe schneiden.

2 Die Zwiebeln mit 4 Esslöffeln Olivenöl in eine Pfanne geben, leicht salzen, zudecken und bei kleiner Hitze garen, bis sie gedünstet und trocken sind. Die zerkleinerten Sardellen hinzufügen und mit einer Gabel zerdrücken. Das restliche Olivenöl sowie 1 Prise frisch gemahlenen Pfeffer hinzugeben und weitere 3 Minuten garen.

3 In der Zwischenzeit die Vollkornspaghetti in einem großen Topf mit reichlich kochendem Salzwasser al dente kochen, abgießen, in die Pfanne mit der Sauce geben und 2 Minuten darin schwenken. Anrichten und mit geriebenem Pecorino servieren.

Linguine con tonno e piselli
Linguine mit Thunfisch und Erbsen

einfach
30 Minuten
470 kcal/1974 kJ

Zutaten

100 g in Salz eingelegte Sardellen
4 weiße Zwiebeln
6 EL Olivenöl
Salz · Pfeffer
320 g Vollkornspaghetti
etwas frisch geriebener Pecorino

1 Die Zucchini von Stiel- und Blüten-ansatz befreien, waschen, abtrocknen und in Scheiben schneiden. Die Zwiebel sowie die Knoblauchzehe schälen und waschen, die Zwiebel klein hacken. Die Petersilie waschen, sorgfältig trocken-tupfen und fein hacken. Den Saft des Thunfischs abgießen und den Thunfisch zerkleinern.

2 In einer Pfanne 2 Esslöffel Olivenöl erhitzen und die zerkleinerte Zwiebel darin glasig andünsten. Die Erbsen hinzu-fügen, kurz dünsten, dabei mit einem Holzlöffel umrühren. Anschließend sal-zen sowie 1 Prise frisch gemahlenen Pfef-fer hinzugeben, etwas Wasser hinzugießen und die Erbsen 10–12 Minuten kochen lassen, dabei ab und zu mit dem Holzlöf-fel umrühren.

3 In der Zwischenzeit das restliche Oli-venöl in eine Pfanne geben, die Knoblauchzehe hell andünsten und wie-der herausnehmen. Die Zucchinischeiben hineingeben und 2–3 Minuten anbraten. 1 Prise Salz und etwas frisch gemahlenen Pfeffer hinzufügen und bei mäßiger Hitze 5–6 Minuten weitergaren.

4 Die Erbsen zu den Zucchini geben, umrühren, den zerkleinerten Thun-fisch hinzufügen und 1 Minute ziehen lassen. Die vorbereitete Sauce mit der Petersilie bestreuen. Reichlich Wasser in einem Topf zum Kochen bringen, salzen und die Nudeln darin al dente kochen. Abgießen und zu der vorbereiteten Sauce geben. Einige Esslöffel Nudelkochwasser unterrühren und kurz durchziehen lassen. Heiß servieren.

Spaghetti con l'aringa
Spaghetti mit geräuchertem Hering

einfach
30 Minuten
400 kcal/1680 kJ

Zutaten

400 g Tomaten
2 Knoblauchzehen
200 g geräucherte Heringsfilets
2 EL Olivenöl
1 sehr kleiner roter Peperoncino
300 g Spaghetti
Salz

1 Die Tomaten in einem Topf mit ko-chendem Wasser blanchieren, häuten, die Samen entfernen, die Flüssigkeit ab-tropfen lassen und das Fruchtfleisch in kleine Stücke schneiden.

2 Die Knoblauchzehen schälen, vom Mitteltrieb befreien, waschen und mit den Heringsfilets klein schneiden. Das Olivenöl in einer Pfanne erhitzen und Knoblauch sowie Heringsfleisch anbra-ten. Die Tomatenstücke und den Pe-peroncino hinzufügen und bei mäßiger Hitze garen, dabei ab und zu umrühren.

3 Reichlich Wasser in einem großen Topf zum Kochen bringen, leicht sal-zen, die Spaghetti hineingeben und al dente kochen. Abgießen, in die Pfanne zur Sauce geben und einige Minuten dar-in schwenken. Auf einem großen Teller anrichten und heiß servieren.

Spaghetti marinari

Spaghetti mit Meeresfrüchten

mittelschwer

1 Stunde + Ruhezeit

445 kcal/1869 kJ

Zutaten

1 kg Meeresfrüchte (Miesmuscheln, Braune Venusmuscheln, Schwertmuscheln, Venusmuscheln usw.)

Salz · Pfeffer

1 Bund Petersilie

einige Knoblauchzehen

6 EL Olivenöl

350 g Spaghetti

1 Die Miesmuscheln abbürsten und mehrfach unter fließendem kaltem Wasser waschen. Auch alle anderen Meeresfrüchte waschen und in reichlich kaltem Salzwasser einweichen, um sie von Sand zu befreien. Die Petersilie waschen, trockentupfen und fein hacken. Den Knoblauch schälen, waschen und abtrocknen.

2 Die Meeresfrüchte abgießen und die verschiedenen Sorten jeweils gesondert mit $^1/_2$ Knoblauchzehe, etwas gehackter Petersilie und 1 Esslöffel Olivenöl in einer Pfanne bei starker Hitze anbraten, damit sie sich öffnen; die Pfanne dabei ab und zu schütteln. Meeresfrüchte herausnehmen und das Muschelfleisch aus den Schalen lösen (ungeöffnete Muscheln wegwerfen und einige ganze zur späteren Dekoration beiseite legen). Den Muschelsud durchgesiebt zur Seite stellen.

3 Das restliche Olivenöl in einer Pfanne erhitzen, 1 leicht zerdrückte Knoblauchzehe kurz darin anbraten, dann herausnehmen. Die Meeresfrüchte, den Muschelsud und 1 Prise Pfeffer hinzugeben und einige Minuten ziehen lassen.

4 In der Zwischenzeit die Spaghetti in reichlich kochendem Salzwasser al dente kochen, abgießen und kurz in der Pfanne mit den Meeresfrüchten schwenken. Auf einem großen Teller anrichten, mit den ganzen Muscheln dekorieren, mit der restlichen Petersilie bestreuen und servieren.

Tripoline alla casalese
Tripoline mit Artischocken und Pilzen

⊡ einfach
🕐 40 Minuten
550 kcal/2310 kJ

Zutaten

4 Artischocken
Saft von 1 Zitrone
150 g Zuchtpilze
1 Schalotte
1 Hand voll Petersilienblätter
300 g reife, feste Tomaten
100 g Provola
5 EL Olivenöl
Salz · Pfeffer
350 g Tripoline

1 Die Stiele, die äußeren harten Blätter und die Spitzen der Artischocken entfernen. Halbieren und vom inneren Flaum befreien. Klein schneiden und in kaltes Wasser mit Zitronensaft legen, damit sie nicht schwarz werden. Die Zuchtpilze putzen, kurz unter kaltem Wasser abwaschen, abtropfen lassen, vorsichtig trockentupfen und in Scheiben schneiden. Die Schalotte schälen, waschen, abtrocknen und fein hacken. Die Petersilienblätter waschen, trockentupfen und ebenfalls hacken.

2 Die Tomaten blanchieren, häuten, die Samen entfernen, die Flüssigkeit abtropfen lassen und das Fruchtfleisch grob zerkleinern. Den Provola von der Rinde befreien und zerkleinern. 3 Esslöffel Olivenöl in einer Pfanne erhitzen und die Schalotte darin andünsten, nicht bräu-

nen. Die abgetropften und abgetrockneten Artischockenstücke hinzufügen und 2–3 Minuten bei großer Hitze anbraten, dabei mit einem Holzlöffel umrühren. Die zerkleinerten Tomaten hinzugeben, salzen und pfeffern und bei mäßiger Hitze 7–8 Minuten unter gelegentlichem Rühren weiterköcheln lassen.

3 In der Zwischenzeit das restliche Olivenöl in einer zweiten Pfanne erhitzen und die Zuchtpilze darin bei starker Hitze 3–4 Minuten anbraten. 1 Prise Salz und etwas frisch gemahlenen Pfeffer hinzufügen, dann zu der Artischocken-Tomaten-Mischung geben und mit der gehackten Petersilie bestreuen. In einem Topf reichlich Wasser zum Kochen bringen, salzen und die Tripoline al dente kochen. Abgießen, die Sauce unterheben, mit dem Provola bestreuen und servieren.

Spaghetti piccantini
Spaghetti mit scharfer Wurst

⊡ einfach
🕐 20 Minuten
750 kcal/3150 kJ

Zutaten

einige Salbeiblätter
1 Knoblauchzehe
3 EL Olivenöl
150 g Tomatenpüree
200 g geräucherter Provola
200 g scharfe Paprikawurst
Salz · 320 g Spaghetti

1 Die Salbeiblätter waschen, die Knoblauchzehe schälen, leicht zerdrücken und beides mit dem Olivenöl in eine Pfanne geben. Den Knoblauch hell andünsten, das Tomatenpüree hinzufügen und 5 Minuten dünsten, dabei ab und zu umrühren.

2 Den Provola würfeln und beiseite stellen. Die Paprikawurst in Scheiben schneiden, in die Pfanne geben und

10 Minuten mitkochen. Wenn nötig, noch etwas nachsalzen. Die Knoblauchzehe am Ende des Kochvorgangs wieder entfernen.

3 Reichlich Salzwasser in einem großen Topf zum Kochen bringen und die Spaghetti al dente garen. Abgießen, in die Pfanne mit der vorbereiteten Sauce geben, den Provola unterheben, einmal gut umrühren und sofort servieren.

Perciatelli con le cozze alla barese
Perciatelli mit Miesmuscheln

♦ **mittelschwer**
⏱ **45 Minuten**
530 kcal/2226 kJ

Zutaten

500 g Miesmuscheln
500 g reife, feste Tomaten
1 Hand voll Petersilienblätter
2 Knoblauchzehen
60 g Krume von altbackenem Brot
100 g frisch geriebener Pecorino
1 Ei
Salz · Pfeffer
etwas Olivenöl
350 g Perciatelli

1 Die Miesmuscheln sorgfältig abbürsten, unter fließendem kaltem Wasser abwaschen, mit einem kleinen Messer öffnen, leere Muscheln wegwerfen. Die Tomaten blanchieren, häuten, die Samen entfernen, die Flüssigkeit abtropfen lassen und das Fruchtfleisch grob hacken. Die Petersilienblätter waschen, ausschütteln und fein hacken. Die Knoblauchzehen schälen, waschen und anschließend 1 Knoblauchzehe fein hacken, die andere nur leicht zerdrücken.

2 Die Brotkrume in einer Schüssel in wenig Wasser einweichen. Abgießen, ausdrücken und zerkrümeln. Die Petersilie und den gehackten Knoblauch, den geriebenen Pecorino und das Ei unterheben, salzen, pfeffern. Alle Zutaten mit einem Holzlöffel gut verrühren, bis eine homogene Masse entsteht.

3 In jede Miesmuschel etwas Brotmasse einfüllen und leicht andrücken. Die Muscheln in eine feuerfeste Form legen, mit etwas Olivenöl bepinseln und im vorgeheizten Backofen bei 220 °C 5 Minuten garen. 4 Esslöffel Olivenöl in einer Pfanne erhitzen, darin die ungehackte Knoblauchzehe hell andünsten, anschließend herausnehmen. Die Tomaten in die Pfanne geben, salzen, pfeffern und diese Sauce bei mäßiger Hitze 10 Minuten köcheln lassen, dabei ab und zu mit einem Holzlöffel umrühren. Dann die Miesmuscheln in die Sauce geben und 2–3 Minuten mitköcheln lasen.

4 Die Perciatelli in kochendem Salzwasser al dente garen, abgießen, auf einem großen Teller anrichten und mit der Sauce vermengen. Die Miesmuscheln darauf verteilen und heiß servieren.

Spaghetti con salsa al basilico
Spaghetti mit Basilikumsauce

♦ **einfach**
⏱ **20 Minuten**
630 kcal/2646 kJ

Zutaten

120 g Basilikum
12 Walnusskerne
2 EL frisch geriebener Pecorino
8 EL Olivenöl
350 g Spaghetti · Salz

1 Das Basilikum waschen und mit Küchenpapier trockentupfen. Anschließend zusammen mit den Walnusskernen im Mixer zu einer feinen Masse pürieren (2 halbe Walnusskerne und einige Basilikumblätter für die spätere Dekoration beiseite legen).

1 Die Masse in eine Schüssel geben und mit dem geriebenen Pecorino vermischen. Das Olivenöl in einem dünnen Strahl hinzugießen. Sämtliche Zutaten mit einem Holzlöffel zu einer cremigen Sauce verrühren.

3 In der Zwischenzeit die Spaghetti in reichlich kochendem Salzwasser al dente garen, abgießen und auf einem großen Teller anrichten. Die Sauce darüber gießen, mit den zurückgelegten Basilikumblättern und Walnusskernen dekorieren und servieren.

Spaghettini alla pescatora
Spaghettini mit Garnelen

🍳 **mittelschwer**
🕐 **40 Minuten**
460 kcal/1932 kJ

Zutaten

2 Knoblauchzehen
1 Zwiebel
1 Hand voll Petersilienblätter
400 g Garnelen
6 EL Olivenöl
¹/₂ Glas trockener Weißwein
etwas geriebene Muskatnuss
Salz · Pfeffer
300 g Spaghettini
1 EL Semmelbrösel

1 Die Knoblauchzehen und die Zwiebel schälen, waschen, abtrocknen und fein hacken. Die Petersilienblätter ebenfalls waschen, trockentupfen und fein hacken. Die Garnelen schälen, die Därme entfernen, waschen, abtrocknen und in kleine Stücke schneiden. Das Olivenöl in einer Pfanne erhitzen, die Zwiebel und den Knoblauch darin andünsten, aber nicht bräunen, dann die Garnelen hinzugeben.

2 Einige Minuten braten, dabei mit einem Holzlöffel umrühren, anschließend mit dem Weißwein ablöschen. Bei starker Hitze eindicken lassen, mit etwas geriebener Muskatnuss, Salz und Pfeffer würzen. Weitere 5 Minuten köcheln lassen und mit der gehackten Petersilie bestreuen. Umrühren, vom Herd nehmen und warm halten.

3 In der Zwischenzeit in einem großen Topf reichlich Wasser zum Kochen bringen, salzen und die Spaghettini al dente garen. Die Semmelbrösel in einer kleinen Pfanne rösten. Die Nudeln abgießen, auf einem großen Teller anrichten, die Sauce darüber gießen, gründlich vermengen und mit den Semmelbröseln bestreuen. Mit 1 Prise frisch gemahlenem Pfeffer bestreuen und heiß servieren.

Spaghetti con le cozze
Spaghetti mit Miesmuscheln

☺ **einfach**
🕓 **30 Minuten**
450 kcal/1890 kJ

Zutaten

1 kg Miesmuscheln
4 EL Olivenöl
4 EL Tomatenpüree
Salz
320 g Spaghetti
¹/₂ Tütchen Safran

1 Die Miesmuscheln waschen und die Schalen abbürsten. Bärte entfernen, dann die Muscheln in einer Pfanne mit 2 Esslöffeln Olivenöl und dem Tomatenpüree erhitzen, bis sie sich öffnen. Vom Herd nehmen, die ungeöffneten Muscheln wegwerfen, einige zur Dekoration beiseite legen, die übrigen aus den Schalen lösen. Den Muschelsud durch ein Sieb oder Tuch in eine Schüssel gießen und beiseite stellen.

2 In einem großen Topf reichlich Salzwasser zum Kochen bringen und die Spaghetti al dente kochen. In der Zwischenzeit den Safran im Muschelsud auflösen und das restliche Olivenöl mit einem Schneebesen sorgfältig einrühren. Wenn alle Zutaten gründlich vermischt sind, auch das Muschelfleisch vorsichtig unterrühren.

3 Die Spaghetti abgießen, gut abtropfen lassen, auf einem großen Teller anrichten, die Sauce darüber verteilen, gut vermengen und mit den dafür reservierten Muscheln dekorieren. Sofort heiß servieren.

Paglia e fieno tutto mare
«Stroh und Heu» mit Meeresfrüchten

☺ **mittelschwer**
🕓 **50 Minuten**
550 kcal/2310 kJ

Zutaten

200 g Moschuskraken
500 g Miesmuscheln
300 g reife, feste Tomaten
1 Knoblauchzehe
1 Schalotte
1 Hand voll Petersilienblätter
100 g Krebsfleisch
6 EL Olivenöl
3 EL trockener Weißwein
Salz · Pfeffer
350 g weiße und grüne Bandnudeln

1 Die Moschuskraken waschen, abtrocknen und in kleine Stücke schneiden. Die Miesmuscheln abbürsten, unter fließendem kaltem Wasser waschen und abtropfen lassen. Die Tomaten blanchieren, häuten, die Samen entfernen, die Flüssigkeit abtropfen lassen und das Fruchtfleisch würfeln. Knoblauchzehe und Schalotte schälen, waschen, die Schalotte fein hacken, den Knoblauch leicht zerdrücken. Die Petersilie waschen, trockenschütteln und fein hacken.

2 Das Krebsfleisch zerkleinern. Die Miesmuscheln in eine Pfanne geben, den Knoblauch, etwas gehackte Petersilie, 1 Esslöffel Olivenöl und den Weißwein hinzufügen und bei starker Hitze kochen, bis sich die Muscheln öffnen. Dabei die Pfanne gelegentlich schütteln. Ungeöffnete Muscheln wegwerfen, den Muschelsud durchgesiebt beiseite stellen.

3 Das restliche Olivenöl in einer zweiten Pfanne erhitzen, darin die Schalotte glasig andünsten. Zunächst die Moschuskraken, nach einigen Minuten auch die Miesmuscheln und das Krebsfleisch in die Pfanne geben. 1 Minute garen, dabei mit einem Holzlöffel umrühren. Die gewürfelten Tomaten und einige Esslöffel Muschelsud hinzufügen, nach Wunsch salzen, etwas frisch gemahlenen Pfeffer hinzugeben und einige Minuten bei starker Hitze kochen lassen. Zuletzt die restliche Petersilie darüber streuen. In einem Topf reichlich Salzwasser zum Kochen bringen, salzen und die Bandnudeln al dente kochen. Abgießen, die Sauce unterheben und servieren.

Spaghetti con sardelle alla ligure
Spaghetti mit Sardinen auf ligurische Art

mittelschwer
40 Minuten
510 kcal/2142 kJ

Zutaten

300 g fangfrische Sardinen
400 g reife, feste Tomaten
1 Knoblauchzehe
1 Hand voll Basilikumblätter
1 Hand voll Petersilienblätter
50 g schwarze Oliven
4 EL Olivenöl
1 kleiner scharfer roter Peperoncino
Salz · Pfeffer
350 g Spaghetti

1 Köpfe und Mittelgräten der Sardinen entfernen, die Fische filetieren. Unter fließendem kaltem Wasser gut abwaschen, mit Küchenpapier trockentupfen und in kleine Stücke schneiden.

2 Die Tomaten in heißem Wasser blanchieren, häuten, Samen entfernen, die Flüssigkeit abtropfen lassen und das Fruchtfleisch grob hacken. Die Knoblauchzehe schälen, waschen, trockentupfen und leicht zerdrücken. Basilikum und Petersilie waschen und ebenfalls trockentupfen. Jeweils einen Teil der Kräuter gesondert fein hacken. Die Oliven entsteinen und beiseite stellen.

3 Das Olivenöl in einer Pfanne erhitzen, den Knoblauch, die Spitze des Peperoncino, die Basilikum- und Petersilienblätter hinzugeben. Den Knoblauch hell andünsten, anschließend aus der Pfanne nehmen. Die Sardinenstücke in die Pfanne geben und 2 Minuten anbraten, dabei so mit einem Holzlöffel umrühren, dass sie nicht zerfallen. Die Tomatenstücke hinzufügen, 1 Prise Salz und etwas Pfeffer darüber streuen und bei starker Hitze 5 Minuten weiterköcheln lassen. Die schwarzen Oliven hinzugeben, 2 Minuten weiterkochen und zuletzt mit der gehackten Petersilie und dem gehackten Basilikum bestreuen.

4 Reichlich Wasser in einem großen Topf zum Kochen bringen, salzen und die Spaghetti al dente garen. Abgießen, auf einem großen Teller anrichten, die heiße Sardinensauce darüber gießen, gut vermengen und sofort servieren.

Spaghetti con la lattuga
Spaghetti mit Kopfsalat

einfach
30 Minuten
430 kcal/1806 kJ

Zutaten

4 kleine Kopfsalate
Salz
320 g Spaghetti
5 EL Olivenöl
2 geschälte Knoblauchzehen
1 scharfer roter Peperoncino

1 Den Salat putzen, welke Blätter entfernen, die Köpfe jedoch ganz lassen, dann sorgfältig waschen. Salzwasser in einem Topf zum Kochen bringen.

2 Die Salatköpfe im kochenden Salzwasser bissfest blanchieren, abgießen, restliches Wasser vorsichtig ausdrücken und den Salat in Streifen schneiden. In einem großen Topf reichlich Salzwasser zum Kochen bringen und die Spaghetti darin al dente kochen.

3 Das Olivenöl in einer Pfanne mit den geschälten Knoblauchzehen und dem zerkleinerten Peperoncino erhitzen. Den Knoblauch andünsten, aber nicht bräunen, dann aus der Pfanne nehmen und die Salatstreifen hineingeben. Einige Minuten dünsten, dabei gelegentlich mit dem Holzlöffel vorsichtig wenden. Den Pfanneninhalt nun auf die abgetropften Spaghetti geben, behutsam mischen und auf einem großen Teller anrichten. Sofort servieren.

Spaghettini alla bottarga
Spaghettini mit Fischrogen

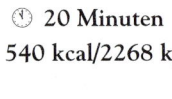 **einfach**

🕙 **20 Minuten**

540 kcal/2268 kJ

Zutaten

5 EL Olivenöl

einige Salbeiblätter

100 g gepresster Fischrogen

Salz

400 g Spaghettini

1 Das Olivenöl in einer großen Pfanne (möglichst aus Keramik) erhitzen und die gewaschenen und abgetrockneten Salbeiblätter darin andünsten. Einen geringen Teil des Fischrogens beiseite stellen, den Rest in die Pfanne reiben und langsam erhitzen.

2 In einem großen Topf Wasser zum Kochen bringen, salzen und die Spaghettini al dente kochen. Abgetropft in die Pfanne geben, einige Minuten unter mehrmaligem Rühren mitbraten. Kurz vor dem Servieren mit dem restlichen Fischrogen bestreuen.

Spaghetti aglio e olio marinari
Spaghetti mit Knoblauch, Öl und Sardellen

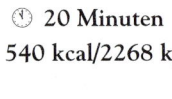 **einfach**

🕙 **30 Minuten**

450 kcal/1890 kJ

Zutaten

400 g reife, feste Tomaten

1 Knoblauchzehe

1 Bund Petersilie

6 EL Olivenöl

$^{1}/_{2}$ EL Sardellenpaste

Salz · Pfeffer

320 g Spaghetti

1 Die Tomaten blanchieren, häuten, die Samen entfernen, die Flüssigkeit abtropfen lassen und das Fruchtfleisch grob zerkleinern. Die Knoblauchzehe schälen, vom Mitteltrieb befreien, waschen und leicht zerdrücken. Die Petersilie waschen, trockenschütteln und fein hacken.

2 In einer Pfanne 4 Esslöffel Olivenöl erhitzen, den Knoblauch hell andünsten, anschließend herausnehmen. Die Sardellenpaste in die Pfanne geben, direkt vom Herd nehmen und so lange rühren, bis sich die Paste aufgelöst hat. Die zerkleinerten Tomaten hinzufügen, mit je 1 Prise Salz und Pfeffer würzen und die Sauce bei mäßiger Hitze etwa 10 Minuten köcheln lassen, dabei ab und zu umrühren.

3 In der Zwischenzeit in einem Topf reichlich Wasser zum Kochen bringen, salzen und die Spaghetti al dente kochen. Abgießen und die Tomaten-Sardellen-Sauce unterheben. Mit der gehackten Petersilie bestreuen und heiß servieren.

Tagliatelle ai fiori di zucchine
Tagliatelle mit Zucchiniblüten

♔ **einfach**
🕐 **30 Minuten**
500 kcal/2100 kJ

Zutaten

1 kleine Zwiebel

10 Zucchiniblüten

1 kleines Bund Petersilie

1 Rosmarinzweig

6 Salbeiblätter

4 EL Olivenöl

3 EL warme Gemüsebrühe

Salz · Pfeffer

320 g Eiertagliatelle

4 EL frisch geriebener Parmesan

1 Die Zwiebel schälen, waschen, abtrocknen und in feine Ringe schneiden. Die Stempel der Zucchiniblüten heraustrennen, die Blüten mit einem feuchten Tuch abtupfen und in feine Streifen schneiden. Petersilie, Rosmarin und Salbei waschen, ausschütteln und fein hacken.

2 Das Olivenöl in einer Pfanne erhitzen, die Zwiebelringe hinzugeben und hell andünsten, nicht bräunen. Die Zucchiniblüten ebenfalls in die Pfanne geben und etwa 10 Minuten bei geringer Hitze mitgaren. Nach der Hälfte der Kochzeit die warme Gemüsebrühe und die gehackten Kräuter hinzufügen.

3 In der Zwischenzeit reichlich Wasser in einem großen Topf zum Kochen bringen, salzen und die Tagliatelle al dente kochen. Gut abtropfen lassen und in die Pfanne mit der Sauce geben. Einige Minuten darin schwenken. Mit dem geriebenen Parmesan sowie etwas Pfeffer bestreuen und servieren.

Spaghettoni al pomodoro con melanzane

Spaghettoni mit Tomaten-Auberginen-Sauce

🍳 einfach
🕑 40 Minuten + Ruhezeit
430 kcal/1806 kJ

Zutaten

2 Auberginen
Salz · Pfeffer
300 g Tomaten
1 Knoblauchzehe
4 EL Olivenöl
3 gezupfte Basilikumblätter
320 g Spaghettoni
50 g frisch geriebener Pecorino

1 Die Auberginen waschen und in dünne Scheiben schneiden. Schichtweise in ein Sieb legen, mit Salz bestreuen und 1 Stunde einziehen lassen, um dem Fruchtfleisch das Wasser zu entziehen. Die Tomaten waschen, blanchieren, abtrocknen und häuten. Die Knoblauchzehe schälen, vom Mitteltrieb befreien und in feine Scheiben schneiden.

2 In einer großen Pfanne 3 Esslöffel Olivenöl erhitzen, den Knoblauch anbraten, anschließend herausnehmen. Die ganzen Tomaten hinzufügen und bei starker Hitze andünsten, dann zerkleinern, dabei gelegentlich mit einem Holzlöffel umrühren. Salzen, pfeffern und die Basilikumblätter darüber streuen.

3 Die Auberginen nach dem Ziehen waschen, abtropfen lassen, trocken tupfen, mit Olivenöl bepinseln, salzen und im vorgeheizten Backofen bei 180 °C garen. Reichlich Salzwasser zum Kochen bringen und die Spaghettoni al dente kochen. Abgießen, in die Pfanne mit der Sauce geben, umrühren und bei mittlerer Hitze 1 Minute durchziehen lassen. Die Nudeln in eine Schüssel füllen, die gegarten Auberginenscheiben sachte unterheben, mit dem Pecorino bestreuen und sofort servieren.

Maccheroncelli e sarde

Maccheroncelli mit Sardinen

🍳 mittelschwer
🕑 1 Stunde
560 kcal/2352 kJ

Zutaten

500 g wilder Fenchel
Salz
500 g fangfrische Sardinen
50 g Sultaninen
1 Zwiebel
5 EL Olivenöl
50 g Pinienkerne
1 Tütchen Safran
300 g lange Maccheroncelli

1 Den Fenchel putzen, nur die oberen Enden verwenden. Sorgfältig waschen und in einem Topf mit 1 Liter leicht gesalzenem Wasser weich kochen. Abtropfen lassen, den Kochsud aufbewahren und das Fenchelgrün grob hacken. Die Sardinen ausnehmen, der Länge nach aufschneiden, die Gräten entfernen, waschen und behutsam trockentupfen.

2 Die Sultaninen in einer Schüssel mit lauwarmem Wasser einweichen. Die Zwiebel schälen, waschen und in eine Pfanne mit dem heißen Olivenöl geben. Andünsten, die Sardinen hinzugeben und bei geringer Hitze anbraten. Dabei die Sardinen durch kräftiges Rühren zerteilen. Den Fenchel, die Pinienkerne, die Sultaninen, den Safran, das Salz sowie einige Esslöffel mit Fenchelsud hinzufügen und 10 Minuten köcheln lassen.

3 Den restlichen Fenchelsud in einen Topf geben, mit etwas Wasser verlängern, zum Kochen bringen und die Maccheroncelli al dente kochen. Abgießen, in eine große Schüssel füllen und die Sardinen-Fenchel-Sauce darüber geben. Vor dem Servieren 10 Minuten im offenen warmen Backofen ziehen lassen.

Spaghetti all'ortolana
Spaghetti mit Gemüsesauce

 einfach
 30 Minuten
430 kcal/1806 kJ

Zutaten

1 Knoblauchzehe
1/2 Selleriestange
1 Lauchstange · 1 Frühlingszwiebel
10 g Majoran · 10 g Basilikum
10 g Petersilie · 4 Salbeiblätter
1 Rosmarinzweig
6 EL Olivenöl · Salz
1 EL Tomatenmark
320 g Spaghetti

1 Die Knoblauchzehe schälen, waschen und fein hacken. Sellerie, Lauch und Frühlingszwiebel putzen, waschen und in Ringe schneiden. Majoran, Basilikum und Petersilie waschen, trockenschütteln und fein hacken. Salbei und Rosmarin waschen und trockentupfen.

2 In eine Pfanne 4 Esslöffel Olivenöl geben, Knoblauch, Lauch, Sellerie und Frühlingszwiebel darin andünsten, bis die Frühlingszwiebel glasig ist. Den Salbei und den Rosmarin hinzufügen, mit 3 Esslöffeln Wasser ablöschen, salzen und weitere 5 Minuten köcheln lassen.

3 Salbei und Rosmarin herausnehmen, das in etwas lauwarmem Wasser aufgelöste Tomatenmark in die Pfanne geben und die Sauce unter Rühren 10 Minuten sanft weiterköcheln lassen. Nach 5 Minuten das restliche Olivenöl und die Kräuter hinzugeben.

4 Reichlich Wasser in einem großen Topf zum Kochen bringen, salzen und die Spaghetti al dente kochen. Abgießen, in die Pfanne zu der Sauce geben und einige Minuten mitbraten. Auf einem großen Teller anrichten und sofort heiß servieren.

Tagliatelle con ventresca ed erbe aromatiche
Tagliatelle mit Thunfisch und Kräutern

 einfach
 30 Minuten
520 kcal/2184 kJ

Zutaten

150 g in Öl eingelegtes Bauchfleisch vom
  Thunfisch
1 Knoblauchzehe
1/2 Zwiebel
1 Hand voll Petersilienblätter
einige Büschel Grün von wildem Fenchel
300 g feste, reife Tomaten
4 EL Olivenöl
Salz · Pfeffer
350 g Tagliatelle

1 Die Lake des Thunfischs abgießen, das Bauchfleisch zerkleinern und beiseite stellen. Die Knoblauchzehe und die halbe Zwiebel schälen, waschen, abtrocknen und fein hacken. Die Petersilie und das Fenchelgrün waschen und behutsam trockentupfen. Beides zerkleinern. Die Tomaten in heißem Wasser blanchieren, häuten, die Samen entfernen, die Flüssigkeit abtropfen lassen und das Fruchtfleisch grob zerkleinern.

2 Das Olivenöl in eine Pfanne geben, die Zwiebel und den Knoblauch glasig andünsten, die zerkleinerten Tomaten hinzugeben, salzen und pfeffern. Die Sauce bei mäßiger Hitze 8–10 Minuten köcheln lassen, dabei ab und zu mit einem Holzlöffel umrühren. Auch das Thunfischfleisch in die Pfanne geben und 2–3 Minuten weiterköcheln lassen. Mit der Petersilie und dem zerkleinerten Fenchelgrün bestreuen.

3 In einem großen Topf reichlich Wasser zum Kochen bringen, salzen und die Tagliatelle al dente kochen. Abgießen, auf einem großen Teller anrichten, die Sauce darüber verteilen, gut vermengen und sofort heiß servieren.

Tagliatelle isolane
Tagliatelle mit würziger Sauce

⚇ **einfach**
🕐 **40 Minuten**
540 kcal/2268 kJ

Zutaten

1 kleine Aubergine
1 Knoblauchzehe
1 EL in Salz eingelegte Kapern
200 g entsteinte grüne Oliven
4 EL Olivenöl
1/2 Glas trockener Weißwein
Salz · Pfeffer
300 g geschälte Tomaten
1 TL Oregano
300 g frische Eiertagliatelle
4 EL frisch geriebener Pecorino

1 Die Aubergine waschen, abtrocknen, schälen und in kleine Stücke schneiden. Die Knoblauchzehe schälen und eventuell den Mitteltrieb entfernen. Die Kapern unter fließendem kaltem Wasser waschen, um das Salz abzuspülen. Die Oliven klein schneiden.

2 Das Olivenöl in einer Pfanne erhitzen, den Knoblauch und die Auberginenstücke hineingeben und 5 Minuten anbraten. Den Weißwein hinzugießen und einkochen lassen. Schließlich die Kapern, die zerkleinerten Oliven und 1 Prise Salz hinzufügen. Mit einem Holzlöffel gut umrühren und 10 Minuten köcheln lassen. Anschließend die geschälten Tomaten und den Oregano hinzugeben, umrühren und weitere 15 Minuten köcheln lassen. Den Knoblauch wieder herausnehmen.

3 In der Zwischenzeit reichlich Salzwasser in einem großen Topf zum Kochen bringen und die Eiertagliatelle al dente kochen. Gut abtropfen lassen und in die Pfanne zu der Sauce geben. Einige Minuten darin schwenken, auf einem großen Teller anrichten, mit dem geriebenen Pecorino sowie etwas frisch gemahlenem Pfeffer bestreuen und servieren.

Tagliatelle con ragù di pollo
Tagliatelle mit Hühnerfleischsauce

☺ einfach
⏱ **40 Minuten**
510 kcal/2142 kJ

Zutaten

200 g Hühnerbrust
200 g reife, feste Tomaten
1 Selleriestange
1 Zwiebel
1 Möhre
1 Hand voll Basilikumblätter
5 EL Olivenöl
1/2 Glas trockener Weißwein
Salz · Pfeffer
350 g Tagliatelle

1 Die Hühnerbrust waschen, trockentupfen und in Würfel schneiden. Die Tomaten blanchieren, häuten, die Samen entfernen, die Flüssigkeit abtropfen lassen und das Fruchtfleisch grob zerkleinern. Den Sellerie von Fäden befreien, die Zwiebel und die Möhre schälen. Das Gemüse waschen, abtrocknen und zerkleinern. Das Basilikum waschen, ausschütteln und klein zupfen.

2 Das Olivenöl in einer Pfanne erhitzen und die Zwiebel, den Sellerie und die Möhre darin andünsten, aber nicht bräunen. Die Hühnerbrustwürfel in die Pfanne geben und von allen Seiten kurz anbraten. Den Weißwein hinzugießen und bei starker Hitze eindicken lassen. Nun die zerkleinerten Tomaten hinzufügen, mit je 1 Prise Salz und frisch gemahlenem Pfeffer würzen und bei mäßiger Hitze 15–20 Minuten köcheln lassen, dabei ab und zu mit einem Holzlöffel umrühren. Zuletzt mit den klein gezupften Basilikumblättern bestreuen.

3 In einem großen Topf reichlich Wasser zum Kochen bringen, salzen und die Tagliatelle al dente kochen. Abgießen, auf einem großen Teller anrichten, die Sauce darüber gießen, gut vermengen und heiß servieren.

Linguine mediterranee
Linguine nach mediterraner Art

☺ einfach
⏱ **40 Minuten**
380 kcal/1596 kJ

Zutaten

1/2 rote Paprikaschote
1 dicke Auberginenscheibe
1/2 Möhre · 1 Zucchino
1 kleine Zwiebel
3 EL Olivenöl
1 scharfer roter Peperoncino
250 g Tomatenfruchtfleisch
Salz · 320 g Linguine

1 Das Gemüse putzen und waschen. Die Paprikaschote in Stifte und die Auberginenscheibe in Würfel schneiden. Die Möhre grob reiben, den Zucchino in feine Streifen und die Zwiebel in feine Ringe schneiden.

2 Das Olivenöl in einer beschichteten Pfanne erhitzen, den ganzen Peperoncino und das vorbereitete Gemüse hineingeben und bei mäßiger Hitze 10 Minuten dünsten. Das Tomatenfruchtfleisch zerkleinert hinzugeben und 10 Minuten köcheln lassen, dabei gelegentlich mit einem Holzlöffel umrühren. Die Sauce mit einer 1 Prise Salz würzen, den Peperoncino heraus- und die Pfanne vom Herd nehmen.

3 In der Zwischenzeit reichlich Salzwasser in einem großen Topf zum Kochen bringen und die Linguine al dente kochen. Gut abtropfen lassen, zu der vorbereiteten Sauce geben und gründlich umrühren, damit sich die Zutaten gut vermischen. Sofort heiß servieren.

Maccheroni alla chitarra con ortiche
Maccheroni alla chitarra mit Brennnesselsauce

mittelschwer
1 Stunde + Ruhezeit
490 kcal/2058 kJ

Zutaten

400 g Hartweizengrieß
4 Eier
Salz
300 g Brennnesseln
2 EL Olivenöl
1/2 Zwiebel
300 g Tomaten aus der Dose
1 scharfer roter Peperoncino

Eine «Chitarra» ist ein rechteckiger, mit Metalldrähten bespannter Holzrahmen, durch den Nudelteig gepresst und dabei geformt wird.

1 Den Hartweizengrieß auf ein Küchenbrett schütten, eine Mulde hineindrücken, die Eier sowie etwas Salz hineingeben und alles zu einem glatten, geschmeidigen Teig verkneten. An einem kühlen Ort zugedeckt etwa 15 Minuten ruhen lassen.

2 Den Teig zu einer dünnen Platte ausrollen, große Rechtecke ausschneiden, einzeln auf die «Chitarra» (*siehe links*) legen und mit dem Nudelholz darüber rollen, um Maccheroni herzustellen.

3 Die Brennnesseln waschen und grob zerkleinern. Das Olivenöl in einem kleinen Topf erhitzen, darin die geschälte, gewaschene und in feine Ringe geschnittene Zwiebel glasig andünsten, dann die Tomaten und den zerkleinerten Peperoncino hinzugeben, salzen und etwa 10 Minuten köcheln lassen. Die Brennnesseln sowie etwas heißes Wasser hinzufügen und weitere 5 Minuten köcheln lassen.

4 Die Maccheroni in einem Topf mit reichlich leicht gesalzenem Wasser al dente kochen. Abgießen und zu der Brennnesselsauce geben. 1 Minute ziehen lassen, auf einem großen Teller anrichten und heiß servieren.

Spaghetti al pomodoro fresco
Spaghetti mit frischen Tomaten

mittelschwer
20 Minuten
410 kcal/1722 kJ

Zutaten

350 g Cocktailtomaten
1 Knoblauchzehe
4 Basilikumblätter
Salz
320 g Spaghetti
5 EL Olivenöl

1 Die Cocktailtomaten waschen, mit einem Küchentuch abtrocknen und jeweils vierteln. Die Knoblauchzehe schälen, eventuell vom Mitteltrieb befreien und fein hacken. Die Basilikumblätter mit einem feuchten Tuch säubern. Einen großen Topf mit reichlich Wasser zum Kochen bringen, salzen und die Spaghetti al dente kochen.

2 In einer Pfanne 2 Esslöffel Olivenöl erhitzen, darin den Knoblauch hell andünsten, anschließend herausnehmen. Die Cocktailtomaten hinzufügen, salzen, mit einem Holzlöffel umrühren und alles einige Minuten köcheln lassen. Die Tomaten nicht zu weich werden lassen, sonst büßen sie an Geschmack ein.

3 Die Pfanne vom Herd nehmen, die zuvor klein gezupften Basilikumblätter hinzufügen, das restliche Olivenöl darüber gießen und durchrühren. Die Spaghetti abgießen, auf einem großen Teller anrichten, gut mit der Sauce vermengen und heiß servieren.

♟ **einfach**
🕐 **40 Minuten**
390 kcal/1638 kJ

Zutaten

320 g kurze Fusilli

Salz, Pfeffer

etwas Olivenöl

1 kleine Salatgurke

einige Stangen Bleichsellerie

1 Tropea-Zwiebel

2 Salattomaten

einige Basilikumblätter

einige Rucolablätter

4 reife, feste Eiertomaten

2 EL in Salz eingelegte Kapern

3 EL Olivenöl

Panzanella di pasta
Nudelsalat

1 Die Nudeln in reichlich kochendem Salzwasser al dente kochen. Abgießen und etwas Olivenöl hinzugeben, damit sie nicht zusammenkleben. Auf einer Platte verteilen und abkühlen lassen.

2 Die Salatgurke schälen, würfeln und mit Salz bestreuen, um ihr überschüssiges Wasser zu entziehen. Den Bleichsellerie und die Tropea-Zwiebel waschen und in dünne Ringe schneiden. Die Salattomaten würfeln, das Basilikum und den Rucola waschen und klein schneiden. Die Eiertomaten grob passieren.

3 Alle Zutaten in eine Terrine geben. Die Gurkenwürfel und die Kapern unter fließendem Wasser vom Salz befreien, beide in die Terrine geben. 3 Esslöffel Olivenöl hinzugeben und alle Zutaten mit einer Gabel gut vermengen. Salzen und pfeffern. Die Nudeln in die Terrine füllen, gründlich umrühren und bis zum Servieren abgedeckt kühl stellen.

Die gekochten Fusilli auf einer Platte verteilen und abkühlen lassen.

Sellerie und Zwiebel in Ringe, die Salattomaten in Würfel schneiden, das Basilikum zerkleinern.

Das übrige Gemüse in die Terrine geben und die Nudeln hinzufügen.

Gnocchetti sardi con sugo di pesce

Sardische Gnocchetti mit Fisch

☺ **mittelschwer**
⏱ **40 Minuten**
450 kcal/1890 kJ

Zutaten

400 g reife, feste Tomaten
1 Zwiebel
1 Knoblauchzehe
1 kleines Bund Petersilie
1 Scheibe Glatthai (etwa 250 g)
4 EL Olivenöl
einige Basilikumblätter
Salz · Pfeffer
320 g Gnocchetti sardi

1 Die Tomaten in einem Topf mit kochendem Wasser blanchieren, häuten, die Samen entfernen, die Flüssigkeit abtropfen lassen und das Fruchtfleisch grob zerkleinern. Die Zwiebel schälen, waschen und fein hacken. Die Knoblauchzehe schälen, vom Mitteltrieb befreien und leicht zerdrücken. Die Glatthai-Scheibe waschen, abtrocknen und in kleine Würfel schneiden.

2 Das Olivenöl in einer Pfanne erhitzen, darin die Zwiebel, den Knoblauch und den gewaschenen, trockengetupften und klein gezupften Basilikum andünsten. Den Knoblauch wieder herausnehmen, den gewürfelten Fisch hinzugeben und alle Zutaten gut verrühren. Nun die Tomaten, je 1 Prise Salz und frisch gemahlenen Pfeffer hinzugeben und 10 Minuten weiterköcheln lassen.

3 In der Zwischenzeit reichlich Salzwasser in einem großen Topf zum Kochen bringen und die Gnocchetti sardi al dente kochen. Abgießen, auf einem großen Teller anrichten, mit der zubereiteten Sauce vermischen und mit 1 kräftigen Prise frisch gemahlenem Pfeffer würzen. Die gehackte Petersilie darüber streuen, noch einmal umrühren und sofort heiß servieren.

Gramigna con peperoni e pesto
Gramigna mit Paprika und Pesto

♘ mittelschwer
🕑 30 Minuten
660 kcal/2772 kJ

Zutaten

1 rote Paprikaschote
100 g Basilikumblätter
1 Knoblauchzehe
40 g Pinienkerne
5 Walnusskerne
Salz
2 EL frisch geriebener Grana
2 EL frisch geriebener Pecorino
10 EL Olivenöl
350 g Gramigna

1 Die Paprikaschote im Backofen rösten, bis die Haut Blasen wirft. Leicht abkühlen lassen und die Haut abziehen, verbliebene Hautreste mit Küchenpapier abreiben. Die Schote halbieren, Samen und Stege entfernen, dann in kleine Würfel schneiden.

2 Das Basilikum waschen, auf einem Tuch ausbreiten und trockentupfen. Den Knoblauch, die Pinien- und die Walnusskerne im Mixer grob zerkleinern, das Basilikum und 1 Prise Salz hinzufügen und zu einer cremigen Masse pürieren.

3 In eine Schüssel geben, den Grana und den Pecorino hinzufügen und das Olivenöl nach und nach mit einem Holzlöffel unterrühren. Zum Schluss die Paprikawürfel unterheben.

4 Inzwischen reichlich Wasser in einem großen Topf zum Kochen bringen, salzen und die Gramigna al dente garen. Die Sauce mit 2 oder 3 Esslöffeln Nudelkochwasser verdünnen. Die Nudeln abgießen und mit der Sauce vermengen. Auf einem vorgewärmten Teller anrichten und servieren.

Fusilli al tonno fresco
Fusilli mit frischem Thunfisch

♘ einfach
🕑 30 Minuten
510 kcal/2142 kJ

Zutaten

1 Schalotte
200 g reife, feste Tomaten
300 g frisches Thunfischfleisch
1 Bund Basilikum
1 Bund Petersilie
30 g in Salz eingelegte Kapern
4 EL Olivenöl
Salz · Pfeffer
320 g Fusilli

1 Die Schalotte schälen, waschen, abtrocknen und fein hacken. Die Tomaten blanchieren, häuten, die Samen entfernen, die Flüssigkeit abtropfen lassen und das Fruchtfleisch grob zerkleinern.

2 Das Thunfischfleisch waschen, behutsam mit einem Tuch trockentupfen und in Würfel schneiden. Das Basilikum und die Petersilie waschen, ausschütteln und fein hacken. Die Kapern unter fließendem kaltem Wasser gründlich vom Salz befreien, abtropfen lassen und beiseite stellen.

3 Das Olivenöl in eine Pfanne geben und die Schalotte andünsten, nicht bräunen. Den gewürfelten Thunfisch hinzufügen und von allen Seiten kurz anbraten. Die Tomaten, die Kapern, je 1 Prise Salz und Pfeffer hinzufügen und bei mäßiger Hitze etwa 10 Minuten köcheln lassen. Zuletzt mit Petersilie und Basilikum bestreuen.

4 Die Fusilli in reichlich Salzwasser al dente kochen. Abgießen, auf einem großen Teller anrichten, die Sauce darüber gießen und servieren.

Maccheroncini con scamponi e favette
Maccheroncini mit Scamponi und Taubenbohnen

🍳 mittelschwer
🕐 40 Minuten
630 kcal/2646 kJ

Zutaten

8–12 Scamponischwänze

200 g Taubenbohnen ohne Hülsen

200 g reife, feste Tomaten

¹/₂ Zwiebel

1 Bund Petersilie

1 Bund Basilikum

5 EL Olivenöl

Salz · Pfeffer

320 g Maccheroncini

1 Die Scamponischwänze schälen, von den Därmen befreien, waschen und abtrocknen. Die Taubenbohnen in sprudelnd kochendem Wasser blanchieren, abgießen und die Haut abziehen. Die Bohnen beiseite stellen. Die Tomaten blanchieren, häuten, die Samen entfernen, die Flüssigkeit abtropfen lassen und das Fruchtfleisch grob zerkleinern.

2 Die Zwiebel schälen, waschen, abtrocknen und fein hacken. Die Petersilie und das Basilikum waschen, sachte mit einem Küchentuch trockentupfen und ebenfalls fein hacken. 3 Esslöffel Olivenöl in einer Pfanne erhitzen und die Zwiebel darin glasig andünsten. Die Bohnen hinzufügen, 1 Minute garen lassen, mit einem Holzlöffel umrühren, dann ein wenig heißes Wasser hinzugeben und 10–12 Minuten köcheln lassen, bis sie weich sind. Dabei ab und zu umrühren.

3 Die Tomaten in die Pfanne geben, mit je 1 Prise Salz und Pfeffer würzen und 3–4 Minuten weiterköcheln lassen. Dann mit der Petersilie und dem Basilikum bestreuen. Das restliche Olivenöl in eine zweite Pfanne geben, erhitzen und die Scamponischwänze 2–3 Minuten goldgelb anbraten, dabei ständig mit einem Holzlöffel wenden. Salzen und pfeffern. In der Zwischenzeit reichlich Wasser in einem großen Topf zum Kochen bringen, salzen und die Maccheroncini al dente kochen. Abgießen, mit der Sauce mischen, die Scamponischwänze hinzugeben und servieren.

Gnocchetti sardi ai peperoni
Sardische Gnocchetti mit Paprika

🍳 einfach
🕐 30 Minuten
390 kcal/1638 kJ

Zutaten

1 gelbe Paprikaschote

1 rote Paprikaschote

1 kleine Zwiebel

1 Hand voll Petersilienblätter

4 EL Olivenöl · Salz

200 g Tomaten aus der Dose

300 g Gnocchetti sardi

1 Die beiden Paprikaschoten waschen, abtrocknen, von Stielansatz, Samen und Stegen befreien und in dünne Streifen schneiden. Die Zwiebel schälen, waschen, abtrocknen und grob hacken. Die Petersilie waschen, ausschütteln und fein hacken.

2 Das Olivenöl in einer Pfanne erhitzen und die Zwiebel andünsten. Die Paprikaschoten hinzufügen, leicht salzen und etwa 10 Minuten garen, dabei ab und zu mit einem Holzlöffel umrühren. Die Tomaten zerkleinert in die Pfanne geben und weitere 10 Minuten köcheln lassen, dabei gelegentlich umrühren. Mit etwas Salz abschmecken und mit der Petersilie bestreuen.

3 In der Zwischenzeit reichlich Wasser in einem großen Topf zum Kochen bringen, salzen und die Gnocchetti sardi al dente kochen. Abgießen, in die Pfanne zu der zubereiteten Sauce geben, einige Minuten schwenken, anrichten und sofort servieren.

Rigatoni con pomodori al forno
Rigatoni mit geschmorten Tomaten

🍴 **einfach**
🕐 **30 Minuten**
460 kcal/1932 kJ

Zutaten

1 Bund Petersilie

1 Bund Basilikum

1 Knoblauchzehe

300 g reife, feste Tomaten

6 EL Olivenöl

Salz · Pfeffer

350 g Rigatoni

etwas Oregano

frisch geriebener Grana

1 Petersilie und Basilikum waschen, trockentupfen, jeweils eine Hälfte fein hacken, die andere mit dem gewaschenen und vom Mitteltrieb befreiten Knoblauch zerkleinern. Die Tomaten waschen, abtrocknen, vom Stielansatz befreien, in etwa 1 Zentimeter dicke Scheiben schneiden und die Samen entfernen.

2 Den Boden einer großen feuerfesten Form mit 2 Esslöffeln Olivenöl gleichmäßig bestreichen und die Tomatenscheiben nebeneinander hineinlegen. Salzen und pfeffern, dann die Petersilie-Basilikum-Knoblauch-Mischung darauf verteilen, mit dem restlichen Olivenöl beträufeln und im vorgeheizten Backofen bei 230 °C etwa 20 Minuten schmoren.

3 In der Zwischenzeit reichlich Wasser in einem großen Topf zum Kochen bringen, salzen, die Rigatoni hineingeben und unter Rühren al dente kochen. Abgießen, in die Backform füllen, mit 1 Prise Oregano würzen und mit der restlichen Petersilie und dem Basilikum bestreuen.

4 Alles gründlich vermengen, auf einem tiefen, vorgewärmten Teller anrichten und mit geriebenem Grana servieren.

Casereccia con fagiolini e acciughe
Casereccia mit grünen Bohnen und Sardellen

🍴 **einfach**
🕐 **30 Minuten**
420 kcal/1764 kJ

Zutaten

300 g grüne Bohnen

1 Knoblauchzehe

2 in Salz eingelegte Sardellen

5 EL Olivenöl

1 EL Weißweinessig

Salz

320 g Casereccia

1 Die Enden der grünen Bohnen abschneiden, Fäden abziehen, in kleine Stücke schneiden, in kaltem Wasser waschen und abtropfen lassen. In einem Topf reichlich Wasser zum Kochen bringen, salzen und die Bohnen etwa 7 Minuten kochen. Abgießen, aber 4–5 Esslöffel von dem Kochwasser aufbewahren.

2 Die Knoblauchzehe schälen, waschen, abtrocknen und leicht pressen. Die Sardellen unter fließendem kaltem Wasser vom Salz befreien, entgräten und in kleine Stücke schneiden. Das Olivenöl in eine Pfanne geben und den Knoblauch darin hell andünsten. Die Sardellenstücke hinzugeben, die Pfanne vom Herd nehmen und die Sardellen mit einer Gabel zerdrücken.

3 Den Essig hineingießen und bei starker Hitze eindicken lassen. Die Bohnen und das aufbewahrte Kochwasser in die Pfanne geben und bei mäßiger Hitze etwa 10 Minuten köcheln lassen, dabei ab und zu umrühren. Den Knoblauch gegen Ende der Kochzeit entfernen. In der Zwischenzeit reichlich Wasser in einem großen Topf zum Kochen bringen, salzen und die Casereccia al dente kochen. Abgießen, mit der Bohnen-Sardellen-Sauce vermengen und heiß servieren.

Mezze maniche al cetriolo

Mezze maniche mit Gurkensauce

☺ einfach
🕐 **30 Minuten**
450 kcal/1890 kJ

Zutaten

1 Zwiebel (etwa 100 g)
1 Knoblauchzehe
6 EL Olivenöl
400 g geschälte Tomaten
einige Basilikumblätter
Salz · Pfeffer
200 g kleine Salatgurken
320 g Mezze maniche rigate

1 Die Zwiebel und den Knoblauch schälen, waschen, fein hacken und in einer Pfanne in 4 Esslöffeln Olivenöl andünsten. Die Tomaten zerkleinern und ebenfalls in die Pfanne geben. Mit den gewaschenen und trockengetupften Basilikumblättern, 1 Prise Salz und etwas frisch gemahlenem Pfeffer bestreuen. Alle Zutaten mit einem Holzlöffel mischen und die Sauce bei kleiner Hitze aufwallen lassen, bis sie eindickt.

2 Die Salatgurken schälen, längs halbieren, die Samen entfernen und das Fruchtfleisch in kleine Würfel schneiden. In einen kleinen Topf mit leicht gesalzenem, kochendem Wasser geben, aufkochen und 5 Minuten ziehen lassen. Abgießen, mit dem restlichen Olivenöl in eine Pfanne geben, mit Salz und frisch gemahlenem Pfeffer würzen und einige Minuten dünsten.

3 Reichlich Salzwasser in einem großen Topf zum Kochen bringen und die Mezze maniche al dente kochen. Abgießen, auf einem großen Teller anrichten und mit der heißen Sauce mischen. Die Gurken hinzugeben, alles gut vermengen und sofort servieren.

Penne con zucca e radicchio
Penne mit Kürbis-Radicchio-Sauce

einfach
45 Minuten
420 kcal/1764 kJ

Zutaten

300 g Kürbis
1 langer, schmaler Kopf Radicchio
1 Schalotte
1 Hand voll Petersilienblätter
5 EL Olivenöl
Salz · Pfeffer
320 g Pennette lisce

1 Die Kürbisschale ablösen, das faserige Innere mitsamt den Kernen entfernen, das Fruchtfleisch waschen, trockentupfen und in Streifen schneiden. In einen Topf mit sprudelnd kochendem Wasser geben, etwa 1 Minute blanchieren, abgießen und beiseite stellen.

2 Den Radicchio von welken äußeren Blättern befreien, waschen, abtrocknen und in feine Streifen schneiden. Die Schalotte schälen, waschen, abtrocknen und klein schneiden. Die Petersilie waschen, ausschütteln und fein hacken.

3 Das Olivenöl in einer Pfanne erhitzen, die Schalotte darin kurz andünsten, dann die Kürbisstreifen hinzufügen und rundum anbraten. Etwas Wasser hinzugeben, mit Salz und frisch gemahlenem Pfeffer würzen, zudecken und etwa 15 Minuten köcheln lassen, dabei ab und zu mit einem Holzlöffel umrühren. Nach der Hälfte der Kochzeit den Radicchio und einen Teil der gehackten Petersilie unterheben.

4 In der Zwischenzeit reichlich Salzwasser in einem großen Topf zum Kochen bringen und die Pennette lisce al dente kochen. Abgießen, auf einem großen Teller anrichten, mit der Sauce vermengen und mit der restlichen Petersilie bestreuen. Heiß servieren.

Rotelle con broccoletti e cavolfiore
Rotelle mit Rübensprossen und Blumenkohl

einfach
30 Minuten
480 kcal/2016 kJ

Zutaten

2 reife, feste Tomaten
300 g Rübensprossen
300 g Blumenkohl
1 Knoblauchzehe
1 Zwiebel
2 in Öl eingelegte Sardellenfilets
50 g ligurische Oliven
4 EL Olivenöl
Salz · Pfeffer
Oregano
350 g Rotelle

1 Die Tomaten blanchieren, häuten, die Samen entfernen, die Flüssigkeit abtropfen lassen und das Fruchtfleisch grob zerkleinern. Die Rübensprossen und den Blumenkohl putzen, die Röschen ablösen, die größeren halbieren, in kaltem Wasser waschen, abgießen und beiseite stellen.

2 Die Knoblauchzehe und die Zwiebel schälen, waschen, abtrocknen und fein hacken. Die Sardellenfilets grob zerkleinern, die Oliven entsteinen und klein schneiden. Das Olivenöl in eine Pfanne geben, die Zwiebel und den Knoblauch andünsten und die Sardellenstücke hinzufügen. Die Pfanne vom Herd nehmen und die Sardellen mit einer Gabel zerdrücken.

3 Die zerkleinerten Tomaten in die Pfanne geben, mit 1 Prise Salz und etwas frisch gemahlenem Pfeffer würzen und bei mäßiger Hitze 5 Minuten köcheln lassen. Die Oliven und 1 Prise Oregano hinzufügen, mit einem Holzlöffel umrühren und weiterköcheln lassen.

4 Reichlich Wasser in einem großen Topf zum Kochen bringen, salzen, Rübensprossen und Blumenkohlröschen sowie die Rotelle hineingeben und al dente garen. Abgießen, die Olivensauce unterheben und heiß servieren.

Cavatelli alla pugliese
Cavatelli mit würziger Gemüsesauce

☻ **einfach**
🕐 **40 Minuten + Ruhezeit**
490 kcal/2058 kJ

Zutaten

1 Aubergine
500 g reife, feste Tomaten
1 Schalotte
1 Bund Basilikum
30 g entsteinte schwarze Oliven
1 Paprikaschote
6 EL Olivenöl
2 in Öl eingelegte Sardellenfilets
Salz · Pfeffer
1 EL Kapern
320 g Cavatelli

1 Die Aubergine von Stiel- und Blütenansatz befreien, waschen und in kleine Würfel schneiden. In ein Sieb legen, salzen und 30 Minuten ziehen lassen. Die Tomaten blanchieren, häuten, die Samen entfernen, die Flüssigkeit abtropfen lassen und das Fruchtfleisch grob zerkleinern.

2 Die Schalotte schälen, waschen und fein hacken. Das Basilikum waschen und zerrupfen, die Oliven in feine Scheiben schneiden. Die Paprikaschote waschen, im Backofen rösten, anschließend in einer Papiertüte 10 Minuten ausschwitzen lassen. Aus der Tüte nehmen, häuten, Samen und Stege entfernen und die Schote in kleine Stücke schneiden.

3 In einer Pfanne 2 Esslöffel Olivenöl erhitzen, die abgespülten und trockengetupften Auberginenwürfel hineingeben und goldgelb anbraten. Abtropfen lassen und beiseite stellen. Die Schalotte mit dem restlichen Olivenöl in einer zweiten Pfanne andünsten, die zerkleinerten Sardellenfilets hineinlegen, die Pfanne nach wenigen Sekunden vom Herd nehmen und die Sardellen mit einer Gabel zerdrücken. Tomaten, Salz und Pfeffer in die Pfanne geben und bei mäßiger Hitze 10 Minuten garen.

4 Die Auberginenwürfel, Oliven, Paprikastücke und Kapern hinzufügen und weitere 5 Minuten köcheln lassen. Reichlich Wasser in einem großen Topf zum Kochen bringen, salzen und die Cavatelli al dente kochen. Abgießen, mit der Sauce mischen, mit dem Basilikum bestreuen und heiß servieren.

Farfalle ai carciofi, zucchine e porri
Farfalle mit Artischocken, Zucchini und Lauch

☻ **einfach**
🕐 **40 Minuten**
400 kcal/1680 kJ

Zutaten

2 Artischocken
Saft von 1 Zitrone
1 Lauchstange · 200 g Zucchini
1 Knoblauchzehe
250 g reife, feste Tomaten
4 EL Olivenöl
Salz · Pfeffer
320 g Farfalle

1 Die Artischocken von den Stielen, den äußeren harten Blättern und den Spitzen befreien, dann halbieren und das Heu im Innern entfernen. Klein schneiden und in kaltes Wasser mit Zitronensaft legen. Den Lauch von den Wurzeln und den harten oberen Blättern befreien, waschen, abtrocknen und in Ringe schneiden. Stiel- und Blütenansätze der Zucchini entfernen, waschen, abtrocknen und in Scheiben schneiden. Die Knoblauchzehe schälen und leicht zerdrücken. Die Tomaten blanchieren, häuten, die Samen entfernen, die Flüssigkeit abtropfen lassen und das Fruchtfleisch gut zerkleinern.

2 Lauchringe und Knoblauch in einer Pfanne mit Olivenöl andünsten. Die abgetropften und trockengetupften Artischockenhälften hinzugeben, 5 Minuten unter Rühren garen. Die Zucchinischeiben hinzufügen und 2 Minuten mitdünsten. Die Tomatenstücke hinzugeben, salzen, pfeffern und weitere 10 Minuten köcheln lassen. Die Farfalle al dente kochen und mit der Sauce servieren.

Orecchiette orto e mare

Orecchiette mit Rüben-sprossen und Muscheln

🍳 **mittelschwer**

🕐 **40 Minuten + Ruhezeit**

480 kcal/2016 kJ

Zutaten

500 g Kreuzmuster-Teppichmuscheln

800 g Rübensprossen

2 Knoblauchzehen

¹/₂ Glas trockener Weißwein

5 EL Olivenöl

Salz · Pfeffer

350 g Orecchiette

3 in Öl eingelegte Sardellenfilets

1 Die Muscheln einige Stunden in reichlich kaltem Salzwasser einweichen. In der Zwischenzeit von den Rübensprossen die Strünke und die harten Blätter entfernen. Die Röschen und die zarten inneren Blätter ablösen, in reichlich kaltem Wasser waschen, abtropfen lassen und beiseite stellen. Die Knoblauchzehen schälen, vom Mitteltrieb befreien, waschen und leicht zerdrücken.

2 Die Muscheln abgießen, in eine Pfanne geben, den Wein, 1 Esslöffel Olivenöl sowie 1 Knoblauchzehe hinzufügen und bei starker Hitze anbraten, bis sich die Muscheln öffnen. Vom Herd nehmen, das Muschelfleisch aus den Schalen lösen und in eine Schüssel geben. Ungeöffnete Muscheln wegwerfen. Den Muschelsud in eine Schüssel sieben.

3 Reichlich Wasser in einem großen Topf zum Kochen bringen, salzen und die Orecchiette al dente kochen. 5 Minuten vor Ende der Kochzeit die Rübensprossen hinzugeben.

4 Das restliche Olivenöl in einer Pfanne erhitzen, die zweite Knoblauchzehe darin farblos andünsten, anschließend herausnehmen. Die zerkleinerten Sardellenfilets und das Muschelfleisch mit dem aufbewahrten Muschelsud hinzufügen und die Sauce bei starker Hitze einkochen lassen. Die Orecchiette mit den Rübensprossen abgießen, mit der Muschelsauce vermengen, mit etwas Pfeffer bestreuen, umrühren und servieren.

Fusilli con salsa di capperi e origano
Fusilli in Kapern-Oregano-Sauce

☺ einfach
🕐 30 Minuten
430 kcal/1806 kJ

Zutaten

1 Knoblauchzehe
1 kleine Zwiebel
500 g reife, feste Tomaten
50 g in Salz eingelegte Kapern
4 EL Olivenöl
1 Lorbeerblatt
Salz · Pfeffer
frische Oreganoblätter
350 g Fusilli

1 Die Knoblauchzehe und die Zwiebel schälen, waschen, trockentupfen und fein hacken. Die Tomaten blanchieren, häuten, die Samen entfernen, die Flüssigkeit abtropfen lassen und das Fruchtfleisch grob zerkleinern. Die Kapern unter fließendem kaltem Wasser vom Salz befreien, abtropfen und trocknen lassen.

2 Das Olivenöl in einer Pfanne erhitzen und darin die Zwiebel und den Knoblauch mit dem gewaschenen und abgetrockneten Lorbeerblatt andünsten. Die zerkleinerten Tomaten, 1 Prise Salz und etwas frisch gemahlenen Pfeffer hinzufügen und bei mäßiger Hitze ohne Deckel 10–15 Minuten köcheln lassen. Kurz vor Ende der Garzeit die Kapern hinzufügen und die Sauce zum Schluss mit den frischen Oreganoblättern bestreuen. Das Lorbeerblatt entfernen.

3 In der Zwischenzeit reichlich Wasser in einem großen Topf zum Kochen bringen, salzen und die Fusilli al dente kochen. Abgießen, auf einem großen Teller anrichten und die Sauce darüber geben. Heiß servieren.

Penne con salsa aromatica
Penne in Kräutersauce

☺ einfach
🕐 40 Minuten
380 kcal/1596 kJ

Zutaten

500 g reife, feste Tomaten
3 grüne Peperoncini
50 g grüne Oliven
1 Zwiebel
1 Bund gemischte Kräuter (Petersilie,
  Thymian, Majoran)
4 EL Olivenöl
ein Stück scharfer roter Peperoncino
Salz · Pfeffer · 30 g Kapern
320 g Penne rigate

1 Die Tomaten blanchieren, häuten, die Samen entfernen, die Flüssigkeit abtropfen lassen und das Fruchtfleisch grob zerkleinern. Die grünen Peperoncini putzen, Samen und Stege entfernen, waschen, abtrocknen und klein schneiden. Die Oliven entsteinen, zerkleinern und beiseite stellen.

2 Die Zwiebel schälen, waschen, abtrocknen und fein hacken. Die Petersilie, den Thymian und den Majoran waschen, ausschütteln und ebenfalls fein hacken. Das Olivenöl in eine Pfanne geben und die Zwiebel andünsten, ohne sie zu bräunen. Den roten Peperoncino sowie die klein geschnittenen grünen Peperoncini hinzufügen und 2–3 Minuten anbraten, dabei mit einem Holzlöffel behutsam umrühren.

3 Die zerkleinerten Tomaten hinzufügen, salzen, pfeffern und bei mäßiger Hitze 15–20 Minuten köcheln lassen, gelegentlich umrühren. 5 Minuten vor Ende der Kochzeit die Oliven, die Kapern, die Petersilie, den Thymian und den Majoran unterrühren. In der Zwischenzeit reichlich Wasser in einem Topf zum Kochen bringen, salzen und die Penne rigate al dente kochen. Abgießen, mit der fertigen Sauce mischen und heiß servieren.

Cavatappi con seppie e spinaci
Korkenziehernudeln mit Tintenfisch und Spinat

mittelschwer
40 Minuten
460 kcal/1932 kJ

Zutaten

250 g Tintenfisch (Sepia)
300 g Spinat
300 g reife, feste Tomaten
1 Schalotte
3 EL Olivenöl
Salz · Pfeffer
350 g Korkenziehernudeln

1 Zunächst den Tintenfisch vorbereiten. Dazu den Knochen, die äußere Haut, die Eingeweide, die Augen und die Kauwerkzeuge entfernen. Waschen, abtropfen lassen und klein schneiden. Den Spinat mehrfach in reichlich kaltem Wasser waschen, dann abgießen und in feine Streifen schneiden.

2 Die Tomaten blanchieren, häuten, die Samen entfernen, die Flüssigkeit abtropfen lassen und das Fruchtfleisch grob zerkleinern. Die Schalotte schälen, waschen, abtrocknen und fein hacken.

3 Das Olivenöl in einer Pfanne erhitzen und die Schalotte darin andünsten. Den zerkleinerten Tintenfisch hinzufügen, mit einem Holzlöffel umrühren und das beim Kochen entstehende Wasser verdampfen lassen. Den Tintenfisch herausnehmen, abtropfen lassen und zur Seite stellen.

4 Den Spinat in die gleiche Pfanne geben und etwa 2 Minuten andünsten. Herausnehmen, abtropfen lassen und beiseite stellen. Die Tomaten hinzufügen, salzen, pfeffern und 5–6 Minuten köcheln lassen. Den Tintenfisch und den Spinat wieder in die Pfanne geben und 2 Minuten weitergaren.

5 Reichlich Wasser in einem großen Topf zum Kochen bringen, salzen und die Korkenziehernudeln al dente kochen. Abgießen, die Tintenfisch-Spinat-Sauce unterheben und heiß servieren.

Gnocchetti con gamberetti e fagioli di Spagna
Gnocchetti mit Garnelen und Feuerbohnen

mittelschwer
1 Stunde 30 Minuten + Einweichzeit
480 kcal/2016 kJ

Zutaten

100 g getrocknete Feuerbohnen
1 Zwiebel · 1/2 Selleriestange
1 Knoblauchzehe
1 Lorbeerblatt
4 EL Olivenöl
250 g Garnelen
Salz · Pfeffer
1 Bund Petersilie
300 g Gnocchetti

1 Die Feuerbohnen 12 Stunden in reichlich kaltem Wasser einweichen, anschließend abgießen. Die Zwiebel schälen, waschen und fein hacken. Die Selleriestange von Fäden befreien, waschen und in dünne Ringe schneiden. Die Knoblauchzehe schälen.

2 Die Bohnen, die Hälfte der Zwiebel, den Sellerie, das Lorbeerblatt und den Knoblauch in einen Topf geben, mit reichlich Wasser auffüllen und langsam zum Kochen bringen. Etwa 1 Stunde kochen. Wenn nötig, etwas kochendes Wasser hinzufügen.

3 Den Rest der Zwiebel in einer Pfanne mit heißem Olivenöl andünsten. Die abgetropften Bohnen hinzufügen und einige Minuten mitdünsten lassen.

4 Die Garnelen schälen, waschen, trockentupfen und zu den Bohnen geben. Salzen, pfeffern und 2–3 Minuten garen lassen. Die Sauce zum Schluss mit der gehackten Petersilie bestreuen.

5 In reichlich gesalzenem Wasser die Gnocchetti al dente kochen. Abgießen, die Sauce unterheben und sofort servieren.

Eliche al sugo di cernia

Spiralnudeln mit Zackenbarsch

⊟ einfach
🕐 35 Minuten
480 kcal/2016 kJ

Zutaten

1 Zwiebel
2 Knoblauchzehen
1 Hand voll Basilikumblätter
800 g Cocktailtomaten
250 g Zackenbarschfilet
4 EL Olivenöl
1 Stück scharfer roter Peperoncino
Salz · Pfeffer
30 g Pinienkerne
320 g Spiralnudeln

1 Die Zwiebel schälen, waschen und abtrocknen. Die Knoblauchzehen schä-en, vom Mitteltrieb befreien und zusammen mit der Zwiebel fein hacken. Das Basilikum waschen, mit einem Tuch trockentupfen und zupfen. Die Tomaten waschen und abtrocknen, ebenso das Zackenbarschfilet waschen, trockentupfen und in kleine Stücke schneiden.

2 Das Olivenöl in eine Pfanne geben und die Zwiebel und den Knoblauch darin andünsten, ohne sie zu bräunen. Die Tomaten, ein wenig Basilikum und den Peperoncino hinzugeben. Vorsichtig salzen und mit 1 kräftigen Prise frisch gemahlenem Pfeffer würzen.

3 Die Sauce 10 Minuten bei mittlerer Hitze köcheln lassen, dabei ab und zu mit einem Holzlöffel umrühren. Wenn die Sauce leicht eingedickt ist, den Fisch, die Pinienkerne und das restliche Basilikum unterrühren, den Deckel auflegen und bei mittlerer Hitze weitere 10 Minuten köcheln lassen.

4 In der Zwischenzeit reichlich Wasser in einem großen Topf zum Kochen bringen, leicht salzen und die Spiralnudeln al dente kochen. Abgießen, auf einem großen Teller anrichten, gründlich mit der Sauce vermengen und sofort heiß servieren.

Maccheroncini con asparagi e triglie

Maccheroncini mit Spargel und Meerbarben

♔ **mittelschwer**
🕐 **40 Minuten**
470 kcal/1974 kJ

Zutaten

300 g Spargel
8 Meerbarben
4 EL Olivenöl
Salz · Pfeffer
250 g Maccheroncini

1 Die Spargelstangen auf gleiche Länge zurecht schneiden, von den weißen, holzigen Enden befreien und schälen. Waschen, abtrocknen und in einem Kochtopf mit Dampfeinsatz 6–7 Minuten garen. Abgießen, die Spitzen abschneiden und beiseite legen, die Stangen in Streifen schneiden.

2 Die Meerbarben filettieren und alle Gräten entfernen. Waschen, behutsam mit Küchenpapier trockentupfen und in Streifen schneiden. Das Olivenöl in einer beschichteten Pfanne erhitzen und die Barbenstreifen etwa 2 Minuten kurz anbraten, dabei gelegentlich mit einem Holzlöffel umrühren. Mit etwas Salz und 1 kräftigen Prise frisch gemahlenem Pfeffer würzen, erneut gut umrühren, Spargelspitzen und -streifen hinzufügen und wiederum erwärmen.

3 In der Zwischenzeit reichlich Wasser in einem großen Topf zum Kochen bringen, salzen und die Maccheroncini al dente kochen. Abgießen, die Spargel-Meerbarben-Sauce auf den Nudeln verteilen und mit einem Holzlöffel gut durchrühren. Auf einem vorgewärmten Teller anrichten und heiß servieren.

Die Spargelstangen in einem Kochtopf mit Dampfeinsatz garen.

Die Spitzen abschneiden, beiseite legen und die Stangen in Streifen schneiden.

Die Fischstreifen in einer Pfanne anbraten und die Spargelspitzen und -streifen hinzufügen.

Penne alle zucchine
Penne mit Zucchini

🍳 **einfach**
🕐 **30 Minuten**
390 kcal/1638 kJ

Zutaten

300 g Zucchini
3 reife, feste Tomaten
1 Zwiebel
1 Knoblauchzehe
4 EL Olivenöl
1 Bund Basilikum
Salz · Pfeffer
300 g Penne

1 Die Zucchini von Blüten- und Stielansatz befreien, gründlich waschen, abtrocknen und in kleine Würfel schneiden. Die Tomaten 1 Minute in heißem Wasser blanchieren, häuten, die Samen entfernen, die Flüssigkeit abtropfen lassen und das Fruchtfleisch würfeln.

2 Die Zwiebel und den Knoblauch waschen, abtrocknen und mit dem Wiegemesser fein zerkleinern. Das Olivenöl in eine beschichtete Pfanne geben, darin Knoblauch und Zwiebel bei mäßiger Hitze andünsten.

3 Die Zucchini, einige klein gezupfte Basilikumblätter, 1 Prise Salz und etwas frisch gemahlenen Pfeffer hinzugeben und 7–8 Minuten köcheln lassen, dabei häufig mit einem Holzlöffel umrühren. Zuletzt die gewürfelten Tomaten in die Pfanne geben und erneut bei starker Hitze aufkochen.

4 Die Penne al dente kochen, abgießen, das Gemüse mit einem Holzlöffel unterheben, auf einem vorgewärmten Teller anrichten, mit dem gehackten Basilikum bestreuen und sofort servieren.

Die Zucchini waschen, abtrocknen und in kleine Würfel schneiden.

Die Zucchiniwürfel, die Zwiebel und den Knoblauch andünsten, das Basilikum hinzufügen und umrühren.

Das Gemüse über die gekochten Penne verteilen und gut unterheben.

Mezze penne alle melanzane

Mezze Penne mit Auberginen

einfach
40 Minuten + Ruhezeit
490 kcal/2058 kJ

Zutaten

1 Aubergine
Salz
3 reife, feste Tomaten
1 Knoblauchzehe
1 Mozzarella
4 EL Olivenöl
10 Basilikumblätter
320 g Mezze penne
Pfeffer

1 Die Aubergine schälen und würfeln. Ein großes Küchenbrett leicht abschüssig postieren, die Auberginenwürfel darauf verteilen, mit Salz bestreuen und etwa 30 Minuten ziehen lassen, danach waschen und trockentupfen.

2 Die Tomaten in einem Topf mit kochendem Wasser blanchieren, häuten, die Samen entfernen, die Flüssigkeit abtropfen lassen und das Fruchtfleisch grob zerkleinern. Den Knoblauch schälen und den Mitteltrieb entfernen. Den Mozzarella in kleine Würfel schneiden.

3 Das Olivenöl in einer Pfanne erhitzen, den Knoblauch hell andünsten und anschließend herausnehmen. Die Auberginenwürfel hineingeben und etwa 10 Minuten anbraten, bis sie leicht gebräunt und geschrumpft sind. Die Tomaten, die gewaschenen, abgetrockneten und klein gezupften Basilikumblätter sowie 1 Prise Salz hinzufügen. Bei geringer Hitze 10 Minuten weiterköcheln lassen. Den Deckel auflegen, damit die Sauce nicht zu sehr eindickt.

4 In einem großen Topf reichlich gesalzenes Wasser zum Kochen bringen und die Mezze penne al dente kochen. Abgießen, auf einem großen Teller anrichten, die Sauce und die Mozzarellawürfel darauf verteilen und mit etwas frisch gemahlenem Pfeffer bestreuen. Gut durchrühren und servieren.

Insalata classica di pasta
Klassischer Nudelsalat

🍳 einfach
🕐 40 Minuten
540 kcal/2268 kJ

Zutaten

350 g reife Eiertomaten
Salz · 150 g grüne Bohnen
150 g Zucchini · 150 g Mozzarella
350 g kurze, geriffelte Nudeln
5 EL Olivenöl
1 Bund gehacktes Basilikum · Pfeffer

1 Die Eiertomaten 10–15 Sekunden in sprudelnd kochendem Wasser blanchieren. Abtropfen lassen, häuten, die Samen entfernen und das Fruchtfleisch würfeln. In eine Salatschüssel geben und leicht salzen. Bohnen und Zucchini gründlich waschen, abtrocknen und in kleine gleichmäßige Stücke schneiden. Den Mozzarella in kleine Würfel schneiden, alles getrennt beiseite stellen.

2 In der Zwischenzeit reichlich Wasser in einem großen Topf zum Kochen bringen, salzen und die Nudeln hineingeben. Kurz danach die Bohnen und etwas später die Zucchini hinzufügen, so dass diese Zutaten zur gleichen Zeit fertig gekocht sind. Den Topf vom Herd nehmen, Nudeln und Gemüse abgießen, auf einem großen Tablett oder einer großen Platte ausbreiten und abkühlen lassen.

3 Den Tomatensaft, der sich in der Salatschüssel inzwischen angesammelt hat, abgießen, den gewürfelten Mozzarella und die anderen Zutaten hinzufügen, sobald sie etwas abgekühlt sind. Mit dem Olivenöl, dem Basilikum sowie 1 kräftigen Prise frisch gemahlenem Pfeffer verrühren und servieren.

Anelloni alla rucola e sedano
Anelloni mit Rucola und Sellerie

🍳 einfach
🕐 30 Minuten
420 kcal/1764 kJ

Zutaten

1 Selleriestange
1 Zwiebel
100 g Rucola
5 EL Olivenöl
320 g Anelloni
Salz · Pfeffer

1 Den Sellerie putzen, von Fäden befreien und in schmale Stücke schneiden. Anschließend 1 Minute in kochendem Salzwasser blanchieren, abgießen und beiseite stellen. Die Zwiebel schälen, waschen, abtrocknen und fein hacken. Den Rucola putzen, in reichlich kaltem Wasser waschen, abtropfen lassen und in feine Streifen schneiden.

2 Das Olivenöl in einer Pfanne erhitzen, die gehackte Zwiebel hineingeben und andünsten, ohne sie zu bräunen. Die Selleriestücke hinzufügen, mit einem Holzlöffel umrühren und 2 Minuten anbraten. 3 Esslöffel Wasser hinzugießen, salzen, pfeffern und bei mäßiger Hitze zugedeckt etwa 10 Minuten köcheln lassen.

3 Währenddessen reichlich Wasser in einem großen Topf zum Kochen bringen, salzen und die Anelloni al dente kochen. 2 Minuten vor Ende der Kochzeit die Rucolastreifen hinzugeben. Die Nudeln und den Rucola abgießen, mit der Sauce mischen und heiß servieren.

Conchiglie alle zucchine
Conchiglie mit Zucchini

🍳 einfach
🕐 30 Minuten
380 kcal/1596 kJ

Zutaten

1 Hand voll Petersilienblätter
200 g Zucchini
1 Knoblauchzehe
4 EL Olivenöl
Salz
1 EL Tomatenmark
320 g Conchiglie

1 Die Petersilie waschen, ausschütteln und fein hacken. Die Zucchini putzen, waschen, längs vierteln und in Scheiben schneiden. Die Knoblauchzehe schälen, vom Mitteltrieb befreien und ebenfalls fein hacken.

2 In einer Pfanne 2 Esslöffel Olivenöl erhitzen, den Knoblauch darin hell andünsten, die Zucchinischeiben hinzufügen, umrühren, salzen und einige Minuten garen lassen. Das Tomatenmark in etwas heißem Wasser auflösen und zu den Zucchini geben. 10 Minuten weiter köcheln lassen, dabei bisweilen mit einem Holzlöffel umrühren.

3 Reichlich leicht gesalzenes Wasser in einem großen Topf zum Kochen bringen und die Conchiglie al dente kochen. Zu der Zucchini-Sauce geben, einige Minuten in der Pfanne schwenken, mit Petersilie bestreuen, auf einem großen Teller anrichten und servieren.

Mezze penne con carciofi
Mezze Penne mit Artischocken

🍳 einfach
🕐 30 Minuten
420 kcal/1764 kJ

Zutaten

3 Artischocken
Saft von 1 Zitrone
2 in Salz eingelegte Sardellen
1 Knoblauchzehe
1 Bund Petersilie
5 EL Olivenöl
Salz · Pfeffer
1/2 Glas trockener Weißwein
1 TL Kapern
320 g Mezze penne

1 Die Stiele, die äußeren harten Blätter und die Spitzen der Artischocken entfernen. Die Artischocken halbieren und vom Heu im Innern befreien. Klein schneiden und in kaltes Wasser mit dem Zitronensaft legen. Die Sardellen unter fließendem kaltem Wasser vom Salz befreien, entgräten und in kleine Stücke schneiden.

2 Die Knoblauchzehe schälen, vom Mitteltrieb befreien und leicht zerdrücken. Die Petersilie waschen, ausschütteln und fein hacken. Das Olivenöl in eine Pfanne geben und den Knoblauch hell andünsten. Die abgetropften und abgetrockneten Artischockenstücke hinzufügen, umrühren und bei starker Hitze 1 Minute anbraten. Danach den Knoblauch herausnehmen.

3 Salzen, pfeffern, den Weißwein hinzugießen und eindicken lassen. Bei mäßiger Hitze zugedeckt 15 Minuten köcheln lasssen, dabei gelegentlich umrühren. Nach der Hälfte der Kochzeit die Sardellen und die Kapern hinzufügen.

4 Reichlich Wasser in einem großen Topf zum Kochen bringen, salzen und die Mezze penne al dente kochen. Abgießen, die Artischockensauce darauf verteilen, mit gehackter Petersilie bestreuen und heiß servieren.

Orecchiette alle melanzane
Orecchiette mit Auberginen

☕ einfach
🕐 30 Minuten
400 kcal/1680 kJ

Zutaten

1 kleines Bund Petersilie
1 Aubergine
1 Knoblauchzehe
2 Tomaten
4 EL Olivenöl
1/2 TL Kümmelsamen
Salz
1 TL getrockneter Oregano
320 g Orecchiette

1 Die Petersilie waschen, das Wasser ausschütteln und fein hacken. Die Aubergine vom Stielansatz befreien, waschen und in 1 Zentimeter große Würfel schneiden. Die Knoblauchzehe schälen, vom Mitteltrieb befreien und fein hacken. Die Tomaten blanchieren, häuten, die Samen entfernen, die Flüssigkeit abtropfen lassen und das Fruchtfleisch in kleine Stücke schneiden.

2 Das Olivenöl in einer Pfanne erhitzen, die Kümmelsamen hineingeben und den Knoblauch hell andünsten; letzteren anschließend entfernen. Die Auberginenwürfel in die Pfanne geben, leicht salzen, umrühren und 10 Minuten garen lassen. Dann die Tomaten hinzufügen und weitere 10 Minuten köcheln lassen. Zum Schluss die Sauce mit der Petersilie und dem Oregano bestreuen und mit etwas Salz abschmecken.

3 Einen großen Topf mit reichlich Wasser zum Kochen bringen, sparsam salzen und die Orecchiette al dente kochen. Abgießen, auf einem großen Teller anrichten, die Sauce darauf verteilen und gründlich unterheben. Unverzüglich heiß servieren.

Cavatappi alle erbe
Korkenziehernudeln mit Kräutern

☕ einfach
🕐 30 Minuten
420 kcal/1764 kJ

Zutaten

400 g reife, feste Tomaten
1 Estragonzweig
1 Bund Basilikum
2 Majoranzweige
1 Thymianzweig
1 Schalotte
5 EL Olivenöl
1 Salbeiblatt · 1 Lorbeerblatt
Salz · Pfeffer
320 g Korkenziehernudeln

1 Die Tomaten blanchieren, häuten, die Samen entfernen, die Flüssigkeit abtropfen lassen und das Fruchtfleisch grob zerkleinern. Estragon, Basilikum, Majoran und Thymian waschen, behutsam mit Küchenpapier trockentupfen und fein hacken. Die Schalotte schälen, waschen, abtrocknen und ebenfalls fein hacken.

2 In einer Pfanne 2 Esslöffel Olivenöl erhitzen, die gehackte Schalotte, etwas Basilikum, den Estragon, etwas Majoran, den Thymian, den Salbei und das Lorbeerblatt hinzufügen. Die Schalotte andünsten, ohne sie zu bräunen. Die zerkleinerten Tomaten in die Pfanne geben, salzen, pfeffern und die Sauce bei mäßiger Hitze 10–12 Minuten weiter köcheln lassen, dabei gelegentlich mit einem Holzlöffel umrühren.

3 Zuletzt die Reste von Basilikum, Majoran und Öl in die Sauce geben und das Lorbeerblatt entfernen. In der Zwischenzeit reichlich Wasser in einem großen Topf zum Kochen bringen, salzen und die Korkenziehernudeln al dente kochen. Abgießen, auf einem großen Teller anrichten, die Sauce darüber verteilen und sofort servieren.

♟ **einfach**
🕐 **40 Minuten**
570 kcal/2394 kJ

Zutaten

1 unbehandelte Zitrone

400 g reife, saftige Birnen

100 g Walnusskerne

1–1,2 l Gemüsebrühe

3 EL Olivenöl

1 kleines Stück Zwiebel

300 g Spitzenreis

¹/₂ Glas trockener Weißwein

weißer Pfeffer

Risotto con pere e noci
Risotto mit Birnen und Walnüssen

1 Die Zitrone sorgfältig abwaschen, auspressen, die halbe Schale reiben. Die Birnen schälen, vierteln, vom Kerngehäuse befreien und in dünne Scheiben schneiden. In eine Schüssel geben und mit dem Zitronensaft beträufeln, damit sie nicht braun werden. Die Walnusskerne grob hacken, jedoch 4 Hälften für die Dekoration beiseite legen. Die Gemüsebrühe langsam zum Kochen bringen.

2 Das Olivenöl in einem Topf erhitzen und das kleine Zwiebelstück darin glasig andünsten. Die Zwiebel entfernen, nun in dem Topf den Reis andünsten. Mit dem Weißwein ablöschen, dabei mit einem Holzlöffel ständig umrühren, bis der Wein verdampft ist. Dann die kochende Gemüsebrühe portionsweise hinzugießen, dabei jedesmal warten, bis der Reis die Flüssigkeit absorbiert hat.

3 Sobald der Reis bissfest gekocht ist, die abgetropften Birnen und die geriebene Zitronenschale hinzufügen. Noch einmal umrühren, den Topf vom Herd nehmen, die gehackten Walnusskerne und 1 kräftige Prise frisch gemahlenenen weißen Pfeffer hinzufügen. Den Risotto auf vorgewärmte Teller verteilen, jeweils mit einer Walnusshälfte dekorieren und servieren.

1 *Die geschälten und in Scheiben geschnittenen Birnen mit dem Zitronensaft beträufeln.*

4 *Die Birnen, die geriebene Zitronenschale und die gehackten Walnusskerne zu dem Reis geben.*

3 *Die Walnusskerne grob hacken.*

2 *Den Reis unter ständigem Rühren langsam andünsten.*

Risotto ai piselli e basilico
Risotto mit Erbsen und Basilikum

 einfach
 40 Minuten
440 kcal/1848 kJ

Zutaten

¹/₂ Zwiebel
1 Schalotte
1 Bund Basilikum
4 EL Olivenöl
300 g Spitzenreis
¹/₂ Glas trockener Weißwein
1 bis 1,2 l heiße Gemüsebrühe
250 g geschälte Erbsen
Salz · Pfeffer

1 Die Zwiebel und die Schalotte schälen, waschen und getrennt fein hacken. Das Basilikum waschen, ausschütteln und klein zupfen. 2 Esslöffel Olivenöl in einem Topf erhitzen, die Zwiebel hineingeben und glasig andünsten. Den Reis hinzufügen, 1–2 Minuten unter ständigem Rühren dünsten, mit dem trockenen Weißwein ablöschen und bei starker Hitze eindicken lassen, dabei ständig weiterrühren.

2 Die siedend heiße Gemüsebrühe nach und nach hinzugießen und den Reis 15–18 Minuten kochen, dabei häufig mit einem Holzlöffel umrühren. In der Zwischenzeit das restliche Olivenöl in einer zweiten Pfanne erhitzen und die gehackte Schalotte darin andünsten. Die Erbsen hinzufügen, kurz anbraten und mit je 1 Prise Salz und Pfeffer abschmecken, noch ein wenig Wasser zugießen. Bei mäßiger Hitze unter gelegentlichem Rühren 8–10 Minuten köcheln lassen.

3 Die Hälfte der Erbsen abgießen und pürieren. Die restlichen Erbsen zu diesem Erbsenpüree hinzugeben und 3 Minuten vor Ende der Kochzeit unter den Reis heben. Den Risotto, sobald der Reis fertig gegart ist, vom Herd nehmen, das Basilikum hinzufügen, einige Minuten bei geschlossenem Deckel ziehen lassen und anschließend heiß servieren.

Risotto con fiori di zucca
Risotto mit Kürbisblüten

 einfach
 40 Minuten
350 kcal/1470 kJ

Zutaten

200 g Kürbisblüten
¹/₂ Zwiebel
2 EL Olivenöl
300 g Spitzenreis
¹/₂ Glas trockener Weißwein
¹/₂ Tütchen Safran
1–1,2 l heiße Gemüsebrühe
1 EL gehackte Petersilie

1 Die Kürbisblüten von Staubgefäßen und Blütenstempeln befreien, waschen, sachte trockentupfen und in feine Streifen schneiden. Die Zwiebel schälen, waschen und fein hacken. Das Olivenöl in eine Pfanne geben, die Zwiebel darin andünsten. Die Kürbisblütenstreifen hinzufügen und unter Rühren mitdünsten.

2 Den Reis hinzugeben, andünsten, mit dem Weißwein ablöschen und unter ständigem Rühren bei starker Hitze eindicken lassen. Den Safran in wenig siedend heißer Gemüsebrühe auflösen, zu dem Reis geben und umrühren. Die restliche Brühe nach und nach angießen, unter gelegentlichem Rühren 15–18 Minuten kochen. 5 Minuten vor Ende der Kochzeit die Petersilie hinzufügen. Den Risotto vom Herd nehmen, einige Minuten bei geschlossenem Deckel durchziehen lassen und servieren.

Riso integrale agli ortaggi
Naturreis mit Gemüse

🍳 einfach
🕐 1 Stunde + Einweichzeit
370 kcal/1554 kJ

Zutaten

300 g Naturreis
1 Zwiebel
1 Zucchino
1 rote Paprikaschote
1 Möhre
1 Bund gemischte Kräuter (Petersilie,
  Basilikum, Kerbel)
2 EL Olivenöl
1/2 Glas trockener Weißwein
1–1,2 l Gemüsebrühe

1 Den Naturreis in einer Schüssel in reichlich kaltem Wasser etwa 3 Stunden einweichen lassen. In der Zwischenzeit die Zwiebel waschen, schälen und fein hacken. Den Zucchino von Stiel- und Blütenansatz befreien, Samen und Stege der Paprikaschote entfernen und die Möhre schälen. Das Gemüse gründlich waschen, den Zucchino sowie die Möhre würfeln und die Paprikaschote in kleine Stücke schneiden. Die gemischten Kräuter waschen und fein hacken.

2 In einer Pfanne 2 Esslöffel Olivenöl erhitzen, die fein gehackte Zwiebel hineingeben und andünsten. Die Paprikastücke sowie die Möhren- und Zucchiniwürfel hinzufügen und unter ständigem Rühren kurz anbraten. Den Reis abtropfen lassen, in die Pfanne geben, 1–2 Minuten mitdünsten, mit dem Weißwein ablöschen und den Wein unter ständigem Rühren eindicken lassen.

3 Die Gemüsebrühe nach und nach hinzugießen und etwa 40 Minuten kochen, dabei gelegentlich mit einem Holzlöffel umrühren. Zum Schluss die gehackten Kräuter hinzugeben. Die Reispfanne vom Herd nehmen, einige Minuten bei geschlossenem Deckel durchziehen lassen und heiß servieren.

Risotto al radicchio
Risotto mit Radicchio

🍳 einfach
🕐 40 Minuten
390 kcal/1638 kJ

Zutaten

200 g roter Radicchio
1/2 Zwiebel
4 EL Olivenöl
300 g Spitzenreis
1/2 Glas trockener Weißwein
1–1,2 l heiße Gemüsebrühe

1 Den Radicchio von welken Blättern befreien, waschen und in feine Streifen schneiden. Die Zwiebel schälen, waschen und fein hacken. Das Olivenöl in einer Pfanne erhitzen und die Zwiebel darin andünsten, nicht bräunen. Die Hälfte des Radicchio hinzufügen und 1 Minute mitdünsten.

2 Den Reis hinzufügen, andünsten, mit dem Weißwein ablöschen, dabei ständig umrühren, bis der Wein vollständig eingekocht ist. Die siedend heiße Gemüsebrühe nach und nach zugießen und bei mäßiger Hitze 15–18 Minuten kochen, dabei gelegentlich mit einem Holzlöffel umrühren. Nach der Hälfte der Kochzeit den restlichen Radicchio hinzufügen. Den Risotto, sobald der Reis gar ist, vom Herd nehmen, einige Minuten bei geschlossenem Deckel durchziehen lassen, anrichten und heiß servieren.

Risotto coi finocchi

Fenchelrisotto

 einfach
 40 Minuten
440 kcal/1848 kJ

Zutaten

250 g junge Fenchelknollen
1 Zwiebel
1–1,2 l Gemüsebrühe
2 EL Olivenöl
Salz
350 g Spitzenreis
50 g frisch geriebener Parmesan

1 Die harten äußeren Rippen der Fenchelknollen entfernen und die Stängel auf gleiche Länge zurechtschneiden. Die Knollen unter fließendem kaltem Wasser waschen, längs vierteln und quer in sehr feine Streifen schneiden. Die Zwiebel schälen, waschen und in feine Ringe schneiden. Die Gemüsebrühe in einem Topf zum Kochen bringen. Das Olivenöl in einem zweiten Topf erhitzen und die Zwiebel darin langsam dünsten. Nun die Fenchelstreifen hinzufügen, salzen und etwa 10 Minuten dünsten.

2 Den Reis hinzufügen und unter ständigem Rühren 2 Minuten andünsten. Die Gemüsebrühe portionsweise hinzugießen, dabei jedes Mal warten, bis der Reis die gesamte Flüssigkeit aufgesogen hat. Mit einem Holzlöffel ständig umrühren, damit der Reis nicht ansetzt. Sobald der Reis gar ist, vom Herd nehmen, den sehr fein geriebenen Parmesan unterheben und gut vermischen. Den Risotto anrichten und heiß servieren.

Risotto con alici e pinoli
Risotto mit Sardellen und Pinienkernen

♟ mittelschwer
🕐 40 Minuten
430 kcal/1806 kJ

Zutaten

300 g frische Sardellen
3 EL Olivenöl
1/2 gehackte Zwiebel
150 g Tomaten, in Stücken
300 g Spitzenreis
1/2 Glas trockener Weißwein
1–1,2 l heißer Fischfond
20 g geröstete Pinienkerne
2 EL gehackte Petersilie

1 Die Sardellen vorbereiten. Dazu die Eingeweide entfernen, die Fische filetieren, unter fließendem kaltem Wasser abspülen und in kleine Stücke schneiden. Das Olivenöl in einer Pfanne erhitzen und die Hälfte der gehackten Zwiebel glasig andünsten. Die Sardellenstücke hinzugeben und 2 Minuten anbraten, dabei sehr behutsam umrühren. Abtropfen lassen und beiseite stellen.

2 Auch den Rest der Zwiebel in der gleichen Pfanne andünsten. Die Tomatenstücke hinzufügen und 2 Minuten dünsten. Den Reis hinzugeben, 1–2 Minuten mitdünsten, dann mit dem Weißwein ablöschen. Den Wein bei starker Hitze einkochen lassen, dabei ständig umrühren, damit der Reis nicht ansetzt. 15–18 Minuten kochen lassen, den siedend heißen Fischfond nach und nach angießen, währenddessen gelegentlich umrühren.

3 Kurz vor Ende der Kochzeit die Sardellenstücke und die gerösteten Pinienkerne unter den Reis heben. Den Risotto, sobald der Reis gar ist, vom Herd nehmen und mit gehackter Petersilie bestreuen. Einige Minuten bei geschlossenem Deckel durchziehen lassen, anrichten und heiß servieren.

Risotto con i carciofi
Risotto mit Artischocken

♟ einfach
🕐 40 Minuten
360 kcal/1512 kJ

Zutaten

1 Knoblauchzehe
1 Bund Petersilie
2 Artischocken
Saft von 1/2 Zitrone
1–1,2 l Gemüsebrühe
2 EL Olivenöl
300 g Spitzenreis
1/2 Glas trockener Weißwein
1/2 TL Sardellenpaste

1 Die Knoblauchzehe schälen, die Petersilie waschen und trockenschütteln, dann beides zusammen fein hacken. Die Stiele, die äußeren harten Blätter und die Spitzen der Artischocken entfernen. Halbieren und das Heu im Innern entfernen. Klein schneiden und in kaltes Wasser mit dem Zitronensaft legen. Die Gemüsebrühe zum Kochen bringen.

2 Das Olivenöl in einer Pfanne erhitzen, die Artischockenstücke gut abtropfen lassen, in die Pfanne geben und 2 Minuten andünsten. Den Reis hinzufügen, kurz mitdünsten, dann mit dem Weißwein ablöschen. Den Wein unter ständigem Rühren bei starker Hitze einkochen lassen. Die Gemüsebrühe nach und nach hinzugießen und den Risotto 15–18 Minuten kochen, dabei gelegentlich umrühren.

3 Den Risotto, sobald der Reis gar ist, vom Herd nehmen, die Sardellenpaste, den gehackten Knoblauch und die Petersilie unterrühren und bei geschlossenem Deckel einige Minuten durchziehen lassen. Heiß servieren.

Riso alle erbe con scampi
Kräuterreis mit Scampi

🍳 **einfach**
🕐 **40 Minuten**
450 kcal/1890 kJ

Zutaten

¹/₂ Zwiebel

4 EL Olivenöl

300 g Reis

5 EL trockener Weißwein

1–1,2 l heißer Fischfond

1 EL gehackte gemischte Kräuter (Petersilie, Kerbel, Estragon, Schnittlauch)

16 küchenfertige Scampischwänze

Salz · Pfeffer

1 Die Zwiebel schälen, waschen und fein hacken. 2 Esslöffel Olivenöl in einem kleinen Topf erhitzen und die Zwiebel darin glasig andünsten.

2 Den Reis hinzugeben, 1 Minute dünsten, dann mit dem Weißwein ablöschen. Den Wein unter Rühren einkochen lassen. Den siedend heißen Fischfond nach und nach unter ständigem Rühren in den Topf gießen und den Reis erneut zum Kochen bringen. Darauf achten, dass nicht zuviel Flüssigkeit absorbiert wird, der Reis sollte nicht austrocknen. Zum Schluss mit den gehackten Kräutern bestreuen.

3 Das restliche Olivenöl in einer beschichteten Pfanne erhitzen und die Scampi mit 1 Prise Salz sowie etwas frisch gemahlenem Pfeffer hineingeben und 2 Minuten braten. Den Reis auf vorgewärmte Teller verteilen, die Scampi darauf anrichten und sofort servieren.

Risotto con i pomodori
Risotto mit Tomaten

🍳 **einfach**
🕐 **40 Minuten**
310 kcal/1302 kJ

Zutaten

250 g reife, feste Tomaten

1 Zwiebel

2 EL Olivenöl

250 g Spitzenreis

¹/₂ Glas trockener Weißwein

1 l heiße Gemüsebrühe

1 Die Tomaten in einem Topf in kochendem Wasser blanchieren, häuten, die Samen entfernen, die Flüssigkeit abtropfen lassen und das Fruchtfleisch grob zerkleinern. Die Zwiebel schälen, waschen, abtrocknen und fein hacken. Das Olivenöl in einer beschichteten Pfanne erhitzen und die Zwiebel darin dünsten. Die Hälfte der zerkleinerten Tomaten hinzufügen und dünsten, dabei gelegentlich mit einem Holzlöffel umrühren.

2 Den Reis hinzugeben und bei starker Hitze einige Minuten dünsten. Mit dem Weißwein ablöschen, den Wein unter ständigem Rühren einkochen lassen. Die siedend heiße Gemüsebrühe nach und nach hinzugießen und bei mäßiger Hitze 15–18 Minuten kochen. 5 Minuten vor Ende der Kochzeit die restlichen Tomaten hinzufügen. Vom Herd nehmen, den Risotto auf vorgewärmten Tellern anrichten und servieren.

Risotto giallo ai gamberetti
Gelber Risotto mit Garnelen

👨‍🍳 **mittelschwer**
🕐 **45 Minuten**
470 kcal/1974 kJ

Zutaten

500 g Garnelenschwänze

2 Schalotten · 2 EL Olivenöl

350 g Spitzenreis · ¹/₂ Glas trockener
Weißwein

1 Tütchen Safran · 1,5 l heißer Fischfond

Salz

1 Die Garnelen schälen, von den Därmen befreien und 5 Minuten in kochend heißem Wasser brühen. Abgießen und warm stellen. Die Schalotten schälen, waschen und fein hacken.

2 Das Olivenöl in einem kleinen Topf erhitzen und die gehackten Schalotten darin andünsten, ohne sie zu bräunen. Den Reis hinzufügen und einige Minuten mitdünsten lassen. Mit dem Weißwein ablöschen, den Wein vollständig einkochen lassen, dabei ständig mit einem Holzlöffel umrühren, damit der Reis nicht ansetzt.

3 Den in etwas heißem Fischfond aufgelösten Safran hinzugeben, dann den Fond nach und nach angießen. Den Risotto zum Kochen bringen, nach der Hälfte der Kochzeit die Garnelen hinzufügen. Vom Herd nehmen und den Risotto zugedeckt einige Minuten durchziehen lassen. Anrichten und heiß servieren.

Riso con lenticchie
Reispfanne mit Linsen

👨‍🍳 **einfach**
🕐 **1 Stunde + Einweichzeit**
460 kcal/1932 kJ

Zutaten

100 g Linsen

1 Knoblauchzehe

1 Zwiebel

1 Selleriestange

1 Bund Petersilie

1 Lorbeerblatt

Salz

4 EL Olivenöl

300 g Spitzenreis

1–1,2 l heiße Fleischbrühe

1 Die Linsen 12 Stunden in kaltem Wasser einweichen. Die Knoblauchzehe und die Zwiebel schälen und in feine Scheiben bzw. Ringe schneiden. Den Sellerie von den Fäden befreien und waschen, die Petersilie ebenfalls waschen. Die Linsen abgießen, mit 2 Litern Wasser in einen Topf geben, das Lorbeerblatt und jeweils die Hälfte der Zwiebelringe und der Knoblauchscheiben hinzugeben.

2 Langsam zum Kochen bringen und bei mäßiger Hitze 30 Minuten garen. Nach Bedarf noch etwas kochendes Wasser hinzugießen. Gegen Ende der Kochzeit mit Salz abschmecken. In der Zwischenzeit die restlichen Zwiebelringe und Knoblauchscheiben mit der Petersilie und dem Sellerie fein hacken.

3 Das Olivenöl in einer großen Pfanne erhitzen, die gehackten Kräuter darin andünsten, das Gemüse sowie den Reis hinzufügen und kurz weiterdünsten. Nun auch die abgetropften Linsen hinzugeben, die Fleischbrühe portionsweise zugießen, dabei jedes Mal die gesamte Flüssigkeit absorbieren lassen, und die Reispfanne zum Kochen bringen. Sobald der Reis weich, aber noch bissfest ist, auf einer vorgewärmten Platte anrichten und sofort servieren.

Risotto con le fave
Risotto mit dicken Bohnen

☕ einfach
🕐 40 Minuten
390 kcal/1638 kJ

Zutaten

600 g frische dicke Bohnen
2 Lauchstangen
1/2 Schalotte
1 Bund Petersilie
2 Thymianzweige
3 EL Olivenöl
300 g Spitzenreis
1/2 Glas trockener Weißwein
1–1,2 l siedend heiße Gemüsebrühe

1 Die Bohnen schälen und in einem Topf mit kochendem Salzwasser blanchieren. Abgießen und die dünnen Häutchen entfernen. Den Lauch von den Wurzeln und den harten oberen Blättern befreien, waschen, trockentupfen und in feine Ringe schneiden. Die Schalotte schälen, waschen und fein hacken. Die Petersilie und den Thymian waschen, trockentupfen und ebenfalls fein hacken.

2 Das Olivenöl in einer Pfanne erhitzen, die Schalotte und den Lauch andünsten, dann die gut abgetropften Bohnen hinzufügen und einige Minuten mitdünsten lassen. Nun den Reis hineingeben, einige Minuten andünsten, dann mit dem Weißwein ablöschen. Den Wein unter ständigem Rühren bei starker Hitze einkochen lassen. Die siedend heiße Gemüsebrühe nach und nach dazugießen und den Risotto unter ständigem Rühren zum Kochen bringen. Sobald der Reis weich, aber noch bissfest ist, den Risotto mit Petersilie und Thymian bestreuen und heiß servieren.

Risotto alle zucchine
Risotto mit Zucchini

☕ einfach
🕐 30 Minuten
400 kcal/1680 kJ

Zutaten

350 g Zucchini
1 Schalotte
1/2 Zwiebel
4 EL Olivenöl
300 g Spitzenreis
1/2 Glas trockener Weißwein
1–1,2 l siedend heiße Gemüsebrühe
Salz · Pfeffer

1 Die Zucchini von Stiel- und Blütenansatz befreien, waschen, abtrocknen und in kleine Würfel schneiden. Die Schalotte und die Zwiebel schälen, waschen und getrennt fein hacken. 2 Esslöffel Olivenöl in einer großen Pfanne erhitzen und die Zwiebel darin andünsten. Den Reis hinzugeben und kurz andünsten lassen. Mit dem Wein ablöschen und diesen unter ständigem Rühren bei starker Hitze einkochen lassen.

2 Die siedend heiße Gemüsebrühe nach und nach angießen und bei mäßiger Hitze 15–18 Minuten kochen, dabei gelegentlich umrühren. Währenddessen das restliche Olivenöl in einer zweiten Pfanne erhitzen und die Schalotte glasig andünsten. Die Zucchiniwürfel hinzufügen und anbraten. Mit 1 Prise Salz und etwas frisch gemahlenem Pfeffer würzen und bei mäßiger Hitze 3 Minuten weiterköcheln lassen. Einige Minuten, bevor der Reis gar ist, die Zucchini-Schalotten-Mischung unterrühren. Den fertigen Risotto vom Herd nehmen, einige Minuten bei geschlossenem Deckel durchziehen lassen und heiß servieren.

Risotto con capesante e peperoni

Risotto mit Jakobsmuscheln und Paprika

mittelschwer
40 Minuten
500 kcal/2100 kJ

Zutaten

2 Schalotten
1 Bund Petersilie
1 rote Paprikaschote
4 EL Olivenöl
300 g Spitzenreis
1/2 Glas trockener Weißwein
1–1,2 l siedend heißer Fischfond
16 Jakobsmuscheln
Salz · Pfeffer

1 Die Schalotten schälen, waschen und fein hacken. Die Petersilie waschen, mit Küchenpapier trockentupfen und ebenfalls fein hacken. Die Paprikaschote von Samen und Stegen befreien, waschen und würfeln. 2 Esslöffel Olivenöl in einer Pfanne erhitzen und die gehackten Schalotten andünsten. Die Paprikawürfel hinzufügen und einige Minuten anbraten.

2 Den Reis hinzugeben und andünsten, anschließend mit dem Wein ablöschen. Diesen bei starker Hitze einkochen lassen, dabei ständig mit einem Holzlöffel umrühren. Den siedend heißen Fischfond nach und nach zugießen und alles bei mäßiger Hitze und häufigem Umrühren etwa 18 Minuten kochen.

3 In der Zwischenzeit die Jakobsmuscheln öffnen, das weiße Muskelfleisch und den orangefarbenen Corail abziehen und gründlich unter fließendem Wasser waschen. Das Muskelfleisch jeweils quer in 2 Hälften teilen und mit dem Corail im restlichen Olivenöl 1 Minute anbraten. Salzen und pfeffern. Die Jakobsmuscheln einige Minuten, bevor der Reis gar ist, in die Pfanne geben. Sobald der Reis weich, aber noch bissfest ist, den Risotto mit gehackter Petersilie bestreuen und heiß servieren.

Riso al nero di seppia

Reis mit Sepiatinte

mittelschwer
45 Minuten
420 kcal/1764 kJ

Zutaten

4 Tintenfische (Sepien) à 80 g
4 EL Olivenöl
1 EL gehackte Schalotte
Salz · Pfeffer
300 g Reis
100 ml trockener Weißwein
1–1,2 l heißer Fischfond

1 Die Fangarme der Tintenfische abtrennen, den Schulp entfernen und die Tintenbeutel vorsichtig herausnehmen. Augen und Kauwerkzeuge abtrennen, die Tintenfische waschen und trockentupfen. 2 Esslöffel Olivenöl mit der Schalotte in einer Pfanne erhitzen und die Sepienkörper sowie die Fangarme 3 Minuten sautieren. Salzen, pfeffern, mit Weißwein ablöschen und zugedeckt bei mittlerer Hitze garen, bis die Tintenfische trocken sind.

2 Die Tintenfische aus der Pfanne nehmen und warm halten. Die Tintenbeutel in die Pfanne geben und zerdrücken. Umrühren und mit Salz und Pfeffer abschmecken.

3 Den Reis in einem Topf mit dem restlichen Olivenöl andünsten, nach und nach den heißen Fischfond hinzugießen und zum Kochen bringen. Dann vom Herd nehmen und mit dem Tintensud vermischen. Den Reis auf 4 vorgewärmten Tellern anrichten, in der Mitte jeweils einen aus Körper und Fangarmen wieder zusammengesetzten Tintenfisch arrangieren und servieren.

Riso ubriaco
Reis mit Weißwein und Tintenfischen

🍳 mittelschwer
🕐 1 Stunde
450 kcal/1890 kJ

Zutaten

1 kg kleine Tintenfische (Kalmare)

3 Zwiebeln · 2 Knoblauchzehen

2 Selleriestangen · 200 g geschälte Erbsen

2 EL Olivenöl

1 TL gehackte Petersilie

Salz · Pfeffer

150 g geschälte zerkleinerte Tomaten

2 Gläser trockener Weißwein

250 g Spitzenreis

1 Augen, Kauwerkzeuge und Schulp der Tintenfische entfernen, etwas Sepiatinte aufbewahren. Die Tintenfische waschen und abtrocknen. Zwiebeln und Knoblauchzehen schälen, mit den von Fäden befreiten Selleriestangen fein hacken und mit den Erbsen in einer Pfanne im heißen Olivenöl anbraten.

2 Die Tintenfische hinzufügen und bei mäßiger Hitze mitgaren. Sobald die Kochflüssigkeit verdampft ist, die Sepiatinte, die Petersilie, je 1 Prise Salz und Pfeffer sowie die zerkleinerten Tomaten hinzufügen. Ein wenig Weißwein hinzugießen und bei geringer Hitze etwa 30 Minuten köcheln lassen.

3 Wenn die Tintenfische nahezu gar sind, den Reis hinzufügen, sorgfältig durchrühren und den restlichen Wein angießen, so dass der Reis fast vollständig von Flüssigkeit bedeckt ist. Zum Kochen bringen, eventuell nachsalzen, dann in eine feuerfeste Form füllen. Im vorgeheizten Backofen bei 180 °C etwa 20 Minuten garen. Aus dem Backofen nehmen, anrichten und servieren.

Risotto con le carote
Möhrenrisotto

🍳 einfach
🕐 40 Minuten
320 kcal/1344 kJ

Zutaten

300 g Möhren · 1/2 Zwiebel

2 EL Olivenöl · etwas geriebene Muskatnuss

250 g Spitzenreis

1/2 Glas trockener Weißwein

1 l siedend heiße Gemüsebrühe

1 Die Möhren schälen, waschen und klein schneiden. Die Zwiebel schälen, waschen, abtrocknen und fein hacken. Das Olivenöl in einer Pfanne erhitzen und die Zwiebel darin andünsten, ohne sie zu bräunen, dann die klein geschnittenen Möhren hinzugeben, unter Rühren 5 Minuten anbraten und mit geriebener Muskatnuss abschmecken.

2 Den Reis hinzugeben, andünsten und mit dem Wein ablöschen. Den Wein unter Rühren bei starker Hitze einkochen lassen. Die Gemüsebrühe nach und nach zugießen, dabei gelegentlich umrühren. Nach Ende des Kochvorgangs die Pfanne vom Herd nehmen, einige Minuten bei geschlossenem Deckel durchziehen lassen und dann heiß servieren.

Riso con seppie, funghi e spinaci
Reis mit Tintenfischen, Pilzen und Spinat

🍳 **mittelschwer**
🕐 **50 Minuten**
380 kcal/1596 kJ

Zutaten

200 g Zuchtpilze

200 g kleine Tintenfische (Sepien)

200 g Spinat · 4 EL Olivenöl

2 fein gehackte Schalotten

250 g Spitzenreis

¹/₂ Glas trockener Weißwein

1 l siedend heißer Fischfond

2 EL gehackte Petersilie

Salz · Pfeffer

1 Die Zuchtpilze waschen, trockentupfen und in dünne Scheiben schneiden. Von den Tintenfischen die dünne äußere Haut, die Eingeweide und den Schulp entfernen. Unter fließendem Wasser säubern, dann abtrocknen und in Streifen schneiden. Den Spinat gründlich waschen, abtropfen lassen, ausdrücken und in feine Streifen schneiden.

2 In einem Topf 2 Esslöffel Olivenöl erhitzen und die Hälfte der Schalotten darin andünsten. Den Reis hinzufügen, andünsten, dann mit dem Weißwein ablöschen. Den Wein unter ständigem Rühren bei starker Hitze vollständig einkochen lassen. Den Fischfond nach und nach zugießen und 15–18 Minuten kochen, dabei häufig umrühren.

3 Das restliche Olivenöl in einer Pfanne erhitzen, den Rest der Schalotte mit der Petersilie anbraten. Darin zunächst die Pilze, dann die Tintenfische und zuletzt den Spinat mitdünsten. Salzen und pfeffern und bei mäßiger Hitze einige Minuten weiterköcheln lassen. 5 Minuten, bevor der Reis gar ist, die Pilze-Tintenfisch-Spinat-Mischung unterheben. Heiß servieren.

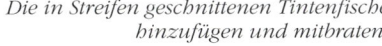

Die in Streifen geschnittenen Tintenfische hinzufügen und mitbraten.

Die Pilze in einer Pfanne mit der Schalotte und der Petersilie anbraten.

Die Pilze-Tintenfisch-Spinat-Mischung behutsam unter den Reis heben.

Zuletzt den in feine Streifen geschnittenen Spinat in die Pfanne geben.

Risotto con zucca e spinaci
Risotto mit Kürbis und Spinat

🍴 einfach
🕐 **40 Minuten**
370 kcal/1554 kJ

Zutaten

200 g Spinat
350 g Kürbis
1/2 Zwiebel
2 EL Olivenöl
1–1,2 l siedend heiße Gemüsebrühe
300 g Spitzenreis
1/2 Glas trockener Weißwein

1 Den Spinat von den welken Blättern befreien, mehrfach in reichlich kaltem Wasser waschen, abtropfen lassen und in feine Streifen schneiden. Die Kürbisschale ablösen, das faserige Innere mitsamt den Kernen entfernen, das Fruchtfleisch waschen, trockentupfen und in Würfel schneiden. Die Zwiebel schälen, waschen und fein hacken.

2 Das Olivenöl in einer Pfanne erhitzen und die Zwiebel darin andünsten. Die Kürbiswürfel hinzugeben, unter Rühren kurz anbraten, einige Esslöffel Gemüsebrühe hinzugießen und 3–4 Minuten kochen. Den Reis und etwas Spinat hinzufügen, einige Minuten dünsten, dann den Weißwein zugießen und unter Rühren bei starker Hitze einkochen lassen.

3 Die Gemüsebrühe nach und nach hinzufügen und bei mäßiger Hitze 15–18 Minuten kochen, dabei ab und zu umrühren. Die restlichen Spinatstreifen 5 Minuten vor Ende der Kochzeit unterrühren. Den fertigen Risotto vom Herd nehmen, einige Minuten durchziehen lassen und heiß servieren.

Riso ai filetti d'acciuga
Reis mit Sardellenfilets

🍴 einfach
🕐 **30 Minuten**
350 kcal/1470 kJ

Zutaten

5 in Öl eingelegte Sardellenfilets
1 Knoblauchzehe · 1 Bund Petersilie
Salz
300 g Parboiled-Reis
3 EL Olivenöl

1 Die abgetropften Sardellen in sehr kleine Stücke schneiden. Die Knoblauchzehe schälen, vom Mitteltrieb befreien und leicht zerdrücken. Die Petersilie waschen, ausschütteln und fein hacken. Reichlich Wasser in einem Topf zum Kochen bringen, salzen, den Parboiled-Reis hineingeben und bissfest garen.

2 Das Olivenöl in eine große Pfanne geben, den Knoblauch darin hell andünsten, anschließend herausnehmen. Die Pfanne vom Herd nehmen, die zerkleinerten Sardellen hinzufügen und mit einem Holzlöffel unter Rühren vollständig zerkleinern.

3 Den abgetropften Reis in die Pfanne mit der Sardellensauce geben, 2 Esslöffel Kochwasser von dem Reis hinzufügen, rasch umrühren, mit gehackter Petersilie bestreuen und servieren.

Risotto al prezzemolo
Risotto mit Petersilie

☕ **einfach**
🕐 **40 Minuten**
390 kcal/1638 kJ

Zutaten

3 Knoblauchzehen
1 kleiner Zucchino
4 EL Olivenöl
Salz
300 g Spitzenreis
1–1,2 l heiße Gemüsebrühe
1 Bund Petersilie

1 Die Knoblauchzehen schälen und fein hacken. Den Zucchino putzen, waschen, abtrocknen und würfeln. Das Olivenöl in einem Topf erhitzen, den gehackten Knoblauch und den gewürfelten Zucchino hinzufügen, leicht salzen und bei mäßiger Hitze 5 Minuten garen.

2 Den Reis hinzufügen, mit einem Holzlöffel umrühren, einige Minuten andünsten, anschließend die heiße Gemüsebrühe nach und nach zugießen und zum Kochen bringen. 15–18 Minuten bei mittlerer Hitze kochen. In der Zwischenzeit die Petersilie waschen, ausschütteln und fein hacken. Den Risotto, sobald der Reis gar ist, vom Herd nehmen, nach Wunsch mit Salz abschmecken, umrühren, einige Minuten durchziehen lassen und servieren.

Risotto al limone
Zitronenrisotto

☕ **einfach**
🕐 **35 Minuten**
340 kcal/1428 kJ

Zutaten

¹/₂ Zwiebel
1 Bund Schnittlauch
1 unbehandelte Zitrone
2 EL Olivenöl
300 g Spitzenreis
1–1,2 l siedend heiße Gemüsebrühe
1 Tütchen Safran · Pfeffer

1 Die Zwiebel schälen, waschen und fein hacken. Den Schnittlauch waschen, trockentupfen und klein schneiden. Die Zitrone waschen, abtrocknen, den Saft auspressen, die Schale reiben und beides beiseite stellen.

2 Die Zwiebel in einem Topf im heißen Olivenöl glasig andünsten, den Reis hinzugeben und einige Minuten dünsten. Den Zitronensaft hinzufügen und die Gemüsebrühe nach und nach zugießen. 15–18 Minuten kochen lassen.

3 Nach halber Kochzeit den in etwas Gemüsebrühe aufgelösten Safran hinzufügen. Die geriebene Zitronenschale, den Schnittlauch und 1 Prise frisch gemahlenen Pfeffer hinzugeben. Den Topf vom Herd nehmen, den Risotto bei geschlossenem Deckel kurz durchziehen lassen und heiß servieren.

Corona di riso alle verdure
Reiskranz mit Gemüse

☗ **mittelschwer**
🕐 **1 Stunde**
580 kcal/2436 kJ

Zutaten

Für die Gemüsebeilage

2 Artischocken · etwas Zitronensaft

2 Zucchini · 200 g Spargelspitzen

3 EL Olivenöl

200 g tiefgefrorene Erbsen

etwas heiße Gemüsebrühe

1 Thymianzweig

Salz · Pfeffer

Für den Reiskranz

1 Selleriestange

1 Zwiebel · 1 Möhre

3 EL Olivenöl

150 g Arborio-Reis

etwas heiße Gemüsebrühe

50 g frisch geriebener Käse

1 kleines Stück Butter

1 Die Artischocken putzen, die harten äußeren Blätter, die Stiele und die Spitzen abschneiden. Die Artischocken in Achtel schneiden, dabei das Heu im Innern entfernen und die Achtel in eine Schüssel mit Wasser und Zitronensaft legen. Die Zucchini von Stiel- und Blütenansatz befreien, waschen, gut abtrocknen und in Würfel schneiden. Die Spargelspitzen ebenfalls klein schneiden.

2 Das Olivenöl in einer Pfanne erhitzen, das Gemüse und die Erbsen hineinrühren und einige Minuten andünsten. Mit der heißen Gemüsebrühe ablöschen, den Thymianzweig hineinlegen, salzen. Etwa 20 Minuten köcheln lassen, bei Bedarf noch etwas Brühe hinzugeben. Den Herd ausschalten, das Gemüse mit 1 Prise frisch gemahlenem Pfeffer würzen und warm stellen.

3 Die Selleriestange sorgfältig putzen und waschen, die Zwiebel und die Möhre schälen und mit Küchenpapier trockentupfen. Anschließend fein hacken und in einem Topf mit 3 Esslöffeln Olivenöl andünsten. Den Reis hinzugeben, einige Minuten dünsten, mit der heißen Gemüsebrühe ablöschen und zum Kochen bringen, dabei häufig mit einem Holzlöffel umrühren.

4 Sobald der Reis weich, aber bissfest gegart ist, mit dem geriebenen Käse bestreuen und zugedeckt einige Minuten durchziehen lassen. Dann in eine mit Butter eingefettete Kranzform füllen und im vorgeheizten Backofen bei 200 °C 10 Minuten backen. Auf einen großen, vorgewärmten Teller stürzen, das Gemüse in der Mitte anordnen und heiß servieren.

einfach
40 Minuten
320 kcal/1344 kJ

Zutaten

1 kg grüne Bohnen

1 Knoblauchzehe

1 Zwiebel

6 Basilikumblätter

4 EL Olivenöl

3 EL Tomatenpüree

einige Poleiminzeblätter

Salz, Pfeffer

8 Scheiben kräftig gebackenes Weißbrot

4 EL frisch geriebener Parmesan

Zuppa di fagiolini
Bohnensuppe

1 Die Bohnen von den Enden befreien, waschen und trockentupfen. Die Knoblauchzehe schälen und vom Mitteltrieb befreien. Die Zwiebel schälen, waschen, abtrocknen und in feine Ringe schneiden. Die Basilikumblätter waschen und ebenfalls trockentupfen.

2 Das Olivenöl in einen Topf geben, die Knoblauchzehe sowie die Zwiebelringe darin andünsten, ohne sie zu bräunen. Das Tomatenpüree, die Bohnen, die gezupften Basilikumblätter, die Poleiminzeblätter, 1 Prise Salz, etwas frisch gemahlenen Pfeffer und einige Esslöffel heißes Wasser hinzugeben. Zugedeckt 20 Minuten kochen. Danach die Knoblauchzehe entfernen.

3 Die Brotscheiben im vorgeheizten Backofen bei 200 °C rösten, dabei einmal wenden. Herausnehmen, in vier vorgewärmte Suppenteller legen und mit der Bohnensuppe bedecken. Mit frisch geriebenem Parmesan bestreuen und heiß servieren.

Crema di barbabietole
Rote-Bete-Cremesuppe

☺ **einfach**

⏱ **1 Stunde**

210 kcal/882 kJ

Zutaten

2 Schalotten

2 EL Olivenöl

100 ml trockener Weißwein

750 ml Gemüsebrühe

2 frische rote Beten

Kräuteressig

250 ml Sauerrahm

Salz · Pfeffer

1 Die Schalotten schälen, fein hacken und in einem Topf mit 2 Esslöffeln Olivenöl andünsten. Mit dem Weißwein ablöschen und, sobald er eingekocht ist, bei geringer Hitze einige Minuten garen. Dann die Gemüsebrühe zugießen, erneut aufkochen und bei mäßiger Hitze im offenen Topf weiterköcheln lassen, bis die Brühe auf etwa ½ Liter reduziert ist.

2 In der Zwischenzeit die roten Beten schälen, in Stücke schneiden und 20 Minuten in einem zur Hälfte mit Wasser und zur Hälfte mit Kräuteressig gefüllten kleinen Topf kochen. Anschließend abgießen und pürieren. Mit dem Sauerrahm zu der reduzierten Brühe geben und bei minimaler Hitze alle Zutaten mit einem Holzlöffel gut verrühren. Das Rote-Bete-Püree hinzufügen und unter Rühren zum Kochen bringen. Mit Salz und Pfeffer abschmecken, in eine mit heißem Wasser ausgespülte Suppenterrine geben und servieren.

Die roten Beten schälen.

Die Schalotten schälen, waschen und mit einem Wiegemesser fein hacken.

Den Sauerrahm und das Rote-Bete-Püree zu der Brühe geben.

In Stücke schneiden, kochen und im Mixer pürieren.

Minestra di porri
Lauchsuppe

☺ einfach
🕑 30 Minuten
210 kcal/882 kJ

Zutaten

3 Lauchstangen
300 g Spinat
1 Knoblauchzehe
Salz
120 g Gabelspaghetti
1 Hand voll Petersilienblätter
1 Hand voll Basilikumblätter
3 EL Olivenöl
Pfeffer

1 Den Lauch von den Wurzeln und den harten äußeren Blättern befreien, waschen und in schmale Ringe schneiden. Die welken Blätter des Spinats entfernen, den Spinat in kaltem Wasser waschen, abtropfen lassen und in feine Streifen schneiden. Die Knoblauchzehe schälen, den Mitteltrieb auslösen und waschen.

2 Die Lauchringe und den Knoblauch mit 1 Liter Wasser in einen Topf geben und zum Kochen bringen. Mit Salz abschmecken und 10 Minuten köcheln lassen. Anschließend den Spinat hinzufügen und weitere 5 Minuten kochen. Die Gabelspaghetti hinzugeben und al dente kochen. Am Ende des Kochvorgangs die gewaschenen, ausgeschüttelten und klein gezupften Petersilien- und Basilikumblätter hinzufügen, die Suppe mit dem Olivenöl beträufeln sowie mit Pfeffer abschmecken und heiß servieren.

Minestra di finocchi con pasta mista
Fenchelsuppe mit Nudeleinlage

☺ einfach
🕑 40 Minuten
210 kcal/882 kJ

Zutaten

2 Fenchelknollen
1 Knoblauchzehe
1 Prise Fenchelsamen
1 Bund Petersilie
4 EL Olivenöl
Salz, schwarzer Pfeffer
120 g gemischte Nudeln
3 EL Magerjoghurt

1 Den Fenchel von den harten, äußeren Rippen und den Stängeln befreien, das Fenchelgrün aufbewahren. Die Knollen in schmale Stifte schneiden und waschen. Mit der geschälten und gewaschene Knoblauchzehe, den Fenchelsamen, der gewaschenen und gehackten Petersilie, 3 Esslöffeln Olivenöl und je 1 Prise Salz und Pfeffer in einen Topf geben und mit kaltem Wasser bedecken. Langsam zum Kochen bringen und bei mäßiger Hitze mit geschlossenem Deckel etwa 15 Minuten weiterköcheln lassen. Dann den Knoblauch herausnehmen.

2 Die Nudeln in einem Topf al dente kochen, abgießen und zu der Fenchelsuppe geben. Den Magerjoghurt unterrühren und 1 Minute ziehen lassen. Die Suppe mit 1 Prise frisch gemahlenem schwarzem Pfeffer abschmecken und mit dem zerkleinerten Fenchelgrün bestreuen. Mit dem restlichen Olivenöl beträufeln und heiß servieren.

Pasta e fagioli
Pasta und Bohnen

einfach

1 Stunde 10 Minuten

310 kcal/1302 kJ

Zutaten

1 Zwiebel

1 Knoblauchzehe

1/2 Selleriestange

1 Hand voll gehackte Petersilie

150 g geschälte Borlotti-Bohnen

1 Lorbeerblatt

1 TL Tomatenmark

Salz

4 EL Olivenöl

1 Scheibe Schweinebauch (etwa 50 g)

Pfeffer

120 g frische Maltagliati

1 Zwiebel und Knoblauch schälen, waschen, die Zwiebel in feine Ringe schneiden und den Knoblauch fein hacken. Die Selleriestange von Fäden befreien, waschen und in kleine Stücke schneiden. Die Bohnen waschen, mit dem Lorbeerblatt, der Zwiebel, dem Sellerie und etwas Petersilie in einem Topf mit reichlich kaltem Wasser bedecken. Langsam zum Kochen bringen und bei niedriger Hitze 1 Stunde kochen. Nach 30 Minuten das in wenig Wasser aufgelöste Tomatenmark hinzufügen. Kurz vor Ende des Kochvorgangs salzen.

2 In der Zwischenzeit das Olivenöl in eine Pfanne geben, den Knoblauch, etwas Petersilie sowie den klein geschnittenen Schweinebauch hinzufügen und kurz anbraten. 5 Minuten vor Ende der Kochzeit der Bohnen den Pfanneninhalt zur Suppe geben. Die Maltagliati in reichlich Salzwasser al dente kochen. Abgießen, zu der Suppe geben und 1 Minute ziehen lassen. Mit etwas frisch gemahlenem Pfeffer abschmecken und mit der restlichen Petersilie bestreuen. Die herzhafte Suppe nach Belieben mit etwas Olivenöl beträufeln.

Minestra di stellette ed erbe selvatiche
Sternchensuppe mit Wildkräutern

einfach

1 Stunde

190 kcal/798 kJ

Zutaten

200 g gemischte Wildkräuter (Hopfen, Löwenzahn usw.)

200 g Spargel

2 Kartoffeln

1 Frühlingszwiebel

100 g geschälte Erbsen

Salz

120 g Sternchen-Nudeln

Pfeffer

1 Die Wildkräuter in kaltem Wasser waschen und gut abtropfen lassen. Die harten Enden der Spargelstangen abschneiden, die Stangen schälen, waschen, 2 beiseite legen, den Rest in kleine Stücke schneiden. Die Kartoffeln schälen, waschen und klein würfeln. Die Frühlingszwiebel von den äußeren grünen Blättern befreien, waschen und in Ringe schneiden.

2 Das so vorbereitete Gemüse in einen Topf geben, die Erbsen hinzufügen, 2 Liter Wasser hinzugießen, mit 1 Prise Salz würzen und zum Kochen bringen. Bei mäßiger Hitze zugedeckt etwa 45 Minuten köcheln lassen. Anschließend den Topf vom Herd nehmen, 1 Suppenkelle Brühe in ein anderes Gefäß füllen, den Rest passieren und dann wieder in den Topf geben.

3 Die aufbewahrte Brühe und die beiden unversehrten Spargelstangen hinzufügen, dann die Suppe erneut zum Kochen bringen. Die Sternchen-Nudeln hineingeben und al dente kochen. Mit 1 Prise frisch gemahlenem Pfeffer bestreuen und nach Belieben etwas Olivenöl darüber träufeln. Heiß servieren.

Minestra di tagliolini al radicchio
Tagliolini-Suppe mit Radicchio

🍳 **einfach**
🕐 **20 Minuten**
270 kcal/1134 kJ

Zutaten

1 kleiner, runder Radicchio-Kopf
1 l Gemüsebrühe
4 «Nester» trockene Tagliolini
Salz · Pfeffer
4 EL frisch
  geriebener
  Parmesan
etwas
  Olivenöl

1 Den Radicchio von den welken äußeren Blättern befreien, unter fließendem kaltem Wasser waschen und in feine Streifen schneiden. Die Gemüsebrühe in einem Topf zum Kochen bringen, die Salatstreifen hineingeben und bei mäßiger Hitze etwa 10 Minuten kochen.

2 Anschließend die Tagliolini-«Nester» hineingeben und kochen. Mit 1 Prise Salz und etwas frisch gemahlenem Pfeffer abschmecken und die Suppe auf einzelne Teller verteilen. Mit geriebenem Parmesan bestreuen und etwas Olivenöl darüber träufeln.

Macco di fave
Dicke Bohnen-Suppe

🍳 **einfach**
🕐 **1 Stunde 30 Minuten**
  + Einweichzeit
410 kcal//1722 kJ

Zutaten

200 g getrocknete, geschälte dicke Bohnen
1 kleine Zwiebel
1 Lorbeerblatt
Salz
2 feste, reife Tomaten
einige Büschel Grün von wildem Fenchel
1 mehlig kochende Kartoffel
120 g Gabelspaghetti
4 EL Olivenöl
Pfeffer

1 Die Bohnen 24 Stunden in einer Schüssel mit reichlich kaltem Wasser einweichen. Die Zwiebel schälen, waschen und in Ringe schneiden. Die Bohnen abgießen, in einen Topf geben, das Lorbeerblatt und die Zwiebel hinzufügen und mit kaltem Wasser bedecken. Zum Kochen bringen und bei niedriger Hitze zugedeckt etwa 1 Stunde köcheln lassen. Kurz vor Ende der Kochzeit mit Salz abschmecken.

2 In der Zwischenzeit die Tomaten in kochendem Wasser blanchieren, die Samen entfernen, die Flüssigkeit abtropfen lassen und das Fruchtfleisch zerkleinern. Den wilden Fenchel waschen, abtropfen lassen und das Grün zerkleinern. Die Kartoffel 15 Minuten vor Ende der Kochzeit zu den Bohnen geben.

3 Eine Suppenkelle voll Bohnen herausschöpfen und aufheben, den Rest in einen anderen Topf passieren. Die aufbewahrten Bohnen und, falls notwendig, etwas heißes Wasser hinzufügen, so dass eine cremige Suppe entsteht. Dann unter häufigem Rühren langsam zum Kochen bringen.

4 In der Zwischenzeit die Gabelspaghetti in reichlich kochendem Salzwasser al dente kochen, dann abgießen und zu der Bohnensuppe geben. Den wilden Fenchel und die zerkleinerten Tomaten hinzufügen und unter häufigem Rühren zum Kochen bringen. Den Topf vom Herd nehmen, die Bohnensuppe mit dem Olivenöl beträufeln, mit etwas frisch gemahlenem Pfeffer abschmecken und heiß servieren.

Minestra con finocchi e baccalà
Fenchelsuppe mit Klippfisch

🍳 einfach
🕐 40 Minuten
300 kcal/1260 kJ

Zutaten

2 Fenchelknollen

1 Knoblauchzehe

1 Bund Petersilie

4 EL Olivenöl

Salz

1 EL Pinienkerne

300 g eingeweichter Klippfisch

120 g Farfalline

Pfeffer

1 Den Fenchel von den harten äußeren Rippen und den Stängeln befreien, das Fenchelgrün aufbewahren. Die Knollen in schmale Schnitze schneiden und waschen. In einen Topf geben, die geschälte Knoblauchzehe, die gewaschene und gehackte Petersilie und 3 Esslöffel Olivenöl hinzufügen und mit kaltem Wasser bedecken. Langsam zum Kochen bringen, mit 1 Prise Salz würzen und zugedeckt etwa 20 Minuten köcheln lassen. Anschließend die Knoblauchzehe wieder entfernen.

2 In der Zwischenzeit die Pinienkerne in einer kleinen beschichteten Pfanne rösten. Den Klippfisch häuten und entgräten, waschen und in kleine Stücke schneiden. Das restliche Olivenöl in einer zweiten beschichteten Pfanne erhitzen, die Fischstücke hineingeben und von beiden Seiten 3 Minuten anbraten. 5 Minuten vor Ende der Kochzeit des Fenchels den Fisch zur Suppe hinzufügen.

3 Reichlich Wasser in einem großen Topf zum Kochen bringen, salzen und die Farfalline al dente kochen. Abgießen, zu der Suppe geben, auch die Pinienkerne hinzufügen und 1 Minute weiterköcheln lassen. Die Suppe mit 1 Prise frisch gemahlenem Pfeffer und dem aufbewahrten zerkleinerten Fenchelgrün bestreuen und heiß servieren.

Crema fredda di riso e asparagi
Kalte Reiscremesuppe mit Spargel

🍳 einfach
🕐 40 Minuten + Kühlzeit
150 kcal/630 kJ

Zutaten

800 g Spargel

Salz · Pfeffer

1 kleine gehackte Zwiebel

2 EL Olivenöl

70 g Rundkornreis

geriebene Muskatnuss

2 EL Zitronensaft

1 Glas Magermilch

1 Den Spargel putzen, von den harten Enden befreien, schälen und waschen. Die Spitzen abschneiden und aufbewahren, die Stangen in kleine Stücke schneiden. ¾ Liter Wasser in einem Topf zum Kochen bringen, salzen und die Spargelspitzen 6–7 Minuten blanchieren. Herausnehmen, abtropfen lassen und beiseite stellen. Nun die Spargelstücke in den Kochsud geben.

2 In der Zwischenzeit das Olivenöl in einer Pfanne erhitzen und die Zwiebel andünsten. Den Rundkornreis hinzugeben und einige Minuten mitdünsten. Das heiße Wasser mit den Spargelstücken hinzufügen, mit Salz und Muskatnuss abschmecken und bei geringer Hitze 15 Minuten köcheln lasssen. Die Suppe nun im Mixer pürieren. Den Zitronensaft hinzufügen, ein weiteres Mal mixen und in eine Schüssel geben.

3 Völlig abkühlen lassen, zudecken und mindestens 2 Stunden in den Kühlschrank stellen. Kurz vor dem Servieren die Magermilch hinzugießen und gut verrühren. Die Reiscremesuppe auf einzelne Teller verteilen und mit den aufbewahrten Spargelspitzen dekorieren.

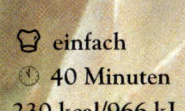

Capelli d'angelo e scarola
«Engelshaar» mit Endivien

🍳 einfach
🕐 40 Minuten
230 kcal/966 kJ

Zutaten

300 g Endiviensalat
2 Möhren
1 Zwiebel
1 Selleriestange
1 Bund Petersilie
4 EL Olivenöl
Salz · Pfeffer
120 g «Engelshaar» (Fadennudeln)

1 Den Endiviensalat von den welken äußeren Blättern befreien, in kaltem Wasser waschen, abtropfen lassen und klein schneiden. Die Möhren und die Zwiebel schälen, die Selleriestange von Fäden befreien. Das Gemüse waschen, die Möhren in Stifte und den Sellerie sowie die Zwiebel in Ringe schneiden. Die Petersilie waschen, mit Küchenpapier trockentupfen und fein hacken.

2 In einem Topf 2 Esslöffel Olivenöl erhitzen und die Zwiebel darin glasig andünsten. Möhrenstifte und Sellerieringe hinzufügen und 1 Minute mitdünsten lassen. Gut 1 Liter Wasser zugießen, salzen und bei mäßiger Hitze zugedeckt etwa 20 Minuten kochen. Nach 15 Minuten den Endiviensalat hinzugeben.

3 In der Zwischenzeit reichlich Wasser in einem Topf zum Kochen bringen, salzen und die Fadennudeln al dente garen. Abgießen, zu der Suppe geben und 1 Minute ziehen lassen. Mit dem restlichen Olivenöl beträufeln, mit gehackter Petersilie sowie 1 Prise frisch gemahlenem Pfeffer bestreuen und heiß servieren.

Vellutata di cavolfiore con tagliatelle
Cremige Blumenkohlsuppe mit Tagliatelle

🍳 einfach
🕐 40 Minuten
210 kcal/882 kJ

Zutaten

1 Blumenkohl (etwa 600 g)
2 Frühlingszwiebeln
1 Kartoffel
200 g Spinat
1,25 l Gemüsebrühe
Salz
120 g Tagliatelle

1 Den Blumenkohl in einzelne Röschen teilen und waschen. Die Frühlingszwiebeln von den Wurzeln befreien, waschen und klein schneiden. Die Kartoffel schälen, waschen und klein würfeln. Den Spinat in reichlich kaltem Wasser waschen, abtropfen lassen und in feine Streifen schneiden.

2 Die Blumenkohl, Kartoffeln, Spinat und Frühlingszwiebeln in einen Topf geben und mit der Gemüsebrühe übergießen. Zum Kochen bringen und bei mäßiger Hitze 20 Minuten köcheln lassen, ab und zu umrühren. Einige Blumenkohlröschen herausnehmen und beiseite legen. Die restliche Gemüsesuppe in einen anderen Topf passieren und langsam wieder zum Kochen bringen.

3 In der Zwischenzeit die Tagliatelle in einem Topf mit reichlich Salzwasser al dente kochen, dann zu der Suppe geben. Die aufbewahrten Blumenkohlröschen ebenfalls wieder hineingeben und bei mäßiger Hitze 1 Minute garen lassen. Die Suppe in eine vorgewärmte Terrine füllen und servieren.

Pasta e fave in brodo

Nudelsuppe mit Bohnen

 einfach
 40 Minuten
350 kcal/1470 kJ

Zutaten

4 EL Olivenöl
1 EL gehackte Zwiebel
30 g magerer Schweinebauch
200 g geschälte, frische Bohnen
1 l siedend heiße Gemüsebrühe
200 g Maccheroncini
Pfeffer

1 In einem Topf 2 Esslöffel Olivenöl erhitzen, die gehackte Zwiebel sowie den in dünne Streifen geschnittenen Schweinebauch hinzufügen. Anbraten, bis die Zwiebel glasig ist. Anschließend die geschälten Bohnen hingeben und bei stärkerer Hitze kurz garen lassen. Einige Esslöffel siedend heiße Gemüsebrühe dazugießen, zudecken und bei mäßiger Hitze etwa 20 Minuten kochen.

2 Die Maccheroncini in einem großen Topf mit reichlich kochendem Salzwasser al dente kochen, abgießen und zu den Bohnen geben. Die restliche Gemüsebrühe hinzufügen, mit reichlich frisch gemahlenem Pfeffer würzen und einige Minuten kochen lassen. Die Suppe in eine mit heißem Wasser ausgespülte Terrine geben, mit dem restlichen Olivenöl beträufeln und servieren.

Minestra d'orzo e fagioli con l'occhio
Gerstensuppe mit Bohnen

👨‍🍳 **einfach**

🕐 **1 Stunde 20 Minuten + Einweichzeit**

430 kcal//1806 kJ

Zutaten

100 g Gerste

100 g getrocknete Augenbohnen

2 Kartoffeln

1 Lorbeerblatt

Salz · Pfeffer

30 g Schweinebauch

¹/₂ Zwiebel

1 Knoblauchzehe

1 Selleriestange

1 Salbeiblatt

1 Rosmarinzweig

2 reife, feste Tomaten

2 EL Olivenöl

120 g Gabelspaghetti

1 Die Gerste und die Bohnen verlesen und getrennt 12 Stunden in kaltem Wasser einweichen. Die Kartoffeln schälen, waschen und klein schneiden. Die Bohnen, die Kartoffeln und das Lorbeerblatt in einen großen Topf mit etwa 2 Litern Wasser geben, zum Kochen bringen und 70 Minuten köcheln lassen. Die Gerste in einen zweiten Topf mit 1 Liter Wasser zum Kochen bringen, salzen und 1 Stunde garen.

2 Währenddessen den Schweinebauch klein schneiden, die Zwiebel und die Knoblauchzehen schälen und fein hacken. Die Selleriestange von Fäden befreien, mit Salbei und Rosmarin waschen, dann zusammen zerkleinern. Die Tomaten blanchieren, häuten, die Samen entfernen, die Flüssigkeit abtropfen lassen und das Fruchtfleisch grob zerkleinern.

3 Den Schweinebauch, den Knoblauch und die Zwiebel in einer kleinen Pfanne im Olivenöl anbraten. Sellerie, Salbei und Rosmarin sowie die zerkleinerten Tomaten hinzugeben und bei mäßiger Hitze etwa 5 Minuten garen lassen. Dann alles zu den Bohnen geben, salzen und weiterkochen, bis die Bohnen weich sind. Das Lorbeerblatt entfernen.

4 Währenddessen die Gabelspaghetti al dente kochen. Die Hälfte der Bohnen-Kartoffel-Schweinebauch-Masse passieren und dann wieder in den großen Topf geben. Die gegarte und abgetropfte Gerste, die abgetropften Nudeln und 1 Prise frisch gemahlenen Pfeffer hinzufügen, umrühren und erneut zum Kochen bringen. Die Suppe am Ende des Kochvorgangs in eine vorgewärmte Terrine füllen und servieren.

Minestra di grano e sedano
Weizen-Sellerie-Suppe

👨‍🍳 **einfach**

🕐 **1 Stunde 40 Minuten + Einweichzeit**

300 kcal//1260 kJ

Zutaten

250 g Weizen

1 Knoblauchzehe

1 Zwiebel · 1 Selleriestange

1 Lorbeerblatt

Salz · Pfeffer

4 EL Olivenöl

1 Den Weizen waschen, in einer Schüssel mit reichlich kaltem Wasser bedecken und 12 Stunden einweichen lassen. Die Knoblauchzehe und die Zwiebel schälen, waschen, die Zwiebel in feine Ringe schneiden und den Knoblauch leicht zerdrücken. Die Selleriestange von Fäden befreien, waschen und klein schneiden.

2 Den Weizen abgießen, abspülen und in einen Topf geben. Mit reichlich kaltem Wasser bedecken und die Zwiebelringe, den Knoblauch, die Selleriestücke und das Lorbeerblatt hinzufügen.

3 Die Suppe langsam zum Kochen bringen und bei geringer Hitze etwa 1¹/₂ Stunden köcheln lassen. Kurz vor Ende der Kochzeit mit Salz abschmecken. Mit Olivenöl beträufeln, mit 1 Prise frisch gemahlenem Pfeffer bestreuen und heiß servieren. Nach Belieben geröstete Brotscheiben dazu reichen.

Minestra di vermicelli
Vermicelli-Suppe

einfach
45 Minuten
250 kcal/1050 kJ

Zutaten

10 g getrocknete Pilze

250 g grüne Bohnen

2 reife, feste Tomaten

150 g Kürbisfleisch

1 in Salz eingelegte Sardelle

1 Zwiebel

10 g Pinienkerne

4 EL Olivenöl

Salz

120 g Vermicelli

1 Die getrockneten Pilze in einer kleinen Schüssel mit lauwarmem Wasser einweichen. Die Enden der Bohnen abschneiden, vorhandene Fäden abziehen, die Bohnen waschen und klein schneiden. Die Tomaten blanchieren, häuten, Samen entfernen, die Flüssigkeit abtropfen lassen und das Fruchtfleisch würfeln.

2 Das Kürbisfleisch von den Samen befreien, waschen und klein schneiden. Die Sardelle unter kaltem Wasser vom Salz befreien, entgräten und zerkleinern. Die Zwiebel schälen, waschen und fein hacken. Schließlich auch die Pinienkerne hacken und beiseite stellen.

3 Die Bohnen und den Kürbis in einen Topf geben, die abgetropften und ausgepressten Pilze, die Hälfte der gehackten Zwiebel und die Tomaten hinzugeben. 1 Liter Wasser dazugießen, zum Kochen bringen und bei mäßiger Hitze 20 Minuten köcheln lassen.

4 In der Zwischenzeit 2 Esslöffel Olivenöl in einer Pfanne erhitzen und die restliche Zwiebel darin andünsten, ohne sie zu bräunen. Die zerkleinerte Sardelle und die Pinienkerne hinzufügen und unter Rühren 1 Minute garen lassen. Reichlich Wasser in einem Topf zum Kochen bringen, salzen und die Vermicelli al dente kochen. Abgießen, zu der Suppe geben, mit der Sardellen-Zwiebel-Pinienkernmischung verrühren und 1 Minute ziehen lassen. Mit dem restlichen Olivenöl beträufeln und servieren.

Quadrucci in brodo di pesce
Fischsuppe mit viereckigen Eiernudeln

mittelschwer
1 Stunde
180 kcal/756 kJ

Zutaten

1 Selleriestange

1 Möhre

1 Lauchstange

1 kleine Zwiebel

1 Hand voll Petersilienblätter

1 Seehecht (etwa 400 g)

120 g viereckige Eiernudeln (Quadrucci)

1 enthäutete gewürfelte Tomate

1 Die Selleriestange putzen, die Möhre abbürsten, die Lauchstange putzen und längs vierteln. Alles waschen, klein schneiden und mit der geschälten Zwiebel in einen ovalen Topf mit 1¹/₂ Liter Wasser füllen. Zum Kochen bringen und 15 Minuten nach Beginn des Kochvorgangs die Petersilie hinzugeben, jedoch einige Blätter aufbewahren.

2 In der Zwischenzeit den Seehecht schuppen, ausnehmen und sorgfältig waschen, dann in der Gemüsebrühe bei minimaler Hitze und ohne Deckel 15 Minuten kochen. Nun den Seehecht herausnehmen, sein Fleisch behutsam ablösen und vorsichtig zerkleinern. Die Gemüse-Fisch-Brühe mit dem Schaumlöffel klären, die Quadrucci und die gewürfelte Tomate hinzufügen und 10 Minuten kochen lassen. Zuletzt das Fischfleisch hinzugeben. Die Suppe mit der restlichen gehackten Petersilie bestreuen und heiß servieren.

Minestra di lenticchie
Linsensuppe

♔ **einfach**
🕐 **1 Stunde + Einweichzeit**
270 kcal/1134 kJ

Zutaten

200 g Linsen

2 Lorbeerblätter

1 Zwiebel

1 Selleriestange · 1 Möhre

2 Knoblauchzehen

4 EL Olivenöl

*150 g reife, feste Tomaten, geschält
und zerkleinert*

Salz · Pfeffer

1 Die Linsen in eine Schüssel geben, mit reichlich kaltem Wasser bedecken und etwa 2 Stunden einweichen lassen. Anschließend abgießen und waschen. In einen Topf geben, mit leicht gesalzenem Wasser auffüllen, das Lorbeerblatt hinzufügen und etwa 30 Minuten kochen, wenn nötig weiteres Wasser hinzugeben.

2 In der Zwischenzeit die Zwiebel, die Selleriestange und die Möhre schälen und waschen. Die Knoblauchzehen schälen, vom Mitteltrieb berfreien. Alles fein gehackt in einer Pfanne im Olivenöl andünsten, bis die Zwiebel glasig ist. Dann das zerkleinerte Tomatenfruchtfleisch, 1 Prise Salz und etwas Pfeffer hinzufügen. Den Deckel auflegen und 15 Minuten kochen.

3 Sobald die Linsen weich gekocht sind, die Tomatensauce hinzugeben, mit einem Holzlöffel gut umrühren und die Linsensuppe anschließend noch einige Minuten weiter köcheln lassen. Mit etwas Salz und Pfeffer abschmecken, in eine heiß ausgespülte Terrine geben und sofort heiß servieren.

Minestra di cereali e legumi
Getreidesuppe mit Hülsenfrüchten

♔ **einfach**
🕐 **3 Stunden 15 Minuten
+ Einweichzeit**
380 kcal/1596 kJ

Zutaten

50 g getrocknete Kichererbsen

50 g getrocknete Borlotti-Bohnen

50 g Linsen · 50 g Weizen

50 g Gerste · 50 g Dinkel

50 g Mais

1 Möhre · 1 Selleriestange

2 Knoblauchzehen

2 Lorbeerblätter

Salz · Pfeffer

4 EL Olivenöl

1 Die Hülsenfrüchte und das Getreide mindestens 12 Stunden getrennt jeweils in reichlich kaltem Wasser einweichen. Die Möhre schälen, waschen und abtrocknen. Die Selleriestange von Fäden befreien, waschen, abtrocknen und klein schneiden. Den Knoblauch schälen, waschen und vom Mitteltrieb befreien.

2 Das Getreide und die Hülsenfrüchte am Ende der Einweichzeit abgießen und in kaltem Wasser waschen. Die Kichererbsen in einen kleinen Topf und die Bohnen, die Gerste, den Dinkel, den Mais, den Weizen und die Linsen in einen großen Topf, möglichst aus Ton, geben. In jeden Topf ¹/₂ Möhre, jeweils die Hälfte des Selleries, 1 Lorbeerblatt und 1 Knoblauchzehe geben. Mit reichlich Wasser bedecken und langsam zum Kochen bringen.

3 Die Kichererbsen bei geringer Hitze etwa 3 Stunden und die anderen Hülsenfrüchte etwa 1 Stunde garen, bis sie weich sind. Kurz vor Ende der Kochzeit etwas Salz hinzugeben. Die Kichererbsen zu den übrigen Zutaten in den großen Topf geben und 10–15 Minuten weiterkochen. Die Suppe mit Olivenöl beträufeln und mit 1 Prise Pfeffer bestreuen, dann heiß im Tontopf servieren.

Minestrone di maltagliati
Minestrone mit Maltagliati

🍳 **mittelschwer**
🕐 **1 Stunde 30 Minuten**
470 kcal/1974 kJ

Zutaten

200 g Weißmehl
2 Eier
1 Knoblauchzehe
1 Bund Petersilie
2 EL Olivenöl
einige Basilikumblätter
2 Selleriestangen
1 Zwiebel
1 Möhre
2 Kartoffeln
500 g frische Bohnen
300 g reife, feste Tomaten
Salz
5 EL frisch geriebener Parmesan

1 Das Weißmehl auf ein Backbrett sieben und eine Mulde hineindrücken. Die Eier hineingeben und mit dem Mehl zu einem weichen Teig verkneten. Mit einer Teigrolle zu einer dünnen Platte ausrollen. In unregelmäßige Rauten schneiden und trocknen lassen.

2 Die Knoblauchzehe vom Mitteltrieb befreien und zusammen mit der Petersilie fein hacken. Das Olivenöl in einen Topf geben, die Basilikumblätter, die geputzten und zerkleinerten Selleriestangen sowie die gehackte Zwiebel hinzufügen und bei geringer Hitze einige Minuten dünsten. Dann die abgebürstete, gewaschene und in dünne Scheiben geschnittene Möhre, die geschälten, gewaschenen und klein geschnittenen Kartoffeln sowie die geschälten Bohnen hinzugeben. Zuletzt die gehäuteten und zerkleinerten Tomaten unterrühren.

3 In den Topf gut 1 Liter Wasser füllen, salzen, zudecken und bei niedriger Hitze 50 Minuten einkochen lassen, so dass eine sämige Suppe entsteht. Nun die vorbereiteten Teigrauten hinzugeben und erneut zum Kochen bringen. Die Minestrone vom Herd nehmen und in eine mit heißem Wasser ausgespülte Suppenterrine gießen. Mit dem geriebenen Parmesan bestreuen und sehr heiß servieren.

Malfattini agli ortaggi
Gemüsesuppe mit Malfattini

🍲 einfach
🕐 **45 Minuten**
210 kcal/882 kJ

Zutaten

¹/₂ Selleriestange
2 Zucchini · 1 Zwiebel
1 Möhre · 200 g Spinat
100 g geschälte Erbsen
Salz
120 g Malfattini
2 EL Olivenöl

1 Die Selleriestange von den Fäden, die Zucchini von Stiel- und Blütenansatz befreien. Die Zwiebel und die Möhre schälen. Alles waschen und klein würfeln. Den Spinat gründlich in reichlich kaltem Wasser waschen, abtropfen lassen und in feine Streifen schneiden.

2 Die Sellerie-, Zucchini-, Zwiebel- und Möhrenwürfel in einen Topf geben, die geschälten Erbsen hinzufügen, 1¹/₂ Liter Wasser dazugießen und zum Kochen bringen. Mit 1 Prise Salz würzen und bei mäßiger Hitze etwa 30 Minuten kochen.

3 Die Spinatstreifen und die Malfattini zu der Suppe geben und 3 Minuten mitkochen. In eine Suppenterrine füllen, mit Olivenöl beträufeln und sofort heiß servieren.

Minestra di granchio
Krebssuppe

🍲 einfach
🕐 **30 Minuten**
170 kcal/714 kJ

Zutaten

250 g Zucchini
1 Knoblauchzehe
1 Majoranzweig
1 reife, feste Tomate
100 g Krebsfleisch
1 l Fischfond
120 g Linguine

1 Die Zucchini von Stiel- und Blütenansatz befreien, waschen, abtrocknen und klein würfeln. Die Knoblauchzehe schälen und waschen, den Majoran waschen und beiseite legen. Die Tomate blanchieren, häuten, die Samen entfernen, die Flüssigkeit abtropfen lassen und das Fruchtfleisch zerkleinern.

2 Das Krebsfleisch abtropfen lassen, Knorpel entfernen und das Fleisch zerkleinern. Den Fischfond mit dem Knoblauch und etwas Majoran in einem Topf zum Kochen bringen, die Zucchiniwürfel hinzufügen und 5 Minuten kochen. Die zerkleinerte Tomate hineingeben und weitere 5 Minuten kochen.

3 Die Linguine hineingeben und al dente kochen. Das zerkleinerte Krebsfleisch und den restlichen Majoran etwa 1 Minute vor Ende der Kochzeit hinzufügen. Die fertige Suppe in eine Terrine gießen und sofort heiß servieren.

Minestra di nuvole alla maggiorana
Nudelsuppe mit Majoran

☺ **einfach**
🕐 **20 Minuten**
220 kcal/924 kJ

Zutaten

2 Majoranzweige

2 Knoblauchzehen

1 l Gemüsebrühe

120 g Nuvole

2 Eier

geriebene Muskatnuss

2 EL Olivenöl

1 Den Majoran sorgfältig waschen und mit Küchenpapier trockentupfen. Die Knoblauchzehen schälen, von den Mitteltrieben befreien und leicht zerdrücken. Die Gemüsebrühe in einen Topf geben, die Knoblauchzehen hinzufügen, dann zum Kochen bringen und einige Minuten köcheln lassen.

2 Die Nuvole hinzugeben, erneut aufkochen und al dente kochen. In der Zwischenzeit die Eier in einer Schüssel mit einer Gabel verschlagen, die Majoranblätter und geriebene Muskatnuss hinzugeben und alles gründlich miteinander verrühren.

3 Sobald die Nuvole gar sind, das Olivenöl hinzugießen und zügig die Eier-Majoran-Muskat-Mischung einrühren. Mit einer Gabel kräftig schlagen, bis die Eier stocken. Den Topf sofort vom Herd nehmen, die Suppe in eine Terrine oder einzelne Teller geben und heiß servieren.

Zuppa di cipolle
Zwiebelsuppe

☺ **einfach**
🕐 **45 Minuten**
190 kcal/798 kJ

Zutaten

500 g Zwiebeln · 4 EL Olivenöl

1 EL Weißmehl

¹/₂ Glas trockener Weißwein

Salz · Pfeffer

4 geröstete Scheiben herzhaftes Weißbrot

1 Die Zwiebeln schälen, waschen, abtrocknen und in feine Ringe schneiden. Das Olivenöl in einen Topf geben, die Zwiebeln hineingeben und glasig andünsten. Mit dem Weißmehl bestäuben und einige Minuten unter Rühren dünsten lassen. Den Weißwein zugießen und bei starker Hitze einkochen lassen.

2 Gut 1 Liter Wasser hinzufügen, zum Kochen bringen und bei mäßiger Hitze etwa 30 Minuten köcheln lassen, dabei häufig mit einem Holzlöffel umrühren. Nach Geschmack salzen und pfeffern. Die fertige Zwiebelsuppe in eine Terrine füllen und heiß mit den gerösteten Brotscheiben servieren.

Zuppa di cime di ortica
Brennnesselsuppe

🍳 **einfach**
🕐 **30 Minuten**
260 kcal/1092 kJ

Zutaten

600 g junge Brennnesselblätter

3 EL Olivenöl · 300 g Tomatenpüree

Salz · 5 Suppenkellen heiße Gemüsebrühe

1 Zwiebel · 50 g magerer Schweinebauch

4 Scheiben Kastenweißbrot

1 Prise scharfes Paprikapulver

1 Die Brennnesselblätter sorgfältig waschen und trockentupfen. 2 Esslöffel Olivenöl in einem Topf erhitzen und die Brennnesselblätter darin einige Minuten anbraten. Das Tomatenpüree und 1 Prise Salz hinzufügen und 15 Minuten kochen. Die heiße Gemüsebrühe dazugießen und weiterköcheln lassen.

2 Die Zwiebel schälen, waschen und fein hacken, mit dem restlichen Olivenöl in eine Pfanne geben, den klein geschnittenen Schweinebauch hinzugeben und gemeinsam anbraten. Sobald die Zwiebel glasig ist, den Pfanneninhalt in die Brennnesselsuppe geben.

3 Das Brot im vorgeheizten Ofen bei 200 °C rösten, dabei einmal wenden. Eine Scheibe in jeden Suppenteller legen, die Suppe darüber gießen und mit 1 Prise Paprikapulver bestreut servieren.

Minestra di farro
Dinkelsuppe

🍳 **einfach**
🕐 **2 Stunden + Einweichzeit**
290 kcal/1218 kJ

Zutaten

100 g Dinkel

100 g getrocknete Cannellini-Bohnen

1 Kartoffel · 1 Möhre

1 Zwiebel · 1 Selleriestange

1 Knoblauchzehe · 1 Bund Petersilie

1 Lorbeerblatt · 2 Salbeiblätter

Salz · Pfeffer

4 EL Olivenöl

einige Basilikumzweige

1 Den Dinkel und die Cannellini-Bohnen getrennt mindestens 24 Stunden in kaltem Wasser einweichen. Die Bohnen abgießen, mit der Kartoffel, der Möhre, der gewürfelten Zwiebel und der Selleriestange in einen Topf geben. Die geschälte und fein gehackte Knoblauchzehe, die gewaschene und trockengetupfte Petersilie, das Lorbeerblatt und die Salbeiblätter ebenfalls hinzufügen. Mit 2 Litern Wasser auffüllen.

2 Zum Kochen bringen und bei mittlerer Hitze zugedeckt etwa 1 Stunde köcheln lassen. Am Ende des Kochvorgangs mit Salz abschmecken. Die Bohnen mit dem Gemüse in einen zweiten Topf passieren. 2 Esslöffel Olivenöl und den gut abgetropften Dinkel hinzufügen und weitere 30 Minuten kochen, dabei häufig mit einem Holzlöffel umrühren.

3 Den Topf vom Herd nehmen, mit dem restlichen Olivenöl beträufeln und mit 1 Prise frisch gemahlenem Pfeffer und den gezupften Basilikumblättern bestreuen. Die Suppe heiß oder lauwarm servieren.

Minestra di carciofi
Artischockensuppe

🍶 einfach
🕐 40 Minuten
140 kcal/588 kJ

Zutaten

12 kleine Artischocken
Saft von 1 Zitrone
300 g Möhren
300 g Zwiebeln
2 EL Olivenöl
1 l heiße Gemüsebrühe
1 Glas trockener Weißwein
1 kleines Bund Thymian
1 kleines Bund Majoran
1 EL Weißmehl
Salz

1 Die Artischocken putzen, von den harten äußeren Blättern und den Stielen befreien und die Spitzen abschneiden. Waschen, in Stifte schneiden und in eine Schüssel mit Wasser und Zitronensaft legen, damit sie nicht schwarz werden. Die Möhren abbürsten, waschen und mit den geschälten und gewaschenen Zwiebeln klein schneiden.

2 Das Olivenöl möglichst in einem Tontopf erhitzen, die Möhre, die Zwiebeln und die gut abgetropften Artischocken hinzufügen und einige Minuten dünsten lassen. Die Gemüsebrühe und den Weißwein zugießen, Thymian und Majoran gewaschen und klein gehackt hinzufügen und bei niedriger Hitze zugedeckt 30 Minuten kochen.

3 Falls die Suppe beim Kochen zu dünnflüssig wird, mit 1 Esslöffel in etwas kaltem Wasser aufgelöstem Weißmehl dicken. Die fertige Artischockensuppe in eine vorgewärmte Terrine füllen oder direkt im Tontopf servieren.

Pappa al pomodoro con capelli d'angelo
Tomatensuppe mit «Engelshaar»

☺ einfach
🕐 40 Minuten
220 kcal/924 kJ

Zutaten

400 g reife, feste Tomaten
1 Petersilienzweig
1 Bund Basilikum
1 Möhre
1 Selleriestange
1 Zwiebel
1 Lorbeerblatt
1 Salbeiblatt
Salz
4 EL Olivenöl
100 g «Engelshaar» (Fadennudeln)

1 Die Tomaten blanchieren, häuten, die Samen entfernen, die Flüssigkeit abtropfen lassen und das Fruchtfleisch grob zerkleinern. Petersilie und Basilikum waschen und trockentupfen. Die Möhre schälen, die Selleriestange von Fäden befreien, die Zwiebel schälen. Die Gemüse waschen. Die Möhre und den Sellerie klein schneiden, 1 Zwiebelhälfte in Ringe schneiden, die andere fein hacken.

2 In einem Topf mit 1 großzügig bemessenem Liter Wasser die Möhre, den Sellerie, die Petersilie, das Lorbeer- und das Salbeiblatt, die Hälfte des Basilikums und die Zwiebelringe zum Kochen bringen. Salzen und 15–20 Minuten köcheln lassen.

3 In der Zwischenzeit 2 Esslöffel Olivenöl in einen Topf geben und die gehackte Zwiebel darin andünsten. Die zerkleinerten Tomaten hinzufügen und 2–3 Minuten mitkochen. Das Gemüse mitsamt Brühe hinzugeben und etwa 10 Minuten weiterköcheln lassen. Dann alles passieren und wieder in den Topf füllen.

4 Die «Engelshaar»-Nudeln (Fadennudeln) in einem Topf mit reichlich kochendem Salzwasser al dente garen, abgießen und in die Gemüsebrühe einrühren. 1 Minute ziehen lassen. Das restliche Basilikum hinzufügen und die Suppe mit Olivenöl beträufeln. Frisch und heiß servieren.

Minestra di ditalini e frumento
Weizensuppe mit Nudeleinlage

☺ einfach
🕐 1 Stunde 45 Minuten + Einweichzeit
260 kcal/1092 kJ

Zutaten

160 g geschälter Weizen
200 g Wirsing · 200 g Kartoffeln
1,5 l Gemüsebrühe
60 g Ditalini rigati
Salz

1 Den geschälten Weizen in einer Schüssel mit reichlich kaltem Wasser etwa 24 Stunden einweichen. Abgießen und abspülen. Den Wirsing putzen, unter fließendem kaltem Wasser waschen und in Streifen schneiden. 1 Minute in kochendem Salzwasser blanchieren und abgießen. Die Kartoffeln schälen, waschen und klein würfeln.

2 Weizen, Wirsing und Kartoffeln in einen Topf geben, die Gemüsebrühe hinzugießen und bei mäßiger Hitze zugedeckt 1½ Stunden köcheln lassen, gelegentlich mit einem Holzlöffel umrühren. Nach Bedarf heißes Wasser hinzufügen. Zum Schluss Ditalini rigati hineingeben und al dente kochen, dann die Suppe in eine Terrine gießen und heiß servieren.

Conchigliette con lenticchie e broccoletti
Conchigliette mit Linsen und Rübensprossen

☐ **einfach**
⏱ **1 Stunde 15 Minuten + Einweichzeit**
360 kcal/1512 kJ

Zutaten

160 g geschälter Weizen
200 g Wirsing
200 g Kartoffeln
1,5 l Gemüsebrühe
60 g Ditalini rigati
Salz

1 Die Linsen mit reichlich kaltem Wasser in eine Schüssel geben und 12 Stunden einweichen. Die Möhre und die Kartoffel schälen, die Lauchstange von Wurzeln und harten äußeren Blättern befreien und waschen. Die Möhre in Scheiben, den Lauch in Ringe schneiden und die Kartoffel klein würfeln.

2 Die Tomaten blanchieren, häuten, die Samen entfernen, die Flüssigkeit abtropfen lassen und das Fruchtfleisch grob hacken. Die Linsen abgießen, in einen Topf geben, mit reichlich kaltem Wasser bedecken, das Lorbeerblatt hinzufügen und zum Kochen bringen. Anschließend etwa 35 Minuten köcheln lassen.

3 Die Kartoffeln, die Möhren und den Lauch hinzugeben, mit 1 Prise Salz würzen und weitere 10 Minuten köcheln lassen. Den Blumenkohl und die Rübensprossen putzen, Strünke entfernen, die Röschen ablösen und in kaltem Wasser waschen. Zu den Linsen geben, auch die zerkleinerten Tomaten hinzufügen und weitere 5 Minuten kochen lassen.

4 Reichlich Wasser in einem Topf zum Kochen bringen, salzen und die Conchigliette al dente kochen. Abgießen, zu den Linsen geben und 1 Minute ziehen lassen. Mit dem Olivenöl beträufeln und mit 1 Prise frisch gemahlenem Pfeffer bestreuen. Heiß oder lauwarm servieren.

Minestra di riso e prezzemolo
Reissuppe mit Petersilie

☐ **einfach**
⏱ **20 Minuten**
270 kcal/1134 kJ

Zutaten

1 Bund Petersilie
1 l Gemüsebrühe
150 g Rundkornreis
2 EL Olivenöl
frisch geriebener Grana

1 Die Petersilie waschen, trockentupfen und fein hacken. Die Gemüsebrühe in einem Topf zum Kochen bringen. Den Reis hineingeben und etwa 15 Minuten kochen, dabei ab und zu mit einem Holzlöffel umrühren.

2 Den Topf vom Herd nehmen, das Olivenöl hinzugeben, die gehackte Petersilie unterrühren und alles gut vermischen. Die Suppe in vorgewärmte Teller füllen, mit etwas Grana bestreuen, umrühren und heiß servieren.

Fisch

Nasellini agli aromi

Seehechte in würziger Sauce

👨‍🍳 mittelschwer
🕐 40 Minuten
265 kcal/1113 kJ

Zutaten

4 kleine Seehechte (à 250 g)
Salz · Pfeffer
5 EL Olivenöl
1 Bund Petersilie
2 Salbeiblätter
10 Basilikumblätter
1 Rosmarinzweig
einige Kerbelblätter
2 Knoblauchzehen
1 EL Semmelbrösel
¹/₂ Glas trockener Weißwein
1 Zitrone

1 Die Seehechte ausnehmen, unter fließendem Wasser gründlich waschen und mit Küchenpapier trockentupfen. Das Innere salzen und pfeffern und in eine mit 2 Esslöffeln Olivenöl eingefettete feuerfeste Form legen. Den Backofen auf 200 °C vorheizen.

2 Petersilie, Salbei, Basilikum, Rosmarin und Kerbel waschen. Die Knoblauchzehen schälen und zusammen mit den Kräutern fein hacken. Die Semmelbrösel hinzufügen, alles vermischen und auf den Fischen in der feuerfesten Form verteilen. Salzen und pfeffern, dann mit 3 Esslöffeln Olivenöl beträufeln und den Weißwein darüber gießen.

3 Die Fische im heißen Backofen 20 Minuten garen und währenddessen öfters mit dem Kochsud begießen. Anschließend aus dem Ofen nehmen und auf einer Platte anrichten. Die Zitrone in Scheiben schneiden, die Fische damit garnieren und servieren.

Sogliole alla pugliese
Seezungen mit Tomaten

🎩 **einfach**
🕒 **30 Minuten**
285 kcal/1197 kJ

Zutaten

8 Seezungenfilets
Salz · Pfeffer
300 g reife, feste Tomaten
1 Bund Petersilie · 1 Knoblauchzehe
1 Zwiebel · 4 EL Olivenöl
70 g entsteinte schwarze Oliven
3 EL trockener Weißwein

1 Die Seezungenfilets vorsichtig und gründlich waschen, mit Küchenpapier trockentupfen und auf einen Teller legen. Mit 1 Prise Salz und etwas frisch gemahlenem Pfeffer bestreuen und beiseite stellen.

2 Die Tomaten blanchieren, abtropfen lassen, häuten, die Samen entfernen, die Flüssigkeit abtropfen lassen und das Fruchtfleisch grob zerkleinern. Die Petersilie waschen, ausschütteln und fein hacken. Die Knoblauchzehe und die Zwiebel schälen; den Knoblauch vom Mitteltrieb befreien und fein hacken und die Zwiebel in feine Ringe schneiden.

3 Den Backofen auf 200 °C vorheizen. Eine feuerfeste Form mit 2 Esslöffeln Olivenöl einfetten, die Zwiebelringe, die Tomatenstücke, den Knoblauch und die Oliven darin verteilen. Mit 1 Prise gehackter Petersilie bestreuen, dann salzen und pfeffern. Mit den Fischfilets belegen, mit dem restlichen Olivenöl beträufeln, den Weißwein darüber gießen und mit der restlichen Petersilie bestreuen.

4 Die Fischfilets im heißen Backofen 6–8 Minuten garen, dabei ab und zu mit dem Kochsud begießen. Aus dem Ofen nehmen, auf einem Teller anrichten und heiß servieren.

Acciughe con il finocchio
Sardellen mit Fenchelsamen

🎩 **einfach**
🕒 **30 Minuten**
200 kcal/840 kJ

Zutaten

12 große Sardellen · 3 Knoblauchzehen
4 EL Olivenöl · Salz · Pfeffer
1 EL Fenchelsamen
100 ml trockener Weißwein

1 Die Sardellen vorbereiten: waschen, die Bauchhöhlen aufschneiden und die Eingeweide entfernen. Die Fische aufklappen, ohne die Haut am Rücken zu trennen, anschießend die Gräten und die Köpfe entfernen.

2 Die Knoblauchzehen schälen, fein hacken und in einer großen Pfanne im heißen Olivenöl hell anschwitzen. Die vorbereiteten Sardellen in 1 Lage in die Pfanne geben, salzen, pfeffern und mit den Fenchelsamen bestreuen.

3 Die Sardellen einige Minuten garen, den Wein darüber gießen, vorsichtig wenden und noch einen Moment auf dem Herd lassen. Auf einem Servierteller anrichten, den Kochsud darüber schöpfen und sofort servieren.

Bocconcini di cernia al pomodoro
Zackenbarsch-Häppchen in Tomatensauce

mittelschwer
40 Minuten
285 kcal/1197 kJ

Zutaten

1 Zackenbarsch (etwa 800 g)
Salz · Pfeffer
400 g reife, feste Tomaten
2 Schalotten
1 Bund Basilikum
1 gelbe Paprikaschote
6 EL Olivenöl

1 Den Zackenbarsch vorbereiten. Dazu den Kopf und die Eingeweide entfernen. Den Fisch schuppen, in kleine Stücke schneiden, waschen und trockentupfen. Anschließend mit 1 Prise Salz und etwas frisch gemahlenem Pfeffer bestreuen. Die Tomaten blanchieren, häuten, die Samen entfernen, die Flüssigkeit abtropfen lassen und das Fruchtfleisch grob zerkleinern. Die Schalotten schälen und fein hacken. Das Basilikum waschen, ausschütteln und klein zupfen. Die Paprikaschote von Samen und Stegen befreien, waschen, trockentupfen und klein schneiden.

2 In einer beschichteten Pfanne 2 Esslöffel Olivenöl erhitzen und die Fischstücke darin rundherum anbraten. Die Fischstücke abtropfen lassen und beiseite stellen. 3 Esslöffel Olivenöl in eine zweite Pfanne geben und die gehackten Schalotten andünsten. Die Tomatenstücke und etwas Basilikum hinzugeben, salzen, pfeffern und die Sauce bei mäßiger Hitze 10 Minuten köcheln lassen, dabei ab und zu umrühren.

3 In der Zwischenzeit das restliche Olivenöl in der beschichteten Pfanne erhitzen und die Paprikastücke andünsten. Salzen, abtropfen lassen und zu der Tomatensauce geben. Die Fischstücke hinzugeben und weitere 10 Minuten köcheln lassen. Zum Schluss mit den restlichen klein gezupften Basilikumblättern bestreuen. Auf einem großen Teller anrichten und heiß servieren.

Rombo con peperoni e cipolle
Steinbutt mit Paprika und Zwiebeln

einfach
40 Minuten
235 kcal/987 kJ

Zutaten

2 Paprikaschoten
1 Zwiebel
1 Knoblauchzehe
1 Thymianzweig
5 EL Olivenöl
4 küchenfertige Steinbuttfilets
(insgesamt 500 g)
Salz · Pfeffer

1 Die Paprikaschoten von Samen und Stegen befreien, waschen und in Streifen schneiden. Die Zwiebel und die Knoblauchzehe schälen und waschen. Die Zwiebel in dünne Ringe schneiden und den Knoblauch leicht zerdrücken. Den Thymian waschen, vorsichtig mit einem Küchentuch trockentupfen und die Blätter fein hacken.

2 In eine große Pfanne 3 Esslöffel Olivenöl geben, die Zwiebelringe und den Knoblauch hinzufügen und andünsten. Die Paprikastreifen hinzugeben und unter gelegentlichem Rühren bei mäßiger Hitze 15 Minuten mitgaren. Danach nur die Paprikastreifen – nicht den Knoblauch – in eine feuerfeste Form geben. Die Steinbuttfilets darüber anordnen, mit dem restlichen Öl bepinseln, mit dem gehackten Thymian bestreuen, salzen und pfeffern.

3 Die Form in den auf 200 °C vorgeheizten Backofen schieben und die Fischfilets etwa 8 Minuten garen. Aus dem Ofen nehmen, jedes Filet längs halbieren, auf 4 Tellern anrichten und mit den Paprikaschoten heiß servieren.

Involtini al basilico
Fischrouladen mit Basilikum

🎩 **mittelschwer**
🕐 **45 Minuten**
240 kcal/1008 kJ

Zutaten

4 Schwertfischscheiben
2 Bund Basilikum
1 Bund Petersilie
50 g entsteinte grüne Oliven
1 EL Semmelbrösel
Olivenöl
200 g reife, feste Tomaten
Salz · Pfeffer

1 Zwei Lagen Küchenpapier anfeuchten, die Fischscheiben darauf legen und leicht flach klopfen. Die Fischscheiben auf eine Größe zurechtschneiden und die abgeschnittenen Ränder aufbewahren. Das Basilikum und die Petersilie waschen, ausschütteln und mit den Oliven und den Fischresten fein hacken. Alles in eine Schüssel geben und so viel Semmelbrösel und Olivenöl untermengen, dass eine weiche und homogene Masse entsteht. Die Tomaten blanchieren, häuten, die Samen entfernen, die Flüssigkeit abtropfen lassen und das Fruchtfleisch grob zerkleinern.

2 Die vorbereitete Mischung in kleinen Häufchen auf den Fischscheiben verteilen und diese aufrollen. Jeweils mit einem Holzstäbchen feststecken. 3 Esslöffel Olivenöl in einer Pfanne erhitzen, die Fischrouladen darin bei starker Hitze anbraten und von allen Seiten leicht bräunen. Mit 1 Prise Salz und etwas frisch gemahlenem Pfeffer würzen.

3 Die fertigen Rouladen aus der Pfanne nehmen und dann darin die Tomatenstücke 5–6 Minuten garen. Die Rouladen anschließend wieder hinzugeben, kurz durchziehen lassen und sofort servieren.

Orate alle olive
Goldbrassen mit Oliven

🎩 **mittelschwer**
🕐 **45 Minuten**
235 kcal/987 kJ

Zutaten

2 Goldbrassen (à 400 g)
1/2 Zwiebel
1 Knoblauchzehe
1 Bund Petersilie
70 g schwarze Oliven
250 g Cocktailtomaten
5 EL Olivenöl · Salz · Pfeffer
3 EL trockener Weißwein

1 Die Goldbrassen schuppen, ausnehmen und gründlich waschen. Die Zwiebel und die Knoblauchzehe schälen und waschen. Die Zwiebel in Ringe schneiden und den Knoblauch fein hacken. Die Petersilie waschen, ausschütteln und fein hacken. Die Oliven entsteinen und in Scheiben schneiden. Die Tomaten waschen, trockentupfen und halbieren.

2 In eine feuerfeste Form 2 Esslöffel Olivenöl geben, die Zwiebelringe, die Tomatenstücke, den gehackten Knoblauch und die Olivenscheiben darin anordnen und mit etwas Petersilie bestreuen. Die Fische innen und außen salzen und pfeffern, dann ebenfalls in die Form legen, den Weißwein darüber gießen, mit dem restlichen Olivenöl beträufeln und mit der restlichen Petersilie bestreuen.

3 Die Form in den auf 200 °C vorgeheizten Backofen schieben. Die Fische 20 Minuten garen, dabei ab und zu mit dem Kochsud beschöpfen. Wenn sie gar sind, auf einem großen Teller anrichten, die Sauce rundherum verteilen und heiß servieren.

Seppioline e spinaci
Tintenschnecken mit Spinat

☖ mittelschwer
⏱ 1 Stunde 30 Minuten
215 kcal/903 kJ

Zutaten

800 g Tintenschnecken (Sepiolen)
500 g Spinat · 30 g getrocknete Pilze
1 EL Milch · 1 Zwiebel
2 Selleriestangen
1 kleines Bund Petersilie
einige Basilikumblätter
4 EL Olivenöl · Salz · Pfeffer

1 Die Tintenschnecken unter fließendem Wasser waschen und in schmale Streifen schneiden. Den Spinat mehrmals waschen und gründlich von Erdresten befreien. Die Milch und etwas lauwarmes Wasser in eine kleine Schüssel geben und die getrockneten Pilze darin einweichen.

2 Die Zwiebel schälen, die Selleriestangen, die Petersilie und das Basilikum waschen und alles sehr fein hacken. In eine Pfanne mit heißem Olivenöl geben und andünsten. Anschließend die Pilze ausdrücken und zerkleinern. In die Pfanne geben, mit 1 Prise Salz und etwas frisch gemahlenem Pfeffer würzen und 15 Minuten garen.

3 Den Spinat hinzugeben, einige Minuten dünsten und dann die Tintenschneckenstreifen sowie ½ Tasse lauwarmes Wasser hinzufügen. Mit Salz abschmecken und bei kleiner Hitze zugedeckt köcheln lassen, bis die Tintenschnecken gar sind. Auf einem großen Teller anrichten und servieren.

Scampi rivestiti
Scampi mit Schinken

☖ mittelschwer
⏱ 45 Minuten
285 kcal/1197 kJ

Zutaten

12 Scampi (à 120–130 g)
6 Scheiben milder roher Schinken
5 Zucchini
4 EL Olivenöl
1 Hand voll geröstete Pinienkerne
Salz · Pfeffer

1 Die Köpfe der Scampi abschneiden und die Schwänze schälen. Die Schinkenscheiben längs in 12 lange Streifen schneiden und die Scampischwänze damit umwickeln. 3 Zucchini in der Mitte durchschneiden und dann längs halbieren. Jedes Stück mit einem Löffel aushöhlen und das Fruchtfleisch aufbewahren.

2 Die Zucchinischiffchen in kochendem Salzwasser bissfest garen, in kaltem Wasser abschrecken und trockentupfen. Das Zucchinifruchtfleisch zerkleinern und in einer Pfanne mit 2 Esslöffeln heißem Olivenöl und den übrigen beiden, in kleine Würfel geschnittenen Zucchini anbraten. Die Pinienkerne hinzufügen, salzen und pfeffern.

3 Die Zucchinischiffchen damit füllen und im heißen Backofen erwärmen. Einige geröstete Pinienkerne darauf verteilen. Die Scampi auf dem mit 2 Esslöffeln Olivenöl bepinselten Backblech anordnen und bei 220 °C 4–5 Minuten garen. Abwechselnd mit den Zucchinischiffchen sternförmig auf einem großen Teller anrichten und servieren.

Cannolicchi grigliati
Gegrillte Schwertmuscheln

☐ einfach

⏲ 30 Minuten
  + Einweich- und Marinierzeit
180 kcal/756 kJ

Zutaten

1 kg Schwertmuscheln

1 Knoblauchzehe

1 Bund Petersilie

2 EL Zitronensaft

Salz · Pfeffer

4 EL Olivenöl

1 Die Schwertmuscheln waschen und in einer großen Schüssel in reichlich kaltem Wasser einige Stunden einweichen. Die Knoblauchzehe schälen, waschen und in dünne Scheiben schneiden. Die Petersilie waschen, ausschütteln und fein hacken.

2 Den Zitronensaft in einer kleinen Schüssel mit 1 Prise Salz und etwas frisch gemahlenem Pfeffer verrühren, das Olivenöl, etwas gehackte Petersilie und die Knoblauchscheiben hinzufügen und mit einer Gabel so lange schlagen, bis sich alle Zutaten vermischt haben.

3 Die Schwertmuscheln abgießen, in eine große Pfanne geben und zuge-deckt bei starker Hitze anbraten, damit sie sich öffnen; dabei die Pfanne ab und zu schütteln. Vom Herd nehmen, das Muschelfleisch aus den geöffneten Schalen lösen, von den dunklen Teilen befreien und in eine Schüssel geben. Die Schalen und die Muscheln, die sich nicht geöffnet haben, wegwerfen.

4 Das Muschelfleisch in die Zitronen-Knoblauch-Marinade geben, gut um-rühren und 20–30 Minuten durchziehen lassen, dabei ab und zu umrühren. Eine Grillpfanne erhitzen und das abgetropfte Muschelfleisch portionsweise darin gril-len. Zuletzt mit der restlichen gehackten Petersilie bestreuen und sofort heiß servieren.

Insalata di trota e ceci
Salat mit Forelle und Kichererbsen

☐ einfach

⏲ 3 Stunden 20 Minuten
  + Einweichzeit
335 kcal/1407 kJ

Zutaten

150 g Kichererbsen

1 Lorbeerblatt · 1 Knoblauchzehe

Salz · Pfeffer

150 g gemischter Salat
  (grüner Salat, Radicchio)

1 Selleriestange

250 g geräucherte Forellenfilets

3 EL Zitronensaft · 6 EL Olivenöl

1 Die Kichererbsen mit reichlich kaltem Wasser in einer Schüssel 12 Stunden einweichen. Abgießen, abspülen, in einen Topf geben und mit kaltem Wasser bedecken. Das Lorbeerblatt und die unge-schälte Knoblauchzehe hinzugeben, lang-sam zum Kochen bringen und die Kicher-erbsen etwa 3 Stunden garen. Gegen Ende der Kochzeit salzen, abgießen und abkühlen lassen, bis sie lauwarm sind.

2 In der Zwischenzeit den grünen Salat und den Radicchio waschen, trocken-tupfen und die Blätter klein zupfen. Die Selleriestange von Fäden befreien, wa-schen und in Ringe schneiden. Die Forel-lenfilets in Streifen schneiden. Den Zitro-nensaft in einer kleinen Schüssel mit 1 Prise Salz und etwas frisch gemahlenem Pfeffer verrühren, das Olivenöl in einem dünnen Strahl hinzugießen und mit einer Gabel verschlagen, damit sich alle Zuta-ten gut verbinden.

3 Die Salatblätter, Forellenstreifen und Selleriescheiben in eine Schüssel fül-len und mit der Hälfte der vorbereiteten Sauce beträufeln. Die Kichererbsen mit der restlichen Sauce vermengen, zu dem Salat geben und servieren.

Grigliata mista
Gemischter Grillteller

⬚ mittelschwer
🕐 40 Minuten + Marinierzeit
390 kcal/1638 kJ

Zutaten

1 Bund Petersilie
1 Bund Basilikum
einige Salbeiblätter
1 Rosmarinzweig
2 Goldbrassen (à 600 g)
Salz · Pfeffer
4 große Scampi
4 Lachsscheiben
4 EL Olivenöl
1 Knoblauchzehe

1 Die Petersilie waschen, ausschütteln und fein hacken. Das Basilikum, die Salbeiblätter und den Rosmarin waschen, ausschütteln und grob zerkleinern. Die Goldbrassen schuppen, ausnehmen, sorgfältig waschen und innen mit einigen gehackten Kräutern sowie je 1 Prise Salz und Pfeffer bestreuen.

2 Die Scampi waschen, längs halbieren und die Därme entfernen. Die Lachsscheiben abspülen und mit Küchenpapier trockentupfen. Die Goldbrassen, die Scampi und die Lachsscheiben auf einen tiefen Teller legen.

3 Das Olivenöl, einige gehackte Kräuter, den geschälten und in dünne Schei-ben geschnittenen Knoblauch sowie 1 Prise Salz und Pfeffer in eine Schüssel geben und mit einer Gabel verschlagen, um alle Zutaten gut zu vermengen. Über die Fische gießen und etwa 30 Minuten marinieren, dabei ab und zu wenden.

4 Die Marinade von den Fischen und Scampi abtropfen lassen und diese auf den Grill oder auf einen heißen Stein legen. Die Goldbrasse etwa 15 Minuten braten, dabei nach der Hälfte der Zeit wenden. Die Scampi und die Lachsschei-ben 8 Minuten braten und ebenfalls nach der Hälfte der Zeit wenden. Den Grilltel-ler mit den restlichen Kräutern bestreuen und heiß servieren. Nach Belieben mit gemischtem Salat servieren.

Buridda di pesce al pomodoro
Mittelmeerfische in Tomatensauce

⬚ einfach
🕐 40 Minuten
285 kcal/1197 kJ

Zutaten

1 kg in Scheiben geschnittener Fisch
(Glatthai, Katzenhai)
1 Glas Weißweinessig
1 Glas trockener Weißwein
1 Lorbeerblatt
1 unbehandelte Zitrone · Salz · Pfeffer
300 g reife, feste Tomaten
1 Knoblauchzehe · 4 EL Olivenöl
Zitronenscheiben · Petersilie

1 Die Fischscheiben abspülen und mit Küchenpapier trockentupfen. 1 Liter Wasser in einen Topf geben, den Essig, den Weißwein, das Lorbeerblatt und die gewaschene und in Scheiben geschnitte-ne Zitrone hinzugeben. Zum Kochen bringen und etwa 15 Minuten köcheln lassen. Die Fischscheiben und etwas Salz hinzugeben und bei niedriger Hitze 5 Mi-nuten mitkochen. Abgießen und auf einem Servierteller anrichten.

2 In der Zwischenzeit die Tomaten blanchieren, abtropfen lassen, häuten, die Samen entfernen, die Flüssigkeit ab-tropfen lassen und das Fruchtfleisch grob zerkleinern. Den Knoblauch schälen und fein hacken. Das Olivenöl in einer Pfan-ne erhitzen und den Knoblauch leicht andünsten. Die Tomatenstücke hinzu-fügen, mit 1 Prise Salz und etwas frisch gemahlenem Pfeffer würzen und bei mäßiger Hitze etwa 20 Minuten köcheln lassen, dabei ab und zu umrühren.

3 Die Tomatensauce über die Fisch-scheiben gießen und einige Minuten ruhen lassen. Die Buridda nach Belieben mit Zitronenscheiben und Petersilie deko-rieren und lauwarm oder kalt servieren.

Stoccafisso ai peperoni

Stockfisch mit Paprika

🍳 einfach
🕐 **2 Stunden**
385 kcal/1617 kJ

Zutaten

1 Zwiebel

1 Selleriestange

1 kleines Bund Petersilie

6 EL Olivenöl

1 Knoblauchzehe

1 Prise scharfes Paprikapulver

800 g eingeweichter Stockfisch

400 g Tomatenpüree

1 EL Rosinen

400 g gelbe Paprikaschoten

2 Quitten

Salz

1 Die Zwiebel schälen, die Selleriestange und die Petersilie waschen und alles fein hacken. Mit dem Olivenöl, der geschälten Knoblauchzehe, dem Paprikapulver und dem in Stücke geschnittenen Stockfisch in einen Topf geben und etwa 10 Minuten dünsten. Anschließend das Tomatenpüree hinzugeben und bei niedriger Hitze etwa 1$\frac{1}{2}$ Stunden zugedeckt köcheln lassen. Sollte die Masse zu trocken werden, noch etwas heißes Wasser hinzufügen.

2 In der Zwischenzeit die Rosinen in einer kleinen Schüssel mit lauwarmem Wasser einweichen. Sobald sie weich sind, abgießen und ausdrücken. Die Paprikaschoten waschen, von Stielansätzen, Samen und Stegen befreien und in Streifen schneiden. Die Quitten schälen, vom Kerngehäuse befreien und in dünne Scheiben schneiden. Etwa 30 Minuten vor Ende der Kochzeit die Rosinen, die Paprikastreifen und die Quittenscheiben in den Topf zu dem Stockfisch geben, mit Salz abschmecken, umrühren, den Deckel auflegen und zum Kochen bringen. Heiß servieren.

Gratin di frutti di mare
Meeresfrüchtegratin

♕ **einfach**
🕐 **30 Minuten + Einweichzeit**
310 kcal/1302 kJ

Zutaten

*1,5 kg Meeresfrüchte (Braune Venus-
muscheln, Miesmuscheln, Schwertmuscheln, Venusmuscheln)*

7 EL Olivenöl

2 Knoblauchzehen

3 EL gehackte Petersilie

1 Glas trockener Weißwein

3 gehäufte EL Semmelbrösel

Salz · Pfeffer

1 Alle Muscheln gründlich waschen und einige Stunden in reichlich kaltem Wasser einweichen, dann abgießen. Die Braunen Venusmuscheln und die Miesmuscheln in eine Pfanne geben, 1 Esslöffel Olivenöl, ¹/₂ Knoblauchzehe, etwas gehackte Petersilie sowie ¹/₂ Glas Weißwein hinzufügen und bei starker Hitze zugedeckt dünsten, damit sich die Muscheln öffnen.

2 Die Schwert- und Venusmuscheln in eine zweite Pfanne geben, 1 Esslöffel Olivenöl, ¹/₂ Knoblauchzehe, den restlichen Wein und etwas Petersilie hinzufügen und bei starker Hitze zugedeckt dünsten, dabei die Pfanne ab und zu schütteln. Beide Pfannen vom Herd neh-

men, das Muschelfleisch aus den Schalen lösen und in eine Schüssel geben. Ungeöffnete Muscheln wegwerfen.

3 Die Semmelbrösel in eine Schüssel geben, 1 fein gehackte Knoblauchzehe und die restliche Petersilie hinzufügen, salzen, pfeffern und sämtliche Zutaten mit 4 Esslöffeln Olivenöl verrühren, so dass eine cremige Masse entsteht.

4 Eine feuerfeste Form mit dem restlichen Olivenöl einfetten, die Muscheln darin verteilen und die Semmelbröselmasse darüber anrichten. In dem auf 200 °C vorgeheizten Backofen 4–5 Minuten garen, bis die Oberfläche leicht gratiniert ist. Herausnehmen und servieren.

Scorfano ai porri
Drachenkopf mit Lauchgemüse

♕ **einfach**
🕐 **30 Minuten**
360 kcal/1512 kJ

Zutaten

4 Drachenkopffilets (à 150 g)

4 Lauchstangen

6 EL Olivenöl

Salz · Pfeffer

1 Suppenkelle Fischfond

1 Die Drachenkopffilets gründlich waschen, trockentupfen und beiseite stellen. Die Lauchstangen putzen, von den Wurzeln und den äußeren harten Blättern befreien, sorgfältig waschen und in Ringe schneiden. 4 Esslöffel Olivenöl in eine Pfanne geben, die Lauchringe hinzufügen, kurz dünsten, salzen und pfeffern.

2 Den Fischfond angießen und bei mäßiger Hitze etwa 10 Minuten zuge-

deckt köcheln lassen, dabei ab und zu mit einem Holzlöffel umrühren.

3 In der Zwischenzeit das restliche Olivenöl in einer beschichteten Pfanne erhitzen, die Fischfilets hineingeben und bei starker Hitze 2–3 Minuten anbraten, bis sie leicht gebräunt sind. Salzen, pfeffern und bei mäßiger Hitze zugedeckt 4–5 Minuten weitergaren. Die Drachenkopffilets mit dem Lauchgemüse anrichten und heiß servieren.

Scampi e zucchine al pesto
Scampi mit Zucchini und Pesto

☕ **einfach**
🕐 **30 Minuten**
220 kcal/924 kJ

Zutaten

200 g reife, feste Tomaten
2 Bunde Basilikum
2 Petersilienzweige
1 Knoblauchzehe
20 g Pinienkerne
Olivenöl
16 Scampi
300 g Zucchini
Salz · Pfeffer
1/2 Glas trockener Weißwein

1 Die Tomaten blanchieren, abkühlen lassen, häuten, die Samen entfernen und das Fruchtfleisch grob zerkleinern. In einem Sieb den Fruchtsaft abtropfen lassen. Das Basilikum und die Petersilie waschen, abtropfen lassen und ausschütteln. Die Knoblauchzehe schälen.

2 Für den Pesto die geschälte Knoblauchzehe und die Pinienkerne in einem Mixer grob zerkleinern. Basilikum, Petersilie, 1 Prise Salz und 5 Esslöffel Olivenöl hinzufügen und weiter zerkleinern. Die Masse in eine Schüssel geben, nach und nach weiteres Olivenöl mit einem Holzlöffel unterrühren, bis eine cremige Sauce entsteht. Zum Schluss die zerkleinerten Tomaten unterheben.

3 Die Scampi schälen, von den Därmen befreien, waschen und vorsichtig mit Küchenpapier trockentupfen. Die Zucchini von Stiel- und Blütenansatz befreien, waschen und klein würfeln. Etwa 5 Minuten dampfgaren, dann abgießen und mit dem Pesto vermischen.

4 In einer beschichteten Pfanne 2 Esslöffel Olivenöl erhitzen, die Scampi hinzugeben und bei starker Hitze 2 Minuten anbraten. Mit 1 Prise Salz und etwas Pfeffer würzen, den Weißwein angießen und bei starker Hitze verdampfen lassen. Die Zucchiniwürfel mit dem Pesto auf einem großen Teller anrichten, die Scampi darauf verteilen und sofort heiß servieren.

Pesce spada al salmoriglio
Schwertfisch in würziger Sauce

☕ **einfach**
🕐 **20 Minuten**
400 kcal/1680 kJ

Zutaten

4 Schwertfischscheiben (à 150 g)
1 Bund Petersilie
1 Knoblauchzehe (nach Belieben)
100 ml Olivenöl
Saft von 1 Zitrone
Salz · Pfeffer · 1 TL frischer Oregano

1 Die Schwertfischscheiben sorgfältig waschen und trockentupfen. Eine Grillpfanne auf dem Herd erhitzen, die Fischscheiben hineinlegen und von jeder Seite 2–3 Minuten anbraten.

2 In der Zwischenzeit die Petersilie waschen, ausschütteln und fein hacken. Die Knoblauchzehe schälen und leicht zerdrücken. Mit einer Gabel das Olivenöl in einem kleinen Topf mit 7 Esslöffeln heißem Wasser, dem Zitronensaft, 1 Prise Salz und etwas frisch gemahlenem Pfeffer verschlagen. Zum Schluss den zerdrückten Knoblauch, die gehackte Petersilie und den Oregano vorsichtig unterrühren.

3 Die Sauce im Wasserbad etwa 5 Minuten erhitzen und mit einer Gabel leicht schaumig schlagen. Die Schwertfischscheiben auf einem großen Teller anrichten, die vorbereitete Sauce darauf verteilen und heiß servieren.

Tranci di coda di rospo alla pescatora

Seeteufel mit Kräutern und Gemüse

☐ einfach
🕐 30 Minuten
220 kcal/924 kJ

Zutaten

700 g Seeteufelschwanzstück
Salz · Pfeffer
200 g Champignons
250 g reife, feste Tomaten
1 Schalotte
1 Knoblauchzehe
3 EL Olivenöl
¹/₂ Glas trockener Weißwein
50 g milde schwarze Oliven
1 Bund Petersilie
1 Bund Basilikum

1 Die Seeteufelschwanzstücke waschen, trockentupfen und in 4 gleichgroße Scheiben schneiden. Salzen und pfeffern. Die Champignons putzen, kurz unter fließendem Wasser waschen, trockentupfen und klein schneiden.

2 Die Tomaten blanchieren, häuten, die Samen entfernen, die Flüssigkeit abtropfen lassen und das Fruchtfleisch klein schneiden. Die Schalotte und die Knoblauchzehe schälen und klein hacken. Die Fischscheiben in einer beschichteten Pfanne mit wenig Olivenöl von beiden Seiten anbraten, abtropfen lassen und zwischen 2 Tellern warm halten.

3 Das restliche Olivenöl in die gleiche Pfanne gießen und die Knoblauch- und Schalottenstücke darin glasig dünsten. Die Fischscheiben hinzugeben, den Weißwein darüber gießen und diesen bei starker Hitze verkochen lassen. Die Tomaten- und Champignonstücke hinzufügen und bei mäßiger Hitze etwa 5 Minuten zugedeckt köcheln lassen. 1 Minute vor Ende der Kochzeit die entsteinten Oliven hinzugeben.

4 Die Fischscheiben anschließend abtropfen lassen und auf einem vorgewärmten Servierteller anrichten. Den Kochsud bei starker Hitze etwas einkochen lassen, die gewaschene und gehackte Petersilie und das gewaschene und klein gezupfte Basilikum hinzufügen, umrühren und über den Fisch gießen. Sofort servieren.

Die Seeteufelscheiben in einer beschichteten Pfanne mit etwas Olivenöl anbraten.

Mit dem Weißwein ablöschen und diesen einkochen lassen.

Die Tomatenstücke und die zerkleinerten Champignons hinzufügen.

Trecce di pagello al pomodoro
Meerbrassenzöpfe mit Tomaten

🍴 **aufwändig**
🕐 **30 Minuten**
240 kcal/1008 kJ

Zutaten

4 Meerbrassenfilets (à 150 g)
2 reife, feste Tomaten
4 EL Olivenöl
Salz · Pfeffer
1 Thymianzweig

1 Jedes Meerbrassenfilet längs in 3 Teile schneiden, an einem Ende jedoch nicht ganz durchschneiden, so dass man jeweils 3 Streifen erhält, die noch miteinander verbunden sind. Vorsichtig zu einem Zopf flechten, ohne dass sie auseinander fallen. Die Tomaten blanchieren, abtropfen lassen, häuten, die Samen entfernen, die Flüssigkeit abtropfen lassen und das Fruchtfleisch klein würfeln.

2 Den Backofen auf 200 °C vorheizen. Die Fischzöpfe in eine leicht gefettete feuerfeste Form legen, mit 2 Esslöffeln Olivenöl beträufeln, salzen, pfeffern und im Backofen etwa 8–10 Minuten garen.

3 In der Zwischenzeit das restliche Olivenöl mit dem Thymianzweig in einer Pfanne erhitzen. Die Tomatenwürfel hinzufügen, erwärmen, aber nicht kochen, salzen, pfeffern und auf dem Servierteller anrichten. Die Fischzöpfe aus dem Backofen nehmen, mit einem Pfannenheber aus der Form nehmen und über den Tomaten anordnen. Heiß servieren und nach Belieben gedämpftes Gemüse der Saison dazu reichen.

Jedes Meerbrassenfilet längs in 3 gleiche Teile schneiden und zu einem Zopf flechten.

Die Zöpfe in eine feuerfeste Form legen und mit Olivenöl beträufeln.

Das restliche Olivenöl mit dem Thymianzweig und den Tomatenwürfeln in einer Pfanne erhitzen.

Baccalà alla salernitana
Klippfisch in würziger Sauce

☺ einfach
🕐 45 Minuten
370 kcal/1554 kJ

Zutaten

300 g reife, feste Tomaten

2 in Salz eingelegte Sardellen

1 Zwiebel

1 Schalotte

1 Bund Petersilie

1 Bund Basilikum

6 EL Olivenöl

Salz · Pfeffer

800 g eingeweichter Klippfisch

2 EL Semmelbrösel

50 g schwarze Oliven

20 g Kapern

1 Die Tomaten blanchieren, häuten, die Samen entfernen, die Flüssigkeit abtropfen lassen und das Fruchtfleisch grob zerkleinern. Die Sardellen unter fließendem Wasser waschen, um sie vom Salz zu befreien, entgräten und die Filets beiseite stellen. Die Zwiebel und die Schalotte schälen, waschen und fein hacken. Die Petersilie und das Basilikum waschen, ausschütteln und fein hacken.

2 In einer Pfanne 3 Esslöffel Olivenöl erhitzen, die Zwiebel- und Schalottenstücke andünsten, die Sardellenfilets hinzugeben. Die Pfanne vom Herd nehmen und die Filets zerkleinern. Die Tomatenstücke, etwas Petersilie und Basilikum hinzufügen, salzen, pfeffern und bei mäßiger Hitze unter Rühren 8–10 Minuten köcheln lassen.

3 In der Zwischenzeit den Klippfisch entgräten, waschen, trockentupfen und in Stücke schneiden. In den Semmelbröseln wenden und in einer beschichteten Pfanne im restlichen Olivenöl von beiden Seiten hellbraun anbraten. Abtropfen lassen, zu der vorbereiteten Sauce geben, Oliven und Kapern hinzufügen und 15–20 Minuten weiterköcheln lassen, dabei, wenn nötig, noch etwas heißes Wasser hinzugießen. Den Fisch mit der restlichen Petersilie und dem Basilikum bestreuen und warm servieren.

Dentice al radicchio
Zahnbrassen mit Radicchio

☺ einfach
🕐 30 Minuten
300 kcal/1260 kJ

Zutaten

300 g Radicchio

1 Schalotte

1 Bund Schnittlauch

5 EL Olivenöl

Salz · Pfeffer

¹/₂ Glas trockener Weißwein

600 g Zahnbrassenfilets

2 EL Weißmehl

1 Den Radicchio putzen, von den äußeren, welken Blättern befreien, mehrmals waschen, abtropfen lassen und in breite Streifen schneiden. Die Schalotte schälen, waschen, trockentupfen und fein hacken. Den Schnittlauch waschen, vorsichtig mit Küchenpapier trockentupfen und zerkleinern.

2 In einer Pfanne 3 Esslöffel Olivenöl erhitzen, die gehackte Schalotte kurz darin dünsten, die Radicchiostreifen hinzufügen und unter Rühren 2–3 Minuten dünsten. Salzen und pfeffern, den Weißwein dazugießen und bei starker Hitze einkochen lassen.

3 In der Zwischenzeit die Zahnbrassenfilets sorgfältig waschen, trockentupfen und mit Mehl bestäuben. Das restliche Olivenöl in einer beschichteten Pfanne erhitzen und die Filets darin 7–8 Minuten auf beiden Seiten goldbraun anbraten. Mit 1 Prise Salz und etwas frisch gemahlenem Pfeffer würzen. Die Radicchiostreifen auf dem Servierteller anrichten, die Fischfilets darauf verteilen, mit Schnittlauch bestreuen und sofort servieren.

Sarago con patate e asparagi
Brassen mit Kartoffeln und Spargel

🍴 einfach
🕐 40 Minuten
350 kcal/1470 kJ

Zutaten

300 g Kartoffeln
200 g reife, feste Tomaten
600 g Brassenfilets
1 Bund Spargel
5 EL Olivenöl
Salz · Pfeffer
1 Prise Zucker
1 TL Balsamessig (Balsamico)

1 Die Kartoffeln schälen, klein schneiden, waschen und im Dampfkochtopf garen. Die Tomaten blanchieren, abkühlen lassen, häuten, die Samen entfernen, die Flüssigkeit abtropfen lassen und das Fruchtfleisch würfeln. Die Brassenfilets gründlich waschen und in Stücke schneiden. Den Spargel putzen, von den holzigen Enden befreien, schälen, waschen, klein schneiden und dampfgaren.

2 In eine beschichtete Pfanne 2 Esslöffel Olivenöl geben und die Fischfilets bei starker Hitze 2–3 Minuten anbraten, bis sie auf beiden Seiten leicht gebräunt sind. Mit Salz und Pfeffer würzen. In der Zwischenzeit 1 Esslöffel Olivenöl in einer weiteren beschichteten Pfanne erhitzen, die Tomatenwürfel erwärmen und mit Salz, Pfeffer und 1 Prise Zucker abschmecken.

3 Das restliche Olivenöl in einer großen, niedrigen Pfanne erhitzen. Die Kartoffeln und den Spargel hineingeben und kurz anbraten. Mit 1 Prise Salz und etwas frisch gemahlenem Pfeffer würzen, den Balsamessig dazugießen und unter Rühren 1–2 Minuten köcheln lassen. Die Brassenfilets, die Kartoffeln und den Spargel auf einem vorgewärmten Servierteller anrichten, die Tomatenwürfel darüber verteilen und sofort servieren.

Spiedini di seppie grigliati
Tintenfischspieße vom Grill

🍴 mittelschwer
🕐 45 Minuten
200 kcal/840 kJ

Zutaten

700 g Tintenfische (Sepien)
2 EL Zitronensaft
Salz · Pfeffer
5 EL Olivenöl
8–10 Cocktailtomaten
2 Zucchini

1 Die Tintenfische ausnehmen, von der dünnen äußeren Haut befreien, waschen und klein schneiden. Die Tentakel abschneiden und beiseite legen. Die Augen und Kauwerkzeuge entfernen. Den Zitronensaft in einer kleinen Schüssel mit 1 Prise Salz und etwas Pfeffer verrühren, das Olivenöl hinzufügen und mit einer Gabel schaumig schlagen.

2 Die Tintenfischstücke und die Tentakel in eine Schüssel geben, mit der vorbereiteten Sauce beträufeln und verrühren. Anschließend 10–12 Minuten marinieren. In der Zwischenzeit die Cocktailtomaten waschen und trockentupfen, die Zucchini von Stiel- und Blütenansatz befreien, waschen, trockentupfen und in dicke Scheiben schneiden.

3 Auf jeden Spieß abwechselnd Tintenfischstücke, Zucchinischeiben, Tentakel und Cocktailtomaten schieben. In einer heißen Grillpfanne die vorbereiteten Spieße etwa 4 Minuten braten, dabei ab und zu wenden, damit sie gleichmäßig braun werden. Auf einem großen Teller anrichten und heiß servieren.

Alici ripiene di spinaci
Sardellen mit Spinatfüllung

🍳 mittelschwer
🕐 50 Minuten
315 kcal/1323 kJ

Zutaten

12 Sardellen
2 Knoblauchzehen
1 Bund Petersilie
800 g Spinat
6 EL Olivenöl
Salz · Pfeffer
Semmelbrösel

1 Die Sardellen waschen, an den Bäuchen aufschneiden, dabei die Rücken nicht durchtrennen. Die Köpfe abschneiden und die Mittelgräten entfernen. Die Knoblauchzehen schälen, vom Mitteltrieb befreien und fein hacken. Die Petersilie waschen, ausschütteln und fein hacken. Den Spinat putzen und mehrmals waschen, in Salzwasser 4 Minuten garen, abgießen, ausdrücken und grob hacken.

2 In einer Pfanne 4 Esslöffel Olivenöl erhitzen, eine gehackte Knoblauchzehe hineingeben und hell andünsten. Den Spinat, etwas gehackte Petersilie,

Salz und Pfeffer hinzufügen und einige Minuten durchziehen lassen, dabei ab und zu mit einem Holzlöffel umrühren. Die Pfanne vom Herd nehmen.

3 In einer leicht eingefetteten feuerfesten Form etwas Spinat verteilen. Jede Sardelle mit 1 Gabel Spinat füllen, zuklappen und dicht nebeneinander in die Form setzen. Semmelbrösel mit der Petersilie und dem restlichen Knoblauch vermengen, über die Sardellen streuen und mit Öl beträufeln. In dem auf 200 °C vorgeheizten Backofen 15–20 Minuten garen. Herausnehmen und servieren.

Timballo di alici e scarola
Gebackene Sardellen mit Endivie

🍳 einfach
🕐 45 Minuten
300 kcal/1260 kJ

Zutaten

1,6 kg Endiviensalat
800 g Sardellen
2 Knoblauchzehen
5 EL Olivenöl
Salz · Pfeffer

1 Den Salat waschen und zerkleinern. Die Sardellen ausnehmen und die Köpfe abschneiden. An den Bäuchen aufschneiden und gründlich waschen. Die Knoblauchzehen schälen und fein hacken. Den Backofen auf 200 °C vorheizen. Eine feuerfeste Form mit dem Olivenöl einfetten, jeweils 1 Schicht Salatblätter und 1 Schicht Sardellen darin anordnen. Mit etwas gehacktem Knob-

lauch bestreuen, salzen, pfeffern und etwas Olivenöl in einem dünnen Strahl darüber gießen.

2 So fortfahren, bis alle Zutaten aufgebraucht sind. Über die letzte Sardellenschicht Knoblauch, Salz, Pfeffer und das restliche Olivenöl geben. Im Backofen 20 Minuten garen, bis der Salat weich ist. In der feuerfesten Form servieren.

Tonno alla siciliana
Thunfisch auf sizilianische Art

🍳 **mittelschwer**

🕐 **40 Minuten + Marinierzeit**

465 kcal/1953 kJ

Zutaten

1 Scheibe frischer Thunfisch (etwa 700 g)

1 Prise Gewürzmischung

Salz · Pfeffer

trockener Weißwein nach Belieben

1 Rosmarinzweig

1 Knoblauchzehe

6 EL Olivenöl

3 EL Semmelbrösel

4 in Salz eingelegte Sardellen

Saft von 1 Zitrone

1 Die Thunfischscheibe waschen, trockentupfen, in eine Schüssel legen und mit 1 Prise Gewürzmischung, etwas Salz und einer kräftigen Prise frisch gemahlenem Pfeffer bestreuen. Den Weißwein über den Fisch gießen, so dass er davon bedeckt ist, und etwa 2 Stunden marinieren. Inzwischen die Rosmarinblätter mit dem Knoblauch fein hacken. Die Marinade von der Thunfischscheibe abtropfen lassen und diese mit einem spitzen Messer einschneiden. Die Knoblauch-Rosmarin-Mischung in diese Einschnitte füllen.

2 Den Thunfisch mit 2 Esslöffeln Olivenöl bestreichen, eine Pfanne bei starker Hitze erhitzen, die Fischscheibe hineingeben und von allen Seiten anbraten. Sobald sie Farbe angenommen hat, gleichmäßig mit den Semmelbröseln bestreuen und bei mäßiger Hitze weiterbraten, damit sie auch innen gar wird. Falls nötig, gelegentlich mit der Marinade benetzen.

3 Die Sardellen waschen und entgräten. Wenn der Thunfisch fast fertig ist, das restliche Öl mit den Sardellen bei mittlerer Hitze erwärmen und so lange bei niedriger Hitze rühren, bis die Sardellen zerfallen. Den Thunfisch auf einem vorgewärmten Servierteller arrangieren. Den Zitronensaft filtern, zu der Sardellenmasse geben, gut vermengen und über den Thunfisch gießen. Sofort heiß servieren.

Die Thunfischscheibe von allen Seiten anbraten und anschließend mit den Semmelbröseln bestreuen.

Kurz vor dem Servieren die Sardellensauce über den Thunfisch gießen.

Sardine al pomodoro
Sardinen mit Tomaten

👨‍🍳 **mittelschwer**
🕐 **40 Minuten**
245 kcal/1029 kJ

Zutaten

600 g Tomaten
600–700 g Sardinen
Olivenöl
Salz
Oregano

1 Die Tomaten in einem großen Topf mit kochendem Wasser blanchieren, abtropfen lassen, häuten, die Samen entfernen, die Flüssigkeit abtropfen lassen und das Fruchtfleisch grob zerkleinern. Die Sardinen vorbereiten. Dazu die Köpfe abschneiden, die Mittelgräten und die Eingeweide entfernen. Die Fische gründlich waschen und mit Küchenpapier sorgfältig trockentupfen.

2 Jeweils 2 Sardinen mit den Innenseiten zu einem «Päckchen» aufeinander legen. Eine feuerfeste Form mit 2 Esslöffeln Olivenöl einpinseln und die Sardinenpäckchen nebeneinander hineinlegen. Die Tomaten darüber geben, mit 1 Prise Salz und reichlich Oregano würzen. Mit Olivenöl beträufeln und im vorgeheizten Backofen bei 200 °C etwa 20 Minuten garen. Herausnehmen und nach Belieben heiß oder lauwarm in der feuerfesten Form servieren.

Vongole veraci alla cipolla
Kreuzmuster-Teppichmuscheln mit Zwiebeln

🍽 einfach
🕐 30 Minuten + Ruhezeit
105 kcal/441 kJ

Zutaten

600 g Kreuzmuster-Teppichmuscheln
Salz
3 EL Olivenöl
2 Zwiebeln
1 TL edelsüßes Paprikapulver
100 ml trockener Sherry
Weißbrotscheiben (nach Belieben)

1 Die Muscheln einige Stunden in kaltem Salzwasser einweichen, dabei das Wasser mehrmals wechseln. Abtropfen lassen, in eine Pfanne mit 1 Esslöffel heißem Olivenöl geben und bei starker Hitze anbraten, damit sie sich öffnen. Die geschlossenen Muscheln wegwerfen und den Muschelsud durchsieben.

2 Die Zwiebeln schälen, waschen, trockentupfen und in breite Ringe schneiden. Das restliche Olivenöl in eine Pfanne geben, die Zwiebelringe hinzufügen, salzen, einige Minuten durchziehen lassen, dann mit Paprikapulver würzen, den Sherry angießen und 10 Minuten köcheln lassen. Zum Schluss den Muschelsud angießen und weitere 10 Minuten köcheln lassen.

3 Nun die Muscheln mit oder ohne Schalen hinzugeben, einige Minuten durchziehen lassen und anschließend mit den Zwiebelringen auf einem großen Teller anrichten. Nach Belieben mit Weißbrotscheiben servieren, die vorher leicht mit Knoblauch eingerieben und geröstet wurden.

Cefali in salsa di pomodoro
Meeräschen in Tomatensauce

🍽 mittelschwer
🕐 45 Minuten + Ruhezeit
230 kcal/966 kJ

Zutaten

2 Meeräschen (à 500 g)
200 ml Weißweinessig
400 ml Tomatenpüree
1 EL Olivenöl
2 Knoblauchzehen
1 Hand voll Minzeblätter
25 g Kapern
Salz · Pfeffer

1 Die Meeräschen schuppen, von den Eingeweiden befreien und sorgfältig waschen. In einem ovalen Topf Wasser mit dem Weißweinessig zum Kochen bringen, die Meeräschen hineingeben und bei niedriger Hitze kochen, bis die Augen milchig-weiß hervortreten. Abgießen, sorgfältig entgräten und auch die feineren Gräten entfernen. Die Filets auf einem Servierteller anrichten und warm stellen.

2 Das Tomatenpüree in einer Pfanne bei mäßiger Hitze eindicken lassen. Das Olivenöl, die gehackten Knoblauchzehen, die Minzeblätter und die Kapern hinzufügen. Salzen und mit frisch gemahlenem Pfeffer bestreuen. Bei niedriger Hitze noch 5 Minuten köcheln lassen und mit einem Holzlöffel gut umrühren. Die Pfanne vom Herd nehmen und die Sauce über die Fische gießen. Einige Minuten durchziehen lassen und servieren.

Pesce spada con vongole veraci
Schwertfisch mit Kreuzmuster-Teppichmuscheln

🍳 mittelschwer
🕐 40 Minuten + Einweichzeit
205 kcal/861 kJ

Zutaten

600 g Kreuzmuster-Teppichmuscheln
1 Knoblauchzehe
1 Bund Petersilie
1 Glas trockener Weißwein
3 EL Olivenöl
1 Frühlingszwiebel
1 Schwertfischscheibe (etwa 400 g)
Salz · Pfeffer

1 Die Muscheln waschen und einige Stunden in einer Schüssel mit kaltem Salzwasser einweichen. Die Knoblauchzehe schälen und leicht zerdrücken. Die Petersilie waschen und fein hacken. Die Muscheln abgießen, in eine Pfanne geben, den Knoblauch, ½ Glas Weißwein, 1 Esslöffel Olivenöl und etwas gehackte Petersilie hinzufügen und die Muscheln bei starker Hitze anbraten, bis sie sich öffnen, dabei die Pfanne ab und zu vorsichtig schütteln.

2 Die Pfanne vom Herd nehmen, das Muschelfleisch aus den Schalen lösen und in eine Schüssel geben. Die Schalen und nicht geöffneten Muscheln wegwerfen, den Muschelsud filtern und beiseite stellen. In der Zwischenzeit die Frühlingszwiebel von den Wurzeln und den harten äußeren Blättern befreien, waschen und klein schneiden.

3 Den Backofen auf 200 °C vorheizen. Eine feuerfeste Form mit dem restlichen Olivenöl einfetten und die Frühlingszwiebelstücke darin verteilen. Die Schwertfischscheibe waschen, trockentupfen, salzen, pfeffern, in die Form legen und den restlichen Weißwein darüber gießen. Mit Alufolie abdecken und im Backofen 10–12 Minuten garen.

4 Die Fischscheibe aus der Form nehmen, abtropfen lassen und warm stellen. Den Kochsud in eine kleine Pfanne geben, erhitzen und bis auf die Hälfte einkochen lassen. Den aufbewahrten Muschelsud und die Muscheln hinzugeben und erhitzen. Abschließend mit der restlichen Petersilie bestreuen. Den Fisch schräg in ½ Zentimeter dicke Scheiben schneiden, auf einem großen Teller anrichten, die Sauce und die Muscheln darüber verteilen und sofort servieren.

Pagelli aromatici
Meerbrassen in Kräutersauce

🍳 mittelschwer
🕐 40 Minuten
180 kcal/756 kJ

Zutaten

2 Meerbrassen (à 450 g)
200 g reife, feste Tomaten
½ Zwiebel · ½ Knoblauchzehe
gemischte Kräuter (Basilikum, Petersilie,
   Schnittlauch, Kerbel)
3 EL Olivenöl · ½ Glas trockener Weißwein
Salz · Pfeffer

1 Die Meerbrassen schuppen, von den Eingeweiden befreien, waschen, mit Küchenpapier trockentupfen und die Filets herausschneiden. Die Tomaten blanchieren, abkühlen lassen, häuten, die Samen entfernen, die Flüssigkeit abtropfen lassen und das Fruchtfleisch grob zerkleinern. Die Zwiebel schälen, waschen und fein hacken, den Knoblauch schälen, vom Mitteltrieb befreien, waschen und leicht zerdrücken. Die Kräuter waschen, ausschütteln und ebenfalls fein hacken.

2 Den Backofen auf 200 °C vorheizen. Das Olivenöl in eine feuerfeste Form gießen, die Tomaten-, Knoblauch- und Zwiebelstücke sowie den Weißwein hineingeben, die vorbereiteten Fischfilets darüber verteilen, salzen, pfeffern und im Backofen etwa 15 Minuten garen. Herausnehmen, die Fischfilets mit den gehackten Kräutern bestreuen und noch 2–3 Minuten im Ofen weitergaren. Die Filets auf einem großen Teller anrichten, die Sauce darüber gießen und servieren.

Cozze al limone
Miesmuscheln mit Zitrone

♥ einfach
🕐 30 Minuten
75 kcal/315 kJ

Zutaten

1 kg fangfrische Miesmuscheln
3 unbehandelte Zitronen
1 Kopf Romana-Salat · Pfeffer

1 Die Miesmuscheln unter fließendem Wasser waschen und gut abbürsten, um alle Schmutzrückstände zu entfernen. Etwa 15 Minuten in eine Schüssel mit kaltem Wasser und dem Saft von 1 Zitrone legen. Abtropfen lassen und die Muschelhälften mit einem Messer öffnen. Das Muschelfleisch lösen, jedoch in der Schale lassen. Die leeren Schalenhälften und ungeöffnete Muscheln wegwerfen.

2 Die Salatblätter waschen, abtropfen lassen, vorsichtig mit Küchenpapier trockentupfen und auf einem Servierteller anrichten. Die restlichen Zitronen waschen und achteln. Die Miesmuscheln auf den Salatblättern verteilen, mit den Zitronenachteln dekorieren und dann servieren. Ganz nach Belieben noch mit Zitronensaft beträufeln und mit etwas Pfeffer würzen.

Granseola al limone
Seespinne mit Zitrone

♥ mittelschwer
🕐 40 Minuten
185 kcal/777 kJ

Zutaten

4 Seespinnen
Salz
1 Bund Petersilie
Saft von 1 Zitrone
4 EL Olivenöl

1 Die Seespinnen gründlich abbürsten und sorgfältig waschen. Reichlich Wasser in einem Topf zum Kochen bringen, salzen, die Seespinnen hineingeben und 10–12 Minuten kochen. Abgießen, abkühlen lassen und anschließend den unteren Teil unterhalb der Augen von der Schale abtrennen.

2 Das Fleisch, auch aus den Beinen, mit einer Pinzette herauslösen, zerkleinern und in eine Schüssel geben. Die Panzer beiseite legen. Die Petersilie waschen, ausschütteln und fein hacken.

3 Den Zitronensaft in einer Schüssel mit 1 Prise Salz verrühren, das Olivenöl hinzugeben und mit einer Gabel verschlagen, bis eine homogene Sauce entsteht. Zum Schluß die gehackte Petersilie unterrühren. Das Seespinnenfleisch mit der vorbereiteten Sauce mischen, die Masse in die Panzer verteilen und servieren.

Storione ai cipollotti
Stör mit Frühlingszwiebeln

☕ **einfach**
🕐 **30 Minuten**
230 kcal/966 kJ

Zutaten

8 Störscheiben (à 100 g)
Salz, weißer Pfeffer
300 g reife, feste Tomaten
600 g Frühlingszwiebeln
4 EL Olivenöl
1 frischer Thymianzweig
100 ml trockener Weißwein

1 Die Störscheiben waschen, gut abtrocknen, mit 1 Prise Salz und etwas frisch gemahlenem weißen Pfeffer bestreuen und an einem kühlen Ort ruhen lassen. Die Tomaten blanchieren, abkühlen lassen, häuten, die Samen entfernen, die Flüssigkeit abtropfen lassen und das Fruchtfleisch klein würfeln. Salzen, pfeffern, in eine Schüssel geben und ebenfalls an einem kühlen Ort aufbewahren.

2 Die Frühlingszwiebeln putzen, von den Wurzeln und den äußeren harten Blättern befreien, waschen und in Ringe schneiden. 2 Esslöffel Olivenöl in einer Pfanne erhitzen, die Frühlingszwiebelringe und den Thymianzweig hinzugeben, salzen, pfeffern und bei mäßiger Hitze etwa 5 Minuten garen, dabei gelegentlich umrühren. Die Störscheiben darauf legen, mit dem Weißwein benetzen und bei starker Hitze 5 Minuten zugedeckt kochen, dabei die Pfanne ab und zu schütteln.

3 Die Tomatenwürfel hinzufügen, etwa 3 Minuten bei starker Hitze kochen, das restliche Olivenöl hinzugießen und bei starker Hitze ohne Deckel weitere 5 Minuten kochen. Auf einem großen Teller anrichten und heiß servieren.

Carpaccio di orata con olive
Goldbrassen-Carpaccio mit Oliven

☕ **mittelschwer**
🕐 **30 Minuten + Ruhezeit**
205 kcal/861 kJ

Zutaten

1 Goldbrasse (etwa 500 g)
50 g Kresse
30 g entsteinte schwarze Oliven
Salz, weißer Pfeffer
Saft von ¹/₂ Zitrone
5 EL Olivenöl
1 TL körniger Senf

1 Die Goldbrasse schuppen, ausnehmen und die Filets herausschneiden. Waschen, trockentupfen und in den Kühlschrank stellen, bis sie sehr kalt sind. Anschließend mit einem scharfen Messer quer in schräge, hauchfeine Scheiben schneiden, dabei die Haut entfernen. Auf einem Servierteller anrichten, jedoch nicht übereinander legen. Mit Frischhaltefolie abdecken und erneut in den Kühlschrank stellen.

2 In der Zwischenzeit die Kresse waschen, dann trockentupfen und fein hacken. Die Oliven in Scheiben schneiden. In einer kleinen Schüssel 1 Prise Salz und etwas frisch gemahlenen Pfeffer mit dem Zitronensaft verrühren. Das Olivenöl in einem dünnen Strahl hinzugießen und alle Zutaten mit einer Gabel verschlagen, bis sie gut vermischt sind. Zum Schluss den Senf unterrühren.

3 Die Kresse und die Oliven auf den Goldbrassenscheiben verteilen und mit der vorbereiteten Senfsauce beträufeln. Den Carpaccio vor dem Servieren mindestens 15 Minuten kühl stellen.

Pesce spada con le cozze
Schwertfisch mit Miesmuscheln

👨‍🍳 **einfach**
🕐 **40 Minuten**
295 kcal/1239 kJ

Zutaten

1 Knoblauchzehe
600 g Schwertfischscheiben
500 g Miesmuscheln
4 EL Olivenöl
200 g Tomatenfruchtfleisch
Salz · Pfeffer

1 Die Knoblauchzehe schälen und fein hacken. Die Haut von den Schwertfischscheiben abziehen. Die Miesmuscheln unter fließendem Wasser waschen, die Schalen abbürsten, um sie von möglichen Schmutzresten zu befreien, und die Bärte entfernen.

2 Das Olivenöl in einer großen Pfanne erhitzen und darin den gehackten Knoblauch hell dünsten. Die Fischscheiben hinzufügen, jeweils einige Minuten durchziehen lassen, anschließend entfernen und zwischen 2 Tellern warm halten.

3 Das Tomatenfruchtfleisch in die gleiche Pfanne geben. Nach einigen Mi-nuten auch die Muscheln hinzufügen und kochen, bis sie sich öffnen. Anschließend abtropfen lassen. Ungeöffnete Muscheln wegwerfen. Das Tomatenfruchtfleisch mit dem Muschelsud vermengen, die Fischscheiben wieder hineingeben und noch 5 Minuten durchziehen lassen. In der Zwischenzeit das Muschelfleisch aus den Schalen lösen, aber 8 große Muscheln mit der Schale aufbewahren.

4 Sobald die Fischscheiben gar sind, auf einem Servierteller anrichten, den Muschelsud darüber gießen, die Muscheln ohne Schalen rundum anordnen, diejenigen mit Schalen als Dekoration obenauf setzen und servieren.

Naselli alle acciughe
Seehecht mit Sardellen

👨‍🍳 **mittelschwer**
🕐 **40 Minuten**
220 kcal/924 kJ

Zutaten

2 Seehechte (à 500 g)
6 Cocktailtomaten
2 in Salz eingelegte Sardellen
1 Knoblauchzehe
3 EL Olivenöl
4 EL trockener Weißwein
Salz · Pfeffer

1 Die Seehechte ausnehmen, aufklappen, die Köpfe abschneiden und die Mittelgräten entfernen. Waschen und mit Küchenpapier trockentupfen. Die Cocktailtomaten waschen und vierteln. Die Knoblauchzehe schälen. Die Sardellen unter fließendem Wasser vom Salz befreien, anschließend entgräten und zusammen mit dem Knoblauch fein hacken.

2 Den Backofen auf 200 °C vorheizen. Eine feuerfeste Form mit 1 Esslöffel Olivenöl einfetten und die Seehechtfilets hineinlegen. Die Tomatenviertel darauf verteilen, mit dem Weißwein beträufeln, salzen, pfeffern und im heißen Backofen 20 Minuten garen, dabei nach der Hälfte der Zeit einmal wenden.

3 In der Zwischenzeit das restliche Olivenöl in eine kleine Pfanne geben, die Knoblauch- und Sardellenstücke hinzufügen, bei kleinster Hitze unter ständigem Umrühren erwärmen, so dass der Knoblauch nicht braun wird. 1 Minute garen. Die Fischfilets aus dem Backofen nehmen, die Sauce darüber gießen und in der feuerfesten Form servieren.

Insalata mediterranea
Mediterraner Salat

🍳 **mittelschwer**
🕐 **40 Minuten**
395 kcal/1659 kJ

Zutaten

400 g kleine Kalmare
4 Salattomaten
200 g Kopfsalat
250 g Mozzarella
4 EL Olivenöl
2 EL Weißweinessig
Salz · Pfeffer
100 g entsteinte schwarze Oliven

1 Die Kalmare vorbereiten: vom Knorpel, den Augen und den Kauwerkzeugen befreien, waschen und wenige Minuten in sprudelnd kochendem Salzwasser garen. Abgießen, abkühlen lassen und in Ringe schneiden. Die Salattomaten waschen, abtrocknen und in dünne Scheiben schneiden. Den Kopfsalat von welken Blättern befreien, waschen und in sehr schmale Streifen schneiden. Den Mozzarella klein würfeln.

2 Das Olivenöl, den Weißweinessig, 1 Prise Salz und etwas frisch gemahlenen Pfeffer in eine kleine Schüssel geben und alle Zutaten mit einer Gabel verschlagen, bis sie sich zu einer homogenen Sauce vermischt haben. Die Tomatenscheiben, die Kopfsalatstreifen, die Oliven und die Mozzarellawürfel in eine Salatschüssel geben, mit der vorbereiteten Sauce beträufeln, gut umrühren und servieren.

Rombo con pomodori e kiwi
Steinbutt mit Tomaten und Kiwi

🍳 **einfach**
🕐 **40 Minuten**
200 kcal/840 kJ

Zutaten

¹/₂ Selleriestange
¹/₂ Möhre · ¹/₂ Zwiebel
200 ml trockener Weißwein
1 Petersilienzweig · 1 Thymianzweig
1 Lorbeerblatt · Salz · Pfefferkörner
400 g Steinbuttfilets
200 g reife, feste Tomaten
2 Kiwis
1 Bund Basilikum
2 EL Zitronensaft
5 EL Olivenöl

1 Die Selleriestange von den Fäden befreien, die Möhre schaben, die Zwiebel schälen, alles waschen und in Scheiben schneiden. Das Gemüse zusammen mit 1 Liter Wasser und dem Weißwein in einen Topf geben. Die gewaschene Petersilie, den Thymianzweig, das Lorbeerblatt und einige Pfefferkörner hinzufügen.

2 Zum Kochen bringen, salzen und 15 Minuten leicht kochen lassen. Die Steinbuttfilets waschen, mit Küchenpapier trockentupfen, zu dem Gemüse geben und bei mäßiger Hitze 3 Minuten mitkochen. Anschließend herausnehmen, abkühlen lassen und in kleine Stücke schneiden. Die Tomaten waschen, abtrocknen und achteln. Die Kiwis schälen und in Scheiben schneiden. Das Basilikum waschen, ausschütteln und die Blätter in Streifen schneiden.

3 Den Zitronensaft in einer Schüssel mit 1 Prise Salz und frisch gemahlenem Pfeffer verrühren. Das Olivenöl in einem dünnen Strahl hinzugießen und alle Zutaten mit einer Gabel verschlagen, bis sie sich zu einer Sauce vermischt haben.

4 Die Tomatenachtel und Kiwischeiben in eine Schüssel geben und die Hälfte der vorbereiteten Sauce hinzufügen. Die Steinbuttstücke mit der restlichen Sauce vermischen, ebenfalls in die Schüssel geben, mit den Basilikumstreifen bestreuen und servieren.

Nasellini in umido bianco
Seehechte in heller Sauce

♙ mittelschwer
🕐 40 Minuten
260 kcal/1092 kJ

Zutaten

100 ml Fischfond oder Gemüsebrühe
8 kleine Seehechte
2 Frühlingszwiebeln
4 EL Olivenöl
1 TL eingelegter rosa Pfeffer
1 TL Fenchelsamen
4 EL trockener Weißwein
Salz

1 Den Fischfond in einen kleinen Topf geben und zum Kochen bringen. Die Seehechte ausnehmen, waschen und mit Küchenpapier trockentupfen. Die Frühlingszwiebeln von den Wurzeln und den äußeren Blättern und dem Grün befreien, waschen und in Ringe schneiden.

2 Das Olivenöl in einer Pfanne erhitzen, die Frühlingszwiebeln hinzugeben und andünsten. Den rosa Pfeffer und die Fenchelsamen unterrühren, kurz durchziehen lassen und dann die Fische hineingeben. Mit dem Weißwein beträufeln und

1 Minute weitergaren lassen. Den heißen Fischfond hinzufügen, den Deckel auflegen und bei mittlerer Hitze 15 Minuten köcheln lassen, dabei nach der Hälfte der Zeit die Fische einmal wenden.

3 Die Seehechte mit einem Pfannenheber aus der Pfanne nehmen und zwischen 2 Tellern warm halten. Den Kochsud einige Minuten leicht einkochen lassen. In der Zwischenzeit die Fische filetieren und auf einem großen Teller anrichten. Leicht salzen, mit dem Kochsud benetzen und sofort servieren.

Baccalà con salsa di noci
Klippfisch mit Walnusssauce

♙ mittelschwer
🕐 30 Minuten
555 kcal/2331 kJ

Zutaten

800 g eingeweichter Klippfisch
1 kleines Bund Petersilie
200 g Walnusskerne
Salz · Olivenöl

1 Den Klippfisch von der Haut und den Gräten befreien, gut waschen, mit Küchenpapier trockentupfen und in nicht zu große Stücke schneiden. In einen großen Topf geben, mit kaltem Wasser bedecken, zum Kochen bringen und anschließend 10 Minuten köcheln lassen. Abgießen und auf einem Servierteller anrichten.

2 Die Petersilie gut waschen und mit Küchenpapier trockentupfen. Zusammen mit den Walnusskernen und 1 Prise Salz im Mörser zerkleinern. Unter ständigem Rühren so viel Olivenöl in einem dünnen Strahl hinzugießen, dass eine cremige Masse entsteht. Sobald die Sauce fertig ist, über den Klippfisch gießen und servieren.

Aragosta arrosto
Languste aus dem Ofen

🍳 mittelschwer
🕐 40 Minuten
180 kcal/756 kJ

Zutaten

1 Bund Petersilie
1 küchenfertige Languste
4 EL Olivenöl
Saft von 1 Zitrone
2 EL Semmelbrösel
Salz

1 Die Petersilie waschen, ausschütteln und fein hacken. Die Languste waschen und den Panzer am Rücken waagerecht mit einer Schere einschneiden. Das Fleisch vorsichtig herauslösen, so dass es nicht auseinander fällt.

2 Den Backofen auf 200 °C vorheizen. Eine feuerfeste Form leicht einfetten, das Langustenfleisch hineinlegen, mit dem Olivenöl beträufeln und den durch ein feines Sieb passierten Zitronensaft darüber gießen. Mit der gehackten Petersilie sowie den Semmelbröseln bestreuen und salzen.

3 Das Langustenfleisch im Backofen etwa 20 Minuten garen. Aus dem Ofen nehmen, das Langustenfleisch mit einem Pfannenheber aus der Form heben und in Scheiben schneiden. Auf einem Teller anrichten und sofort servieren.

Branzini marinati
Marinierter Wolfsbarsch

🍳 einfach
🕐 40 Minuten + Marinierzeit
205 kcal/861 kJ

Zutaten

2 Wolfsbarsche (à 500 g)
1 Zwiebel
1 kleines Bund Petersilie
4 EL Olivenöl
4 EL trockener Weißwein
1 Dillzweig
Salz

1 Die Fische ausnehmen, schuppen, waschen und mit Küchenpapier trockentupfen. Die Zwiebel schälen, waschen, trockentupfen und in Ringe schneiden. Die Petersilie waschen, ausschütteln und fein hacken.

2 Das Olivenöl, den Weißwein, die Zwiebelringe, den Dillzweig und die gehackte Petersilie in einer Schüssel verrühren. Diese Mischung über die Fische gießen und diese darin wenden, damit sich die Marinade gleichmäßig verteilt. Etwas Dill und einige Zwiebelringe in die Fischbäuche füllen und 2 Stunden marinieren.

3 Den Backofen auf 200 °C vorheizen. 1 Esslöffel Marinade in eine feuerfeste Form gießen, die Fische hineinlegen, leicht salzen und im heißen Backofen 20 Minuten garen, dabei nach der Hälfte der Zeit einmal wenden. Aus dem Ofen nehmen, die Filets heraustrennen, auf einem Teller anrichten, mit dem Kochsud übergießen und servieren.

Baccalà alla trasteverina
Klippfisch nach römischer Art

einfach
45 Minuten
330 kcal/1386 kJ

Zutaten

1 EL Rosinen
1 in Salz eingelegte Sardelle
1 EL in Salz eingelegte Kapern
1 Knoblauchzehe
400 g Zwiebeln
800 g eingeweichter Klippfisch
Weißmehl
5 EL Olivenöl
Salz · Pfeffer
1 EL Pinienkerne
1 EL gehackte Petersilie
Zitronensaft

1 Die Rosinen in einer kleinen Schüssel mit lauwarmem Wasser einweichen. Die Sardelle unter fließendem Wasser gründlich vom Salz befreien und entgräten. Die Kapern abspülen. Die Knoblauchzehe schälen und leicht zerdrücken. Die Zwiebeln schälen und in Ringe schneiden.

2 Den Klippfisch waschen, abtrocknen und klein schneiden. Mit Weißmehl bestäuben, überschüssiges Mehl abklopfen und mit 2 Esslöffeln Olivenöl in einer beschichteten Pfanne anbraten. Wenn die Fischstücke von beiden Seiten goldgelb und knusprig sind, aus der Pfanne nehmen und warm stellen.

3 Den Backofen auf 200 °C vorheizen. Das restliche Öl in die gleiche Pfanne geben und die Knoblauchzehe hell andünsten. Herausnehmen, die Zwiebelringe hineingeben, salzen, pfeffern, zudecken und dünsten. Dann die Kapern, die ausgedrückten Rosinen und die Pinienkerne hinzugeben. Die Pfanne vom Herd nehmen und die Sardelle darin zerdrücken.

4 Den Boden einer feuerfesten Form mit dieser Masse bedecken, die Klippfischstücke darauf verteilen und mit dem Kochsud beträufeln. Einige Minuten im Backofen garen, herausnehmen, mit der gehackten Petersilie bestreuen, mit Zitronensaft beträufeln und sofort servieren.

Involtini di sarde alla palermitana
Gebackene Sardinen

🍴 mittelschwer
🕐 1 Stunde
440 kcal/1848 kJ

Zutaten

50 g Rosinen
800 g Sardinen
3 EL Olivenöl
100 g Semmelbrösel
30 g Petersilie
6 in Salz eingelegte Sardellen
50 g Pinienkerne
Salz · Pfeffer
3 Lorbeerblätter
Saft von 1 Zitrone
1 EL Zucker

1 Die Rosinen in einer Schüssel mit lauwarmem Wasser 20 Minuten einweichen. Die Sardinen vorbereiten: schuppen, von Kopf und Eingeweiden befreien, aufklappen, die Gräten entfernen und die Flossen abschneiden. Die Fische sorgfältig waschen und mit Küchenpapier trockentupfen.

2 In einer Pfanne 2 Esslöffel Olivenöl erhitzen und die Semmelbrösel bis auf 1 Esslöffel darin anbraten. Umrühren und bei mittlerer Hitze rösten, anschließend vom Herd nehmen.

3 Die Petersilie waschen und klein hacken. Die Sardellen unter fließendem Wasser vom Salz befreien, entgräten und zerkleinern. Die Rosinen abtropfen lassen, ausdrücken und mit den Sardellen, der gehackten Petersilie, den grob gehackten Pinienkernen, Salz, Pfeffer und den gerösteten Semmelbröseln in einer Schüssel vermischen. Mit einem Holzlöffel gut umrühren.

4 Den Backofen auf 180 °C vorheizen. Die Sardinen mit der Haut nach unten auf der Arbeitsfläche ausbreiten, die Sardinenmasse darauf verteilen und die Fischhälften aufrollen. Jeweils mit einem Holzstäbchen befestigen. In eine mit Olivenöl eingefettete feuerfeste Form legen, dabei zwischen die Fischhälften je ein Lorbeerstückchen klemmen. Mit den ungerösteten Semmelbröseln bestreuen und den Zitronensaft mit dem darin aufgelösten Zucker über die Sardinen gießen. 30 Minuten im Backofen garen, herausnehmen und servieren.

Acciughe a scapece
Sardellen in scharfer Knoblauch-Marinade

🍴 mittelschwer
🕐 30 Minuten + Marinierzeit
255 kcal/1071 kJ

Zutaten

600 g Sardellen · Weißmehl · Olivenöl · Salz
200 ml Weißweinessig · 2 Knoblauchzehen
1 scharfer roter Peperoncino
einige Minzeblätter

1 Die Sardellen vorbereiten: Köpfe, Eingeweide und Gräten entfernen, dann waschen, abtrocknen und im Weißmehl wenden. Reichlich Olivenöl in einer Pfanne oder im Frittiertopf erhitzen und, sobald es heiß ist, aber nicht dampft, die Sardellen nach und nach von beiden Seiten goldgelb frittieren. Mit einem Pfannenheber herausnehmen, auf Küchenpapier abtropfen lassen und salzen.

2 Den Weißweinessig mit den vom Mitteltrieb befreiten Knoblauchzehen in eine kleine Pfanne geben und erhitzen. Den zerkleinerten Peperoncino und die gewaschenen Minzeblätter hinzugeben und zum Kochen bringen. Die Sardellen in eine Schüssel legen, den kochend heißen Essig darüber gießen, abdecken und die Fische darin 24 Stunden durchziehen lassen. Danach servieren.

Seppie con i carciofi all'elbana
Tintenfische mit Artischockensauce

🍳 mittelschwer
🕐 1 Stunde
235 kcal/987 kJ

Zutaten

1 kg Tintenfische (Sepien)
8 Artischocken
Saft von 1 Zitrone
2 Knoblauchzehen
2 in Salz eingelegte Sardellen
1 kleines Bund Petersilie
5 EL Olivenöl
200 ml trockener Weißwein
Salz · Pfeffer

1 Die Tintenfische von Knochen, Augen und Kauwerkzeugen befreien. Ausnehmen, dabei jedoch die Tintenbeutel aufbewahren, und die Haut abziehen. Die Tintenfische sorgfältig waschen und in Streifen oder Ringe schneiden. Die Artischocken putzen, dabei die harten äußeren Blätter, die Stiele und die Spitzen entfernen. Vom Heu im Innern befreien und in schmale Schnitze schneiden. In Wasser mit Zitronensaft legen, damit sie nicht schwarz werden.

2 Die Knoblauchzehen schälen und die Petersilie waschen. Die Sardellen waschen und entgräten und anschließend mit dem Knoblauch und der Hälfte der Petersilie fein hacken. Alles in einen

Topf, wenn möglich aus Ton, geben, das Olivenöl hinzufügen und erhitzen. Sobald der Knoblauch glasig wird, die Tintenfische hinzufügen, umrühren, 4–5 Minuten anbraten, salzen und pfeffern. Den Wein angießen und bei starker Hitze einkochen lassen. Zudecken und bei mäßiger Hitze etwa 10 Minuten köcheln lassen, noch ein wenig Wasser hinzufügen.

3 Die Artischocken abgießen, abtrocknen, mit den Tintenbeuteln zu den Tintenfischen geben, mit einem Holzlöffel umrühren und weiterköcheln lassen. Ab und zu einige Esslöffel heißes Wasser hinzufügen. Am Ende des Kochvorgangs mit Salz abschmecken und im Kochgefäß servieren.

Polpo ai pomodori secchi
Krake mit getrockneten Tomaten

🍳 einfach
🕐 2 Stunden + Marinierzeit
235 kcal/987 kJ

Zutaten

1 kg Krake · Salz
100 g getrocknete Tomaten
50 g in Essig eingelegte Kapern
1 Knoblauchzehe · 20 g Petersilie
4 EL Olivenöl
1 Tasse Weißweinessig

1 Den Kraken sorgfältig putzen und waschen. Anschließend weich klopfen, in einem Topf mit leicht gesalzenem Wasser zum Kochen bringen und sieden lassen, bis er zart ist. Vom Herd nehmen, im Kochsud abkühlen lassen, abgießen und klein schneiden.

2 Die getrockneten Tomaten 10 Minuten in lauwarmem Wasser einweichen, anschließend abgießen und mit der Hälfte der Kapern, der geschälten Knob-

lauchzehe und der Petersilie fein hacken. Das Olivenöl in einer Pfanne erhitzen und alles bei niedriger Hitze andünsten. Nach 3–4 Minuten den Weißweinessig hinzufügen, mehrmals umrühren, salzen und vom Herd nehmen. Den Kraken in einer Servierschüssel anrichten, die Sauce sehr heiß darüber gießen und mit den restlichen Kapern bestreuen. Alles vermengen und mindestens 12 Stunden durchziehen lassen, dabei ab und zu umrühren. Anschließend servieren.

Polpo in guazzetto
Krake in Zitronensaft

⬦ **mittelschwer**
🕐 **2 Stunden**
255 kcal/1071 kJ

Zutaten

1 kg Krake
2 Knoblauchzehen
2 reife, feste Tomaten
1 Bund Petersilie
5 EL Olivenöl
1 scharfer roter Peperoncino
Salz
Saft von 1 Zitrone

1 Den Kraken ausnehmen, von Augen, Kauwerkzeugen und Haut befreien, mit dem Fleischklopfer einige Minuten weich klopfen und waschen. Die Knoblauchzehen schälen, die Tomaten blanchieren, häuten, die Samen entfernen und das Fruchtfleisch klein schneiden. Die Petersilie waschen und fein hacken.

2 Den Kraken in einen großen Topf, möglichst aus Ton, geben, 2 Esslöffel Olivenöl, die vom Mitteltrieb befreiten Knoblauchzehen, die Tomatenstücke, die gehackte Petersilie, den Peperoncino und 1 Prise Salz hinzufügen.

3 Den Topf mit einem Stück Alufolie abdecken, rundherum gut festdrücken, den Deckel auflegen, beschweren und den Kraken 2 Stunden bei niedrigster Hitze garen. Dabei auf keinen Fall den Deckel lüften, damit der Dampf nicht entweicht.

4 Das restliche Olivenöl mit dem Zitronensaft und 1 Prise Salz in eine Schüssel geben und mit einer Gabel zu einer homogenen Sauce verschlagen. Den Kraken vom Herd nehmen und im Topf abkühlen lassen. Anschließend klein schneiden, auf einem Teller anrichten und zusammen mit der vorbereiteten Sauce servieren.

Tegame di cannolicchi
Schwertmuschelpfanne

🍳 einfach
🕐 40 Minuten + Ruhezeit
185 kcal/777 kJ

Zutaten

800 g Schwertmuscheln
Salz
1 Bund Petersilie
1 Knoblauchzehe
2 Tomaten
4 EL Olivenöl
1 Prise scharfes Paprikapulver
1 EL Pinienkerne

1 Die Schwertmuscheln mehrmals unter fließendem kaltem Wasser waschen und 30 Minuten in leicht gesalzenem Wasser einweichen. Die Petersilie waschen, ausschütteln und mit der geschälten Knoblauchzehe fein hacken. Die Tomaten blanchieren, abkühlen lassen, häuten, die Samen entfernen, die Flüssigkeit abtropfen lassen und das Fruchtfleisch klein schneiden.

2 Das Olivenöl in einer großen Pfanne erhitzen, die Hälfte der Knoblauch-Petersilien-Mischung hineingeben und hell andünsten. Die Tomatenstücke hinzugeben und 15 Minuten garen, dabei ab und zu mit einem Holzlöffel umrühren.

3 Die abgetropften Muscheln hineingeben, umrühren und den Deckel auflegen. So lange kochen lassen, bis sich die Muscheln öffnen. Das Paprikapulver, die Pinienkerne, die restliche Knoblauch-Petersilien-Mischung hinzufügen, umrühren, 1 Minute weiterköcheln lassen und anschließend in der Pfanne servieren.

Vongole alla napoletana
Venusmuscheln auf neapolitanische Art

🍳 einfach
🕐 30 Minuten + Ruhezeit
130 kcal/546 kJ

Zutaten

1 kg Venusmuscheln
Salz · Pfeffer · 1 kleines Bund Petersilie
2 Knoblauchzehen · 3 EL Olivenöl
400 g Tomaten

1 Die Venusmuscheln gründlich waschen und mindestens 1 Stunde in eine Schüssel mit kaltem Salzwasser legen, um die Schalen vom Sand zu befreien. Die Petersilie waschen, ausschütteln und fein hacken. Die Knoblauchzehen schälen, vom Mitteltrieb befreien und ebenfalls fein hacken. Zusammen mit der Petersilie und dem Olivenöl in eine große Pfanne geben und andünsten.

2 Die gehäuteten, zerkleinerten und von den Samen befreiten Tomaten und kurze Zeit später auch die abgetropften Muscheln hinzugeben. Sobald sich die Muscheln nach und nach öffnen, die Schalen herausnehmen und alle Muscheln, die sich nicht geöffnet haben, wegwerfen. Pfeffern und umrühren, noch 1 Minute auf dem Herd lassen. In der Pfanne heiß servieren.

Tegame di gamberi e carciofi
Garnelenpfanne mit Artischocken

einfach
40 Minuten
210 kcal/882 kJ

Zutaten

600 g Garnelenschwänze
4 Artischocken
5 EL Weißweinessig
2 Frühlingszwiebeln
1 kleines Bund Petersilie
4 EL Olivenöl
3 EL trockener Weißwein
Salz

1 Die Garnelenschwänze waschen und von den Därmen befreien. Die Artischocken putzen, von den harten äußeren Blättern, den Spitzen und dem Heu befreien, die Stiele entfernen, in Schnitze schneiden und sofort in Essigwasser legen. Die Frühlingszwiebeln von den Wurzeln und den harten äußeren Blättern befreien, waschen und in Ringe schneiden. Die Petersilie waschen, ausschütteln und fein hacken.

2 Das Olivenöl in eine Pfanne geben, erhitzen und die Frühlingszwiebelringe darin andünsten. Die Garnelen hinzufügen, den Weißwein angießen und 3–4 Minuten kochen, bis die Garnelen gar sind. Abtropfen lassen und beiseite stellen.

3 Die abgetropften Artischocken in die Pfanne geben, salzen und 15 Minuten mitgaren, dabei ab und zu mit einem Holzlöffel umrühren. Die Garnelen wieder hinzugeben und mit der gehackten Petersilie bestreuen. Zudecken und weitere 5 Minuten köcheln lassen. Falls nötig, etwas Salz hinzufügen. Vom Herd nehmen und in der Pfanne servieren.

Totani al limone
Pfeilkalmare mit Zitrone

einfach
50 Minuten
155 kcal/651 kJ

Zutaten

800 g Pfeilkalmare
3 EL Olivenöl · Salz
1 Knoblauchzehe · Saft von 1 Zitrone
1 kleines Bund Petersilie

1 Die Pfeilkalmare ausnehmen, unter fließendem kaltem Wasser waschen und in Ringe schneiden. Das Olivenöl, die Kalmarringe, 1 Prise Salz und die geschälte Knoblauchzehe in einen Topf geben, den Deckel auflegen und bei niedriger Hitze 20 Minuten kochen. Etwas Wasser hinzugießen und ab und zu umrühren. Am Ende die Knoblauchzehe entfernen.

2 Nach der Hälfte der Kochzeit den Zitronensaft hinzufügen. Die Petersilie waschen, fein hacken und ebenfalls in den Topf geben. Weiterköcheln lassen, dabei ab und zu umrühren, und, wenn nötig, ein wenig heißes Wasser hinzugeben. Wenn die Kalmarringe weich sind, den Topf vom Herd nehmen, die Kalmarringe auf einem Teller anrichten und heiß oder kalt servieren.

Insalata di merluzzo
Kabeljausalat

einfach

🕐 1 Stunde 15 Minuten

350 kcal/1470 kJ

Zutaten

4 Artischocken

2 Zitronen

3 Möhren

4 Kartoffeln

Salz · Pfeffer

1 TL getrockneter Oregano

4 EL Olivenöl

4 Frühlingszwiebeln

500 g küchenfertige Kabeljaufilets

1 Die Artischocken putzen, waschen, von den harten äußeren Blättern, den Spitzen, den Stielen und dem Heu im Innern befreien, in Schnitze schneiden und sofort in Wasser mit dem Saft von 1½ Zitronen legen.

2 Die Möhren und die Kartoffeln gründlich waschen, aber nicht schälen, und anschließend mindestens 30 Minuten dampfgaren. 10 Minuten vor Ende der Garzeit die gut abgetropften Artischocken hinzufügen. Zum Schluss die Möhren und Kartoffeln in Scheiben schneiden.

3 Einige Esslöffel Kochsud, den Saft von ½ Zitrone, 1 Prise Salz, etwas frisch gemahlenen Pfeffer und den Oregano in eine kleine Schüssel geben. Das Olivenöl in einem dünnen Strahl hinzugießen und mit einer Gabel verschlagen, bis sich alle Zutaten zu einer Sauce vermischt haben.

4 In einen Topf 2 Suppenkellen Wasser gießen und die geputzten, gewaschenen und in Ringe geschnittenen Frühlingszwiebeln darin 5 Minuten kochen. Die Kabeljaufilets hinzufügen, zudecken und 8 Minuten weiterköcheln lassen. Das Gemüse und den Fisch abwechselnd auf einem großen Teller anordnen, die Sauce darüber verteilen und servieren.

Tonno saporito
Thunfisch mit Paprika und Tomaten

einfach

40 Minuten

280 kcal/1176 kJ

Zutaten

1 grüne Paprikaschote

4 reife, feste Tomaten

4 Scheiben frischer Thunfisch

3 EL Olivenöl

Salz · Pfeffer

Saft von 1 Zitrone

1 Die Paprikaschote waschen, von Stielansatz, Samen und Stegen befreien. Zuerst in Streifen und anschließend in kleine Würfel schneiden. Die Tomaten waschen und abtrocknen, quer halbieren, die Samen entfernen, die Flüssigkeit abtropfen lassen und klein schneiden.

2 Den Backofen auf 200 °C vorheizen. Die Thunfischscheiben waschen und abtrocknen. Eine feuerfeste Form mit 1 Esslöffel Olivenöl einfetten. Die Thunfischscheiben hineinlegen, salzen und pfeffern. Die Paprika- und Tomatenstücke darauf verteilen, mit dem Zitronensaft und dem restlichen Olivenöl beträufeln. Im vorgeheizten Backofen die Thunfischscheiben etwa 20 Minuten garen. Herausnehmen, auf einem Teller anrichten und heiß servieren.

Braciole di tonno fresco
Gebratene Thunfisch-Rouladen

🍴 mittelschwer
🕐 45 Minuten
440 kcal/1848 kJ

Zutaten

Krume von 2 Brötchen

1 kleines Bund Petersilie

1 Knoblauchzehe

1 Ei

4 EL Olivenöl

1 Zwiebel

400 g Tomatenfruchtfleisch

100 g in Öl eingelegter Thunfisch

1 Eigelb

1 EL frisch geriebener Pecorino

8 dünne Thunfischscheiben

Salz · Pfeffer

1 Die Brötchenkrume in lauwarmem Wasser einweichen. Die Petersilie waschen, die Knoblauchzehe schälen und beides zusammen fein hacken. Das Ei in einem kleinen Topf hart kochen. 1 Esslöffel Olivenöl in einer Pfanne erhitzen, die Zwiebel schälen, fein hacken und hinzugeben. Sobald sie glasig ist, das Tomatenfruchtfleisch und etwas Wasser hinzufügen. Umrühren und bei niedriger Hitze etwa 10 Minuten köcheln lassen.

2 Den in Öl eingelegten Thunfisch abtropfen lassen und zerkleinern. In eine Schüssel geben, die Petersilien-Knoblauch-Mischung sowie die gut ausgedrückte und zerkleinerte Brotkrume hinzufügen. Das hart gekochte Ei hacken und mit dem Eigelb und dem Pecorino in die Schüssel geben. Mit einem Holzlöffel umrühren, bis alle Zutaten gut vermischt sind und diese Füllung auf den Thunfischscheiben verteilen. Jede Scheibe zu einer Roulade aufwickeln und mit Küchengarn zusammenbinden.

3 Das restliche Olivenöl in einer Pfanne erhitzen und die Thunfischrouladen darin gleichmäßig anbraten. Die Tomatensauce darüber gießen, salzen, mit etwas frisch gemahlenem Pfeffer bestreuen und noch 5 Minuten garen. Vom Herd nehmen, das Garn herausziehen und die Rouladen mit der Sauce auf einem Teller anrichten, salzen, pfeffern und sofort servieren.

Orata ai funghi ed erbe
Goldbrasse mit Pilzen und Kräutern

🍴 einfach
🕐 50 Minuten
220 kcal/924 kJ

Zutaten

1 Möhre · 1 Zwiebel

100 g Champignons

1 reife, feste Tomate · 3 EL Olivenöl

1 küchenfertige Goldbrasse (etwa 800 g)

Salz · Pfeffer · 2 EL trockener Weißwein

1 Bund gemischte Kräuter (Rosmarin, Thymian, Salbei)

1 Die Möhre, die Zwiebel, die Champignons und die Tomate waschen. Getrennt in kleine Würfel von ¹/₂ Zentimeter Kantenlänge schneiden. 2 Esslöffel Olivenöl in eine Pfanne geben und das Gemüse ohne die Tomaten darin dünsten, bis die Zwiebelwürfel glasig sind.

2 Den Backofen auf 180 °C vorheizen. Eine feuerfeste Form mit dem restlichen Olivenöl einfetten, die gewaschene und abgetrocknete Goldbrasse hineinlegen und die gedünstete Gemüsemasse ringsum verteilen. Salzen, pfeffern, den Weißwein darüber gießen und im Backofen 20 Minuten garen, dabei nach der Hälfte der Zeit einmal wenden.

3 Aus dem Ofen nehmen, die Tomatenwürfel und gehackten Kräuter hinzugeben und erneut in den Ofen schieben, bis die Augen des Fischs milchigweiß hervortreten. Den Fisch im ausgeschalteten Herd einige Minuten ruhen lassen, dann mit dem Gemüse und dem Kochsud auf einem Teller anrichten und servieren.

Capesante gratinate
Gratinierte Jakobsmuscheln

♨ mittelschwer
🕐 40 Minuten
280 kcal/1176 kJ

Zutaten

1 Bund Petersilie
1 Knoblauchzehe
8 Jakobsmuscheln
4 EL Olivenöl
2 EL trockener Weißwein
Salz · Pfeffer
2 EL Semmelbrösel

1 Die Petersilie waschen, ausschütteln und fein hacken. Die Knoblauchzehe schälen, vom Mitteltrieb befreien und ebenfalls fein hacken. Die Jakobsmuscheln mit einem stumpfen Messer öffnen und das weiße Muskelfleisch und den orangefarbenen Corail abziehen. 4 tiefe obere Muschelschalen aufbewahren.

2 Das Olivenöl in einer Pfanne erhitzen, den gehackten Knoblauch hineingeben, hell dünsten und anschließend entfernen. Die Jakobsmuscheln in die Pfanne geben, mit dem Weißwein benetzen, mit 1 Prise Salz und etwas frisch gemahlenem Pfeffer würzen und 3–4 Minuten garen.

3 Jeweils 2 Muscheln in eine der zuvor gewaschenen tiefen Schalen setzen, mit den Semmelbröseln und der Petersilie bestreuen, mit dem Kochsud beträufeln und im vorgeheizten Backofen bei 230 °C einige Minuten garen, bis die Oberfläche leicht gratiniert ist. Auf einem großen Teller anrichten und heiß servieren.

Dentice al rosmarino e pomodoro
Zahnbrasse mit Rosmarin und Tomaten

♨ mittelschwer
🕐 45 Minuten
205 kcal/861 kJ

Zutaten

1 Zahnbrasse (etwa 800 g)
1 Rosmarinzweig
2 Knoblauchzehen
4 Tomaten
2 EL Olivenöl
4 EL trockener Weißwein
Salz · Pfeffer

1 Die Zahnbrasse schuppen, ausnehmen, die Filets herausschneiden und eventuell im Fleisch verbliebene Gräten entfernen. Jedes Filet quer halbieren, waschen und abtrocknen. Den Rosmarinzweig mit einem feuchten Tuch säubern, die Blätter abziehen und mit einem Messer fein hacken. Die Knoblauchzehen schälen, vom Mitteltrieb befreien und ebenfalls fein hacken. Die Tomaten blanchieren, abkühlen lassen, häuten, die Samen entfernen, die Flüssigkeit abtropfen lassen und das Fruchtfleisch zerkleinern.

2 Das Olivenöl in einer Pfanne erhitzen, den gehackten Knoblauch hineingeben und hell dünsten. Den Rosmarin und nach 1 Minute auch die Fischfilets hinzufügen, mit dem Weißwein beträufeln, die Tomatenstücke darauf verteilen, leicht salzen und pfeffern und etwa 15 Minuten köcheln lassen, bis die Filets gar sind, dabei nach der Hälfte der Zeit einmal wenden. Die fertigen Fischfilets auf einem vorgewärmten Teller anrichten, die Tomatenstücke mit der Sauce darüber verteilen und sofort servieren.

Triglie ai cetrioli
Streifenbarben in Gurkensauce

- 👨‍🍳 mittelschwer
- 🕐 50 Minuten
- 315 kcal/1323 kJ

Zutaten

800 g Streifenbarben

100 g Gurkenfruchtfleisch

50 g geschälte Zwiebel

1 kleines Bund Petersilie

1 geschälte Knoblauchzehe

5 EL Olivenöl

Salz · Pfeffer

6 geschälte Tomaten

1 Prise Majoran

1 Die Streifenbarben von den Flossen befreien, schuppen und am Bauch bis zum Kopf längs aufschneiden. Die Kiemen und Eingeweide entfernen und die Fische kurz unter fließendem Wasser waschen. Mit Küchenpapier vorsichtig trockentupfen.

2 Das Gurkenfruchtfleisch mit der Zwiebel, der Petersilie und der Knoblauchzehe fein hacken. Die Hälfte dieser Masse auf dem Boden einer feuerfesten Form verteilen, die groß genug ist, um darin die Fische nebeneinander zu legen. Mit 2 Esslöffeln Olivenöl beträufeln, salzen, pfeffern und die Fische darauf anordnen.

3 Die geschälten Tomaten mit 3 Esslöffeln Olivenöl und dem Majoran in den Mixer geben, 1 Prise Salz sowie etwas frisch gemahlenen Pfeffer hinzufügen, pürieren und auf die Fische streichen. Mit der restlichen Gurkenmasse bedecken.

4 Die Form in den auf 200 °C vorgeheizten Backofen schieben und die Fische 20 Minuten garen. Nach der Hälfte der Zeit alle Fische nacheinander einmal wenden. Aus dem Backofen nehmen, nach Belieben mit Petersilie dekorieren und in der Form servieren.

Rotolini di salmone
Lachsröllchen

mittelschwer
1 Stunde
345 kcal/1449 kJ

Zutaten

Für das Gelee

4 Gelatineblätter
500 ml Fischfond
1 Bund Basilikum

2 EL Zitronensaft
Salz · Pfeffer · 5 EL Olivenöl
1 EL gehackter Schnittlauch
1 EL gehackte Petersilie
1 EL gehackter Kerbel
300 g Lachsfilets
100 g geschälte Garnelenschwänze
3 reife, feste Tomaten
einige Tropfen Balsamessig (Balsamico)

1 Das Gelee vorbereiten. Dazu die Gelatineblätter in wenig kaltem Wasser einweichen und den Fischfond in einem kleinen Topf erhitzen. Die abgetropfte und ausgedrückte Gelatine hinzufügen und vollständig auflösen. Das Basilikum waschen, in kochendem Salzwasser blanchieren und zu der Gelatine geben. Alles mit dem Stabmixer pürieren und im Kühlschrank fest werden lassen.

2 Den Zitronensaft mit je 1 Prise Salz und Pfeffer in einer kleinen Schüssel verrühren, das Olivenöl in einem dünnen Strahl hinzugießen und mit einer Gabel verschlagen, bis sich alle Zutaten zu einer Sauce vermischt haben. Anschließend die gehackten Kräuter unterrühren.

3 Die Lachsfilets von Haut und Gräten befreien, waschen und in 1 Zentimeter breite und 5 Zentimeter lange Streifen schneiden. Auf einen tiefen Teller legen, mit einigen Esslöffeln Kräutersauce beträufeln und 15 Minuten marinieren, dabei gelegentlich wenden.

4 Die Garnelenschwänze dampfgaren und anschließend klein schneiden. Die Tomaten blanchieren, abkühlen lassen, häuten, die Samen entfernen, die Flüssigkeit abtropfen lassen und das Fruchtfleisch klein schneiden. Garnelen- und Tomatenstücke nacheinander mit der restlichen Sauce vermischen.

5 Die Lachsstreifen abtropfen lassen und zu Röllchen formen. Die Gelatine grob zerkleinern und abwechselnd mit den Tomatenstücken auf einem Servierteller verteilen. Die Lachsröllchen darauf anordnen, mit den Garnelen dekorieren, mit dem Balsamessig beträufeln und servieren.

Triglie al sughetto
Meerbarben in Tomatensauce

mittelschwer
45 Minuten
260 kcal/1092 kJ

Zutaten

1 Knoblauchzehe
1 kleines Bund Petersilie
4 EL Olivenöl
400 g reife, feste Tomaten
Salz · Pfeffer
800 g küchenfertige Meerbarben
einige dünne Zitronenscheiben

1 Die Knoblauchzehe schälen und zerdrücken. Die Petersilie waschen und fein hacken. Beides mit dem Olivenöl in eine große Pfanne geben und bei niedriger Hitze andünsten. Die Tomaten blanchieren, häuten, von den Samen befreien und klein schneiden. In die Pfanne geben, salzen, pfeffern und bei mäßiger Hitze unter gelegentlichem Rühren 15 Minuten garen.

2 Die Meerbarben waschen und vorsichtig trockentupfen. Einige Zitronenscheiben mit Schale in die Pfanne mit der Tomatenmischung geben und die Fische hinzufügen. 8–10 Minuten garen, dabei die Fische nach der Hälfte der Zeit vorsichtig wenden. Wenn nötig, etwas Wasser hinzufügen. Salzen, die Pfanne vom Herd nehmen und die Meerbarben auf einem vorgewärmten Servierteller anrichten. Mit einigen halbierten Zitronenscheiben dekorieren und den Bratensaft ohne die mitgegarten Zitronenscheiben über die Fische gießen. Sofort servieren.

Calamaretti al nero
Tintenfische in Sepiasauce

 mittelschwer
 50 Minuten
185 kcal/777 kJ

Zutaten

700 g kleine Tintenfische (Calamaretti)
1 Zwiebel
200 g Tomaten
1 kleines Bund Petersilie
1 Knoblauchzehe
4 EL Olivenöl
Salz · Pfeffer
5 EL trockener Weißwein
¹/₂ Tütchen Safran

1 Die Tintenfische putzen, die Knochen entfernen und die Tintenbeutel aufbewahren. Unter fließendem Wasser waschen und in einem Sieb abtropfen lassen. Die Zwiebel schälen, waschen und klein würfeln. Die Tomaten häuten, von den Samen befreien und ebenfalls klein würfeln. Die Knoblauchzehe schälen und fein hacken. Die Petersilie waschen, ausschütteln und fein hacken.

2 Das Olivenöl in einem Topf erhitzen, die Knoblauch- und die Zwiebelstücke hinzufügen und hell dünsten. Die Tomatenwürfel hinzufügen, mit 1 Prise Salz und etwas frisch gemahlenem Pfeffer würzen und etwa 10 Minuten köcheln lassen, dabei ab und zu mit einem Holzlöffel umrühren.

3 Den Inhalt der Tintenbeutel mit dem Weißwein vermischen. Die Tintenfische und nach einigen Minuten auch die Wein-Tintenbeutel-Mischung in den Topf geben. Den in etwas heißem Wasser aufgelösten Safran hinzufügen, umrühren und 15 Minuten köcheln lassen. Danach die Tintenfische abtropfen lassen und zwischen 2 Tellern warm halten. Die gehackte Petersilie in den Kochsud geben, gut umrühren und weitere 5 Minuten köcheln lassen. Die Tintenfische auf einem Teller anrichten, die Sauce darüber verteilen und servieren.

Pesce freddo al limone
Kaltes Fischgericht mit Zitrone

 einfach
 30 Minuten + Ruhezeit
160 kcal/672 kJ

Zutaten

3 unbehandelte Zitronen
1 Knoblauchzehe
4 EL Olivenöl
4 Scheiben Glatthai (à 150 g)
Salz · Pfeffer
1 kleines Bund Petersilie

1 Die Zitronen pressen und den Saft durchsieben. Die Knoblauchzehe schälen, zerdrücken und mit dem Olivenöl in einer Pfanne anbraten, die so groß ist, dass die Fischscheiben nicht übereinander liegen. Sobald der Knoblauch glasig ist, aus der Pfanne nehmen, die Glatthaischeiben hineingeben und von jeder Seite kurz anbraten.

2 Den Zitronensaft und so viel Wasser über die Fischscheiben gießen, dass sie vollständig bedeckt sind. Salzen, pfeffern und zugedeckt etwa 10 Minuten kochen, dabei nach der Hälfte der Zeit die Scheiben vorsichtig wenden.

3 Die Petersilie waschen, ausschütteln, fein hacken. Den Herd ausschalten und die gehackte Petersilie über die Fischscheiben streuen. Die Fischscheiben auf einem Servierteller anrichten und mit dem Kochsud bedecken. Vor dem Servieren einige Stunden ruhen und abkühlen lassen, so dass die Sauce auf der Oberfläche eine dünne Haut bildet.

Gamberetti e asparagi in insalata
Garnelen-Spargel-Salat

⊕ **einfach**
⏲ **30 Minuten**
185 kcal/777 kJ

Zutaten

400 g geschälte Garnelenschwänze
Salz · Pfeffer · 20 Spargelstangen
1 länglicher Kopf Radicchio
2 Selleriestangen
4 EL Orangensaft · 4 EL Olivenöl

1 Die Garnelen sorgfältig waschen, von den Därmen befreien und in einem Topf mit leicht gesalzenem Wasser überbrühen. Den Spargel von den holzigen Enden befreien, schälen und bissfest kochen. Abgießen und beiseite stellen.

2 Den Radicchio putzen, sorgfältig waschen und abtrocknen und in schmale Streifen schneiden. Die Selleriestangen putzen und in Scheiben schneiden. Den Orangensaft in einer kleinen Schüssel mit dem Olivenöl verschlagen und mit 1 Prise Salz und etwas frisch gemahlenem Pfeffer würzen. Alle vorbereiteten Zutaten auf einen großen Teller geben, die Orangensauce darüber verteilen, umrühren und servieren.

Tartufi di mare agli asparagi
Raue Venusmuscheln mit Spargel

⊕ **mittelschwer**
⏲ **40 Minuten + Ruhezeit**
265 kcal/1113 kJ

Zutaten

800 g Raue Venusmuscheln
1 Knoblauchzehe
500 g Spargel
4 EL Olivenöl
Salz · Pfeffer

1 Die Venusmuscheln in eine Schüssel mit kaltem Salzwasser legen und mindestens 1 Stunde einweichen, um sie vom Sand zu befreien. Die Knoblauchzehe schälen und fein hacken. Den Spargel von den holzigen Enden befreien, schälen, waschen, die Stangen in dünne Scheiben schneiden und die abgetrennten Spitzen längs halbieren.

2 Die Muscheln abtropfen lassen und in einer großen Pfanne mit 2 Esslöffeln heißem Olivenöl bei starker Hitze anbraten, bis sie sich öffnen. Erneut abtropfen lassen und den Muschelsud filtern.

3 Das restliche Olivenöl in einer zweiten Pfanne erhitzen und den Knoblauch darin hell dünsten. Die Spargelscheiben, 1 Prise Salz und etwas frisch gemahlenen Pfeffer hinzufügen, umrühren und kurz andünsten. Nach wenigen Minuten mit einigen Esslöffeln Muschelsud benetzen, zudecken und noch 10 Minuten kochen.

4 Das Muschelfleisch aus den Schalen lösen, ungeöffnete Muscheln wegwerfen, die übrigen zu dem Spargel geben und umrühren. Auf einem Teller anrichten und heiß oder lauwarm servieren.

Cernia in giardiniera
Zackenbarsch im Gemüsebett

🍳 mittelschwer
🕐 50 Minuten
260 kcal/1092 kJ

Zutaten

4 Zackenbarschscheiben (à 150 g)
1 Paprikaschote
2 Zucchini
¹/₂ Aubergine
2 Tomaten
2 Frühlingszwiebeln
4 EL Olivenöl
Salz · Pfeffer

1 Den Zackenbarsch von Haut und Gräten befreien und das Fleisch in große, unregelmäßige Stücke schneiden. Die Paprikaschote waschen, von Stielansatz, Samen und Stegen befreien und in Würfel von 2 bis 3 Zentimetern Kantenlänge schneiden. Die Zucchini und die Aubergine von Stiel- und Blütenansatz befreien, waschen und klein würfeln. Die Tomaten blanchieren, abkühlen lassen, häuten, die Samen entfernen, die Flüssigkeit abtropfen lassen und das Fruchtfleisch ebenfalls in Würfel schneiden.

2 Die Frühlingszwiebeln von den Wurzeln und den harten äußeren Blättern befreien, waschen und in Ringe schneiden. 2 Esslöffel Olivenöl in einem Topf erhitzen, die Frühlingszwiebelringe hinzugeben und hell dünsten. Die Auberginen- und Paprikawürfel hinzufügen, salzen, pfeffern und 10 Minuten garen. Dann die Zucchiniwürfel hinzugeben und 5 Minuten durchziehen lassen. Zum Schluss die Tomatenwürfel unterrühren und weitere 10 Minuten garen. Das Gemüse auf einem Servierteller anrichten und abkühlen lassen, bis es lauwarm ist.

3 Das restliche Olivenöl in eine Pfanne geben, die Zackenbarschstücke hineingeben, salzen, pfeffern und 10 Minuten anbraten, bis sie gar sind, dabei unter Rühren gelegentlich wenden. Auf dem Teller mit dem lauwarmen Gemüse verteilen und sofort servieren.

Spezzatino di palombo
Glatthai-Ragout

🍳 einfach
🕐 40 Minuten
245 kcal/1029 kJ

Zutaten

600 g Glatthaifilet
1 Zwiebel
1 Möhre · ¹/₂ Selleriestange
1 kleines Bund Petersilie
10 schwarze Oliven
5 EL Olivenöl · Salz · Pfeffer
5 EL trockener Weißwein
100 g Tomatenpüree

1 Das Glatthaifilet in kleine Würfel von 2–3 Zentimetern Kantenlänge schneiden. Die Zwiebel schälen und in sehr feine Ringe schneiden. Die Möhre schaben, waschen und in kleine Würfel schneiden. Die Selleriestange von Fäden befreien, waschen und in Stifte schneiden. Die Petersilie waschen, ausschütteln und fein hacken. Die Oliven entsteinen.

2 Das Olivenöl in einer Pfanne erhitzen, die Zwiebelringe, die Möhrenwürfel und die Selleriestifte hineingeben und 5 Minuten dünsten. Die Fischwürfel, die entsteinten Oliven, 1 Prise Salz und etwas frisch gemahlenen Pfeffer hinzufügen und kurz durchziehen lassen. Mit dem Weißwein benetzen, diesen verdampfen lassen, anschließend das Tomatenpüree hinzufügen, mit einem Holzlöffel umrühren, zudecken und etwa 15 Minuten köcheln lassen.

3 Sollte die Sauce letzlich zu flüssig sein, die Hitze etwas erhöhen und einkochen lassen. Auf einem Teller anrichten, mit der gehackten Petersilie bestreuen und heiß servieren.

Capesante con pomodorini ed erbe
Jakobsmuscheln mit Tomaten und Kräutern

☐ **mittelschwer**
🕐 **30 Minuten**
410 kcal/1722 kJ

Zutaten

12 Jakobsmuscheln

250 g Cocktailtomaten

1 Bund gemischte Kräuter (Petersilie,
Schnittlauch, Basilikum, Kerbel)

1 Schalotte

6 EL Olivenöl

Salz · Pfeffer

¹/₂ Glas trockener Weißwein

1 Die Jakobmuscheln mit einem stumpfen Messer öffnen, das weiße Muskelfleisch und den orangefarbenen Corail abziehen, die tiefen Muschelhälften aufbewahren. Die Muscheln waschen und das Muskelfleisch jeweils quer in 2 Hälften teilen. Die Tomaten blanchieren, abkühlen lassen, häuten, die Samen entfernen und die Flüssigkeit abtropfen lassen.

2 Die Kräuter waschen, ausschütteln und fein hacken. Die Schalotte schälen, waschen und ebenfalls fein hacken. 4 Esslöffel Olivenöl in einer Pfanne erhitzen, die Hälfte der gehackten Kräuter und der gehackten Schalotte darin farblos andünsten. Die Cocktailtomaten hinzufügen, mit 1 Prise Salz und etwas frisch gemahlenem Pfeffer würzen und 2–3 Minuten bei starker Hitze garen.

3 In der Zwischenzeit das restliche Olivenöl in einer beschichteten Pfanne erhitzen, die Muscheln darin 2 Minuten anbraten, mit je 1 Prise Salz und Pfeffer bestreuen, den Weißwein angießen und bei starker Hitze einkochen lassen. Schließlich alles mit den restlichen Kräutern bestreuen.

4 Die Jakobsmuscheln abtropfen lassen, in die aufbewahrten, gewaschenen und abgetrockneten Schalen legen und die Tomaten-Kräuter-Masse darauf verteilen. Für 2–3 Minuten in den auf 220 °C vorgeheizten Backofen geben. Auf einem Teller anrichten und heiß servieren.

Razza al gratin
Gratinierter Rochen

☐ **mittelschwer**
🕐 **50 Minuten**
265 kcal/1113 kJ

Zutaten

800 g Rochen

200 g Champignons

Saft von 1 Zitrone

5 EL Olivenöl · 1 EL gehackte Zwiebel

Salz · Pfeffer · ¹/₂ EL gehackte Petersilie

¹/₂ EL Semmelbrösel

¹/₂ Glas trockener Weißwein

1 Den Rochen von der Haut befreien, säubern, waschen und in 4 gleiche Teile schneiden. Die Champignons putzen, gründlich in Wasser mit Zitronensaft waschen, anschließend abtropfen lassen, mit Küchenpapier trockentupfen und in sehr dünne Scheiben schneiden.

2 Die Zwiebelstücke mit dem Olivenöl in eine Pfanne geben und, sobald sie hell angedünstet sind, die Champignonscheiben hinzufügen und bei niedriger Hitze so lange garen, bis die gesamte Kochflüssigkeit verdunstet ist. Salzen, pfeffern und mit der Petersilie bestreuen. Die Pfanne vom Herd nehmen und die Masse in eine feuerfeste Form geben.

3 Die Fischstücke darauf verteilen, leicht salzen und pfeffern, mit den Semmelbröseln bestreuen und den Weißwein darüber gießen. Die Form in den auf 200 °C vorgeheizten Backofen schieben und alles etwa 20 Minuten garen, bis die Oberfläche gratiniert ist. In der Form servieren.

Palombo alla siciliana

Glatthai auf sizilianische Art

⚜ mittelschwer
🕐 **30 Minuten**
335 kcal/1407 kJ

Zutaten für 6 Personen

1 Knoblauchzehe
1 weiße Zwiebel
6 EL Olivenöl
etwas Weißmehl
6 Scheiben Glatthai
Salz · Pfeffer
6 geschälte Tomaten
6 in Salz eingelegte Sardellenfilets
1 EL Kapern
1 EL gehackte Petersilie

1 Die Knoblauchzehe und die Zwiebel schälen und zusammen fein hacken. Mit dem Olivenöl in einer Pfanne hell dünsten. Die mit etwas Weißmehl bestäubten Glatthaischeiben ebenfalls in die Pfanne geben und von beiden Seiten garen. Mit 1 Prise Salz und etwas frisch gemahlenem Pfeffer würzen. Die Fischscheiben schließlich mit einem Pfannenheber herausnehmen und zwischen 2 Tellern warm halten.

2 Die klein geschnittenen Tomaten und die vom Salz befreiten und zerkleinerten Sardellenfilets in das Bratfett geben und die Sauce bei mäßiger Hitze 10 Minuten köcheln lassen. Die Fischscheiben erneut in die Pfanne geben, die Kapern und die gehackte Petersilie hinzufügen und weitere 5 Minuten durchziehen lassen. Dekorativ auf einem großen Teller anrichten und heiß servieren.

Scampi e molluschi in guazzetto
Scampi und Kraken in Tomatensauce

<svg>👨‍🍳</svg> **einfach**
🕐 **1 Stunde**
380 kcal/1596 kJ

Zutaten

400 g Auberginen
Salz · Pfeffer
250 g kleine Kraken
250 g Scampischwänze
300 g reife, feste Tomaten
1 Zwiebel · 1 Selleriestange
200 g Perlzwiebeln
8 EL Olivenöl · 1 Lorbeerblatt
50 g entsteinte grüne Oliven
1 EL Kapern
3 EL Weißweinessig
1 gestrichener EL Zucker
1 hart gekochtes Ei

1 Die Auberginen vom Stielansatz befreien und klein schneiden. In ein Abtropfsieb legen, mit Salz bestreuen und das Fruchtwasser austreten lassen. Die Kraken häuten, waschen und klein schneiden. Die Scampischwänze schälen, von den Därmen befreien und waschen. Die Tomaten blanchieren, häuten, Samen entfernen, den Saft abgießen und das Fruchtfleisch zerkleinern. Die Zwiebel schälen und fein hacken. Die Selleriestange waschen, in Stücke schneiden und in kochendem Salzwasser 2–3 Minuten blanchieren. Die Perlzwiebeln putzen, ebenfalls in kochendem Salzwasser 3–4 Minuten blanchieren.

2 In einer Pfanne 3 Esslöffel Olivenöl erhitzen und darin die Auberginen goldgelb anbraten, dann auf Küchenpapier abtropfen lassen. 2 Esslöffel Olivenöl in dieselbe Pfanne geben und die Zwiebelstücke andünsten. Die Tomaten- und Selleriestücke sowie die Perlzwiebeln und das Lorbeerblatt hinzugeben, salzen, pfeffern und 15 Minuten garen. Zum Schluss die zerkleinerten Oliven, die Kapern, den Weißweinessig und den Zucker hinzugeben und weitere 3–4 Minuten garen.

3 Das restliche Olivenöl in einer anderen Pfanne erhitzen, zuerst die Kraken 3–4 Minuten und dann die Scampischwänze 2–3 Minuten anbraten. Salzen, pfeffern und zu der Tomatenmasse geben. Vom Herd nehmen, die Auberginen hinzufügen und umrühren. Die Tomatensauce mit den Meeresfrüchten auf einem Teller anrichten, mit dem in Scheiben oder Achtel geschnittenen hart gekochten Ei dekorieren und servieren.

Zuppa passata di pesce
Passierte Fischsuppe

<svg>👨‍🍳</svg> **mittelschwer**
🕐 **1 Stunde 20 Minuten**
560 kcal/2352 kJ

Zutaten für 6 Personen

3 Knoblauchzehen · 7 EL Olivenöl
1 scharfer roter Peperoncino
2 Lorbeerblätter
750 g geschälte Tomaten
1¹/₂ Gläser trockener Weißwein
650 g Brassen · 750 g Drachenkopf
500 g Zackenbarsch
Salz · 1 Bund Petersilie
30 geröstete Brotwürfel

1 Die Knoblauchzehen schälen, vom Mitteltrieb befreien und in einem Topf mit dem Olivenöl hell andünsten, dann entfernen. Der zerkleinerte Peperoncino, die gewaschenen und abgetrockneten Lorbeerblätter und die mit einer Gabel zerdrückten Tomaten hinzufügen, gut umrühren und einige Minuten durchziehen lassen. Den Weißwein angießen und etwa 15 Minuten köcheln lassen. Anschließend 1¹/₂ Liter heißes Wasser dazu gießen und weiterkochen lassen.

2 In der Zwischenzeit die Fische ausnehmen und schuppen, zu der Suppe geben und salzen. 20 Minuten weiterköcheln lassen, dann die Fische auf einen Teller legen. Den Zackenbarsch von der Haut und der Gräte, den Brassen und den Drachenkopf von Haut, Köpfen, Gräten und Schwänzen befreien.

3 Das herausgelöste Fleisch in den Topf zu der Suppe geben und 10 Minuten mitkochen. Die Suppe anschließend gut passieren, wieder auf den Herd stellen und weitere 5 Minuten köcheln lassen. Kurz vor Ende mit Salz abschmecken und mit gehackter Petersilie bestreuen. In einzelne Suppenteller füllen, in jeden Teller 5 geröstete Brotwürfel geben und heiß servieren.

Cacciucco
Suppe mit Fisch und Meeresfrüchten

 mittelschwer
 1 Stunde 30 Minuten
770 kcal/3234 kJ

Zutaten

1,5 kg gemischter Fisch (Glatthai, Meerbarben, Knurrhahn, Drachenkopf, Riesengarnelen, Sepien, kleine Kraken)

300 g reife, feste Tomaten

2 Knoblauchzehen · 1 Zwiebel

1 Möhre · 1 Selleriestange

1 Bund Petersilie

100 ml Olivenöl

1 kleines Stück scharfer roter Peperoncino

100 ml Chianti

Salz

6–8 Scheiben kräftiges Weißbrot

1 Die Fische vorbereiten. Dazu die Köpfe abschneiden und die Mittelgräten entfernen. Die Filets heraustrennen, waschen, trockentupfen und in Stücke schneiden. Die Riesengarnelenschwänze schälen, von den Därmen befreien und waschen. Die Sepien und Kraken ausnehmen, häuten, waschen und zerkleinern.

2 Die Tomaten blanchieren, häuten, die Samen entfernen, den Saft abgießen und das Fruchtfleisch zerkleinern. Die Knoblauchzehen, die Zwiebel und die Möhre schälen. Die Selleriestange von Fäden befreien. Das Gemüse waschen und klein schneiden. Die Petersilie waschen, ausschütteln und fein hacken.

3 Das Olivenöl in eine große Pfanne geben, den Peperoncino, die Hälfte des Knoblauchs, die Zwiebel, die Möhre und den Sellerie hineingeben und andünsten. Den Chianti angießen und verdampfen lassen. Anschließend die zerkleinerten Tomaten hinzufügen, mit 1 Prise Salz würzen und etwa 5 Minuten köcheln lassen.

4 Ein halbes Glas Wasser hinzugießen und 2–3 Minuten weiterköcheln lassen. Die Fische in die Pfanne geben: zunächst den Glatthai, dann die Meerbarben, den Knurrhahn, den Drachenkopf, die Sepien und schließlich die Kraken. 20 Minuten kochen. Nach der Hälfte der Zeit die Riesengarnelen hinzufügen. Die Suppe mit der Petersilie bestreuen, einige Minuten durchziehen lassen und heiß servieren. Die gerösteten und mit dem restlichen Knoblauch abgeriebenen Brotscheiben dazu reichen.

Brodetto di seppie e piselli
Tintenfischsuppe mit Erbsen

 mittelschwer
 1 Stunde
215 kcal/903 kJ

Zutaten

200 g reife, feste Tomaten

1 Zwiebel

1 Knoblauchzehe

800 g Tintenfische (Sepien)

1 Bund Petersilie

4 EL Olivenöl

1 kleines Stück scharfer roter Peperoncino

Salz · Pfeffer

200 g geschälte Erbsen

1 Die Tomaten waschen, blanchieren, häuten, die Samen entfernen, die Flüssigkeit abtropfen lassen und das Fruchtfleisch zerkleinern. Die Zwiebel und die Knoblauchzehe schälen, waschen und fein hacken. Die Tintenfische putzen, die Tentakel abtrennen, die Augen, die Kauwerkzeuge, die äußere Haut der Tintenbeutel und den Schulp entfernen. Die Tintenfische in Streifen schneiden, waschen und abtrocknen. Die Petersilie waschen, ausschütteln und fein hacken.

2 Das Olivenöl in einen Topf geben, den Peperoncino, die Zwiebel- und Knoblauchstücke hinzugeben und farblos andünsten. Die vorbereiteten Tintenfische hinzufügen und so lange kochen, bis die ausgetretene Kochflüssigkeit absorbiert ist, dabei mit einem Holzlöffel umrühren. Mit 1 Prise Salz und etwas frisch gemahlenem Pfeffer würzen.

3 Die Erbsen hinzugeben und kurz durchziehen lassen, dann die Tomaten und 1 Prise Salz hinzufügen und bei niedriger Hitze weitere 30 Minuten köcheln lassen. Wenn die Tintenfische weich sind und die Sauce noch flüssig ist, mit der gehackten Petersilie bestreuen. Die Suppe heiß und nach Belieben mit leicht gerösteten Brotscheiben servieren.

Zuppa di pesce
Fischsuppe

mittelschwer

1 Stunde 10 Minuten

330 kcal/1386 kJ

Zutaten

200 g Meeraal

200 g frischer Kabeljau

150 g kleine Tintenfische

300 g kleine Garnelen

6 EL Olivenöl

1 geschälte Knoblauchzehe

200 g geschälte Tomaten

Salz

1/2 scharfer roter Peperoncino

100 ml trockener Weißwein

12 große Miesmuscheln

1 EL gehackte Petersilie

1 Die Fische und Tintenfische sorgfältig waschen, die Garnelen schälen. Das Olivenöl in eine Pfanne – möglichst aus Ton – geben und sobald es sehr heiß ist, die Fische und Meeresfrüchte, mit Ausnahme der Miesmuscheln, nacheinander anbraten. Dann herausnehmen und auf einen großen Teller legen.

2 Die zerdrückte Knoblauchzehe in das in der Pfanne verbliebene Öl geben und hell andünsten, anschließend herausnehmen. Die Tomaten hinzufügen und zerdrücken. Salzen und bei kleiner Hitze 15 Minuten köcheln lassen. Sollte die Masse zu trocken werden, einige Esslöffel heißes Wasser hinzufügen.

3 In der Zwischenzeit den Peperoncino im Mörser zerstoßen und mit dem Weißwein zu den Tomaten geben. Mit einem Holzlöffel gut umrühren und die Fischmischung hinzugeben. Den Deckel auf die Pfanne legen und alles einige Minuten durchziehen lassen.

4 Die Miesmuscheln abbürsten, waschen und ohne weitere Zutaten in eine Pfanne geben. Bei starker Hitze anbraten, bis sie sich öffnen, anschließend das Muschelfleisch aus den Schalen lösen und dekorativ auf der Suppe verteilen. Muscheln, die sich nicht geöffnet haben, wegwerfen. Mit der gehackten Petersilie bestreuen und sofort servieren.

Zuppetta di frutti di mare
Suppe mit Meeresfrüchten

👨‍🍳 **mittelschwer**
🕐 **40 Minuten + Ruhezeit**
430 kcal/1806 kJ

Zutaten für 6 Personen

750 g Schwertmuscheln
900 g Kreuzmuster-Teppichmuscheln
1,5 kg Miesmuscheln
300 g reife, feste Tomaten
1 Bund Petersilie
100 ml trockener Weißwein
5 EL Olivenöl
2 Knoblauchzehen
Salz · Pfeffer
6 Scheiben kräftiges Weißbrot

1 Die Schwertmuscheln und die Kreuzmuster-Teppichmuscheln waschen und getrennt einige Stunden in reichlich kaltem Wasser einweichen. Die Miesmuscheln abbürsten und unter fließendem Wasser gründlich waschen. Die Tomaten blanchieren, abkühlen lassen, häuten, die Samen entfernen, die Flüssigkeit abtropfen lassen und das Fruchtfleisch klein schneiden. Die Petersilie waschen, ausschütteln und fein hacken.

2 Die abgetropften Muscheln in eine große Pfanne geben, den Weißwein und 2 Esslöffel Olivenöl hinzufügen und bei starker Hitze anbraten, so dass sie sich öffnen, dabei die Pfanne ab und zu schütteln. Vom Herd nehmen, das Muschelfleisch aus den Schalen lösen und in eine Schüssel geben. Die Schalen und die ungeöffneten Muscheln wegwerfen. Den Muschelsud durchsieben.

3 Das restliche Olivenöl in eine Pfanne geben und die geschälten, vom Mitteltrieb befreiten und leicht zerdrückten Knoblauchzehen darin hell andünsten und anschließend entfernen. Die Tomatenstücke und den Muschelsud hineingeben und bei mäßiger Hitze 10 Minuten köcheln lassen, dabei gelegentlich mit einem Holzlöffel umrühren. Die Muscheln hinzugeben, gegebenenfalls mit Salz und Pfeffer nachwürzen und einige Minuten durchziehen lassen. Zum Schluss mit der gehackten Petersilie bestreuen. Die Suppe auf die Teller verteilen und mit je einer gerösteten Brotscheibe servieren.

Zuppa di acciughe
Sardellensuppe

👨‍🍳 **einfach**
🕐 **40 Minuten**
380 kcal/1596 kJ

Zutaten

600 g Sardellen
1 Zwiebel · 1 Knoblauchzehe
1 Möhre
1 Selleriestange · 1 Bund Petersilie
200 g reife, feste Tomaten
4 EL Olivenöl
1 kleines Stück scharfer roter Peperoncino
1/2 Glas trockener Weißwein · Salz · Pfeffer
400 ml Fischfond oder Gemüsebrühe
4 Scheiben kräftiges Weißbrot

1 Die Sardellen ausnehmen, die Köpfe abschneiden, unter fließendem Wasser gründlich waschen und mit Küchenpapier trockentupfen. Die Zwiebel, die Knoblauchzehe und die Möhre schälen, die Selleriestange von Fäden befreien. Das vorbereitete Gemüse waschen und klein schneiden. Die Petersilie waschen, ausschütteln und fein hacken.

2 Die Tomaten blanchieren, abkühlen lassen, häuten, die Samen entfernen, die Flüssigkeit abtropfen lassen und das Fruchtfleisch grob zerkleinern. Das Olivenöl in einer Pfanne erhitzen und die Zwiebel-, Knoblauch-, Möhren- und Selleriestücke darin farblos andünsten. Den Peperoncino hinzufügen, den Weißwein angießen und bei starker Hitze verdampfen lassen. Zum Schluss die Tomatenstücke, Salz und Pfeffer hinzufügen und die Sauce 7–8 Minuten köcheln lassen.

3 Den Fischfond oder die Gemüsebrühe hinzufügen und erneut zum Kochen bringen. Die Sardellen hinzugeben, mit 1 Prise Salz und etwas frisch gemahlenem Pfeffer würzen und bei mäßiger Hitze weitere 10 Minuten köcheln lassen. Die Suppe mit der gehackten Petersilie bestreuen und sofort heiß servieren. Dazu die leicht gerösteten Weißbrotscheiben reichen.

Brodetto di palombo e zucchine
Glatthaisuppe mit Zucchini

einfach

30 Minuten

215 kcal/903 kJ

Zutaten

800 g küchenfertiger Glatthai

200 g Zucchini

1 Bund Basilikum

1 Bund Petersilie

2 Estragonzweige

1 Schalotte

1 scharfer roter Peperoncino

200 g reife, feste Tomaten

4 EL Olivenöl · Salz

1/2 Glas trockener Weißwein

200 ml Fischfond oder Gemüsebrühe

1 Den Glatthai waschen, trockentupfen und in Würfel schneiden. Die Zucchini von Stiel- und Blütenansatz befreien, waschen, abtrocknen und ebenfalls in Würfel schneiden. Das Basilikum, die Petersilie und den Estragon waschen, ausschütteln und fein hacken. Die Schalotte schälen, waschen, abtrocknen und fein hacken. Den Peperoncino ebenfalls fein hacken. Die Tomaten blanchieren, abkühlen lassen, häuten, die Samen entfernen, die Flüssigkeit abtropfen lassen und das Fruchtfleisch grob zerkleinern.

2 Das Olivenöl in eine Pfanne geben und die gehackte Schalotte darin glasig andünsten. Die Zucchini- und Glatthaiwürfel hinzufügen und bei starker Hitze kurz anbraten, bis sie leicht gebräunt sind, dabei gelegentlich mit einem Holzlöffel umrühren. Mit 1 Prise Salz würzen, den gehackten Peperoncino darüber streuen, den Weißwein angießen und bei starker Hitze verdampfen lassen.

3 Die Tomatenstücke und den Fischfond oder die Gemüsebrühe hinzufügen und bei mäßiger Hitze etwa 5 Minuten weiterköcheln lassen, dabei ab und zu umrühren. Die Suppe mit den gehackten Kräutern (Basilikum, Petersilie und Estragon) bestreuen und heiß servieren. Nach Belieben mit leicht gerösteten Weißbrotwürfeln anrichten.

Zuppa dei marinai
Suppe nach Seefahrerart

mittelschwer

1 Stunde 15 Minuten

775 kcal/3255 kJ

Zutaten

1 kg Meeraal

150 g reife, feste Tomaten

1 kleine Zwiebel

1 Lauchstange

1 Selleriestange

1 Bund Petersilie

1 Thymianzweig · 1 Lorbeerblatt

1 Glas trockener Weißwein

Salz · Pfeffer

4 Meerbarben · 2 Tintenfische (Sepien)

8 dünne Scheiben kräftiges Weißbrot

2 Knoblauchzehen

1 Den Meeraal häuten, sorgfältig waschen, mit Küchenpapier trockentupfen und in Stücke schneiden. Die Tomaten blanchieren, abkühlen lassen, häuten, die Samen entfernen, die Flüssigkeit abtropfen lassen und das Fruchtfleisch durch ein Sieb passieren.

2 Die Zwiebel schälen, die Lauchstange von den Wurzeln und den harten äußeren Blättern und die Selleriestange von Fäden befreien. Die Petersilie, den Thymian und das Lorbeerblatt mit Küchengarn zusammenbinden und das vorbereitete Gemüse waschen.

3 Einen guten Liter Wasser mit dem Weißwein in einen großen Topf gießen, die Aalstücke, das Gemüse, die Kräuter, die passierten Tomaten, Salz und Pfeffer hinzugeben. Zugedeckt zum Kochen bringen und bei mäßiger Hitze etwa 30 Minuten köcheln lassen. Die Kräuter nach Ende des Kochvorgangs entfernen, die Suppe durch das Passiergerät geben und in einer Pfanne auffangen.

4 In der Zwischenzeit die Meerbarben schuppen, ausnehmen, entgräten und waschen. Die Tintenfische putzen, von Schulp, Haut, Augen und Kauwerkzeugen befreien, waschen und klein schneiden. Die Tomatenmasse erhitzen, zum Kochen bringen, die Fischstücke hinzugeben und darin kochen. Die Suppe mit den im Backofen gerösteten und mit Knoblauch eingeriebenen Brotscheiben servieren.

Buridda genovese
Fischsuppe nach Genueser Art

🍳 **mittelschwer**
🕐 **1 Stunde 10 Minuten**
395 kcal/1659 kJ

Zutaten

1 Knoblauchzehe · 1 Zwiebel

1 Möhre · 1 Selleriestange

1 kleines Bund Petersilie

20 g Pinienkerne

4 EL Olivenöl

2 in Salz eingelegte Sardellen

4 reife, feste Tomaten

500 g gemischter Fisch

500 g Meeresfrüchte

Salz · Pfeffer

4 geröstete Scheiben kräftiges Weißbrot

1 Die Knoblauchzehe, die Zwiebel, die Möhre, die Selleriestange und die Petersilie zerkleinern, in eine Pfanne geben, die im Mörser zerstoßenen Pinienkerne sowie das Olivenöl hinzugeben und bei mäßiger Hitze anbraten. Die vom Salz befreiten, entgräteten und zerkleinerten Sardellen und die geschälten, von den Samen befreiten und in Achtel geschnittenen Tomaten hinzufügen.

2 Einige Minuten garen, anschließend 2 Suppenkellen heißes Wasser hinzufügen und etwa 30 Minuten bei mäßiger Hitze köcheln lassen.

3 In der Zwischenzeit die Fische schuppen und ausnehmen, die Flossen und Schwänze abschneiden, die Fische waschen und in Stücke schneiden. Die Meeresfrüchte sorgfältig säubern und ohne weitere Zutaten in einem Topf auf den Herd stellen.

4 Bei starker Hitze anbraten, dabei den Topf hin- und herschwenken. Die Muscheln, die sich nicht geöffnet haben, wegwerfen, die geöffneten herausnehmen und den Sud filtern. Die Fischstücke und die Meeresfrüchte mit dem Kochsud in die Pfanne geben, mit Salz und Pfeffer abschmecken und bei niedriger Hitze etwa 15 Minuten kochen. Die gerösteten Brotscheiben auf einem tiefen Servierteller anrichten und die Buridda darüber gießen. Heiß servieren.

Fricassea di pesce
Fischragout

🍳 **mittelschwer**
🕐 **30 Minuten**
280 kcal/1176 kJ

Zutaten

4 große Garnelen

200 g Seezungenfilets

200 g Petersfischfilets

2 Knoblauchzehen

1 Bund Petersilie

700 g Miesmuscheln

4 EL Olivenöl

¹/₂ Glas trockener Weißwein

Salz · Pfeffer

2 Eigelb

Saft von 1 Zitrone

1 Die Garnelen schälen, von den Därmen befreien, waschen und abtrocknen. Die Fischfilets waschen und trockentupfen. 1 Knoblauchzehe schälen und zerdrücken. Die Petersilie waschen, ausschütteln und fein hacken. Die Miesmuscheln abkratzen und gründlich waschen.

2 Die Muscheln mit 1 Esslöffel Olivenöl, dem zerdrückten Knoblauch, etwas gehackter Petersilie und dem Weißwein in einer Pfanne bei starker Hitze anbraten, bis sich die Muscheln öffnen. Vom Herd nehmen, das Muschelfleisch herauslösen und in eine Schüssel geben. Die Schalen und die ungeöffneten Muscheln wegwerfen. Den Muschelsud filtern und mit dem restlichen Olivenöl und 1 Knoblauchzehe in einer Pfanne zum Sieden bringen. Die Fischfilets und Garnelen hineinlegen, salzen, pfeffern und bei mäßiger Hitze etwa 8 Minuten kochen. Die Knoblauchzehe entfernen, die Miesmuscheln hinzugeben. Die Fische und Meeresfrüchte nach 2 Minuten herausnehmen und warm halten.

3 Den Fischsud durch ein Sieb schütten und in eine kleine Pfanne gießen. Das Eigelb in einer kleinen Schüssel mit dem gefilterten Zitronensaft, der restlichen Petersilie sowie etwas Salz und Pfeffer verschlagen. In die kleine Pfanne geben, schnell mit einem Holzlöffel verrühren und die Sauce, sobald sie cremig, aber noch nicht fest ist, über den vorbereiteten Fisch gießen. Sofort servieren.

Fleisch

Spezzatino dell'orto
Kalbsragout mit Gartengemüse

☺ einfach
🕐 1 Stunde 30 Minuten + Auftauzeit
270 kcal/1134 kJ

Zutaten

100 g tiefgefrorene grüne Bohnen
1 Aubergine
1 Hand voll grobkörniges Salz
650 g Kalbfleisch
3 EL Olivenöl
1 Zwiebel
2 Paprikaschoten
1 Zucchino
4 geschälte Tomaten
1 EL gemischte gehackte Kräuter
  (Petersilie, Salbei, Basilikum)
1 Knoblauchzehe
Salz · Pfeffer
etwas heiße Gemüsebrühe

1 Die Bohnen rechtzeitig auftauen. Die Aubergine schälen, längs in dicke Scheiben schneiden, in ein Abtropfsieb legen und mit 1 Hand voll grobkörnigem Salz bestreuen. Aus dem Fruchtfleisch das bittere Wasser 30 Minuten entziehen lassen, die Scheiben anschließend abspülen, trockentupfen und in Würfel schneiden.

2 Das Kalbfleisch in Würfel schneiden. Das Olivenöl in einem Topf erhitzen, die fein gehackte Zwiebel darin andünsten, die Kalbfleischwürfel hinzugeben und anbraten. Das Fleisch etwa 10 Minuten schmoren, bis es trocken ist, dabei gelegentlich mit einem Holzlöffel umrühren.

3 In der Zwischenzeit das restliche Gemüse putzen und waschen: die Paprikaschoten und den Zucchino in Würfel schneiden und die Tomaten zerkleinern. Sobald das Fleisch Farbe angenommen hat, die Auberginen-, Paprika- und Zucchiniwürfel sowie die aufgetauten und klein geschnittenen Bohnen hinzufügen.

4 Fünf Minuten garen, anschließend mit den gehackten Kräutern bestreuen, die zerkleinerten Tomaten, die geschälte, gewaschene und leicht zerdrückte Knoblauchzehe sowie Salz und Pfeffer hinzufügen. Langsam mit heißer Gemüserühe bedecken und bei niedriger Hitze 45 Minuten kochen. Wenn nötig, noch etwas Brühe hinzugießen. Am Ende der Kochzeit mit Salz abschmecken, das Ragout in eine vorgewärmte Schüssel füllen und sofort servieren.

Bracioline ai carciofi
Kleine Kalbsrouladen mit Artischocken

☺ einfach
🕐 40 Minuten
390 kcal/1638 kJ

Zutaten für 4 bis 6 Personen

2 Artischocken
1 EL Zitronensaft
5 EL Olivenöl
Salz · Pfeffer
12 dünne Scheiben Kalbfleisch (à 70 g)
150 g gekochter Schinken
1 Zwiebel
¹/₂ Glas trockener Weißwein
250 g geschälte Tomaten

1 Die Artischocken von den harten äußeren Blättern, den Spitzen und dem Heu im Innern befreien, in Schnitze schneiden und sofort in Wasser mit Zitronensaft legen, damit sie sich nicht dunkel verfärben. Abgießen, trockentupfen, mit 1 Esslöffel Olivenöl in eine Pfanne geben und unter Rühren kurz anbraten. 3–4 Esslöffel Wasser hinzugeben, salzen, pfeffern und bei mäßiger Hitze 7–8 Minuten weiterköcheln lassen, bis sie weich sind.

2 Die Kalbfleischscheiben mit dem angefeuchteten Fleischklopfer etwas flach klopfen und den Schinken klein schneiden. In die Mitte jeder Fleischscheibe 2 Artischockenschnitze und einige Schinkenstücke setzen. Das Fleisch von den Rändern her übereinander klappen. Die Ränder mit dem Messerrücken oder mit dem Fleischklopfer vorsichtig festklopfen, damit sie gut zusammenhalten.

3 Die Zwiebel schälen, waschen und fein hacken. Mit dem restlichen Olivenöl in eine Pfanne geben und andünsten. Die Rouladen hinzugeben und von allen Seiten goldbraun anbraten. Den Weißwein angießen und bei starker Hitze verdampfen lassen. Mit Salz und Pfeffer würzen, den Deckel auflegen und noch etwa 15 Minuten garen. Nach der Hälfte der Zeit die mit der Gabel zerdrückten Tomaten hinzugeben. Nach Ende der Garzeit heiß servieren.

Fesa di vitello alle melanzane
Kalbsnuss mit Auberginen

☺ einfach
🕐 30 Minuten
225 kcal/945 kJ

Zutaten

3 reife, feste Tomaten
50 g grüne Oliven
300 g Auberginen
3 EL Olivenöl
Salz · Pfeffer
400 g Kalbsnussscheiben
1 Bund Basilikum

1 Die Tomaten blanchieren, abtropfen lassen, häuten, die Samen entfernen, den Saft abgießen und das Fruchtfleisch klein würfeln. Die Oliven entsteinen und in Scheiben schneiden. Die Auberginen vom Stielansatz befreien, waschen, trockentupfen und in Würfel schneiden.

2 In einer beschichteten Pfanne 1 Esslöffel Olivenöl erhitzen und darin die Auberginenwürfel bei starker Hitze 4–5 Minuten anbraten, dabei häufig mit einem Holzlöffel umrühren. Abtropfen lassen und beiseite stellen. 1 Esslöffel Olivenöl in dieselbe Pfanne geben und die Tomatenwürfel bei starker Hitze etwa 10 Minuten garen. Salzen und pfeffern.

3 In der Zwischenzeit das restliche Olivenöl in einer weiteren beschichteten Pfanne erhitzen und darin die gesalzenen und gepfefferten Kalbsnussscheiben bei starker Hitze auf jeder Seite 2–3 Minuten goldbraun anbraten. Abtropfen lassen und in eine feuerfeste Form legen.

4 Den Backofen auf 200 °C vorheizen. Die Oliven, das gewaschene und klein gezupfte Basilikum und die Auberginenwürfel zu den Tomatenwürfeln geben. Gut umrühren und die Masse auf den Fleischscheiben verteilen. Im vorgeheizten Backofen etwa 3–4 Minuten garen. Anschließend herausnehmen und in der feuerfesten Form servieren.

Spiedini di vitello alla siciliana
Kalbsspießchen nach sizilianischer Art

♨ einfach
🕐 40 Minuten
350 kcal/1470 kJ

Zutaten für 4 bis 6 Personen

1 EL Sultaninen
8 kleine Zwiebeln
80 g pikanter Caciocavallo
1 EL Semmelbrösel
12 Scheiben Kalbfleisch (à 50 g)
1 EL Pinienkerne
12 Basilikumblätter
8 Lorbeerblätter
Salz · Pfeffer
3 EL Olivenöl
½ Glas trockener Weißwein

1 Die Sultaninen in einer Tasse mit lauwarmem Wasser einweichen. Die Zwiebeln schälen, in kochendem Salzwasser überbrühen, nach 5 Minuten abgießen und mit einem Küchentuch abtrocknen. Den Caciocavallo in Stifte schneiden.

2 Die Semmelbrösel kurz in einer beschichteten Pfanne ohne Fett anrösten, bis sie goldbraun sind, dabei häufig umrühren. Die Fleischscheiben mit einem angefeuchteten Fleischklopfer flach klopfen und auf jeder Scheibe einige Semmelbrösel, etwas Caciocavallo, einige abgetropfte und ausgedrückte Sultaninen sowie einige Pinienkerne und Basilikumblätter verteilen. Das Fleisch zu kleinen Rouladen aufrollen.

3 Auf 4 Spießchen jeweils abwechselnd 3 Rouladen, 1 Lorbeerblatt und 1 Zwiebel schieben, anschließend salzen und pfeffern. Das Olivenöl in einer beschichteten Pfanne erhitzen und darin die Spießchen von allen Seiten goldbraun anbraten. Dann salzen, pfeffern, den Weißwein angießen und bei starker Hitze verdampfen lassen.

4 Den Deckel auflegen und die Spieße bei mäßiger Hitze etwa 10 Minuten weitergaren. Sollte das Fleisch zu trocken werden, einige Esslöffel heißes Wasser hinzufügen. Die Spießchen anschließend auf einem Teller anrichten und heiß servieren. Nach Belieben frisches Gemüse der Saison dazu reichen.

Scaloppine di vitello con pomodorini essiccati
Kalbsschnitzel mit getrockneten Tomaten

♨ einfach
🕐 30 Minuten
355 kcal/1491 kJ

Zutaten

100 g Schalotten
4 EL Olivenöl
50 g Pinienkerne
500 g dünne Kalbsschnitzel
etwas Weißmehl
½ Glas trockener Weißwein
12 in Öl eingelegte getrocknete Tomaten
1 Bund Basilikum
Salz · Pfeffer

1 Die Schalotten schälen, waschen und fein hacken. 2 Esslöffel Olivenöl in einer Pfanne erhitzen und die Schalotten darin farblos andünsten. In einer kleinen – wenn möglich beschichteten – Pfanne die Pinienkerne rösten, bis sie leicht gebräunt sind.

2 Die Kalbsschnitzel mit einem angefeuchteten Fleischklopfer flach klopfen und mit etwas Weißmehl bestäuben. Das restliche Olivenöl in einer Pfanne erhitzen und die Schnitzel darin von allen Seiten anbraten, anschließend auf Küchenpapier abtropfen lassen und zwischen 2 Tellern warm halten.

3 Den Weißwein in dieselbe Pfanne gießen und 1 Minute kochen lassen. Die gehackten Schalotten, die gerösteten Pinienkerne und die gewaschenen und in Streifen geschnittenen Tomaten hinzugeben. Bei mäßiger Hitze kochen, bis der Wein fast völlig verdampft ist. Dann die Pfanne vom Herd nehmen.

4 Das Basilikum waschen und ausschütteln. Einige Blätter klein zupfen und einige ganze Blätter zur Dekoration beiseite legen. Die Kalbsschnitzel auf einem Teller anrichten, die vorbereitete Sauce dazugeben, mit dem Basilikum bestreuen und heiß servieren.

Tacchino in agrodolce
Putenfleisch mit süßsaurem Gemüse

einfach
45 Minuten + Ruhezeit
305 kcal/1281 kJ

Zutaten

500 g Putenfleisch
2 Möhren
2 Zwiebeln
3 Lorbeerblätter
Pfefferkörner
3 Gewürznelken
100 ml Weißweinessig
Salz · Pfeffer
5 EL Olivenöl
2 Salbeiblätter
100 ml trockener Weißwein

1 Das Putenfleisch waschen und mit einem Tuch abtrocknen. Die Möhren waschen, schälen und in Scheiben schneiden. Die Zwiebeln schälen, waschen und in Ringe schneiden. Die Möhrenscheiben, die Hälfte der Zwiebelringe, 1 Lorbeerblatt, 2 Pfefferkörner und die Gewürznelken in einen Topf geben, 3 Esslöffel Essig hinzugießen und mit etwa 1¹/₂ Liter Wasser auffüllen. Zum Kochen bringen und 15 Minuten köcheln lassen.

2 Salzen, das Putenfleisch hineingeben und bei niedriger Hitze 15–20 Minuten kurz unterhalb des Siedepunktes garen. Das Gemüse und das Putenfleisch anschließend mit Hilfe eines Schaumlöffels abtropfen und abkühlen lassen. Das Fleisch in Stücke schneiden.

3 Das Olivenöl in einer beschichteten Pfanne erhitzen und die restlichen Zwiebelringe mit den gewaschenen und abgetrockneten Salbeiblättern und den restlichen Lorbeerblättern andünsten. Die Putenstücke gleichmäßig anbraten, das abgetropfte Gemüse hinzugeben und unter Rühren kurz durchziehen lassen; salzen und pfeffern. Den restlichen Weißweinessig und den Weißwein angießen und einige Minuten kochen lassen.

4 Die Putenstücke mit dem Gemüse in eine flache Schüssel geben und mit der noch heißen süßsauren Gemüsemasse bedecken. Unter gelegentlichem Rühren abkühlen lassen, zudecken und bei Zimmertemperatur mindestens 1 Tag ruhen lassen, anschließend servieren.

Fesa di tacchino alle olive
Putenfleisch mit Oliven

einfach
20 Minuten
320 kcal/1344 kJ

Zutaten

400 g Putenfleisch · etwas Weißmehl
4 EL Olivenöl· Salz · Pfeffer
1 Zwiebel · 1 Knoblauchzehe
¹/₂ Glas trockener Weißwein
100 g entsteinte grüne Oliven
1 Bund Basilikum

1 Das Putenfleisch in dünne Scheiben schneiden und mit etwas Mehl bestäuben. 2 Esslöffel Olivenöl in einer Pfanne erhitzen und die Putenscheiben darin anbraten, bis sie auf beiden Seiten leicht gebräunt sind. Salzen und pfeffern. Abtropfen lassen und zwischen 2 Tellern warm halten.

2 Das restliche Olivenöl in dieselbe Pfanne geben, die gewaschene und gehackte Zwiebel und die Knoblauchzehe hinzugeben und bei mäßiger Hitze andünsten. Die Putenscheiben erneut hineinlegen, mit dem Weißwein benetzen und diesen bei starker Hitze einkochen lassen. Einige Oliven grob hacken, einige ganz lassen und hinzugeben.

3 Bei mäßiger Hitze zugedeckt 7–8 Minuten garen, dabei etwas heißes Wasser hinzugießen, falls der Kochsud zu sehr einkochen sollte. Kurz vor Ende der Garzeit das gewaschene und klein gezupfte Basilikum hinzugeben. Alles auf einem Teller anrichten und heiß servieren.

Involtini di tacchino ai peperoni
Putenrouladen mit Paprikagemüse

einfach
40 Minuten
355 kcal/1491 kJ

Zutaten

1 Bund Basilikum
1 rote Paprikaschote
1 gelbe Paprikaschote
200 g reife, feste Tomaten
4 EL Olivenöl
Salz · Pfeffer
70 g gekochter Schinken
50 g Mozzarella
8 dünne Scheiben Putenfleisch
2 Salbeiblätter
¹/₂ Glas trockener Weißwein

1 Das Basilikum waschen, ausschütteln und klein zupfen. Die Paprikaschoten waschen, von Samen und Stegen befreien und in kleine Stücke schneiden. Die Tomaten waschen, halbieren, von den Samen befreien und das Fruchtfleisch grob hacken.

2 In einer Pfanne 2 Esslöffel Olivenöl erhitzen und die Paprikastücke (bis auf 8 Stück) bei starker Hitze 3–4 Minuten anbraten, dabei ab und zu mit einem Holzlöffel umrühren. Die Tomatenstücke, Salz und Pfeffer hinzufügen und zugedeckt 20 Minuten köcheln lassen. Nach 15 Minuten das Basilikum darüber streuen.

3 Den Schinken und den Mozzarella in je 8 Stücke schneiden. Die Putenscheiben mit dem angefeuchteten Fleischklopfer etwas flach klopfen, mit einem Stück gekochten Schinken belegen, in die Mitte ein Mozzarella- und zuletzt ein Paprikastück setzen. Jede Scheibe aufrollen und mit einem Holzstäbchen feststecken. Das restliche Olivenöl mit dem Salbei in einer Pfanne erhitzen und die Rouladen darin von allen Seiten anbraten. Salzen und pfeffern.

4 Den Weißwein darüber gießen und bei starker Hitze einkochen lassen. Bei mäßiger Hitze zugedeckt noch etwa 10 Minuten köcheln lassen. Die Rouladen aus der Pfanne nehmen, in gleichmäßig breite Scheiben schneiden, auf einem Teller anrichten und mit der Paprikasauce heiß oder lauwarm servieren.

Tagliata di tacchino con verdure al vapore
Putenscheiben mit gedämpftem Gemüse

einfach
50 Minuten
250 kcal/1050 kJ

Zutaten

350 g Putenfleisch · Salz · Pfeffer
100 g Möhren · 100 g Kartoffeln
100 g Zucchini · 100 g grüne Bohnen
100 g Blumenkohl
1 Bund Rucola
4 EL Olivenöl

1 Das Putenfleisch waschen, sorgfältig mit Küchenpapier trockentupfen, mit 1 Prise Salz und etwas frisch gemahlenem Pfeffer würzen und 15–20 Minuten dampfgaren. Anschließend abtropfen und etwas abkühlen lassen und in sehr dünne Scheiben schneiden.

2 Die Möhren und die Kartoffeln schälen, die Zucchini von Stiel- und Blütenansatz befreien. Die Bohnen von Fäden befreien und in Stücke schneiden, den Blumenkohl in Röschen zerteilen. Die Möhren, Kartoffeln und Zucchini in Stifte schneiden. Das vorbereitete Gemüse waschen und getrennt dampfgaren.

3 Den Rucola waschen, vorsichtig trockentupfen, klein zupfen und auf dem Servierteller ausbreiten. Die Putenscheiben mit dem gedämpften Gemüse darüber anordnen, mit 1 Prise Salz bestreuen, mit dem Olivenöl beträufeln und sofort servieren.

Petto di pollo alla frutta
Hähnchenbrust mit Obst

☞ **mittelschwer**
🕐 **40 Minuten**
360 kcal/1512 kJ

Zutaten

1 Orange
1 rosa Grapefruit
4 EL Olivenöl
400 g Hähnchenbrustfilet
Salz · Pfeffer
250 g blaue Trauben
1 Avocado
Saft von 1 Zitrone
1 kleines Bund Kerbel

1 Die Orange und die Grapefruit oben und unten flach abschneiden, mit einem scharfen Messer die Schalen und auch die weiße Haut entfernen. Die einzelnen Filets ohne Haut heraustrennen und in eine Schüssel geben.

2 In einer beschichteten Pfanne 1 Esslöffel Olivenöl erhitzen, die Hähnchenbrustfilets darin ausbreiten und pro Seite 7 Minuten anbraten. Mit Salz und Pfeffer würzen und aus der Pfanne nehmen. Auf Küchenpapier abtropfen und abkühlen lassen.

3 Die Trauben waschen und abtrocknen, halbieren und die Kerne entfernen. Die Avocado aufschneiden, vom Stein befreien und schälen. Das Fruchtfleisch klein würfeln und sofort mit 2 Esslöffeln Zitronensaft beträufeln.

4 Das Salz, den restlichen Zitronensaft und 1 Prise Pfeffer in eine Schüssel geben und verrühren, bis sich das Salz vollständig aufgelöst hat. Das restliche Olivenöl in einem dünnen Strahl hinzugießen und mit einer Gabel verschlagen, bis sich alle Zutaten gut vermischt haben.

5 Die Hähnchenbrustfilets in große Würfel schneiden und in eine Salatschüssel geben. Die Orangen- und Grapefruitfilets, die Avocadowürfel und die Traubenhälften hinzufügen. Die vorbereitete Sauce darüber gießen, vorsichtig mischen und den Salat zugedeckt 15 Minuten an einem kühlen Ort durchziehen lassen. Mit den gewaschenen und abgetrockneten Kerbelblättern dekorieren und servieren.

Petti di pollo con verdure e salsa alle erbe
Hähnchenbrust mit Gemüse und Kräutersauce

👨‍🍳 einfach
🕐 **40 Minuten**
205 kcal/861 kJ

Zutaten

500 g Hähnchenbrustfilet
1 Möhre
1 Lauchstange
1 Selleriestange
3 EL Olivenöl
Salz · Pfeffer
1/2 Glas trockener Weißwein
2 Lorbeerblätter
etwas Fenchelgrün · einige Basilikumblätter
1 Thymianzweig · 3 Poleiminzezweige
1 EL abgeriebene Zitronenschale

1 Die Hähnchenbrustfilets waschen und mit Küchenpapier trockentupfen. Die Möhre schälen, den Lauch putzen, von den Wurzeln und den harten äußeren Blättern befreien und die Fäden von der Selleriestange abziehen. Das Gemüse waschen und in dünne Scheiben oder Streifen schneiden.

2 Das Olivenöl in einer Pfanne erhitzen, das klein geschnittene Gemüse darin andünsten und etwa 4–5 Minuten garen. Mit dem Schaumlöffel herausheben und auf einen Teller legen. Die Hähnchenbrustfilets in derselben Pfanne auf beiden Seiten goldbraun anbraten. Salzen, pfeffern, den Weißwein, die Lorbeerblätter und das gekochte Gemüse hinzufügen und bei niedriger Hitze 15 Minuten zugedeckt garen.

3 Die Hähnchenbrustfilets und das Gemüse abtropfen lassen und die Lorbeerblätter entfernen. Alles auf einen vorgewärmten Teller geben und mit Alufolie abdecken, damit es warm bleibt.

4 Das Fenchelgrün, das Basilikum, den Thymian und die Poleiminze waschen, ausschütteln und fein hacken. Zu dem Kochsud geben, die abgeriebene Zitronenschale hinzufügen, mit Salz und Pfeffer abschmecken und 4–5 Minuten köcheln lassen, bis die Sauce auf die Hälfte reduziert ist. Über die Hähnchenbrustfilets gießen und sofort servieren.

Pollo al sale
Hähnchen in Salzkruste

👨‍🍳 einfach
🕐 **1 Stunde 10 Minuten**
290 kcal/1218 kJ

Zutaten

1 küchenfertiges Hähnchen (etwa 1 kg)
1 Rosmarinzweig
2 Salbeiblätter
Pfeffer
etwa 2 kg grobkörniges Salz

1 Das Hähnchen innen und außen sorgfältig waschen und trockentupfen. Den Rosmarinzweig und die Salbeiblätter waschen, trockentupfen und das Hähnchen damit füllen, dabei etwas pfeffern. Das Hähnchen mit einem Stück Küchengarn zusammenbinden, damit es beim Braten seine Form behält.

2 Den Backofen auf 250 °C vorheizen. Eine – möglichst ovale – Auflaufform, die nicht viel größer als das Hähnchen ist, mit einer etwa 1 Zentimeter dicken Salzschicht ausstreuen und das Hähnchen darauf legen. Das restliche Salz so auf und um das Hähnchen herum streuen, dass es völlig davon bedeckt ist.

3 Die Auflaufform in den vorgeheizten Backofen schieben und 1 Stunde braten, bis die Kruste goldgelb ist. Aus dem Backofen nehmen und die Salzkruste mit dem Griff eines schweren Messers aufschlagen. Das Hähnchen aus der Kruste befreien, überschüssiges Salz entfernen und auf einem Servierteller anrichten. Mit einem frischen Salat der Saison servieren.

Pollo alle spezie
Hähnchen mit Gewürzen

⊕ einfach
⏱ 1 Stunde + Marinierzeit
415 kcal/1743 kJ

Zutaten

1 Zitrone
1 küchenfertiges Hähnchen (etwa 1,2 kg)
Salz · Pfefferkörner
300 g reife, feste Tomaten
2 EL Olivenöl
100 ml trockener Weißwein
1 kleines Stück scharfer roter Peperoncino
1 Prise Oregano
1 kleines Stück Zimtstange
1 Gewürznelke

1 Die Zitrone auspressen. Das Hähnchen in 8 Stücke teilen, sorgfältig waschen und trockentupfen. In eine Schüssel legen, mit dem Zitronensaft übergießen, Salz und Pfefferkörner hinzugeben, abdecken und bei Zimmertemperatur 1 Stunde marinieren, dabei gelegentlich wenden.

2 Die Tomaten blanchieren, abtropfen lassen, häuten, die Samen entfernen, die Flüssigkeit abtropfen lassen und das Fruchtfleisch grob zerkleinern. Das Olivenöl in einer Pfanne erhitzen, die abgetropften Hähnchenstücke hineingeben und von allen Seiten goldbraun anbraten. Den Weißwein angießen und bei starker Hitze verdampfen lassen. Die Fleischstücke abtropfen lassen und in eine feuerfeste Form legen.

3 Den Backofen auf 200 °C vorheizen. Die zerkleinerten Tomaten in eine weitere Pfanne geben, den Peperoncino, den Oregano, Zimt, 2 Pfefferkörner und die Gewürznelke hinzufügen. Zum Kochen bringen und bei starker Hitze etwa 20 Minuten kochen, dabei ab und zu umrühren. Die Sauce über die Hähnchenteile in der Form gießen, mit einem Stück Alufolie bedecken und in den vorgeheizten Backofen schieben. 30 Minuten garen, anschließend aus dem Ofen nehmen und in der Form servieren.

Pollo al latte
Hähnchen in Milch

⊕ einfach
⏱ 50 Minuten + Marinierzeit
385 kcal/1617 kJ

Zutaten

1 küchenfertiges Hähnchen (etwa 1 kg)
2 EL Olivenöl
4 Wacholderbeeren
2 Lorbeerblätter
Salz · Pfeffer
250 g Zwiebeln
1 Glas Vollmilch

1 Das Hähnchen gründlich waschen und trockentupfen. In 8 Stücke teilen und von der Haut befreien. Die Hähnchenstücke in eine Schüssel legen, mit dem Olivenöl beträufeln, die Wacholderbeeren, die zerkleinerten Lorbeerblätter sowie etwas frisch gemahlenen Pfeffer hinzufügen und etwa 30 Minuten marinieren, dabei ab und zu wenden.

2 Die Zwiebeln schälen, waschen, in Ringe schneiden und in einer einzigen Schicht auf dem Boden eines Topfes verteilen. Mit einigen Esslöffeln Milch übergießen. Die Hähnchenstücke auf die Zwiebelschicht legen und die Marinade darüber gießen. Mit 1 Prise Salz und etwas Pfeffer würzen und mit der restlichen Milch benetzen. Den Topf zudecken und die Hähnchenteile bei niedriger Hitze etwa 30 Minuten garen.

3 Wenn das Fleisch fast gar ist, die Hitze etwas erhöhen und die Fleischstücke unter häufigem Wenden leicht anbraten. Auf einem Teller anrichten und mit Kartoffelpüree oder mit Ofenkartoffeln servieren.

Galletti alle erbe aromatiche
Stubenküken mit Kräutern

🍲 **aufwändig**
🕐 **1 Stunde 15 Minuten**
460 kcal/1932 kJ

Zutaten

2 Stubenküken (à 600 g)
Salz · Pfeffer
1 Scheibe altbackenes Brot
100 ml Milch
2 Thymianzweige
2 Majoranzweige
1 Bund Petersilie
1 Ei
2 EL Olivenöl
2 Salbeiblätter
1 Rosmarinzweig

1 Die Stubenküken waschen, abtrocknen und komplett entbeinen (oder vom Metzger vorbereiten lassen), ohne dass die Haut verletzt wird. Das Fleisch auf einem Schneidebrett ausbreiten und mit dem Fleischklopfer leicht flach schlagen. Die Ränder angleichen, salzen und pfeffern. Die abgeschnittenen Fleischreste zerkleinern und beiseite stellen.

2 Die Brotscheibe in der Milch einweichen, dann ausdrücken, zerkleinern und in eine Schüssel geben. Den Thymian, den Majoran und die Petersilie waschen, fein hacken und hinzugeben. Das Ei, die Fleischreste, 1 Prise Salz und etwas frisch gemahlenen Pfeffer hinzufügen. Gut umrühren, um alle Zutaten gründlich miteinander zu vermischen.

3 Die Masse gleichmäßig auf das Fleisch streichen, die Stubenküken aufrollen und mit Küchengarn zusammenbinden. Den Backofen auf 200 °C vorheizen. Eine feuerfeste Form mit dem Olivenöl einfetten, die Salbeiblättter, den Rosmarinzweig und die Stubenküken hineingeben. Im vorgeheizten Ofen etwa 30 Minuten garen, dabei ab und zu mit einem Pfannenheber wenden.

4 Die Stubenküken nach Ende der Garzeit im ausgeschalteten Backofen noch 10 Minuten ruhen lassen. Die Rouladen in Scheiben schneiden, diese auf einem Teller anrichten und nach Belieben mit im Ofen gebackenen neuen Kartoffeln oder einem frischen Salat der Saison servieren.

Die Füllung gleichmäßig auf jedem ausgebreiteten Stubenküken verteilen.

Jedes Stubenküken aufrollen und mit Küchengarn zusammenbinden.

Das so vorbereitete Geflügel in eine mit Olivenöl eingefettete feuerfeste Form legen.

Faraona in tegame
Gebratenes Perlhuhn

☷ **einfach**
◷ **1 Stunde**
300 kcal/1260 kJ

Zutaten

1 küchenfertiges Perlhuhn (etwa 900 g)
Salz · Pfeffer
1 reife, feste Tomate
¹/₂ Zwiebel
1 Möhre
¹/₂ Selleriestange
3 EL Olivenöl
1 Glas trockener Weißwein
1 Thymianzweig

1 Das Perlhuhn gründlich waschen, trockentupfen und in 6 Teile schneiden. Alle Stücke salzen und pfeffern.

2 Die Tomate 1 Minute in einem kleinen Topf mit kochend heißem Wasser blanchieren, abtropfen lassen, häuten, die Samen entfernen, die Flüssigkeit abtropfen lassen und das Fruchtfleisch grob zerkleinern. Die Zwiebel und die Möhre schälen, die Selleriestange putzen und von Fäden befreien. Zwiebel, Möhre und Selleriestange waschen und fein hacken.

3 Das Olivenöl in einer Pfanne erhitzen, die Perlhuhnstücke hineingeben und von allen Seiten goldbraun anbraten. Den Weißwein angießen und bei starker Hitze verdampfen lassen. Die Zwiebel-, Möhren- und Selleriestücke sowie den Thymianzweig hinzufügen und bei mäßiger Hitze farblos andünsten. Zum Schluss die Tomatenstücke hinzugeben und mit einem Holzlöffel umrühren. Mit Salz und Pfeffer abschmecken.

4 Bei niedriger Hitze zugedeckt etwa 40 Minuten garen, dabei ab und zu mit einem Holzlöffel umrühren. Am Ende den Thymianzweig entfernen, das Fleisch auf einem Teller anrichten, die Gemüse darüber geben und sofort servieren.

Die Perlhuhnstücke von allen Seiten goldbraun anbraten.

Die Zwiebel-, Möhren- und Selleriestücke sowie den Thymianzweig hinzufügen und andünsten.

Zum Schluss das grob gehackte Tomatenfruchtfleisch hinzugeben und umrühren.

Bauletti di pollo
Hähnchenrouladen

einfach
50 Minuten
285 kcal/1197 kJ

Zutaten

200 g Spinat
1 Zwiebel
400 g Hähnchenbrustfilet
Salz · Pfeffer
8 Scheiben gekochter Schinken
4 EL Olivenöl
1/2 Glas trockener Weißwein
etwas heiße Fleischbrühe

1 Den Spinat von welken Blättern befreien, in reichlich kaltem Wasser waschen und in kochendem Salzwasser blanchieren. Abtropfen lassen, in kaltes Wasser legen, damit er abkühlt, erneut abtropfen lassen und die Blätter auf einem Küchentuch ausbreiten. Die Zwiebel schälen, waschen und fein hacken.

2 Die Hähnchenbrustfilets in 8 Stücke teilen, mit dem Fleischklopfer etwas flach klopfen und mit Salz und Pfeffer würzen. In die Mitte jedes Stücks 2 Spinatblätter und 1 Scheibe gekochten Schinken legen, zu Rouladen formen und mit einem Holzstäbchen feststecken.

3 Das Olivenöl in einer beschichteten Pfanne erhitzen, die Rouladen hineingeben und von allen Seiten gleichmäßig anbraten. Mit dem Weißwein übergießen und diesen bei starker Hitze eindicken lassen. Die Rouladen abtropfen lassen und warm stellen.

4 Die gehackte Zwiebel in derselben Pfanne glasig andünsten. Die Rouladen wieder hineingeben, mit der heißen Fleischbrühe benetzen und noch etwa 20 Minuten garen. Abtropfen lassen, in Scheiben schneiden, auf einem Teller anrichten, den Kochsud darüber gießen und servieren.

Pollo a spezzatino
Hähnchenragout

einfach
45 Minuten
400 kcal/1680 kJ

Zutaten

1 küchenfertiges Hähnchen
250 g reife, feste Tomaten
1 Bund Basilikum
4 EL Olivenöl
1/2 Glas trockener Weißwein
1 Knoblauchzehe
Salz · Pfeffer

1 Das Hähnchen waschen und trockentupfen. Die Tomaten blanchieren, häuten, die Samen entfernen, die Flüssigkeit abtropfen lassen und das Fruchtfleisch grob zerkleinern. Das Basilikum waschen, ausschütteln und klein zupfen.

2 In einer Pfanne 3 Esslöffel Olivenöl erhitzen und die Hähnchenstücke darin von allen Seiten goldbraun anbraten. Mit dem Weißwein übergießen, diesen bei starker Hitze eindicken lassen. Die Hähnchenstücke anschließend abtropfen lassen und warm stellen.

3 Das restliche Olivenöl in dieselbe Pfanne gießen, die geschälte Knoblauchzehe hinzufügen und hell andünsten. Die zerkleinerten Tomaten und das klein gezupfte Basilikum hinzufügen, mit je 1 Prise Salz und Pfeffer würzen und 5–6 Minuten garen.

4 Die Hähnchenstücke wieder in die Pfanne geben und bei mäßiger Hitze zugedeckt 25–30 Minuten weitergaren und – falls nötig – etwas heißes Wasser hinzufügen. Sobald das Ragout fertig ist, heiß servieren.

Pollo alle mele e al curry
Hähnchen mit Äpfeln und Curry

einfach
1 Stunde
505 kcal/2121 kJ

Zutaten

2 säuerliche Äpfel
Saft von 1 Zitrone
1 küchenfertiges Hähnchen (etwa 1,2 kg)
etwas Weißmehl
30 g Butter · 2 EL Olivenöl
Salz
¹/₂ Glas trockener Weißwein
1 Knoblauchzehe
1 EL gehackte Zwiebel
1 gestrichener TL Currypulver
etwas Brühe

1 Die Äpfel waschen, schälen, die Kerngehäuse entfernen, in dünne Schnitze schneiden und mit dem Zitronensaft beträufeln, damit sie sich nicht verfärben.

2 Das Hähnchen gründlich waschen und trockentupfen. In Portionsstücke schneiden und mit etwas Weißmehl bestäuben. 20 g Butter und das Olivenöl in einer Pfanne erhitzen und die Hähnchenstücke darin anbraten, bis sie gleichmäßig gebräunt sind. Salzen, den Weißwein angießen und bei starker Hitze einkochen lassen. Die Hähnchenstücke anschließend auf einen Teller legen.

3 Die restliche Butter in dieselbe Pfanne geben, die Knoblauchzehe darin andünsten und wieder herausnehmen. Die Zwiebel, die Äpfel und das Currypulver kurz in der Pfanne durchziehen lassen.

4 Die Hähnchenstücke wieder hineingeben, etwas kochende Brühe angießen, den Deckel auflegen und bei mäßiger Hitze zum Kochen bringen, dabei gelegentlich umrühren. Wenn nötig, noch etwas Brühe hinzugießen, jedoch jedes Mal warten, bis sie völlig absorbiert ist. Mit Salz abschmecken, das Hähnchen mit der cremigen Sauce auf einem vorgewärmten Teller anrichten und servieren.

Pollo al limone
Zitronenhähnchen

einfach
1 Stunde
365 kcal/1533 kJ

Zutaten

1 küchenfertiges Hähnchen
4 unbehandelte Zitronen
Salz · Pfeffer
3 EL Olivenöl

1 Das Hähnchen sorgfältig waschen und mit einem Küchentuch trockentupfen. 1 Zitrone gründlich waschen und in Scheiben schneiden. Die übrigen Zitronen auspressen, den Saft in einer kleinen Schüssel auffangen und mit ¹/₂ Glas Wasser vermischen. Das Hähnchen innen und außen salzen und pfeffern, mit den Zitronenscheiben füllen und die Öffnung mit weißem Küchengarn zunähen.

2 Den Backofen auf 200 °C vorheizen. Das Olivenöl in einer feuerfesten Form erhitzen und darin das Hähnchen bei starker Hitze von allen Seiten anbraten, bis es leicht gebräunt ist. Mit dem aufbewahrten Zitronensaft benetzen und im vorgeheizten Backofen 40 Minuten braten, dabei gelegentlich mit dem Bratensaft beschöpfen.

3 Die Form aus dem Backofen nehmen, das Hähnchen auf einem großen Teller anrichten, nach Belieben mit Zitronenscheiben dekorieren und heiß servieren. Einen gemischten Salat der Saison oder gedämpftes Gemüse dazu reichen.

Costolette con carciofi
Kalbskoteletts mit Artischocken

🍳 einfach
🕐 1 Stunde + Marinierzeit
270 kcal/1134 kJ

Zutaten für 6 Personen

6 Artischocken
Saft von 1 Zitrone
150 ml Weißweinessig
Salz · Pfeffer
1 TL Pfefferkörner
2 Lorbeerblätter
2 Gewürznelken
1 Bund Petersilie
3 Tomaten
1 Bund Basilikum
etwas Olivenöl
2 Knoblauchzehen
2 scharfe rote Peperoncini
6 Kalbskoteletts
9 EL trockener Weißwein

1 Die Artischocken putzen, von den äußeren Blättern, den Stielen und den harten Spitzen befreien und die Herzen herausschneiden. Jeweils vierteln und das eventuell vorhandene Heu entfernen. Sofort in Wasser mit Zitronensaft tauchen, damit sie sich nicht dunkel verfärben.

2 Den Weißweinessig, 150 ml Wasser, 1 Prise Salz, die Pfefferkörner, Lorbeerblätter, Gewürznelken und die Petersilie in eine Pfanne geben, zum Kochen bringen, die abgetropften Artischocken hinzufügen und 5–7 Minuten köcheln lassen. Anschließend erneut abtropfen lassen.

3 In der Zwischenzeit die Tomaten waschen, jeweils achteln und die Samen entfernen. In ein Glasgefäß zunächst je 1 Schicht Artischockenviertel, Tomatenachtel und einige Basilikumblätter legen. In dieser Reihenfolge weiter schichten, bis alle Zutaten aufgebraucht sind. Mit Olivenöl übergießen und die geschälten und halbierten Knoblauchzehen sowie die Peperoncini hinzugeben. Das Gefäß verschließen und die Artischocken 3 Tage marinieren.

4 In einer Pfanne 1 Esslöffel Olivenöl erhitzen, die Kalbskoteletts hineingeben, salzen, pfeffern und von beiden Seiten anbraten. Bei mäßiger Hitze 6–7 Minuten von jeder Seite garen. Anschließend aus der Pfanne nehmen und warm stellen. Das überschüssige Fett abschöpfen, den Weißwein angießen und unter Rühren den Bratensaft lösen. Die Koteletts erneut hineingeben und, sobald sie warm sind, servieren. Dazu die eingelegten Artischocken reichen.

Scaloppine di vitello ai capperi
Kalbsschnitzel mit Kapern

🍴 einfach
🕐 20 Minuten
160 kcal/672 kJ

Zutaten

350 g dünne Kalbsschnitzel
1 EL Weißmehl
1 Bund Petersilie
1 Bund Basilikum
3 EL Olivenöl
Salz · Pfeffer
2 EL Zitronensaft
1 EL Kapern

1 Die Kalbsschnitzel zwischen angefeuchtetes Küchenpapier legen, mit einem Fleischklopfer etwas flach klopfen und anschließend im Weißmehl wälzen. Die Petersilie und das Basilikum waschen, ausschütteln und getrennt fein hacken. Das Olivenöl in einer Pfanne erhitzen, die Schnitzel darin anbraten, mit 1 Prise Salz und etwas frisch gemahlenem Pfeffer würzen und von beiden Seiten goldbraun anbraten. Abtropfen lassen und zugedeckt warm stellen.

2 Das überschüssige Fett aus der Pfanne abschöpfen, dann den Zitronensaft und 3–4 Esslöffel Wasser hineingießen und mit einem Holzlöffel umrühren, bis sich der Kochsud löst. Nun die Kapern, die Petersilie und das Basilikum hinzufügen, 1 Minute durchziehen lassen, dann die Schnitzel erneut hineingeben und etwa 2 Minuten weitergaren, dabei einmal mit einem Pfannenheber wenden. Mit Salz und Pfeffer abschmecken.

3 Die Kalbsschnitzel abtropfen lassen und auf einem Teller anrichten. Zusammen mit dem Bratensaft heiß servieren. Dazu nach Belieben gedämpften und in Butter sautierten Spinat reichen.

Involtini al limone
Kalbsrouladen mit Zitrone

🍴 einfach
🕐 40 Minuten
300 kcal/1260 kJ

Zutaten

1 Zwiebel · 1 unbehandelte Zitrone
12 dünne Scheiben Kalbfleisch
Salz · Pfeffer
12 dünne Scheiben magerer Schweinebauch
30 g Weißmehl
4 EL Olivenöl
1 Glas trockener Weißwein
1 EL Kapern

1 Die Zwiebel schälen, waschen und fein hacken. Die Zitrone sorgfältig waschen, abtrocknen, die Schale abreiben (nur den gelben Teil), den Saft auspressen, durchsieben und in einer kleinen Schüssel auffangen.

2 Die Kalbfleischscheiben dünn mit dem Zitronensaft bepinseln, mit 1 Prise Salz und etwas frisch gemahlenem Pfeffer würzen, je 1 Scheibe Schweinebauch darauf verteilen, zu Rouladen aufrollen, mit einem Zahnstocher feststecken und im Mehl wälzen. Das Olivenöl in einer Pfanne erhitzen, die Rouladen hineingeben und bei starker Hitze von allen Seiten goldbraun anbraten. Anschließend abtropfen lassen und warm stellen.

3 Die gehackte Zwiebel in derselben Pfanne andünsten, die Rouladen wieder hineingeben, den Weißwein angießen, die abgeriebene Zitronenschale, die Kapern, 1 Prise Salz und etwas frisch gemahlenen Pfeffer hinzufügen und bei mäßiger Hitze zugedeckt 15–20 Minuten garen, die Rouladen dabei ab und zu wenden. Sobald sie fertig sind, auf einem vorgewärmten Teller anrichten, den Kochsud darüber gießen und sofort servieren.

Bocconcini con cipollotti e carotine
Kalbfleischwürfel mit Frühlingszwiebeln und Möhren

einfach
1 Stunde 15 Minuten
210 kcal/882 kJ

Zutaten für 6 bis 8 Personen

1 kg Kalbfleisch
12 Frühlingszwiebeln
500 g junge Möhren
2 EL Olivenöl
1 scharfer roter Peperoncino
etwas Weißmehl
1/2 Glas trockener Marsala
1 Lorbeerblatt
1 EL Fenchelsamen
250 ml heiße Fleischbrühe
Salz

1 Das Kalbfleisch in kleine Würfel schneiden. Die Frühlingszwiebeln von den Wurzeln und den harten äußeren Blättern befreien, die Möhren schälen, alles waschen und klein schneiden.

2 Das Olivenöl und den Peperoncino in einer Pfanne erhitzen, die mit etwas Mehl bestäubten Fleischwürfel darin anbraten, bis sie von allen Seiten goldbraun sind, und anschließend salzen. Den Peperoncino schließlich herausnehmen.

3 Den Marsala angießen und bei starker Hitze verdampfen lassen. Die klein geschnittenen Frühlingszwiebeln und Möhren hinzufügen und unter Rühren kurz andünsten. Anschließend das gewaschene Lorbeerblatt und die Fenchelsamen hinzugeben, mit der heißen Fleischbrühe übergießen und bei mäßiger Hitze zugedeckt noch 50–60 Minuten köcheln lassen.

4 Die Pfanne am Ende des Kochvorgangs vom Herd nehmen und die Fleischwürfel sowie das Gemüse auf einem großen vorgewärmten Teller anrichten und heiß servieren. Nach Belieben Reis mit Butter dazu reichen.

Polpette al barbecue
Gegrillte Putenhackfleischbällchen

einfach
40 Minuten + Ruhezeit
300 kcal/1260 kJ

Zutaten

600 g Putenhackfleisch
2 Eigelb · 1 Knoblauchzehe
1 Prise Oregano
1 EL Weinbrand
Salz · Pfeffer
2 EL Olivenöl
8 Salbeiblätter
8 Scheiben magerer Schweinebauch

1 Das Putenhackfleisch in eine Schüssel geben, Eigelb, die geschälte und gehackte Knoblauchzehe und den Oregano hinzugeben, mit dem Weinbrand benetzen, mit je 1 Prise Salz und Pfeffer würzen und alles mit einem Holzlöffel umrühren, bis sich die einzelnen Zutaten gut vermischt haben. Die Schüssel abdecken und ungefähr 1 Stunde im Kühlschrank ruhen lassen.

2 Ein Stück Alufolie in 8 Rechtecke von etwa 20 x 15 Zentimeter teilen, mit Olivenöl bepinseln und in die Mitte je ein gewaschenes und abgetrocknetes Salbeiblatt legen. Die Hackfleischmasse aus dem Kühlschrank nehmen und zu 8 Bällchen formen. Jedes Bällchen mit einer Scheibe Speck umwickeln, auf ein Stück der vorbereiteten Alufolie legen und zu kleinen Päckchen verschließen.

3 Den Grill anheizen, die Fleischpäckchen darauf legen und 7–8 Minuten braten, anschließend wenden und von der anderen Seite ebenso lange braten. Heiß servieren und nach Belieben einen Salat der Saison dazu reichen.

Petti d'anatra all'arancia
Entenbrust in Orangensauce

🍳 einfach
🕐 30 Minuten
205 kcal/861 kJ

Zutaten

1 Entenbrust (etwa 400 g)
Salz · Pfeffer
Schale von ¹/₂ Orange
2 EL Olivenöl
10 EL Orangensaft
etwas Fleischbrühe
100 ml Rotwein

1 Die beiden Entenbrusthälften trennen und mit 1 Prise Salz und etwas frisch gemahlenem Pfeffer würzen. Die Orangenschale in dünne Streifen schneiden, in einem kleinen Topf mit kochend heißem Wasser blanchieren und abgießen.

2 Den Backofen auf 180 °C vorheizen. Das Olivenöl in einer feuerfesten Form erhitzen, die Entenbrust darin von allen Seiten goldbraun anbraten und mit 4 Esslöffeln Orangensaft sowie etwas Fleischbrühe benetzen. Im vorgeheizten Ofen 15 Minuten garen lassen und ab und zu mit dem Sud beschöpfen. Dann abtropfen lassen, mit Alufolie überziehen und einige Minuten ruhen lassen.

3 Das überschüssige Fett abschöpfen, den Rotwein angießen, mit einem Holzlöffel rühren, bis sich der Kochsud auflöst, und etwas einkochen lassen. Den zuvor in einem kleinen Topf auf die Hälfte reduzierten restlichen Orangensaft sowie die Orangenschalenstreifen hinzufügen und 2 Minuten aufkochen lassen. Die Entenbruststücke auf einem großen Teller anrichten und mit der vorbereiteten Sauce heiß servieren. Nach Belieben sauer eingelegte Perlzwiebeln dazu reichen.

Galletti alle acciughe
Stubenküken mit Sardellen

🍳 einfach
🕐 50 Minuten + Ruhezeit
385 kcal/1617 kJ

Zutaten

1 Bund Petersilie
1 Rosmarinzweig
3 Salbeiblätter
Salz · Pfeffer
2 küchenfertige Stubenküken (à 500 g)
4 in Salz eingelegte Sardellen
3 EL Olivenöl
¹/₂ Glas trockener Weißwein
1 EL Kapern
etwas heiße Fleischbrühe

1 Die Petersilie, den Rosmarinzweig und die Salbeiblätter waschen und fein hacken. Alles in eine Schüssel geben, mit 1 Prise Salz und Pfeffer verrühren und die Stubenküken damit innen und außen würzen. Anschließend etwa 30 Minuten ruhen lassen. Die Sardellen waschen, um sie vollständig vom Salz zu befreien, die Gräten entfernen, die Filets herauslösen und zerkleinern.

2 Den Backofen auf 180 °C vorheizen. Das Olivenöl in einer feuerfesten Form erhitzen, die Stubenküken bei starker Hitze darin anbraten, bis sie von allen Seiten leicht gebräunt sind, und dann im vorgeheizten Backofen etwa 30 Minuten garen, dabei gelegentlich mit dem Sud beschöpfen und nach der Hälfte der Zeit den Weißwein darüber gießen. Anschließend abtropfen lassen und warm stellen.

3 Das überschüssige Fett aus der Form abschöpfen, die Kapern sowie die zerkleinerten Sardellen hinzufügen und unter Rühren kurz durchziehen lassen. Die heiße Fleischbrühe angießen und weiterköcheln lassen, bis die Sauce auf die Hälfte eingekocht ist. Die Stubenküken auf einem großen Teller anrichten und mit der vorbereiteten Sardellensauce sofort heiß servieren.

Faraona al tè
Perlhuhn in Schwarzteesauce

 einfach
 40 Minuten
215 kcal/903 kJ

Zutaten

2 EL Olivenöl
4 Perlhuhnbrustfilets
Salz · Pfeffer
6 EL aufgegossener starker Schwarztee
1/2 Tasse heiße Gemüsebrühe
400 g gemischtes Obst der Saison

1 Das Olivenöl in einer Pfanne erhitzen, die gesäuberten und trocken getupften Perlhuhnbrustfilets hineingeben, salzen, pfeffern und bei starker Hitze von allen Seiten goldbraun anbraten. Mit 3 Esslöffeln schwarzem Tee benetzen und bei mäßiger Hitze zugedeckt etwa 20 Minuten garen. Anschließend vom Herd nehmen, die Perlhuhnbrustfilets abtropfen lassen, sofort in Alufolie einwickeln und etwa 5 Minuten ruhen lassen.

2 In der Zwischenzeit die heiße Gemüsebrühe und den restlichen Tee zu dem Kochsud geben, bei mäßiger Hitze einkochen lassen und die Sauce mit 1 Prise Salz und etwas frisch gemahlenem Pfeffer abschmecken. Die Perlhuhnbrustfilets auf einem großen Teller anrichten, das gewaschene, abgetrocknete und in Scheiben geschnittene Obst farblich abgestimmt rundum anordnen, die heiße Sauce darüber gießen und sofort servieren.

Spiedini di tacchino
Putenspieße

 einfach
 30 Minuten + Marinierzeit
310 kcal/1302 kJ

Zutaten

600 g Putenfleisch
1/2 Glas trockener Weißwein
einige Wacholderbeeren
Pfefferkörner
4 EL Olivenöl
2 Eiertomaten
1 Paprikaschote
1 Zwiebel
einige Salbeiblätter

1 Das Putenfleisch würfeln, in eine Schüssel geben und den Weißwein, die Wacholderbeeren, einige Pfefferkörner sowie 2 Esslöffel Olivenöl hinzufügen. Gut umrühren, so dass das Fleisch bedeckt ist, und etwa 30 Minuten marinieren. Die Marinade aufbewahren.

2 In der Zwischenzeit die Eiertomaten waschen, in Scheiben schneiden und die Samen entfernen. Die Paprikaschote von Samen und Stegen befreien, waschen, abtrocknen und in kleine Würfel schneiden. Die Zwiebel schälen und in feine Ringe schneiden.

3 Die Fleischwürfel abtropfen lassen, die Marinade durch ein Sieb geben und beiseite stellen. Die Spieße vorbereiten: dazu abwechselnd 1 Stück Fleisch, etwas Gemüse und 1 Salbeiblatt aufstecken. Die Spieße in eine feuerfeste Form legen, mit dem restlichen Olivenöl beträufeln, salzen und pfeffern.

4 Die Spieße im vorgeheizten Backofen bei 230 °C etwa 15 Minuten garen. Dabei ab und zu wenden und mit einem Teil der Marinade übergießen. Die Spieße heiß servieren und nach Belieben einen frischen Salat der Saison dazu reichen.

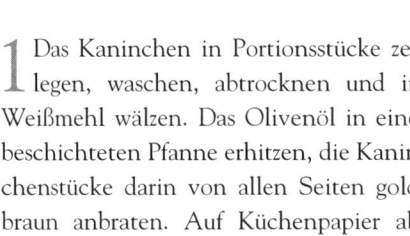

Coniglio ai peperoni

Kaninchen mit Paprika

⚜ **einfach**
🕐 **1 Stunde 10 Minuten**
360 kcal/1512 kJ

Zutaten

1 küchenfertiges Kaninchen (etwa 1,2 kg)
etwas Weißmehl
3 EL Olivenöl
1 grüne Paprikaschote
1 Bund Petersilie
3 Knoblauchzehen
Salz · Pfeffer
etwas Gemüsebrühe

1 Das Kaninchen in Portionsstücke zerlegen, waschen, abtrocknen und im Weißmehl wälzen. Das Olivenöl in einer beschichteten Pfanne erhitzen, die Kaninchenstücke darin von allen Seiten goldbraun anbraten. Auf Küchenpapier abtropfen lassen und in einen Topf geben.

2 Die Paprikaschote von Stielansatz, Samen und Stegen befreien, waschen, abtrocknen und klein schneiden. In die Pfanne mit dem Kaninchensud geben, die gewaschene, ausgeschüttelte und fein gehackte Petersilie und die gewaschenen, abgetrockneten und leicht zerdrückten Knoblauchzehen hinzugeben. Mit 1 Prise Salz und etwas frisch gemahlenem Pfeffer würzen, die Gemüsebrühe hinzufügen und zum Kochen bringen.

3 Die Paprikamasse anschließend in den Topf zu den Kaninchenstücken geben und bei mäßiger Hitze 30–40 Minuten köcheln lassen, dabei ab und zu mit einem Holzlöffel umrühren und gegebenenfalls noch etwas Brühe angießen. Wenn das Fleisch gar ist, anrichten und mit der Sauce heiß servieren.

Rotolo di coniglio
Kaninchenrollbraten

👨‍🍳 **aufwändig**
🕐 **1 Stunde 10 Minuten**
405 kcal/1701 kJ

Zutaten

1 küchenfertiges Kaninchen (etwa 1,2 kg)
4 Salbeiblätter
1 Rosmarinzweig
1 Majoranzweig
Salz · Pfeffer
100 g roher Schinken
3 EL Olivenöl
1 Knoblauchzehe
$\frac{1}{2}$ Glas trockener Weißwein
etwas heiße Fleischbrühe

1 Das Kaninchen waschen, mit Küchenpapier gut abtrocknen und mit einem spitzen Messer entbeinen (oder vom Metzger vorbereiten lassen), so dass es als große Scheibe zur weiteren Verwendung zur Verfügung steht.

2 Salbei, Rosmarin und Majoran waschen und abtrocknen. Die Rosmarinblätter abtrennen und mit den übrigen Kräutern fein hacken. Mit Salz und frisch gemahlenem Pfeffer vermischen und mit der Hälfte davon das Fleisch bestreuen. Mit den Schinkenscheiben belegen und mit der restlichen Kräutermischung bestreuen.

3 Das Kaninchenfleisch aufrollen und mit Küchengarn zusammenbinden. Mit dem Olivenöl und der geschälten, vom Mitteltrieb befreiten und leicht zerdrückten Knoblauchzehe in eine große Pfanne geben und von allen Seiten anbraten. Den Weißwein angießen und bei starker Hitze einkochen lassen.

4 Etwas heiße Fleischbrühe angießen und weitere 45 Minuten garen, dabei häufig mit dem Kochsud beschöpfen und – wenn nötig – noch etwas Brühe hinzufügen. Am Ende die Knoblauchzehe entfernen, den Rollbraten aus der Pfanne nehmen und zwischen 2 Tellern warm halten.

5 Den Fond etwas einkochen lassen und in eine Sauciere gießen. Den Rollbraten in Scheiben schneiden und auf einem großen Teller mit frischen Salatblättern anrichten. Mit der Sauce servieren.

Coscette di coniglio alla napoletana
Kaninchenkeulen auf neapolitanische Art

👨‍🍳 **einfach**
🕐 **50 Minuten**
360 kcal/1512 kJ

Zutaten

8 Kaninchenkeulen
200 g reife, feste Tomaten
1 Rosmarinzweig · 1 Bund Basilikum
3 EL Olivenöl
Salz · Pfeffer
$\frac{1}{2}$ Glas trockener Weißwein

1 Die Kaninchenkeulen sorgfältig waschen und mit einem Küchentuch abtrocknen. Die Tomaten blanchieren, häuten, die Samen entfernen, die Flüssigkeit abtropfen lassen und das Fruchtfleisch klein würfeln. Den Rosmarin und das Basilikum waschen und klein zupfen.

2 Das Olivenöl in einer Pfanne erhitzen, die Keulen hineingeben und von allen Seiten anbraten, bis sie leicht gebräunt sind. Salzen, pfeffern, den Weißwein angießen und bei starker Hitze verdampfen lassen. Die Keulen herausnehmen und zwischen 2 Tellern warm halten.

3 Die Tomatenwürfel, die Kräuter sowie je 1 Prise Salz und Pfeffer in dieselbe Pfanne geben und aufkochen lassen. Die Kaninchenkeulen hineingeben und unter gelegentlichem Rühren bei mäßiger Hitze zugedeckt etwa 30 Minuten garen. Auf einem großen Teller anrichten und mit der Sauce heiß servieren.

Coniglio in padella con ortaggi
Kaninchenpfanne mit Gartengemüse

⛳ **mittelschwer**
🕐 **1 Stunde + Ruhezeit**
290 kcal/1218 kJ

Zutaten für 4 bis 6 Personen

1 Aubergine
Salz · Pfeffer
1 küchenfertiges Kaninchen (etwa 1 kg)
2 Schalotten
250 g Möhren
250 g Zucchini
1 Bund Petersilie
1 Bund Schnittlauch
4 EL Olivenöl
¹/₂ Glas trockener Weißwein
1 TL Korianderkörner

1 Die Aubergine waschen, vom Stielansatz befreien und in Streifen schneiden. In ein Abtropfsieb legen, mit Salz bestreuen und 20 Minuten ziehen lassen, damit der bittere Saft entweicht.

2 Das Kaninchen säubern, in gleich große Stücke zerlegen, unter fließendem Wasser waschen und mit einem Küchentuch abtrocknen. Die Schalotten schälen und in feine Ringe schneiden. Die Möhren und Zucchini putzen und in Streifen schneiden. Die Petersilie und den Schnittlauch waschen, vorsichtig abtrocknen und zusammen fein hacken. Die Auberginenstreifen unter fließendem Wasser abspülen und abtrocknen.

3 In einer beschichteten Pfanne 2 Esslöffel Olivenöl erhitzen und die Schalotten darin glasig andünsten. Die Fleischstücke hinzufügen, mit 1 Prise Salz und etwas frisch gemahlenem Pfeffer würzen und von allen Seiten goldbraun anbraten. Den Weißwein angießen und bei starker Hitze verdampfen lassen. Die Fleischstücke herausnehmen, abtropfen lassen und warm stellen.

4 Das überschüssige Fett aus der Pfanne abschöpfen, das restliche Olivenöl hineingießen, die Korianderkörner, Möhren-, Zucchini- und Auberginenstreifen hinzufügen und kurz anbraten. 3 Esslöffel Wasser, die Fleischstücke, Salz und Pfeffer hinzufügen und bei mäßiger Hitze 30 Minuten garen. In eine Schüssel füllen, mit der gehackten Petersilie und dem gehackten Schnittlauch bestreuen und servieren.

Coniglio alle olive
Kaninchen mit Oliven

⛳ **mittelschwer**
🕐 **1 Stunde 15 Minuten**
445 kcal/1869 kJ

Zutaten

1 küchenfertiges Kaninchen (etwa 1,2 kg)
4 EL Olivenöl
1 Möhre · ¹/₂ Selleriestange
1 Zwiebel · 1 Knoblauchzehe
Salz · Pfeffer
¹/₂ Glas Rotwein
300 g reife, feste Tomaten
1 Rosmarinzweig
100 g schwarze Oliven

1 Das Kaninchen säubern, ausnehmen, waschen, sorgfältig abtrocknen und in Portionsstücke zerlegen. 2 Esslöffel Olivenöl in einer Pfanne erhitzen und die Kaninchenstücke unter Rühren bei starker Hitze von allen Seiten anbraten.

2 Möhre, Selleriestange, Zwiebel und Knoblauchzehe waschen und fein hacken. Mit dem restlichen Öl in einer Pfanne andünsten. Die Fleischstücke hinzufügen, kurz durchziehen lassen, salzen, mit etwas frisch gemahlenem Pfeffer bestreuen, mit dem Rotwein ablöschen und diesen bei starker Hitze einkochen lassen.

3 Die Tomaten blanchieren, häuten, die Samen entfernen, die Flüssigkeit abtropfen lassen und das Fruchtfleisch grob zerkleinern. Mit dem gehackten Rosmarin zum Fleisch hinzufügen. Den Deckel auf die Pfanne legen und etwa 45 Minuten schmoren, dabei gelegentlich umrühren.

4 Die entsteinten Oliven hinzufügen, umrühren und bei niedriger Hitze noch etwa 15 Minuten weiterschmoren. Das Fleischstücke auf einem großen Teller anrichten, mit der Sauce übergießen und heiß servieren.

Coniglio con cipolline

Kaninchen mit kleinen Zwiebeln

☺ einfach

🕐 **1 Stunde 10 Minuten + Marinierzeit**

295 kcal/1239 kJ

Zutaten

1 kg Kaninchenragout

2 Thymianzweige

1 Rosmarinzweig

1 Bund Petersilie

1 Lorbeerblatt

1 Knoblauchzehe

1 Glas trockener Weißwein

300 g kleine Zwiebeln

2 Möhren

1 Selleriestange

Salz

1 Das Fleisch waschen, mit 1 Thymianzweig, ¹/₂ Rosmarinzweig, etwas Petersilie, dem Lorbeerblatt und der leicht zerdrückten Knoblauchzehe in eine Schüssel geben, den Weißwein darüber gießen und etwa 2 Stunden marinieren, dabei ab und zu wenden.

2 Die Zwiebeln putzen und waschen. Die Möhren schälen, waschen und klein würfeln. Die Selleriestange von Fäden befreien, waschen und in Stücke schneiden. Die Zwiebeln, die Möhren- und Selleriestücke in einem Topf mit reichlich kochendem Salzwasser 2–3 Minuten blanchieren, anschließend abgießen.

3 Das Olivenöl in einer backofengeeigneten Pfanne erhitzen. Das Kaninchen aus der Marinade nehmen, abtropfen lassen, trockentupfen und in die Pfanne geben; die Marinade aufbewahren. Bei starker Hitze von allen Seiten anbraten, das Gemüse hinzugeben und unter Rühren kurz durchziehen lassen.

4 Den Backofen auf 180 °C vorheizen. Die Pfanne mit dem Deckel (oder einem Stück Alufolie) verschließen und das Fleisch im Backofen etwa 45 Minuten garen. Nach 15 Minuten mit dem Wein aus der Marinade übergießen und wieder zudecken. Das Ragout am Ende der Garzeit aus dem Backofen nehmen, auf einem großen Teller anrichten und mit den restlichen gewaschenen und fein gehackten Petersilien-, Thymian- und Rosmarinblättern bestreuen.

Gemüse

Verdure grigliate
Gegrilltes Gemüse

einfach
1 Stunde
210 kcal/882 kJ

Zutaten für 6 Personen

3 Zucchini

2 Auberginen

2 Fenchelknollen

2 Artischocken

2 rote Radicchio-Köpfe

2 Kartoffeln

3 Tomaten

2–3 Knoblauchzehen

¹/₂ Glas Olivenöl

Saft von 2 Zitronen

Salz · Pfeffer

1 gelbe Paprikaschote

1 rote Paprikaschote

1 Das Gemüse vorbereiten. Dazu die Zucchini und die Auberginen von Stiel- und Blütenansätzen befreien, waschen und längs in Scheiben schneiden. Den Fenchel vom Grün befreien und die Knollen längs vierteln. Die Artischocken von den härteren äußeren Blättern befreien, die Herzen herausschneiden, in der Mitte durchschneiden und das Heu im Innern entfernen. Den Radicchio waschen und jeweils vierteln. Die Kartoffeln schälen und in dicke Scheiben schneiden, die Tomaten quer halbieren und die Samen entfernen.

2 Die Knoblauchzehen schälen, vom Mitteltrieb befreien und fein hacken. Mit dem Olivenöl, dem Zitronensaft, 1 Prise Salz und etwas frisch gemahlenem Pfeffer in eine Schüssel geben und alles mit einer Gabel kräftig verschlagen, bis eine homogene Sauce entsteht.

3 Die ganzen gewaschenen und abgetrockneten Paprikaschoten auf den sehr heißen Grill legen, von allen Seiten rösten, bis die Haut Blasen wirft. Dann die Haut abziehen und verbliebene Hautreste mit Küchenpapier abreiben. Die Schoten von Samen und Stegen befreien, in breite Streifen schneiden und auf einem Servierteller anrichten. Das übrige Gemüse ebenfalls auf den Grill legen und nach und nach, sobald es gar ist, auf demselben Teller anrichten. Das Grillgemüse mit der Sauce servieren.

Caponata di melanzane al forno
Geschmorte Auberginen

🍴 einfach
🕐 1 Stunde + Ruhezeit
100 kcal/420 kJ

Zutaten für 6 Personen

500 g Auberginen
Salz · Pfeffer
2 rote Paprikaschoten
2 gelbe Paprikaschoten
200 g Eiertomaten
1 Zwiebel
1 Knoblauchzehe
einige Basilikumblätter
4 EL Olivenöl
200 ml trockener Weißwein

1 Die Auberginen putzen, waschen, klein würfeln und in ein Abtropfsieb legen. Mit Salz bestreuen und etwa 1 Stunde ruhen lassen, damit der Saft austritt. Anschließend abspülen und abtrocknen.

2 Die Paprikaschoten putzen, von den Samen und Stegen befreien und in dünne Streifen schneiden. Die Tomaten blanchieren, häuten, die Samen entfernen und das Fruchtfleisch klein schneiden. Die Zwiebel schälen, waschen, abtrocknen und in Ringe schneiden. Die Knoblauchzehe schälen, vom Mitteltrieb befreien und mit dem gewaschenen Basilikum fein hacken.

3 Eine feuerfeste Form mit 1 Esslöffel Olivenöl einfetten und die Paprikastreifen, die Zwiebelringe, die Tomaten- und Auberginenstücke sowie die Knoblauch-Basilikum-Mischung darin verteilen. Mit 1 Prise Salz und etwas frisch gemahlenem Pfeffer würzen und das restliche Olivenöl darüber gießen.

4 Im vorgeheizten Backofen bei 180 °C etwa 40 Minuten schmoren. Die Form nach der Hälfte der Zeit kurz aus dem Ofen holen, die Caponata einmal umrühren und mit dem Wein beträufeln. Am Ende der Garzeit, wenn der Wein verdampft ist, die Form aus dem Ofen nehmen, leicht abkühlen lassen und servieren.

Melanzane imbottite
Gespickte Auberginen

🍴 einfach
🕐 1 Stunde
205 kcal/861 kJ

Zutaten

4 Auberginen
3 Knoblauchzehen
1 Bund Basilikum
70 g Pecorino
Salz

Für die Sauce

500 g Eiertomaten
¼ Zwiebel
4 EL Olivenöl
3 Basilikumblätter
Salz · Pfeffer

1 Die Auberginen waschen, abtrocknen und von Stiel- und Blütenansätze befreien. Jede Frucht längs mit 3 bis an die Enden reichenden Einschnitten versehen. Die Knoblauchzehen schälen und halbieren (oder vierteln, wenn die Zehen sehr groß sind). Die Basilikumblätter waschen und trockentupfen. Den Pecorino in dünne Scheiben schneiden. Jeden Einschnitt an den Auberginen mit 1 Pecorinoscheibe, 1 Stück Knoblauch und 1 in Salz gewendeten Basilikumblatt spicken.

2 Die Sauce vorbereiten. Dazu die Eiertomaten in kochend heißem Wasser blanchieren, abtropfen lassen, unter kaltem Wasser abschrecken, häuten, die Samen entfernen und den Saft abgießen. Das Fruchtfleisch grob zerkleinern. Die Zwiebel schälen und fein hacken.

3 Das Olivenöl in einem Topf erhitzen und die Zwiebelstücke darin farblos andünsten. Die Tomatenstücke, die Basilikumblätter, 1 Prise Salz und 1 kräftige Prise frisch gemahlenen Pfeffer hinzufügen und einmal aufkochen lassen. Die vorbereiteten Auberginen hineingeben, so dass sie fast vollständig von der Sauce bedeckt sind und bei mäßiger Hitze zugedeckt etwa 40 Minuten garen. Sollte die Sauce zu dickflüssig werden, ab und zu einige Esslöffel Wasser hinzugeben und umrühren. Kurz vor Ende noch einmal mit Salz abschmecken. Die Auberginen heiß oder lauwarm mit der vorbereiteten Sauce servieren.

Involtini di melanzane
Auberginenröllchen

🍳 mittelschwer
🕐 40 Minuten + Ruhezeit
260 kcal/1092 kJ

Zutaten

1 kleiner Mozzarella
4 lange Auberginen
Salz
etwas Weißmehl
Olivenöl zum Frittieren
2 Knoblauchzehen
1 kleines Bund Petersilie
2 entsalzene Sardellenfilets
100 g entsteinte schwarze Oliven

1 Den Mozzarella würfeln und in einem Sieb abtropfen lassen. Die Auberginen putzen, waschen und längs in dünne Scheiben schneiden. In ein Abtropfsieb legen, jede Scheibe mit grobkörnigem Salz bestreuen und 30 Minuten ruhen lassen, um ihnen den Saft zu entziehen.

2 Die Auberginenscheiben kurz abspülen, abtrocknen, im Mehl wenden und leicht abschütteln. Anschließend in reichlich Olivenöl frittieren. Mit einem Schaumlöffel herausholen, abtropfen lassen und auf Küchenpapier ausbreiten, damit überschüssiges Fett aufgesaugt wird.

3 Die Knoblauchzehen schälen und vom Mitteltrieb befreien. Die Petersilie waschen, ausschütteln und mit den Knoblauchzehen und Sardellen fein hacken. Alle Auberginenscheiben mit dieser Masse bestreichen und mit einem Mozzarellawürfel belegen.

4 Die Auberginenscheiben aufrollen, mit einem Holzstäbchen feststecken und einige Minuten auf den heißen Grill legen. Mit einem Pfannenheber hin- und herwenden, bis der Mozzarella schmilzt. Auf einem Teller anrichten und heiß servieren.

Melanzane al forno
Auberginen aus dem Ofen

🍳 einfach
🕐 1 Stunde 20 Minuten + Ruhezeit
270 kcal/1134 kJ

Zutaten

1,2 kg Auberginen
Salz
100 g in Salz eingelegte Sardellen
1 kleines Bund Petersilie
1 Knoblauchzehe
einige frische Oreganoblätter
160 g schwarze Oliven
1 Hand voll altbackene Brotkrume
2 reife, feste Tomaten
60 g in Essig eingelegte Kapern
4 EL Olivenöl

1 Die Auberginen waschen und längs in zwei Hälften teilen. Das Fruchtfleisch mit einem Löffel aus der Mitte entfernen, anschließend mit Hilfe eines spitzen Messers diagonal in Form eines Gittermusters einschneiden. Mit Salz bestreuen und in ein Abtropfsieb legen, so dass der bittere Saft abfließt.

2 Die Sardellen unter fließendem Wasser waschen, von den Gräten befreien und klein schneiden. Die Petersilie waschen, die Knoblauchzehe schälen und mit den Oreganoblättern fein hacken. Die Oliven entsteinen und die Brotkrume zerkrümeln. Die Tomaten blanchieren, häuten, in der Mitte durchschneiden, die Samen entfernen und das Fruchtfleisch klein schneiden. Die Oliven, die Kapern, die Sardellenstücke, die Knoblauch-Oregano-Mischung, die zerkrümelte Brotkrume und 2 Esslöffel Öl in eine Schüssel geben. Leicht salzen und alles mit einem Holzlöffel umrühren, damit sich die Zutaten gut verbinden.

3 Die Auberginen waschen, trockentupfen und mit der ausgehöhlten Seite nach oben in eine eingefettete feuerfeste Form legen. Die vorbereitete Mischung in die Auberginenhälften füllen, mit den Tomaten belegen und mit dem restlichen Öl beträufeln. Etwa 1 Stunde bei 170 °C im Backofen schmoren. Die Auberginen auf einem Teller anrichten und nach Belieben mit Tomatenscheiben dekorieren.

Carciofi in agrodolce
Artischocken in süßsaurer Sauce

einfach
40 Minuten
185 kcal/777 kJ

Zutaten

8 Artischocken
Saft von 1 Zitrone
Salz
1 Zwiebel
4 EL Olivenöl
1 kleines Bund Petersilie
5 in Salz eingelegte Sardellen
1 Glas Orangensaft
1 EL Weißmehl
1/2 EL Zucker

1 Die Artischocken von den Spitzen und den harten äußeren Blättern befreien, die Böden herausschneiden und jeweils sofort in eine große Schüssel mit Wasser und dem Saft von 1/2 Zitrone legen. In einem Topf reichlich Salzwasser zum Kochen bringen, ebenfalls etwas Zitronensaft hinzufügen, die gut abgetropften Artischocken hineingeben und 20 Minuten garen. Die Artischocken anschließend mit einem Schaumlöffel herausheben, erneut gut abtropfen lassen und mit den Blättern nach oben auf einem Servierteller anrichten.

2 Die Zwiebel schälen und fein hacken. Mit dem Olivenöl in einen Topf geben, leicht salzen und bei mittlerer Hitze andünsten. Die Petersilie waschen und fein hacken. Die Sardellen vom Salz befreien, entgräten und zerkleinern. Sobald die Zwiebel hell angedünstet ist, die Sardellen hinzugeben und bei kleinster Hitze mit einer Gabel zerdrücken. Dann den Topf vom Herd nehmen.

3 Den Orangensaft und den restlichen Zitronensaft angießen und unter ständigem Rühren das Weißmehl hinzugeben. Die Sauce bei kleinster Hitze erneut erwärmen, bis sie etwas eindickt, dabei jedoch nicht zum Kochen bringen. Den Zucker, die gehackte Petersilie und 1 Prise Salz hinzufügen und gut umrühren. Mit einem Holzlöffel vermengen, bis der Zucker sich aufgelöst hat und vom Herd nehmen. Die Sauce über die Artischocken gießen und sofort servieren.

Carciofi abborracciati
Gemüsegericht mit Artischocken

einfach
1 Stunde
125 kcal/525 kJ

Zutaten

6 Artischocken
2 unbehandelte Zitronen
200 g Zwiebeln
4 EL Olivenöl
1 kleines Bund Petersilie
1 EL Tomatenmark
Salz · Pfeffer
3 EL Weißweinessig

1 Die Artischocken putzen, von den Stielen und den harten äußeren Blättern befreien und mit einem kleinen spitzen Messer alle harten Teile und die Spitzen entfernen. In der Mitte durchschneiden, den mittleren Teil heraustrennen und in Schnitze schneiden. Sofort in Wasser mit dem Saft der beiden Zitronen legen.

2 Die Zwiebeln schälen, in feine Ringe schneiden und in einer Pfanne mit dem Olivenöl andünsten. Die gut abgetropften Artischockenschnitze und die gewaschene und gehackte Petersilie hinzufügen. Kurz durchziehen lassen, das in etwas heißem Wasser aufgelöste Tomatenmark, Salz und Pfeffer hinzufügen und einige Minuten kochen.

3 Anschließend den Weißweinessig hinzufügen, bei starker Hitze verdampfen lassen und alles etwa 30 Minuten weiterköcheln lassen. Ab und zu etwas heißes Wasser nachfüllen und häufig umrühren. Am Ende der Garzeit die Pfanne vom Herd nehmen und vor dem Servieren vollständig abkühlen lassen.

Carciofi con la mozzarella
Artischocken mit Mozzarella

einfach

45 Minuten

260 kcal/1092 kJ

Zutaten

8 Artischocken

1 unbehandelte Zitrone

1 kleines Bund Petersilie

1 in Salz eingelegte Sardelle

150 g Mozzarella

1 EL frisch geriebener Grana

1 Ei

Salz · Pfeffer

4 EL Olivenöl

1 EL Semmelbrösel

1 Die Artischocken putzen und von den harten äußeren Blättern, den Spitzen und den Stielen befreien und die Böden herausschneiden. Die Artischocken sofort in kaltes Wasser mit dem Zitronensaft legen.

2 Die Petersilie waschen, ausschütteln und fein hacken. Die Sardelle vom Salz befreien, entgräten und zerkleinern. Die Petersilie, den in kleine Würfel von etwa $1/2$ Zentimeter Seitenlänge geschnittenen Mozzarella, den geriebenen Grana und das Ei mit einem Holzlöffel in einer Schüssel verrühren und mit Salz und Pfeffer würzen.

3 Das Olivenöl und 1 Glas Wasser in einen Topf gießen und die gut abgetropften Artischocken aufrecht mit leicht geöffneten Blättern hineinstellen. Das Innere der Artischocken mit der vorbereiteten Masse füllen, 1 Stück Sardelle hinzufügen und die Oberfläche mit Semmelbröseln bestreuen. Bei niedriger Hitze zugedeckt etwa 30 Minuten garen. Auf einem großen Teller anrichten und servieren.

Carciofi ammollicati
Artischocken mit Semmelbröseln

einfach

40 Minuten

230 kcal/966 kJ

Zutaten

8 Artischocken

1 unbehandelte Zitrone

4 EL Olivenöl

1 Knoblauchzehe · Salz

4 EL Semmelbrösel

50 g gewürfelter Pecorino

1 Prise Oregano

1 Die Artischocken sorgfältig putzen, von den äußeren harten Blättern und den Stielen befreien und die Böden mit einem scharfen Messer herausschneiden. Die Spitzen ebenfalls abschneiden. Die Artischocken in Schnitze schneiden, das Heu im Innern entfernen und die Schnitze sofort in eine Schüssel mit kaltem Wasser und dem Saft der Zitrone legen.

2 Das Olivenöl und die geschälte und halbierte Knoblauchzehe in eine große Pfanne geben. Sobald der Knoblauch glasig ist, entfernen. Die gut abgetropften Artischocken hinzugeben, salzen und bei niedriger Hitze zugedeckt etwa 20 Minuten garen, dabei gelegentlich mit einem Holzlöffel umrühren und – wenn nötig – etwas heißes Wasser hinzugeben.

3 Fünf Minuten vor Ende der Garzeit die Semmelbrösel, die Pecorinowürfel und den Oregano zu den Artischocken geben, mit Salz abschmecken und umrühren. Auf einem großen Teller anrichten und heiß servieren.

Carciofi con verdure

Artischocken mit Gemüse

♨ einfach
🕐 **1 Stunde**
175 kcal/735 kJ

Zutaten

1 unbehandelte Zitrone
4 Artischocken
1 Knoblauchzehe
1 kleines Bund Petersilie
einige Basilikumblätter
einige Poleiminzeblätter
Salz · Pfeffer
300 g geschälte Erbsen
200 g kleine weiße Zwiebeln
4 EL Olivenöl
4 EL trockener Weißwein

1 Die Zitrone waschen, abtrocknen, die Schale abreiben (nur den gelben Teil), den Saft auspressen und in einer kleinen Schüssel auffangen. Die Artischocken putzen, von den Stielen, den Spitzen und den harten äußeren Blättern befreien, waschen, abtrocknen und blütenförmig auseinander drücken. Mit dem Zitronensaft beträufeln, damit sie sich nicht dunkel verfärben.

2 Die vom Mitteltrieb befreite Knoblauchzehe und die gewaschenen und ausgeschüttelten Petersilien-, Basilikum- und Minzeblätter zusammen fein hacken. Mit der Zitronenschale sowie 1 Prise Salz und etwas frisch gemahlenem Pfeffer in einer Schüssel vermischen. Die Artischocken mit dieser Masse füllen.

3 In eine Pfanne setzen, die Erbsen und die geschälten und gewaschenen Zwiebeln hinzufügen und mit dem Olivenöl und dem Weißwein beträufeln. Den Deckel auflegen und bei mäßiger Hitze 40–50 Minuten garen, bis die Sauce etwas eingedickt ist. Auf einem großen vorgewärmten Teller anrichten und servieren.

Fagioli e patate
Bohnen und Kartoffeln

🍳 einfach
🕐 1 Stunde 30 Minuten + Ruhezeit
395 kcal/1659 kJ

Zutaten

Salz

6 EL Olivenöl

800 g frische, geschälte dicke Bohnen

300 g fest kochende Kartoffeln

2 Knoblauchzehen

1 kleines Bund Petersilie

1 Minzezweig

1 kleines Bund Basilikum

1 Reichlich Salzwasser in einen Topf füllen, 2 Esslöffel Olivenöl hinzugeben und zum Kochen bringen. In der Zwischenzeit die dicken Bohnen waschen und, sobald das Wasser zu kochen beginnt, in den Topf geben. Bei mittlerer Hitze zugedeckt etwa 1 Stunde garen.

2 Die Kartoffeln schälen, waschen und klein würfeln. Die Knoblauchzehen ebenfalls schälen, den Minzezweig, die Petersilie und das Basilikum waschen und zusammenbinden.

3 Die vorbereiteten Zutaten am Ende des Garvorgangs zu den Bohnen hinzugeben und 30 Minuten mitkochen. Zum Schluss alles abgießen und 30 Minuten ruhen lassen. Die Kräuter und Knoblauchzehen entfernen. Die Gemüse auf einem Teller anrichten, salzen, mit dem restlichen Olivenöl beträufeln und servieren.

Insalata calda di broccoli e fagioli
Warmer Salat mit Brokkoli und dicken Bohnen

🍳 einfach
🕐 1 Stunde 40 Minuten
   + Einweichzeit
270 kcal/1134 kJ

Zutaten

200 g getrocknete Bohnen

600 g Brokkoli

Salz

4 EL Olivenöl

1 Prise scharfes Paprikapulver

1 Die Bohnen in eine Schüssel geben, mit reichlich Wasser bedecken und 12 Stunden einweichen lassen. Anschließend abgießen, in einen Topf geben, so viel Wasser hinzugießen, dass es die Bohnen 3 Finger breit überragt. Bei mäßiger Hitze zugedeckt zum Kochen bringen und etwa 1¹/₂ Stunden garen.

2 In der Zwischenzeit den Brokkoli waschen, klein schneiden und in einem Topf mit reichlich kochendem Salzwasser bissfest kochen. Wenn Bohnen und Brokkoli gar sind, das Wasser abgießen und alles beiseite stellen.

3 Das Olivenöl in einer Pfanne erhitzen, dann die Bohnen und Brokkolistücke hinzugeben. Salzen, mit Paprikapulver würzen und bei mittlerer Hitze unter Rühren einige Minuten garen lassen. Die Pfanne vom Herd nehmen, die Bohnen und den Brokkoli auf einem Teller anrichten und heiß servieren.

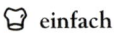

Fagioli e cavoli della Gallura
Bohnen und Kohl auf sardische Art

👨‍🍳 **einfach**
🕐 **2 Stunden + Einweichzeit**
290 kcal/1218 kJ

Zutaten

200 g getrocknete Bohnen
1 Zwiebel
4 Büschel Grün von wildem Fenchel
600 g Kohl
200 g Tomatenpüree
1 Knoblauchzehe
4 EL Olivenöl
Salz

1 Die Bohnen 12 Stunden in einer Schüssel mit reichlich Wasser einweichen. Anschließend abgießen, in einen Topf geben und mit so viel Wasser bedecken, dass es die Bohnen um mindestens 3 Finger breit überragt. Bei niedriger Hitze zugedeckt etwa 1½ Stunden kochen. Die Zwiebel schälen und fein hacken. Das Fenchelgrün waschen und grob hacken. Den Kohl waschen, die harten Teile entfernen und die Blätter in Streifen schneiden.

2 Sobald die Bohnen weich und fast trocken sind, die gehackte Zwiebel, das gehackte Fenchelgrün, die Kohlstreifen und das Tomatenpüree hinzugeben, salzen und weitere 20 Minuten kochen, dabei ab und zu mit einem Holzlöffel umrühren. Die Knoblauchzehe schälen, klein hacken, im Olivenöl anbraten und kurz vor Ende der Garzeit zu den Bohnen geben. Gut umrühren, mit Salz abschmecken, auf einem Teller anrichten und warm servieren.

Fagioli all'origano
Cannellini-Bohnen mit Oregano

👨‍🍳 **einfach**
🕐 **1 Stunde 15 Minuten + Einweichzeit**
325 kcal/1365 kJ

Zutaten

300 g getrocknete Cannellini-Bohnen
2 Knoblauchzehen
4 EL Olivenöl
1 scharfer roter Peperoncino
1 TL Oregano
Salz

1 Die Bohnen mindestens 12 Stunden in einer Schüssel mit reichlich lauwarmem Wasser einweichen. 1 Knoblauchzehe schälen, eventuell vom Mitteltrieb befreien und leicht zerdrücken.

2 Das Einweichwasser der Bohnen abgießen, diese abspülen und in einen Topf geben. Die zweite Knoblauchzehe mit Schale hineingeben, mit reichlich kaltem Wasser bedecken, langsam zum Kochen bringen und ohne Zugabe von Salz etwa 1 Stunde kochen lassen, bis die Bohnen weich sind. Gegen Ende des Kochvorgangs Salz hinzufügen und die Knoblauchzehe entfernen.

3 Das Olivenöl in einer Pfanne erhitzen und darin die zerdrückte Knoblauchzehe mit dem Peperoncino hell dünsten. Die abgetropften Bohnen hinzufügen, einige Minuten durchziehen lassen und währenddessen mit einem Holzlöffel umrühren. Ein wenig Bohnenkochsud hinzugießen, mit dem Oregano bestreuen und leicht eindicken lassen. Den Peperoncino entfernen, die Bohnen in einen tiefen Teller geben und heiß servieren.

Stufatino di verdure
Gemüseragout

einfach

45 Minuten

260 kcal/1092 kJ

Zutaten

1 Paprikaschote

2 Auberginen

2 Zucchini

3 fest kochende Kartoffeln

1 Zwiebel

5 EL Olivenöl

2 reife, feste Tomaten

Salz

1 Die Paprikaschote im vorgeheizten Backofen rösten, anschließend in der Mitte durchschneiden, Samen und Stege entfernen, eventuell die Haut abziehen und das Fruchtfleisch in Streifen schneiden. Die Auberginen und Zucchini von Stiel- und Blütenansätzen befreien und die Kartoffeln schälen. Das ganze Gemüse waschen, abtropfen lassen und in kleine Würfel schneiden.

2 Die Zwiebel schälen, in feine Ringe schneiden und bei niedriger Hitze mit dem Olivenöl in einer Terrakotta-Pfanne glasig andünsten. Das vorbereitete Gemüse bis auf die Paprikastreifen hinzugeben, umrühren und einige Minuten bei etwas größerer Hitze dünsten.

3 Die Tomaten häuten, die Samen entfernen, das Fruchtfleisch in kleine Stücke schneiden und ebenfalls in die Pfanne geben. Umrühren, salzen und etwa 20 Minuten weitergaren. Sollte die Masse zu trocken werden, nach und nach etwas heißes Wasser hinzugießen. Sobald die Kartoffeln gar sind, die Paprikastreifen hinzufügen, salzen, umrühren und noch einige Minuten durchziehen lassen. In der Pfanne servieren.

Verdure alla lucana
Gemüse nach süditalienischer Art

einfach

1 Stunde + Ruhezeit

165 kcal/693 kJ

Zutaten

3 Auberginen

grobkörniges Salz

3 Paprikaschoten

2 große Zwiebeln

2 große Tomaten

4 EL Olivenöl · Salz

2 Knoblauchzehen

1 Hand voll Basilikumblätter

1 Hand voll Petersilienblätter

1 Die Auberginen waschen, von Stiel- und Blütenansätzen befreien und in Stücke schneiden. Diese anschließend in ein Abtropfsieb legen, mit grobkörnigem Salz bestreuen, mit einem Teller abdecken, diesen beschweren und den Saft etwa 1 Stunde austreten lassen. Die Auberginen vor der Weiterverwendung waschen und abtrocknen. Die Paprikaschoten waschen, von den Stielen befreien, halbieren, Samen und Stege entfernen und die Schoten in Streifen schneiden. Die Zwiebeln schälen und in feine Ringe schneiden. Die Tomaten waschen, schälen, die Samen entfernen und das Fruchtfleisch in kleine Stücke schneiden.

2 Die Zwiebeln mit dem Olivenöl in einem Topf erhitzen und sobald sie hell gedünstet sind, die Auberginen, die Paprikastreifen und die Tomatenstücke hinzufügen. Salzen und bei niedriger Hitze zugedeckt etwa 40 Minuten köcheln lassen. Die Knoblauchzehen schälen, die Basilikum- und Petersilienblätter waschen, ausschütteln und alles zusammen fein hacken. 10 Minuten vor Ende der Kochzeit den Deckel entfernen, die Knoblauch-Kräuter-Mischung hinzufügen und die Hitze erhöhen. Den Sud etwas einkochen lassen, vom Herd nehmen, das Gemüse auf einem Teller anrichten und servieren.

Caponata di verdure
Geschmortes Gemüse

👨‍🍳 **einfach**
🕐 **1 Stunde**
190 kcal/798 kJ

Zutaten

300 g Spinat
300 g wilder Chicorée
1 Blumenkohl
1 Kopf Endiviensalat
200 g Stangensellerie
200 g Karden
6 EL Olivenöl
4 EL Weißweinessig
50 g Semmelbrösel
6 in Öl eingelegte Sardellenfilets
1 Hand voll in Salz eingelegte Kapern
einige Zitronenscheiben
Salz

1 Den Spinat, den wilden Chicorée, den Blumenkohl, die Endivie, den Stangensellerie und die Karden putzen, waschen und sorgfältig abtropfen lassen. Das Gemüse getrennt in wenig leicht gesalzenem Wasser kochen.

2 Alles gut abtropfen lassen und einige Minuten in einer Pfanne mit 4 Esslöffeln Olivenöl anbraten. Kurz vor Ende der Garzeit mit dem Weißweinessig ablöschen. Das fertige Gemüse auf einem Servierteller anrichten.

3 Das restliche Olivenöl in einer beschichteten Pfanne erhitzen und die Semmelbrösel darin 2 Minuten anrösten. Über das Gemüse verteilen und die Oberfläche mit den zerkleinerten Sardellenfilets dekorieren.

4 Die unter fließendem Wasser gewaschenen und abgetrockneten Kapern und die in je 8 Segmente geschnittenen Zitronenscheiben auf dem Servierteller anrichten. Die Caponata wird vorzugsweise kalt serviert.

Ciambrotta
Gemüseeintopf mit Sellerie

👨‍🍳 **einfach**
🕐 **1 Stunde**
190 kcal/798 kJ

Zutaten

200 g fest kochende Kartoffeln
200 g Tomaten · 100 g Stangensellerie
200 g Paprikaschoten · 200 g Auberginen
1 Zwiebel · 4 EL Olivenöl
50 g eingelegte grüne Oliven · Salz

1 Das Gemüse waschen, die Kartoffeln schälen und quer in Scheiben schneiden, die Tomaten häuten und klein schneiden, dabei die Samen entfernen, den Stangensellerie putzen, von Fäden befreien und ebenfalls klein schneiden. Die Paprikaschoten von Stielen, Samen und Stegen befreien und in Streifen schneiden. Die Auberginen ohne die Stielansätze in nicht zu dünne Scheiben schneiden, anschließend vierteln.

2 Die Zwiebel schälen und fein hacken. Das Olivenöl in einem Topf erhitzen und die Zwiebelstücke darin dünsten. Sobald sie goldgelb sind, das Gemüse und die gut abgetropften Oliven hinzufügen, salzen und bei niedriger Hitze zugedeckt garen, dabei – wenn nötig – etwas heißes Wasser hinzugießen. Wenn das Gemüse gar, aber nicht zerkocht ist, vom Herd nehmen, auf einem Servierteller anrichten und heiß servieren.

Patate in padella con prezzemolo
Kartoffelpfanne mit Petersilie

einfach
45 Minuten
95 kcal/399 kJ

Zutaten

500 g Kartoffeln
1 kleines Bund Petersilie · 1 Zwiebel
4 EL Olivenöl
5 EL heiße Gemüsebrühe · Salz

1 Die Kartoffeln schälen, waschen, in ungleiche Stücke schneiden und 5 Minuten in einer Schüssel mit kaltem Wasser liegen lassen. In der Zwischenzeit die Petersilie waschen, ausschütteln und fein hacken. Die Zwiebel schälen und in feine Ringe schneiden.

2 Das Olivenöl in eine Pfanne geben und die Zwiebelringe darin andünsten. Anschließend die abgetropften und abgetrockneten Kartoffelstücke hinzugeben, einige Minuten anbraten, ab und zu mit etwas Gemüsebrühe beträufeln und unter Rühren garen.

3 Kurz vor Ende der Garzeit mit Salz abschmecken und mit der gehackten Petersilie bestreuen. Auf einem vorgewärmten Teller anrichten und servieren.

Ciammotta
Gemüseeintopf

einfach
1 Stunde + Ruhezeit
250 kcal/1050 kJ

Zutaten

240 g Auberginen
grobkörniges Salz
240 g Kartoffeln
240 g Paprikaschoten
Olivenöl zum Frittieren
200 g Fleischtomaten
2 EL Olivenöl
1 Knoblauchzehe

1 Die Auberginen waschen, in 1 Zentimeter dicke Scheiben schneiden, schichtweise in ein Abtropfsieb legen und mit grobkörnigem Salz bestreuen. Auf die letzte Schicht einen Teller legen und beschweren. 40 Minuten durchziehen lassen, anschließend das Salz gründlich abwaschen und mit einem Küchentuch trockentupfen.

2 Die Kartoffeln waschen, schälen und in Stücke schneiden. Die Paprikaschoten waschen, abtrocknen, von Stielen, Samen und Stegen befreien und in feine Streifen schneiden. Reichlich Olivenöl in einer Pfanne erhitzen und nacheinander die Auberginenscheiben, die Kartoffelstücke und Paprikastreifen darin frittieren. Anschließend auf Küchenpapier abtropfen lassen.

3 Die Tomaten blanchieren, häuten, die Samen entfernen und das Fruchtfleisch in Stücke schneiden. 2 Esslöffel Olivenöl in einer Pfanne erhitzen, die Knoblauchzehe andünsten, anschließend entfernen, die Tomatenstücke hinzufügen und salzen. Auberginenscheiben, Kartoffelstücke und Paprikastreifen hinzugeben, umrühren, den Deckel auflegen und alle Zutaten bei niedriger Hitze durchziehen lassen. Heiß servieren.

Zucchine ripiene alla cagliaritana
Gefüllte Zucchini mit sardischem Schafskäse

⏱ einfach
🕐 1 Stunde
370 kcal/1554 kJ

Zutaten

1 kg Zucchini
Salz · Pfeffer
6 EL Olivenöl
250 g reife, feste Tomaten
einige gehackte Basilikumblätter
100 g frisch geriebener Pecorino sardo
3 Eier
50 g Semmelbrösel

1 Die Zucchini von Stiel- und Blütenansätzen befreien, gründlich waschen, längs halbieren, mit Salz bestreuen und ruhen lassen, bis der Saft ausgetreten ist. Die Samen entfernen und das Fruchtfleisch mit einem kleinen Löffel herauslösen, anschließend fein hacken.

2 In einer Pfanne 2 Esslöffel Olivenöl erhitzen, das Zucchinifruchtfleisch anbraten, bis es trocken wird und die geschälten, von den Samen befreiten und zerkleinerten Tomaten hinzufügen. 2 weitere Esslöffel Olivenöl darüber gießen und mit dem gehackten Basilikum bestreuen. Bei mäßiger Hitze 10 Minuten weiterköcheln lassen, dabei ab und zu mit einem Holzlöffel umrühren.

3 Die Masse in eine Schüssel geben, den Pecorino, die Eier und die Semmelbrösel hinzufügen, salzen, pfeffern, alles gut umrühren und die Zucchinihälften damit füllen. Eine feuerfeste Form mit 1 Esslöffel Öl einfetten und die gefüllten Zucchini hineinlegen. Mit dem restlichen Öl beträufeln und im vorgeheizten Backofen bei 200 °C etwa 30 Minuten garen. Herausholen und in der feuerfesten Form warm oder kalt servieren.

Zucchine a cassola
Geschmorte Zucchini

⏱ einfach
🕐 45 Minuten
205 kcal/861 kJ

Zutaten

750 g Zucchini · 300 g reife, feste Tomaten
1 Zwiebel · 4 EL Olivenöl
einige frische Minzeblätter · Salz
frisch geriebener Pecorino

1 Die Zucchini von Stiel- und Blütenansätzen befreien, waschen, abtrocknen und klein würfeln. Die Tomaten waschen, häuten, die Samen entfernen und das Fruchtfleisch in Stücke schneiden. Die Zwiebel schälen, fein hacken und mit dem Olivenöl in einer Pfanne dünsten. Die Zucchiniwürfel hinzufügen und anbraten, anschließend die Tomatenstücke sowie die gewaschenen, trockengetupften und in kleine Stücke gezupfte Minzeblätter hineingeben.

2 Mit Salz abschmecken und bei mittlerer Hitze zugedeckt etwa 20 Minuten garen, dabei ab und zu mit einem Holzlöffel umrühren. Das Gemüse anschließend auf einen vorgewärmten Teller geben, mit reichlich geriebenem Pecorino bestreuen und heiß servieren.

Zucchine ripiene al tonno
Zucchini mit Thunfischfüllung

einfach

40 Minuten

205 kcal/861 kJ

Zutaten für 6 bis 8 Personen

1,2 kg Zucchini

400 g reife, feste Tomaten

3 EL Olivenöl

Salz · Pfeffer

4 Basilikumblätter

Für die Füllung

200 g in Öl eingelegter Thunfisch

1 Knoblauchzehe

3 EL Semmelbrösel

2 EL gehackte Petersilie

3 Eier

Salz · Pfeffer

1 Die Zucchini waschen und längs halbieren. Einen Teil des Fruchtfleisches mit einem kleinen Löffel herauslösen. Zusammen mit dem abgetropften Thunfisch und der vom Mitteltrieb befreiten Knoblauchzehe klein hacken.

2 Die vorbereitete Masse in eine Schüssel geben, Semmelbrösel, Petersilie, Eier, etwas Salz und frisch gemahlenen Pfeffer hinzufügen. Gut umrühren und die Zucchini mit dieser Mischung füllen.

3 Die Tomaten passieren. Das Olivenöl in einer Pfanne erhitzen, die gefüllten Zucchinihälften hineingeben und bei sehr niedriger Hitze 2 Minuten andünsten.

4 Die Hitze erhöhen, das Tomatenpüree, 1 Prise Salz, etwas frisch gemahlenen Pfeffer und die Basilikumblätter hinzugeben und bei mäßiger Hitze zugedeckt 20 Minuten weiterköcheln lassen. Heiß oder kalt servieren.

Zucchine e melanzane al basilico
Zucchini und Auberginen mit Basilikum

einfach

30 Minuten + Ruhezeit

130 kcal/546 kJ

Zutaten

1 Bund Basilikum

5 EL Olivenöl

2 Zucchini · 2 Auberginen

Salz

1 Das Basilikum putzen, waschen, fein hacken und mit dem Olivenöl in einer Schüssel verrühren. Die Zucchini und die Aubergine waschen, abtrocknen und von Stiel- und Blütenansätzen befreien. In Scheiben schneiden, mit etwas Salzwasser in eine beschichtete Pfanne geben und bei mittlerer Hitze etwa 20 Minuten garen. Die Zucchinischeiben dabei mit einer Gabel einstechen, damit der Saft austritt und keine weitere Flüssigkeitszugabe notwendig ist.

2 Das Gemüse auf einem Servierteller anrichten und mit der Basilikum-Olivenöl-Mischung beträufeln. Gegebenenfalls noch etwas salzen und vor dem Servieren an einem kühlen Ort – jedoch nicht im Kühlschrank – einige Stunden ruhen lassen.

Peperoni ripieni
Gefüllte Paprikaschoten

👩‍🍳 einfach
🕐 1 Stunde 10 Minuten
545 kcal/2289 kJ

Zutaten

50 g Rosinen
2 rote Paprikaschoten
2 gelbe Paprikaschoten
200 g Oliven
8 in Öl eingelegte Sardellenfilets
7 EL Olivenöl
200 g Semmelbrösel
2 EL gehackte Petersilie
2 EL in Salz eingelegte Kapern
Salz · Pfeffer
8 EL Tomatensauce

1 Die Rosinen 20 Minuten in einer Schüssel mit lauwarmem Wasser einweichen. Die Paprikaschoten waschen, abtrocknen, längs halbieren und von den Samen und Stegen befreien. Die Oliven entsteinen und zerkleinern. Die Sardellenfilets ebenfalls zerkleinern, die Kapern waschen und abtrocknen.

2 In einer Pfanne 2 Esslöffel Olivenöl erhitzen und die Semmelbrösel unter Rühren darin anrösten. Anschließend in eine Schüssel geben, die Petersilie, die zerkleinerten Oliven und Sardellen, die Kapern, die ausgedrückten Rosinen sowie etwas Salz und Pfeffer hinzufügen. Alles sorgfältig vermischen und die Paprikaschoten mit dieser Masse füllen.

3 Eine feuerfeste Form mit 2 Esslöffeln Olivenöl einfetten und die Paprikaschoten nebeneinander hineinsetzen. Auf jede Paprikahälfte 1 Esslöffel Tomatensauce geben und alle mit dem restlichen Öl beträufeln. Die Paprikaschoten bei 160 °C etwa 20 Minuten im Backofen garen. Die Hitze anschließend auf 180 °C erhöhen und weitergaren. Sofort heiß servieren oder mit Frischhaltefolie überziehen und lauwarm abkühlen lassen.

Peperoni in padella
Paprikapfanne

👩‍🍳 einfach
🕐 40 Minuten
200 kcal/840 kJ

Zutaten

6 fleischige Paprikaschoten
2 Zwiebeln
4 EL Olivenöl
8 reife, feste Tomaten
Salz

1 Die Paprikaschoten waschen, von Samen und Stegen befreien und klein schneiden. Oder: im Backofengrill rösten, bis die Haut Blasen wirft. Anschließend häuten, mit einem feuchten Lappen abwischen, längs halbieren, von Samen und Stegen befreien und in große Stücke schneiden.

2 Die Zwiebeln schälen, waschen, mit Küchenpapier abtrocknen, in feine Ringe schneiden und in eine Pfanne geben. Mit dem Olivenöl bei kleinster Hitze glasig andünsten.

3 In der Zwischenzeit die Tomaten waschen, häuten, die Samen entfernen und das Fruchtfleisch zerkleinern. Zu den Zwiebelringen geben und 2 Minuten mitgaren. Die Paprikastücke hinzufügen, salzen und etwa 20 Minuten ohne Deckel köcheln lassen, dabei häufig mit einem Holzlöffel umrühren. Vom Herd nehmen, anrichten und servieren.

Peperoni ammollicati
Paprikaschoten mit Semmelbröseln

einfach
30 Minuten
270 kcal/1134 kJ

Zutaten

800 g Paprikaschoten
1 EL in Salz eingelegte Kapern
1 Glas Olivenöl
30 g frisch geriebener Pecorino
1 Hand voll Krume von altbackenem Brot
1 Prise Oregano
Salz

1 Die Paprikaschoten waschen, mit einem Küchentuch gründlich abtrocknen und vierteln. Dabei Stielansätze, Samen und Stege entfernen. Die Kapern waschen, so dass sie vollständig vom Salz befreit sind, und mit Küchenpapier trockentupfen.

2 Das Olivenöl in einer Frittierpfanne erhitzen und, sobald es heiß ist, die Paprikastücke hineingeben und frittieren, bis sie fast weich sind. Anschließend den größten Teil des Öls weggießen und die Kapern, den Pecorino, die zerkrümelte Brotkrume und den Oregano zu den Paprikastücken in die Pfanne geben.

3 Mit 1 Prise Salz würzen, alles gut vermischen und bei niedriger Hitze zugedeckt etwa 10 Minuten garen, dabei häufig mit einem Holzlöffel umrühren. Die Paprikastücke, sobald sie gar sind, auf einem vorgewärmten Teller anrichten und sofort servieren.

Peperonata
Tomaten-Paprika-Gemüse

einfach
1 Stunde
165 kcal/693 kJ

Zutaten

1 Zwiebel
4 EL Olivenöl
4 Paprikaschoten
6 reife, feste Tomaten
Salz · Pfeffer
1 Knoblauchzehe
einige Basilikumblätter

1 Die Zwiebel schälen, waschen und in Ringe schneiden. Das Olivenöl in einer Pfanne – möglichst aus Ton – erhitzen und darin die Zwiebelringe bei geschlossenem Deckel leicht bräunen. Anschließend einige Esslöffel Wasser hinzufügen und zugedeckt weitergaren, bis das Wasser verkocht ist.

2 Die Paprikaschoten unter dem Backofengrill rösten, häuten, aufschneiden, von Samen und Stegen befreien, waschen, mit Küchenpapier abtrocknen und in schmale Streifen schneiden. Die Tomaten 1 Minute in kochendem Wasser blanchieren, häuten, die Samen entfernen, die Flüssigkeit abtropfen lassen und das Fruchtfleisch grob zerkleinern.

3 Wenn die Zwiebelringe gar sind, die Paprikastreifen in die Pfanne geben und bei mittlerer Hitze 15 Minuten garen. Anschließend die Tomatenstücke, Salz, Pfeffer und die geschälte und vom Mitteltrieb befreite Knoblauchzehe hinzugeben.

4 So lange garen, bis das Olivenöl völlig vom Gemüse absorbiert ist. Auf einem Teller anrichten, mit den gewaschenen und klein gezupften Basilikumblättern bestreuen und servieren.

Zucchine in agrodolce
Zucchini in süßsaurer Sauce

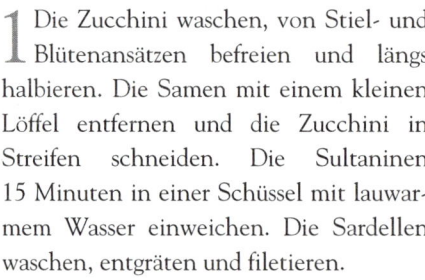

☺ einfach
🕐 40 Minuten
110 kcal/462 kJ

Zutaten

400 g Zucchini

2 EL Sultaninen

2 in Salz eingelegte Sardellen

2 EL Olivenöl · 1 Knoblauchzehe

Salz · 2 EL Weißweinessig

20 g Pinienkerne

1 Die Zucchini waschen, von Stiel- und Blütenansätzen befreien und längs halbieren. Die Samen mit einem kleinen Löffel entfernen und die Zucchini in Streifen schneiden. Die Sultaninen 15 Minuten in einer Schüssel mit lauwarmem Wasser einweichen. Die Sardellen waschen, entgräten und filetieren.

2 Das Olivenöl mit der geschälten Knoblauchzehe in einem Topf erhitzen und diese, sobald sie Farbe angenommen hat, entfernen. Die Zucchinistreifen hineingeben, leicht anbraten und salzen.

3 Mit einigen Esslöffeln Wasser und Weißweinessig beträufeln und bei mäßiger Hitze garen, bis sie fast trocken sind. Schließlich die Pinienkerne, die abgetropften Sultaninen und die Sardellenfilets hinzugeben. Umrühren und alles einige Minuten durchziehen lassen. Das Gemüse anschließend sofort auf einem Teller anrichten und servieren.

Ciaudedda
Schmorgericht mit Artischocken, Bohnen und Kartoffeln

☺ einfach
🕐 1 Stunde
220 kcal/924 kJ

Zutaten

4 Artischocken

¹/₂ unbehandelte Zitrone

700 g ungeschälte dicke Bohnen

300 g fest kochende Kartoffeln

40 g Schweinebauch

1 Zwiebel · 3 EL Olivenöl

Salz

1 Die Artischocken putzen, von den harten äußeren Blättern, den Spitzen und den Stielen befreien und das Heu im Innern entfernen. Anschließend waschen und mit der Zitrone abreiben, damit sie sich nicht dunkel verfärben. Die Bohnen aus den Hülsen lösen und schälen.

2 Die Kartoffeln schälen, waschen, abtrocknen und in dünne Scheiben schneiden. Den Schweinebauch zerkleinern, die Zwiebel schälen und in feine Ringe schneiden. Das Olivenöl in einem Topf erhitzen und die Schweinebauchstücke mit den Zwiebelringen bei niedriger Hitze darin anbraten.

3 Sobald die Zwiebelringe angedünstet sind, die Kartoffelscheiben, die in Schnitze zerteilten Artischocken und die Bohnen hinzugeben. Salzen und bei niedriger Hitze etwa 30 Minuten garen. Während des Garens einige Esslöffel heißes Wasser hinzufügen, damit die Masse nicht zu sehr austrocknet. Auf einem Teller anrichten und heiß servieren.

Patate ripiene al forno
Gefüllte Ofenkartoffeln

☺ einfach
🕐 1 Stunde 20 Minuten
410 kcal/1722 kJ

Zutaten

4 große Kartoffeln
200 g Champignons
3 EL Olivenöl
1 Knoblauchzehe
1 Scheibe gekochter Schinken (etwa 70 g)
1 EL gehackte Petersilie
1 Ei
Salz · Pfeffer
2 EL frisch geriebener Grana
20 g Butter

1 Den Backofen auf 180 °C vorheizen. Die Kartoffeln unter fließendem kalten Wasser mit einer harten Bürste säubern, in eine feuerfeste Form legen und 35–40 Minuten im Backofen garen. Längs halbieren und mit einem Löffel aushöhlen, dabei jedoch einen Rand von 1 Zentimeter übrig lassen. Das herausgelöste Innere durch die Kartoffelpresse drücken und in einer Schüssel beiseite stellen.

2 Die Champignons putzen, unter kaltem Wasser kurz abwaschen, abtropfen lassen, abtrocknen und klein schneiden. 2 Esslöffel Olivenöl mit der geschälten und leicht zerdrückten Knoblauchzehe in einer Pfanne erhitzen und, sobald sie angedünstet ist, entfernen. Die Champignons hinzugeben und bei starker Hitze unter Rühren anbraten. Wenn sie trocken sind, vom Herd nehmen. Zu dem Kartoffelbrei hinzufügen und auch den in Würfel geschnittenen gekochten Schinken, die gehackte Petersilie, das Ei, 1 Prise Salz sowie etwas frisch gemahlenen Pfeffer hinzugeben und mit einem Holzlöffel verrühren, bis alle Zutaten gut vermischt sind.

3 Die Kartoffeln mit dieser Masse füllen und in eine mit dem restlichen Olivenöl eingefettete feuerfeste Form setzen. Mit dem geriebenen Grana bestreuen und einige Butterflöckchen darauf setzen. Die Form in den vorgeheizten Backofen schieben und die Kartoffeln bei 200 °C etwa 15 Minuten garen. Aus dem Backofen nehmen und in der Form servieren.

Patate della nonna
Kartoffeln nach Großmutters Art

☺ einfach
🕐 45 Minuten
365 kcal/1533 kJ

Zutaten

8 Kartoffeln · einige EL Weißmehl
4 EL Olivenöl · 1 Knoblauchzehe
einige Salbeiblätter · 1 Rosmarinzweig
Salz · Pfeffer
1,5 l Gemüsebrühe
6 geschälte Tomaten

1 Die Kartoffeln waschen, schälen, in große Stücke schneiden und mehrmals im Weißmehl wenden. Das Olivenöl in einer großen Pfanne erhitzen und die gewaschene und geschälte Knoblauchzehe sowie die Salbeiblätter und den Rosmarinzweig hinzugeben.

2 Sobald die Knoblauchzehe Farbe annimmt, die im Mehl gewendeten Kartoffeln, 1 Prise Salz und etwas frisch gemahlenen Pfeffer hinzugeben. Die Kartoffeln gleichmäßig anbraten und nach etwa 10 Minuten mit der Gemüsebrühe bedecken.

3 Nach 15 Minuten Kochzeit mit aufgelegtem Deckel die geschälten und zerkleinerten Tomaten hinzufügen. Umrühren und noch weitere 5 Minuten köcheln lassen, bis die Sauce etwas reduziert ist. Die Knoblauchzehe entfernen. Die Kartoffeln auf einem vorgewärmten Teller anrichten und servieren.

Torta di patate
Kartoffelauflauf

⌘ einfach
🕐 1 Stunde
255 kcal/1071 kJ

Zutaten

200 g reife, feste Tomaten
1 Zwiebel
3 EL Olivenöl
800 g Kartoffeln
Salz
1 EL in Salz eingelegte Kapern
4 in Öl eingelegte Sardellenfilets
2 EL schwarze Oliven

1 Die Tomaten blanchieren, abkühlen lassen, häuten, die Samen entfernen, den Saft abgießen und das Fruchtfleisch mit einer Gabel zerdrücken. Die Zwiebel schälen, waschen, abtrocknen und mit 2 Esslöffeln Olivenöl in einer Pfanne andünsten. Die Tomatenstücke hinzugeben und bei starker Hitze 10 Minuten garen.

2 In der Zwischenzeit die Kartoffeln abbürsten, waschen und in einem Topf mit reichlich Wasser etwa 30 Minuten kochen. Anschließend schälen und passieren. In einer Schüssel auffangen, salzen und verrühren.

3 Den Backofen auf 180 °C vorheizen. Die Kapern unter fließendem Wasser vom Salz befreien, die Sardellenfilets abtropfen lassen und die Oliven entsteinen und halbieren. Eine feuerfeste Form mit dem restlichen Olivenöl einfetten und die Hälfte der Kartoffelmasse darin ausbreiten. Die gegarten Tomatenstücke darüber geben und die Sardellenfilets, die Kapern und die Olivenhälften darauf verteilen. Mit dem restlichen Kartoffelbrei bedecken und in den vorgeheizten Backofen schieben. Den Auflauf etwa 15 Minuten garen, anschließend herausnehmen und servieren.

Tegame di patate e pomodori
Kartoffel-Tomaten-Pfanne

⌘ einfach
🕐 1 Stunde
185 kcal/777 kJ

Zutaten

400 g fest kochende Kartoffeln
500 g Tomaten
1 Bund Petersilie
3 Knoblauchzehen
4 EL Olivenöl
Salz

1 Die Kartoffeln schälen, waschen und in ½ Zentimeter dicke Scheiben schneiden. Die Tomaten waschen und in dicke Scheiben schneiden. Die Petersilie waschen. Die Knoblauchzehen schälen, vom Mitteltrieb befreien und mit der Petersilie zusammen fein hacken.

2 Eine große Pfanne leicht mit Olivenöl einfetten, eine Schicht Tomaten darauf verteilen, mit einem Teil der Petersilien-Knoblauch-Mischung bedecken, salzen und mit etwas Olivenöl beträufeln.

Anschließend mit einer Schicht Kartoffeln und erneut mit Tomaten, Knoblauch und Petersilie belegen.

3 Weiter so verfahren, bis alle Zutaten aufgebraucht sind. Mit einer Tomatenschicht abschließen und diese mit Salz bestreuen und mit Olivenöl beträufeln. Den Deckel auflegen und bei niedriger Hitze etwa 40 Minuten garen. Zum Schluss den Deckel abnehmen, den Sud etwas einkochen lassen, das Gemüse auf einem Teller anrichten und servieren.

Cipolle ripiene al tonno
Zwiebeln mit Thunfischfüllung

🍳 einfach
🕐 1 Stunde
450 kcal/1890 kJ

Zutaten

4 große Zwiebeln
100 g altbackenes Brot
etwas Milch
200 g in Öl eingelegter Thunfisch
1 Knoblauchzehe
1 Majoranzweig
4 EL frisch geriebener Grana
1 Ei · Salz · Pfeffer
1 Prise Oregano
1 EL Semmelbrösel
4 EL Olivenöl
100 g Tomatenpüree

1 Die Zwiebeln schälen und in kochend heißem Salzwasser etwa 10 Minuten garen. Anschließend gut abtropfen lassen und in der Mitte quer durchschneiden. Die innersten Schichten aus der Zwiebelmitte entfernen, die Hüllen aufbewahren.

2 Das Brot in etwas lauwarmer Milch einweichen, anschließend ausdrücken und zusammen mit dem Thunfisch und etwas Zwiebelinnerem zerkleinern. Die Knoblauchzehe schälen, den Majoran waschen und beides zusammen fein hacken. Diese Mischung mit dem Grana, dem Ei, 1 Prise Salz und etwas frisch gemahlenem Pfeffer zu der Thunfischmasse geben und alles gut miteinander vermischen. Wenn nötig, noch etwas Olivenöl unterrühren, um die Masse geschmeidiger zu machen.

3 Den Backofen auf 180 °C vorheizen. Die Zwiebelhälften mit der Thunfischmasse füllen, mit den mit Oregano vermischten Semmelbröseln bestreuen und mit der Hälfte des Olivenöls beträufeln. Das restliche Olivenöl in eine feuerfeste Form gießen, einige Esslöffel Wasser hinzugeben und die Zwiebeln darin aufstellen. Im Backofen etwa 30 Minuten garen. Herausnehmen, anrichten und nach Belieben heiß oder lauwarm servieren.

Cipolle al marsala
Zwiebeln in würziger Marsalasauce

🍳 einfach
🕐 1 Stunde
120 kcal/504 kJ

Zutaten

4 Zwiebeln
4 Gewürznelken
4 EL Olivenöl
Salz · Pfeffer
1 Prise Thymian
1 Prise Oregano
1 Glas Marsala
50 g Kapern

1 Die Zwiebeln schälen, die äußeren Schichten abziehen, ohne die Zwiebeln zu zerkleinern, und jede Zwiebel mit einer Gewürznelke spicken. Das Olivenöl in einer Pfanne erhitzen, die Zwiebeln hineingeben und bei kleiner Hitze garen, bis sie rundum gebräunt sind. Den Backofen auf 180 °C vorheizen.

2 Sobald die Zwiebeln goldbraun sind, 2 Esslöffel heißes Wasser, 1 Prise Salz und etwas frisch gemahlenen Pfeffer sowie je 1 Prise Thymian und Oregano hinzufügen und bei starker Hitze zugedeckt weitergaren, bis das Wasser vollständig verdampft ist.

3 Die Zwiebeln nun in ein Tongefäß geben, den Marsala hinzufügen, in den vorgeheizten Backofen schieben, mit einem Stück Alufolie abdecken und etwa 20 Minuten garen, bis die Flüssigkeit eingekocht ist. Aus dem Backofen nehmen, die Kapern hinzugeben, umrühren und die Sauce in der offenen Form bei starker Hitze noch etwas einkochen lassen. Die Zwiebeln im Tongefäß heiß servieren.

Crocchette siciliane
Sizilianische Kroketten

🍳 einfach
🕐 1 Stunde 20 Minuten
410 kcal/1722 kJ

Zutaten für 4 bis 6 Personen

400 g Kartoffeln
1 kleines Bund Petersilie
25 g gekochter Schinken
25 g Caciocavallo
2 Eier
2 EL Olivenöl
Salz · Pfeffer
25 g frisch geriebener Pecorino
etwas Weißmehl
einige Semmelbrösel
Olivenöl zum Frittieren

1 Die Kartoffeln waschen, in einen großen Topf mit reichlich Wasser legen und je nach Größe 35–40 Minuten kochen. Die Petersilie waschen, das Wasser ausschütteln und zusammen mit dem gekochten Schinken zerkleinern. Den Caciocavallo in kleine Stücke schneiden oder reiben.

2 Die Kartoffeln abtropfen lassen, schälen, während sie noch warm sind, mit der Kartoffelpresse pürieren und in eine Schüssel geben. Die Eier trennen und das Eigelb zu dem Kartoffelpüree geben. Umrühren, mit dem Olivenöl in einen Topf geben, salzen und unter ständigem Rühren bei kleiner Hitze einige Minuten kochen.

3 Den Schinken mit der Petersilie, den Caciocavallo und den Pecorino zu den Kartoffeln geben und mit Pfeffer abschmecken. Etwa fingerdicke Kroketten von 5 Zentimeter Länge aus der Masse formen. Das Eiweiß schlagen und die Kroketten erst im Mehl wälzen, dann in das leicht verschlagene Eiweiß tauchen und zuletzt in den Semmelbröseln wenden.

4 Reichlich Olivenöl in einer Pfanne oder einem Frittiertopf erhitzen und, sobald es ausreichend heiß ist, die Kroketten hineingeben und goldgelb frittieren. Mit einem Schaumlöffel herausheben, auf Küchenpapier abtropfen lassen, leicht salzen, anrichten und heiß servieren.

Cipolle alla moda di Barletta
Überbackene Zwiebeln

🍳 einfach
🕐 1 Stunde
215 kcal/903 kJ

Zutaten

4 Zwiebeln
Salz
4 EL frisch geriebener Pecorino
1 Ei · etwas geriebene Muskatnuss
4 EL Olivenöl

1 Die Zwiebeln schälen, waschen, abtrocknen und in einem großen Topf mit reichlich kochendem Salzwasser etwa 20 Minuten garen. Abtropfen lassen, quer halbieren und mit einem Löffel etwas aushöhlen. Das Innere fein hacken und in eine Schüssel geben.

2 Den geriebenen Pecorino, das Ei, 1 Prise Salz und etwas geriebene Muskatnuss hinzugeben und mit einem Holzlöffel kräftig verrühren, damit sich alle Zutaten gut vermischen. Die Zwiebelhälften mit dieser Masse füllen.

3 Alles in eine mit etwas Olivenöl eingefettete feuerfeste Form setzen und mit dem restlichen Öl beträufeln. Im vorgeheizten Backofen bei 180 °C 30 Minuten überbacken. Sobald die Oberfläche goldbraun ist, die Zwiebeln herausnehmen, anrichten und heiß servieren.

Peperoni arrotolati
Paprikaröllchen

☺ **einfach**
🕐 **1 Stunde**
340 kcal/1428 kJ

Zutaten

800 g gelbe und rote Paprikaschoten
1 EL in Salz eingelegte Kapern
1 EL Pinienkerne
2 EL Sultaninen
4 in Öl eingelegte Sardellenfilets
1 kleine Tasse Semmelbrösel
1 EL gehackte Petersilie
7 EL Olivenöl
Salz · Pfeffer

1 Den Backofen auf 250 °C erhitzen und die Paprikaschoten darin rösten, bis die Haut Blasen wirft. Herausnehmen, häuten, von Samen und Stegen befreien und in Rechtecke schneiden.

2 Die Füllung vorbereiten. Dazu die abgespülten und ausgedrückten Kapern, die Pinienkerne, die in warmem Wasser eingeweichten und anschließend ausgedrückten Sultaninen, die zerkleinerten Sardellenfilets, die leicht angefeuchteten Semmelbrösel, die gehackte Petersilie, 3 Esslöffel Olivenöl, 1 Prise Salz und etwas frisch gemahlenen Pfeffer in eine Schüssel geben. Alles mit einem Holzlöffel umrühren, bis die Zutaten gut miteinander vermischt sind.

3 Die Paprikarechtecke mit dieser Füllung belegen und einrollen. Jedes Röllchen mit einem Holzstäbchen feststecken. Den Backofen auf 200 °C vorheizen. Den Boden einer feuerfesten Form mit 2 Esslöffeln Olivenöl einfetten und die vorbereiteten Röllchen darauf verteilen. Mit dem restlichen Olivenöl beträufeln und im vorgeheizten Backofen 15 Minuten garen. Anschließend herausnehmen, anrichten und sofort servieren.

Broccoli alla siciliana
Rübensprossen auf sizilianische Art

einfach
1 Stunde
415 kcal/1743 kJ

Zutaten

1,2 kg grüne Rübensprossen
5 entsalzene Sardellenfilets
1 Zwiebel
100 g pikanter Provolone
¹/₂ Glas Olivenöl
120 g entsteinte schwarze Oliven
Salz
1 Glas Rotwein

1 Die Rübensprossen putzen, von härteren Stielen befreien, klein schneiden, waschen und sorgfältig abtropfen lassen. Die entsalzenen Sardellenfilets zerkleinern, die Zwiebel in feine Ringe und den Provolone in dünne Scheiben schneiden.

2 In eine Terrakotta-Pfanne mit hohem Rand 1 Esslöffel Olivenöl geben und 1 Schicht Rübensprossen auf dem Boden verteilen. Mit einigen Zwiebelringen, einigen entsteinten und geviertelten schwarzen Oliven sowie einigen entgräteten Sardellenstücken belegen.

3 Die Rübensprossen mit 1 Esslöffel Olivenöl beträufeln und leicht salzen. Eine weitere Schicht wie zuvor anordnen, jedoch auch mit Provolone belegen. Die restlichen Zutaten schichten, bis sie aufgebraucht sind, mit Rübensprossen abschließen und mit dem restlichen Olivenöl und dem Rotwein übergießen.

4 Den Deckel auflegen und bei niedriger Hitze ohne Umrühren garen, bis der Wein verdampft ist und die Rübensprossen gar sind, jedoch noch Kochsud in der Pfanne vorhanden ist. In der Pfanne sofort heiß servieren.

Broccoli strascinati
Gedünsteter Brokkoli

einfach
50 Minuten
135 kcal/567 kJ

Zutaten

1 Brokkoli (etwa 1 kg)
2 Knoblauchzehen
4 EL Olivenöl
Salz · Pfeffer

1 Die äußeren harten Blätter vom Brokkoli entfernen, die kleinen, zarteren aufbewahren. Den Brokkoli in einzelne Röschen zerteilen, gründlich unter fließendem Wasser waschen und zum Abtropfen in ein Sieb legen.

2 In der Zwischenzeit die Knoblauchzehen schälen, vom Mitteltrieb befreien, grob zerdrücken und in einer großen Pfanne im heißen Olivenöl hell andünsten.

3 Sobald der Knoblauch glasig ist, die gut abgetropften Brokkoliröschen hinzufügen, salzen und umrühren. Den Deckel auflegen und den Brokkoli etwa 30 Minuten garen. Während des Garens gegebenenfalls noch etwas Wasser hinzufügen.

4 Wenn der Brokkoli leicht zerfallen ist, die Pfanne vom Herd nehmen, den Knoblauch herausnehmen, den Brokkoli auf einem vorgewärmten Teller anrichten und sofort heiß servieren.

Broccoletti all'arancia
Rübensprossen mit Orangensauce

einfach
30 Minuten
135 kcal/567 kJ

Zutaten

1 unbehandelte Orange
800 g Rübensprossen
1 Schalotte
4 EL Olivenöl
Salz · Pfeffer

1 Die Orange gründlich waschen, pressen und den Saft in einer Schüssel auffangen. Die Hälfte der Schale (nur den orangefarbenen Teil) in dünne Streifen schneiden. Die Rübensprossen in Röschen zerteilen, waschen und in kochendem Salzwasser 5–6 Minuten blanchieren. Abtropfen lassen, in kaltes Wasser tauchen, erneut abtropfen lassen und trockentupfen. Die Schalotte schälen und fein hacken.

2 Den Orangensaft in eine kleine Pfanne gießen und auf die Hälfte einkochen. Das Olivenöl in einer anderen Pfanne erhitzen, die Schalotte und die Orangenschale hinzugeben und bei mäßiger Hitze etwa 10 Minuten garen, dabei ab und zu umrühren. Den reduzierten Orangensaft, je 1 Prise Salz und Pfeffer und die Rübensprossen hinzufügen. Alles erhitzen, dann auf einem Teller anrichten und sofort servieren.

Cime di rapa stufate al vino
Stängelkohl in Wein geschmort

einfach
1 Stunde
145 kcal/609 kJ

Zutaten

1,6 kg Stängelkohl
Salz · Pfefferkörner
2 Knoblauchzehen
1 Glas Rotwein
1 Lorbeerblatt

1 Den Stängelkohl sorgfältig putzen, von den Blättern befreien und mehrmals waschen. Abtropfen lassen und nur mit dem nach dem Waschen verbliebenen Wasser in einem Topf garen. Während des Kochvorgangs tritt der bittere Saft aus den Röschen aus, der nach und nach abgeschöpft werden muss.

2 Wenn nach etwa 30 Minuten kein weiterer Saft mehr austritt, die Herdplatte auf niedrigste Hitze herunterschalten. Den Stängelkohl salzen, mit frisch gemahlenem Pfeffer bestreuen und die geschälten und vom Mitteltrieb befreiten Knoblauchzehen hinzugeben. Den Rotwein und das gewaschene und abgetrocknete Lorbeerblatt hinzufügen.

3 Gut umrühren und bei niedrigster Hitze im offenen Topf etwa 15 Minuten köcheln lassen. Sobald der Stängelkohl gar ist, auf einem vorgewärmten Teller anrichten und heiß servieren

Insalata di fave
Bohnensalat

☕ einfach
🕐 1 Stunde
180 kcal/756 kJ

Zutaten

1,5 kg ungeschälte dicke Bohnen
Salz · Pfeffer
2 Scheiben kräftiges Weißbrot
4 EL Olivenöl
1 Knoblauchzehe
2 EL Sardellenpaste
1 EL Honigessig
1 TL Senf

1 Die Bohnen aus den Hülsen schälen und die dünne Haut entfernen. Einen Topf mit reichlich leicht gesalzenem Wasser zum Kochen bringen und kurz nach dem Siedepunkt die Bohnen hineingeben. Etwa 15 Minuten kochen lassen, anschließend abgießen und lauwarm abkühlen lassen.

2 In der Zwischenzeit die Brotscheiben in kleine Quadrate von etwa 1½ Zentimetern Seitenlänge schneiden. 2 Esslöffel Olivenöl in einer kleinen Pfanne erhitzen, die geschälte und leicht zerdrückte Knoblauchzehe darin hell andünsten, anschließend entfernen und die Brotstücke leicht anbraten.

3 Die Sardellenpaste in eine Schüssel geben, 1 Prise frisch gemahlenen Pfeffer, den Honigessig und den Senf hinzufügen. Mit einer Gabel aufschlagen, bis sich alle Zutaten vermischt haben, und schließlich nacheinander 2 Esslöffel Olivenöl unterrühren.

4 Die Bohnen mit den Brotstücken auf einem großen Teller anrichten, die Sauce darüber gießen, alle Zutaten gut verrühren und servieren.

Fave e cicoria
Bohnen und Chicorée

☕ einfach
🕐 **1 Stunde 30 Minuten
+ Einweichzeit**
435 kcal/1827 kJ

Zutaten

400 g getrocknete, geschälte dicke Bohnen
Salz · Pfeffer
600 g Chicorée · 2 Zwiebeln
3 EL Olivenöl
1 EL Weißweinessig

1 Die Bohnen 12 Stunden in lauwarmem Wasser einweichen. Abgießen und in einer Terrakotta-Pfanne mit Wasser bedeckt bei niedrigster Hitze zum Kochen bringen. Wenn nötig, abschäumen und häufig mit einem Holzlöffel umrühren. Gegen Ende der Garzeit, wenn die Bohnen fast sämig sind, mit Salz und Pfeffer abschmecken.

2 In der Zwischenzeit den Chicorée waschen und in leicht gesalzenem Wasser bissfest garen. Die Zwiebeln in sehr feine Ringe schneiden und mit dem Olivenöl in einer Pfanne andünsten.

3 Sobald der Chicorée gar ist, abgießen und in die Pfanne zu den Zwiebelringen geben. Einige Minuten durchziehen lassen, dann den Weißweinessig hinzugeben und gut umrühren. Wenn die Bohnen gar sind, das Gemüse auf einem Servierteller anrichten, nach Belieben mit etwas Olivenöl beträufeln und heiß servieren.

Frittedda
Sizilianisches Gemüseragout

einfach

45 Minuten

155 kcal/651 kJ

Zutaten

2 Artischocken

1 EL Zitronensaft

300 g frische, geschälte dicke Bohnen

Salz · Pfeffer

1 Zwiebel

3 EL Olivenöl

200 g geschälte zarte Erbsen

1 Prise Zucker

2 EL Weißweinessig

5–6 Minzeblätter

1 Die Artischocken putzen und von den harten äußeren Blättern und den Spitzen befreien. In der Mitte durchschneiden, das Heu im Innern entfernen und die Hälften in dünne Schnitze schneiden. In Wasser mit dem Zitronensaft legen, damit sie sich nicht dunkel verfärben.

2 Die dicken Bohnen in kochendem Salzwasser blanchieren. Sobald das dünne Häutchen runzlig wird, abgießen und die Bohnen anschließend häuten. Die Zwiebel schälen, waschen, trockentupfen, in Ringe schneiden und mit dem Olivenöl in einer Pfanne glasig andünsten. Die abgetropften und abgetrockneten Artischockenschnitze hinzufügen und unter gelegentlichem Umrühren kurz durchziehen lassen.

3 Die Erbsen und die Bohnen hinzugeben und nach einigen Minuten 1/2 Glas Wasser angießen. Bei mäßiger Hitze zugedeckt etwa 20 Minuten weiterköcheln lassen. Nach der Hälfte der Kochzeit den Zucker, den Weißweinessig, 1 Prise Salz und etwas frisch gemahlenen Pfeffer hinzufügen. Zum Schluss die gewaschenen und klein gezupften Minzeblätter darüber streuen und kalt servieren.

Fave e patate
Dicke Bohnen und Kartoffeln

einfach

2 Stunden + Einweichzeit

295 kcal/1239 kJ

Zutaten

200 g getrocknete dicke Bohnen · Salz

200 g Kartoffeln

1 Poleiminzezweig

1 kleines Bund Petersilie

2 Knoblauchzehen

4 EL Olivenöl

2–3 EL Weißweinessig

1 Die Bohnen mit lauwarmem Wasser in eine Schüssel geben und 24 Stunden einweichen. Anschließend abgießen und in einem Topf mit kaltem Salzwasser, das die Bohnen um mindestens 3 Finger breit überragt, zum Kochen bringen und etwa 2 Stunden garen.

2 Die Kartoffeln waschen und in einem zweiten Topf mit reichlich kaltem Salzwasser zum Kochen bringen und etwa 45 Minuten garen. Anschließend abgießen, schälen und zerdrücken.

3 Die Poleiminze und die Petersilie waschen und ausschütteln. Die Knoblauchzehen schälen und vom Mitteltrieb befreien. Alles in einem Mörser zerstoßen. Das Olivenöl in einem dünnen Strahl angießen, den Weißweinessig hinzufügen, salzen und alles gut vermischen.

4 Sobald die Bohnen gar sind, abgießen, die zerdrückten Kartoffeln damit vermengen und auf einem großen Teller anrichten. Die Sauce darüber gießen und sofort servieren.

Zucchine fredde ripiene
Kalte gefüllte Zucchini

👨‍🍳 **mittelschwer**
🕐 **40 Minuten**
170 kcal/714 kJ

Zutaten

1 Bund Basilikum
2 Thymianzweige
1 Majoranzweig
4 Zucchini
¹/₂ Knoblauchzehe
40 g frisch geriebener Grana
4 EL Olivenöl
20 g fein gehackte Walnusskerne
Salz · Pfeffer

1 Die Basilikumblätter sowie die Thymian- und Majoranzweige waschen und das Wasser ausschütteln. Die Zucchini waschen, von Stiel- und Blütenansätzen befreien und 7–8 Minuten im Dampfkochtopf bissfest garen. Unter fließendem kaltem Wasser abschrecken, abtrocknen und mit einem Kerngehäuseentferner aushöhlen. Das Fruchtfleisch mit den Basilikumblättern, der geschälten und vom Mitteltrieb befreiten Knoblauchzehe und den fein gehackten Thymian- und Majoranzweigen vermengen.

2 Die Mischung in eine Schüssel geben, den Grana, das Olivenöl, die Walnusskerne, 1 Prise Salz und etwas frisch gemahlenen Pfeffer hinzufügen. Mit einem Holzlöffel umrühren, bis sich alle Zutaten gut vermischt haben.

3 Die Füllung in einen Spritzbeutel mit glatter Tülle geben und durch leichtes Drücken die Zucchini damit füllen. Die Zucchini diagonal in Scheiben schneiden oder ganz lassen, auf einem Teller anrichten und bei Zimmertemperatur servieren.

2 Die Zucchini mit Hilfe eines Kerngehäuseentferners aushöhlen.

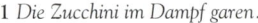

1 Die Zucchini im Dampf garen.

4 Die vorbereitete Füllung in die ausgehöhlten Zucchini spritzen.

3 Das Fruchtfleisch fein hacken und mit den Kräutern, dem Grana und den Walnüssen vermischen.

Carciofi ripieni in tegame
Gefüllte Artischocken

einfach
45 Minuten
200 kcal/480 kJ

Zutaten

4 Artischocken

1 EL Zitronensaft

3 Schalotten

1 Bund Petersilie

2 in Öl eingelegte Sardellenfilets

40 g weiche Butter

Salz · Pfeffer

1 Prise geriebene Muskatnuss

1 Die Artischocken von den härteren Blättern und den Spitzen befreien und die Stiele schälen; in eine Schüssel Wasser mit dem Zitronensaft legen, damit sie sich nicht dunkel verfärben.

2 Die Schalotten putzen, die Petersilie waschen und vorsichtig trockentupfen und einen Zweig beiseite legen. Die Schalotten und die Petersilie zusammen mit den Sardellenfilets fein hacken. Diese Mischung mit der Hälfte der Butter in eine Schüssel geben, mit Salz, 1 Prise frisch gemahlenem Pfeffer und geriebener Muskatnuss abschmecken. Mit einem Holzlöffel umrühren, bis sich alle Zutaten gut vermischt haben.

3 Die Artischocken abtropfen lassen, trockentupfen, längs halbieren, das Heu im Innern entfernen und die vorbereitete Sardellenmasse auf den Hälften verteilen. Nebeneinander in eine ausreichend große Pfanne legen und so anordnen, dass sie sich während des Garens nicht bewegen können.

4 Etwas Wasser angießen, den aufbewahrten Petersilienzweig, 1 Prise Salz und Pfeffer sowie die restliche Butter hinzufügen. Bei mäßiger Hitze etwa 30 Minuten garen, bis der Kochsud fast völlig verdampft ist. Auf einem Teller anrichten und nach Belieben heiß oder lauwarm servieren.

1 *Die Schalotten, die Petersilie und die Sardellen zusammen fein hacken.*

2 *Die Hälfte der Butter mit der Schalotten-Petersilien-Sardellen-Masse in eine Schüssel geben.*

3 *Die Füllung auf den vom Heu befreiten Artischockenhälften verteilen.*

4 *Vor dem Garen etwas Wasser in die Pfanne mit den Artischocken gießen.*

Ceci appetitosi
Köstliches Kichererbsengericht

☕ **einfach**
🕐 **2 Stunden 30 Minuten**
   + Einweichzeit
585 kcal/2457 kJ

Zutaten

400 g getrocknete Kichererbsen
einige Salbeiblätter
2 Knoblauchzehen
1 rote Paprikaschote
1 gelbe Paprikaschote
2 Eier
1 Hand voll in Salz eingelegte Kapern
200 g in Öl eingelegter Thunfisch
Salz · Pfeffer
3 EL Olivenöl
2 EL Weißweinessig

1 Die Kichererbsen über Nacht in einer Schüssel mit reichlich Wasser einweichen. Am nächsten Tag die Salbeiblätter waschen, die Knoblauchzehen schälen und beides in einen großen Topf geben. Die Kichererbsen hinzugeben, mit reichlich Wasser bedecken und bei niedriger Hitze zugedeckt gut 2 Stunden kochen.

2 In der Zwischenzeit die Paprikaschoten unter dem Backofengrill rösten, bis die Haut Blasen wirft, dann häuten und das Fruchtfleisch in Streifen schneiden. Die Eier hart kochen, schälen und in Scheiben schneiden. Die Kapern gut abspülen, um sie vollständig vom Salz zu befreien, den Thunfisch abtropfen lassen und mit einer Gabel zerkleinern.

3 Die Kichererbsen gegen Ende des Kochvorgangs salzen, anschließend abgießen und lauwarm abkühlen lassen. Die Kichererbsen, die Paprikastreifen, die Kapern und den zerkleinerten Thunfisch auf einem Servierteller anrichten, dann mit dem Olivenöl, dem Weißweinessig, 1 Prise Salz und etwas frisch gemahlenem Pfeffer würzen, gründlich umrühren, dann mit halbierten Eierscheiben dekorieren und servieren.

Cavolfiore in intingolo
Blumenkohl mit kräftiger Tomatensauce

einfach
45 Minuten
240 kcal/1008 kJ

Zutaten

1 Zwiebel · 1 Knoblauchzehe

1 Blumenkohl (etwa 600 g)

60 g entsteinte schwarze Oliven

75 g magerer Schweinebauch

2 EL Olivenöl

1 Lorbeerblatt

4 EL Tomatensauce

Salz · Pfeffer

Gemüsebrühe

1 Die Zwiebel schälen, waschen, abtrocknen und in feine Ringe schneiden. Die Knoblauchzehe schälen, vom Mitteltrieb befreien und fein hacken. Den Blumenkohl gründlich putzen und waschen und in einzelne Röschen zerteilen. Die Oliven längs halbieren und den Schweinebauch klein schneiden.

2 Das Olivenöl in einer Pfanne erhitzen und die Zwiebelringe und den gehackten Knoblauch darin farblos andünsten.

Den Knoblauch entfernen und die Schweinebauchstücke anbraten. Die Blumenkohlröschen, die Olivenhälften sowie das gewaschene und klein gezupfte Lorbeerblatt hinzufügen und schließlich die in einigen Esslöffeln Wasser aufgelöste Tomatensauce hinzugießen. Salzen, pfeffern und bei niedriger Hitze zugedeckt etwa 30 Minuten köcheln lassen, dabei ab und zu vorsichtig mit einem Holzlöffel umrühren. Auf einem vorgewärmten Teller anrichten und servieren.

Cavolfiore alla campagnola
Blumenkohl nach Bauernart

einfach
30 Minuten
130 kcal/585 kJ

Zutaten

1 Zwiebel

150 g reife, feste Tomaten

1 Blumenkohl (etwa 600 g)

1 Knoblauchzehe

1 Bund Petersilie

4 EL Olivenöl

Salz · Pfeffer

1 Die Zwiebel schälen, waschen, abtrocknen und in feine Ringe schneiden. Die Tomaten blanchieren, häuten, die Samen entfernen, die Flüssigkeit abtropfen lassen und das Fruchtfleisch grob zerkleinern.

2 Den Blumenkohl putzen, die harten äußeren Blätter entfernen, die einzelnen Röschen ablösen und in reichlich Wasser waschen. Abtropfen lassen, 1 Minute in kochend heißem Salzwasser blanchieren und erneut abtropfen lassen.

3 Die Knoblauchzehe schälen, die Petersilie waschen und die Hälfte davon mit dem Knoblauch fein hacken. Das

Olivenöl in einer Pfanne erhitzen, die Knoblauch-Petersilien-Mischung sowie die Zwiebelringe hineingeben und glasig andünsten. Die Blumenkohlröschen hinzufügen, salzen, pfeffern und bei starker Hitze anbraten, dabei vorsichtig mit einem Holzlöffel umrühren, damit alles gut durchzieht.

4 Die zerkleinerten Tomaten hinzufügen, nach Belieben salzen und pfeffern und bei mäßiger Hitze unter gelegentlichem Rühren etwa 10 Minuten köcheln lassen. Sobald der Blumenkohl gar, aber nicht zerkocht und die Sauce etwas eingedickt ist, alles mit der restlichen gehackten Petersilie bestreuen und sofort servieren.

Insalata di cavolfiore
Blumenkohlsalat

🍳 einfach
🕐 30 Minuten
200 kcal/840 kJ

Zutaten

1 Blumenkohl (etwa 800 g)
4 in Salz eingelegte Sardellen
1 Knoblauchzehe
1 kleines Bund Petersilie
40 g entsteinte schwarze Oliven
40 g entsteinte grüne Oliven
40 g in Essig eingelegte Kapern
2 EL Weißweinessig
Salz

1 Den Blumenkohl gründlich waschen, und in einzelne Röschen zerteilen. Ein weiteres Mal waschen, mit reichlich Salzwasser in einem Topf zum Kochen bringen und schließlich zugedeckt 10–15 Minuten garen.

2 In der Zwischenzeit die Sardellen unter kaltem Wasser vom Salz befreien, entgräten und anschließend zerkleinern. Die Knoblauchzehe schälen und vom Mitteltrieb befreien, die Petersilie waschen und beides mit der Hälfte der Oliven und den Sardellen fein hacken.

3 Die Sardellenmischung in eine kleine Schüssel geben, die gut abgetropften Kapern und die restlichen ganzen grünen und schwarzen Oliven hinzufügen. Mit dem Weißweinessig verrühren und zum Schluss mit Salz abschmecken. Die Blumenkohlröschen in eine Schüssel geben, mit der vorbereiteten Sauce vermischen und lauwarm oder kalt servieren.

Cavolfiore con patate al forno
Blumenkohl und Kartoffeln aus dem Ofen

🍳 einfach
🕐 1 Stunde
450 kcal/1890 kJ

Zutaten

Salz · 1 Blumenkohl (etwa 600 g)
300 g Kartoffeln · 1 kalabrische Wurst
1 Prise Oregano · 5 EL Olivenöl

1 In 2 großen Töpfen Salzwasser zum Kochen bringen. Den Blumenkohl waschen, in einzelne Röschen zerteilen und diese 15 Minuten in Salzwasser garen. Die Kartoffeln waschen und im zweiten Topf etwa 20 Minuten kochen. Anschließend schälen, solange sie noch warm sind, und in Scheiben schneiden. Die Wurst pellen und zerkleinern.

2 Den Backofen auf 180 °C vorheizen. Die abgetropften Blumenkohlröschen, die Kartoffelscheiben und die zerkleinerte Wurst in eine feuerfeste Form geben. Mit dem Oregano bestreuen, salzen, mit Olivenöl beträufeln und alles gut mischen. 20 Minuten im Backofen garen. Wenn die Oberfläche leicht gratiniert ist, aus dem Ofen nehmen und heiß servieren.

Fagiolini al pomodoro
Grüne Bohnen mit Tomaten

einfach
40 Minuten
220 kcal/924 kJ

Zutaten

500 g grüne Bohnen
5 EL Olivenöl
1 Knoblauchzehe
20 g Pinienkerne
1 kleines Bund Petersilie
250 ml heiße Gemüsebrühe
200 g geschälte Tomaten
2 entsalzene Sardellenfilets · Salz
4 Scheiben altbackenes kräftiges Weißbrot

1 Die Bohnen waschen und in einem großen Topf mit reichlich Salzwasser bissfest garen. Abgießen und in kleine Stücke schneiden. Die Knoblauchzehe in einer Pfanne mit 3 Esslöffeln Olivenöl hell dünsten und anschließend entfernen. Die gehackten Pinienkerne und die gehackte Petersilie hinzufügen und mit der heißen Gemüsebrühe übergießen.

2 Bei mäßiger Hitze garen, bis die Gemüsebrühe fast völlig absorbiert ist. Anschließend die mit einer Gabel zerdrückten Tomaten und die zerkleinerten Sardellenfilets hinzugeben, dann die Sauce etwa 10 Minuten köcheln lassen, dabei ab und zu mit einem Holzlöffel umrühren. Zuletzt die Bohnen hinzugeben und mit Salz abschmecken.

3 Den Backofen auf 200 °C vorheizen. In einer Pfanne 1 Esslöffel Olivenöl erhitzen und die in Würfel geschnittenen Brotscheiben darin kurz rösten. Eine feuerfeste Form mit dem restlichen Olivenöl einfetten und die Bohnen mit der Sauce sowie die Brotwürfel schichtweise darin verteilen. Mit einer Bohnenschicht abschließen und die Form einige Minuten in den vorgeheizten Backofen schieben. Herausnehmen und das Bohnengericht in der feuerfesten Form servieren.

Fagiolini con le acciughe
Grüne Bohnen mit Sardellen

einfach
30 Minuten
80 kcal/336 kJ

Zutaten

600 g grüne Bohnen
Salz · Pfeffer
2 in Salz eingelegte Sardellen
1 Knoblauchzehe
2 EL Olivenöl
1 EL Weißweinessig

1 Die Bohnen putzen, von Fäden befreien, unter fließendem Wasser sorgfältig waschen und abtropfen lassen. In einen Topf mit kochendem Salzwasser etwa 7 Minuten blanchieren. Abgießen und 3 Esslöffel Kochsud aufbewahren.

2 Die Sardellen unter fließendem kaltem Wasser abwaschen, von den Gräten befreien und in kleine Stücke schneiden. Die geschälte und zerkleinerte Knoblauchzehe mit dem Olivenöl in einer Pfanne hell andünsten. Die Sardellenstücke und den Weißweinessig hinzugeben und mit einem Holzlöffel kurz umrühren.

3 Die Bohnen und den aufbewahrten Kochsud hinzufügen. Mit 1 Prise Salz und etwas frisch gemahlenem Pfeffer abschmecken. Bei mäßiger Hitze weitere 10 Minuten köcheln lassen, dabei ab und zu umrühren. Sobald die Bohnen gar sind, anrichten und servieren.

Fagiolini e peperoni al formaggio
Grüne Bohnen und Paprika mit Käse

🍳 einfach
🕐 40 Minuten
185 kcal/777 kJ

Zutaten

1 rote Paprikaschote
1 gelbe Paprikaschote
1 grüne Paprikaschote
500 g grüne Bohnen
1 Zwiebel
1 Knoblauchzehe
1 Bund Basilikum
4 EL Olivenöl
Salz
50 g frisch geriebener Grana

1 Die Paprikaschoten halbieren, von Samen und Stegen befreien, waschen, trockentupfen und in dünne Streifen schneiden. Die Bohnen putzen, von Fäden befreien, waschen und in nicht zu kleine Stücke schneiden. Die Zwiebel und die Knoblauchzehe schälen, waschen und fein hacken. Die Basilikumblätter waschen, trockentupfen und klein zupfen.

2 Das Olivenöl mit der Hälfte des Basilikums in einer Pfanne erhitzen, die Zwiebel- und Knoblauchstücke hinzufügen und farblos andünsten. Die Paprikastreifen hinzugeben und bei mäßiger Hitze 4–5 Minuten anbraten, dabei ab und zu mit einem Holzlöffel umrühren. Die Bohnen und das restliche Basilikum hinzufügen, mit Salz abschmecken und 10–15 Minuten weitergaren, bis die Bohnen weich, aber noch bissfest sind.

3 Die Pfanne vom Herd nehmen, die Hälfte des geriebenen Grana unterrühren und alles gut miteinander vermischen. Das Gemüse nun auf einem vorgewärmten Teller anrichten, mit dem restlichen Käse bestreuen und heiß servieren.

Fagiolini alle erbe aromatiche
Grüne Bohnen mit Kräutern

🍳 einfach
🕐 40 Minuten
85 kcal/357 kJ

Zutaten

1 Knoblauchzehe
400 g grüne Bohnen
Salz · Pfeffer · 1 kleines Bund Petersilie
einige Basilikumblätter
1 kleines Bund frischer Majoran
1 Minzeblatt · 3 EL Olivenöl

1 Die Knoblauchzehe schälen und vom Mitteltrieb befreien. Die grünen Bohnen waschen, trockentupfen und einige Minuten in einem großen Topf mit kochendem Salzwasser blanchieren, abgießen. Die Petersilie, das Basilikum, den Majoran und das Minzeblatt waschen, ausschütteln und fein hacken.

2 Das Olivenöl in einer Pfanne mit der Knoblauchzehe erhitzen und diese, sobald sie hell gedünstet ist, entfernen. Die Bohnen, einige Esslöffel heißes Wasser, die gehackten Kräuter, 1 Prise Salz und etwas frisch gemahlenen Pfeffer hineingeben.

3 Bei mittlerer Hitze ohne Deckel etwa 15 Minuten garen, bis die Flüssigkeit etwas eingekocht ist, dabei ab und zu mit einem Holzlöffel umrühren. Vom Herd nehmen, die Bohnen auf einem vorgewärmten Teller anrichten und sofort servieren.

Insalata di melanzane
Auberginensalat

🍽 einfach
🕐 **40 Minuten + Ruhezeit**
110 kcal/462 kJ

Zutaten

3 Auberginen
grobkörniges Salz
4 EL Olivenöl
1 EL Weißweinessig
1 Knoblauchzehe
1 Bund Petersilie
Salz · Pfeffer

1 Die Auberginen waschen, vom Stiel befreien und längs in $^1/_2$ Zentimeter dicke Scheiben schneiden. In ein Abtropfsieb geben, mit grobkörnigem Salz bestreuen und 1 Stunde ruhen lassen, damit der bittere Saft austritt.

2 Den Backofen auf 180 °C vorheizen. Die Auberginen gut trockentupfen, auf ein Backblech legen und im Backofen etwa 20 Minuten garen. Ab und zu mit einer Gabel wenden, damit sie von allen Seiten gleichmäßig braun werden, wobei die Schale leicht geröstet sein sollte.

3 Wenn das Fruchtfleisch weich ist, die Auberginen aus dem Backofen nehmen, schälen und abkühlen lassen. Anschließend in Streifen von 1 Zentimeter Länge schneiden und auf einem Servierteller anrichten.

4 Mit dem Olivenöl, dem Weißweinessig und der geschälten, vom Mitteltrieb befreiten und grob gehackten Knoblauchzehe und der gehackten Petersilie vermischen. Mit 1 Prise Salz und etwas frisch gemahlenem Pfeffer würzen und vor dem Servieren mindestens 2 Stunden im Kühlschrank durchziehen lassen.

Pomodori alla partenopea
Tomaten nach neapolitanischer Art

♔ einfach
🕐 1 Stunde
240 kcal/1008 kJ

Zutaten

8 Tomaten
1 kleines Bund Petersilie
einige Basilikumblätter
1 Zwiebel
1 EL in Salz eingelegte Kapern
1 Prise Oregano
4 EL Semmelbrösel
Salz · Pfeffer
4 EL Olivenöl

1 Die Tomaten waschen und abtrocknen. Die Deckel abschneiden, von den Samen befreien, innen salzen, kopfüber in ein Abtropfsieb legen und den Saft abfließen lassen. Die Petersilie und die Basilikumblätter waschen, ausschütteln und trockentupfen.

2 Die Zwiebel schälen und zusammen mit der Petersilie und dem Basilikum fein hacken. Diese Mischung in eine Schüssel geben, die gewaschenen und abgetrockneten Kapern, den Oregano, 3 Esslöffel Semmelbrösel, 1 Prise Salz, etwas frisch gemahlenen Pfeffer und 1 Esslöffel Olivenöl hinzufügen und alles mit einem Holzlöffel verrühren, bis sich die Zutaten gut vermischt haben.

3 Die Tomaten aufrecht hinstellen, mit der vorbereiteten Mischung füllen und mit den restlichen Semmelbröseln bestreuen. Eine feuerfeste Form mit wenig Olivenöl einfetten und die Tomaten hineingeben. Mit dem restlichen Olivenöl beträufeln und im vorgeheizten Backofen bei 180 °C etwa 40 Minuten garen. Wenn sie weich sind und die Oberfläche leicht gratiniert ist, herausnehmen und warm oder kalt servieren.

Pomodori ripieni di melanzane
Tomaten mit Auberginenfüllung

♔ einfach
🕐 1 Stunde + Ruhezeit
185 kcal/777 kJ

Zutaten

2 Auberginen
grobkörniges Salz
8 Tomaten
Salz · Pfeffer
1 Zwiebel
1 Knoblauchzehe
5 EL Olivenöl
1 Bund Basilikum

1 Die Auberginen von Stiel- und Blütenansätzen befreien, waschen, abtrocknen und in kleine Würfel schneiden. In ein Abtropfsieb legen, mit grobkörnigem Salz bestreuen und etwa 30 Minuten ruhen lassen, damit der bittere Saft austritt.

2 Die Tomaten waschen, abtrocknen, die Deckel abschneiden und mit einem kleinen Löffel etwas Fruchtfleisch herauslösen. Dieses zerdrücken und beiseite stellen. Die Tomaten innen leicht salzen und kopfüber abtropfen lassen. Die Zwiebel und die Knoblauchzehe schälen, waschen und abtrocknen. Die Zwiebel fein hacken, die Knoblauchzehe vom Mitteltrieb befreien und zerdrücken.

3 Zwiebel und Knoblauch in einer Pfanne mit 4 Esslöffeln Olivenöl andünsten, den Knoblauch entfernen und die gewaschenen und abgetrockneten Auberginenwürfel hinzufügen. Kurz anbraten, anschließend das Tomatenfruchtfleisch hinzufügen, salzen, pfeffern und bei mittlerer Hitze unter gelegentlichem Rühren etwa 10 Minuten köcheln lassen. Vom Herd nehmen und das gewaschene und klein gezupfte Basilikum darüber streuen.

4 Die Tomaten mit der Mischung füllen, in eine mit dem restlichen Olivenöl eingefettete feuerfeste Form geben und etwa 15 Minuten bei 180 °C im Backofen garen, bis die Oberfläche leicht gratiniert ist. Dann anrichten und servieren.

Pomodori alla messinese
Tomaten nach Messiner Art

☘ **einfach**
🕐 **1 Stunde**
290 kcal/1218 kJ

Zutaten

8 nicht zu reife Tomaten
Salz · Pfeffer
3 EL Semmelbrösel
6 EL Olivenöl
1 gehackte Zwiebel
1 EL gehackte Petersilie
1 gehackte Knoblauchzehe
8 entsalzene Sardellenfilets
2 EL Kapern
1 Prise frischer Oregano

1 Die Tomaten waschen, abtrocknen und quer halbieren. Von den Samen befreien, ohne das Fruchtfleisch in der Mitte zu entfernen. Mit 1 Prise Salz bestreuen, kopfüber in ein Sieb geben und 15 Minuten abtropfen lassen. Danach mit Küchenpapier trockentupfen. Die Semmelbrösel in 1 Esslöffel Olivenöl anbraten.

2 In einer Pfanne 2 Esslöffel Olivenöl erhitzen und die Zwiebel darin andünsten. Die Petersilie und den Knoblauch zusammen mit den Sardellenfilets hinzugeben. Wenn die Sardellenfilets auseinander fallen, die Pfanne vom Herd nehmen und die Kapern, den Oregano, Salz und Pfeffer unterrühren. Die Masse gut vermischen und in die Tomatenhälften füllen.

3 Den Backofen auf 180 °C vorheizen. Die vorbereiteten Tomaten in eine mit 2 Esslöffeln Olivenöl eingefettete feuerfeste Form geben, mit Semmelbröseln bestreuen und mit dem restlichen Olivenöl beträufeln. Im vorgeheizten Backofen etwa 30 Minuten garen. Anschließend herausnehmen, anrichten und servieren.

Pomodori, mozzarella e insalata
Tomaten, Mozzarella und Salat

☘ **einfach**
🕐 **30 Minuten**
290 kcal/1218 kJ

Zutaten

1 Kopf krauser Blattsalat
4 Tomaten · 1 Möhre
300 g Büffelmilchmozzarella
Salz · Pfeffer
1 EL Honigessig
3 EL Olivenöl

1 Die Salatblätter sorgfältig waschen, mit Küchenpapier vorsichtig trockentupfen und beiseite stellen. Die Tomaten in Scheiben schneiden und diese einige Minuten in ein Sieb legen, damit der Saft abfließt. Die Möhre waschen, schälen und in Streifen schneiden.

2 Den Büffelmilchmozzarella abtropfen lassen und in Scheiben schneiden. In einer kleinen Schüssel 1 Prise Salz mit dem Honigessig so lange verrühren, bis sich das Salz aufgelöst hat, anschließend etwas frisch gemahlenen Pfeffer und das Olivenöl hinzufügen. Alle Zutaten mit einer Gabel leicht verschlagen, damit sie sich gut vermischen.

3 Die Salatblätter auf einem Servierteller anrichten, die Tomaten- und Mozzarellascheiben darauf abwechselnd anrichten und zum Schluss mit den Möhrenstreifen belegen. Die vorbereitete Sauce darüber gießen und servieren.

Parmigiana di melanzane
Auberginen mit Mozzarella und Parmesan

☺ einfach
🕐 1 Stunde 30 Minuten + Ruhezeit
450 kcal/1890 kJ

Zutaten

3 Auberginen
grobkörniges Salz
reichlich Olivenöl zum Frittieren
1 kleines Stück Zwiebel
4 EL Olivenöl
500 g geschälte Tomaten
Salz · Pfeffer
6 Basilikumblätter
200 g in dünne Scheiben geschnittener
* Mozzarella*
70 g frisch geriebener Parmesan

1 Die Auberginen waschen, abtrocknen und längs in etwa 1 Zentimeter dicke Scheiben schneiden. Diese schichtweise in ein Abtropfsieb legen, mit grobkörnigem Salz bestreuen, einen Deckel auflegen, mit einem Gewicht beschweren und etwa 1 Stunde ruhen lassen, damit der bittere Saft austritt. Danach unter fließendem Wasser abspülen und abtrocknen.

2 Reichlich Olivenöl in eine Pfanne geben und, sobald es heiß ist, die Auberginen darin frittieren. Anschließend abtropfen lassen, auf Küchenpapier legen und warm stellen. Die Zwiebel fein hacken und in einem Topf mit 2 Esslöffeln Olivenöl anbraten. Die Tomaten passieren und mit etwas Salz und Pfeffer zu der Zwiebel geben. Bei mäßiger Hitze

etwa 10 Minuten köcheln lassen. Das Basilikum hinzufügen und noch 5 Minuten weitergaren.

3 Den Backofen auf 160 °C vorheizen. Den Boden einer feuerfesten Form mit etwas Tomatensauce bedecken und 1 Schicht Auberginen hineinlegen. Salzen, mit einigen Mozzarellascheiben belegen und mit Tomatensauce und Parmesan bedecken. Mit den restlichen Zutaten weiter so verfahren, bis sie aufgebraucht sind, dabei mit einer Schicht Mozzarella, Tomaten und Parmesan abschließen. Die Oberfläche mit etwas Olivenöl beträufeln und die Form in den vorgeheizten Backofen schieben. 30 Minuten garen, anschließend herausnehmen und in der Form servieren.

Composta di melanzane
Auberginenmus

☺ einfach
🕐 1 Stunde
230 kcal/966 kJ

Zutaten

600 g Auberginen
350 g reife, feste Tomaten
1 Bund Petersilie
5 EL Olivenöl
1 Zwiebel
2 Knoblauchzehen
Saft von 1 Zitrone
Salz, Cayennepfeffer
4 geröstete Brotscheiben

1 Die Auberginen waschen, mehrmals mit einer Gabel einstechen und mit der Schale im 180 °C heißen Backofen etwa 40 Minuten garen. Dann herausnehmen, lauwarm abkühlen lassen und schälen. In ein Abtropfsieb geben, einen mit einem Gewicht beschwerten Teller darauf legen und ruhen lassen, damit der noch verbliebene bittere Saft austritt. Die Auberginen danach sehr klein schneiden.

2 Die Tomaten in einem kleinen Topf mit kochend heißem Wasser 1 Minute blanchieren, abgießen, häuten, von den Samen befreien und das Fruchtfleisch zerkleinern. Die Petersilie waschen und fein

hacken. Das Olivenöl in einer Pfanne erhitzen, die gehackte Zwiebel und den gehackten Knoblauch hinzufügen und bei niedriger Hitze glasig dünsten.

3 Die Auberginen- und Tomatenstücke, den Zitronensaft sowie Salz und Pfeffer hinzufügen. Bei niedriger Hitze 5 Minuten weiterköcheln lassen, bis die Masse eine cremige Konsistenz erreicht. Die Pfanne vom Herd nehmen, das Mus etwas abkühlen lassen und bis zum Zeitpunkt des Servierens in den Kühlschrank stellen. In eine Schüssel geben, mit der gehackten Petersilie bestreuen und mit den gerösteten Brotscheiben servieren.

Involtini di melanzane alla griglia
Gegrillte Auberginenröllchen

🍳 einfach
⏱ 50 Minuten
320 kcal/1344 kJ

Zutaten

4 längliche Auberginen
grobkörniges Salz
Olivenöl zum Frittieren
100 g entsteinte schwarze Oliven
2 Knoblauchzehen
1 EL gehackte Petersilie
2 EL frisch geriebener Pecorino
150 g dünne Scheiben roher Schinken

1 Die Auberginen waschen, von Stiel- und Blütenansätzen befreien und längs in dünne Scheiben schneiden. In ein Abtropfsieb legen, mit grobkörnigem Salz bestreuen und 10 Minuten ruhen lassen, damit der bittere Saft austritt.

2 In einer Pfanne das Olivenöl erhitzen. Die Auberginenscheiben gut abspülen, mit Küchenpapier trockentupfen und nach und nach in der Pfanne in dem sehr heißen Olivenöl frittieren. Mit einem Pfannenheber herausheben und zum Abtropfen auf Küchenpapier legen.

3 Die Oliven zusammen mit den geschälten und vom Mitteltrieb befreiten Knoblauchzehen und der Petersilie fein hacken. In eine Schüssel geben, den Pecorino hinzufügen, verrühren und damit jede Auberginenscheibe belegen.

4 Die Auberginenscheiben jeweils mit 1 Schinkenscheibe bedecken und aufrollen. Mit einem Holzstäbchen feststecken. Die Auberginen im heißen Backofen einige Minuten grillen, dabei mindestens einmal wenden. Auf einem Teller anrichten und heiß servieren.

Melanzane agrodolci
Auberginen in süßsaurer Sauce

🍳 einfach
⏱ 50 Minuten + Ruhezeit
240 kcal/1008 kJ

Zutaten

4 Auberginen · grobkörniges Salz
50 g in Salz eingelegte Kapern
1 Knoblauchzehe
1 Bund Basilikum
Olivenöl zum Frittieren
2 EL Olivenöl
1 scharfer roter Peperoncino
500 g geschälte Tomaten
Salz · 4 EL Weißweinessig
1 TL Zucker

1 Die Auberginen von Stiel- und Blütenansätzen befreien, in kleine Würfel schneiden und in ein Abtropfsieb legen. Mit grobkörnigem Salz bestreuen und 20–30 Minuten ruhen lassen. Die Kapern unter fließendem kaltem Wasser vom Salz befreien. Die Knoblauchzehe schälen und vom Mitteltrieb befreien, das Basilikum waschen.

2 Reichlich Olivenöl in einer Pfanne erhitzen und die abgetropften, gewaschenen und abgetrockneten Auberginenwürfel darin leicht anbraten. Anschließend auf Küchenpapier abtropfen lassen.

3 In einer Pfanne das Olivenöl erhitzen und darin den Knoblauch und den Peperoncino hell anschwitzen. Die Tomaten hinzufügen, mit 1 Prise Salz würzen und so lange köcheln lassen, bis die Sauce etwas eingekocht ist. Den Knoblauch entfernen und die Sauce durch ein feinmaschiges Sieb passieren.

4 In die Pfanne geben, die Kapern, den Weißweinessig und den Zucker hinzufügen und 5 Minuten mitköcheln lassen. Die Pfanne vom Herd nehmen und die Auberginen mit der Sauce vermischen. Anrichten, mit dem Basilikum bestreuen und bei Zimmertemperatur servieren.

Verdure in tegame

Gemüsepfanne

🍲 einfach
🕐 1 Stunde
95 kcal/399 kJ

Zutaten

2 Paprikaschoten

2 Zucchini

1 Selleriestange

250 g geschälte Tomaten

300 g weiße Zwiebeln

2 EL Olivenöl

1 EL Weißweinessig

Salz · Pfeffer

1 Das Gemüse waschen. Die Paprikaschoten von Samen und Stegen befreien und in feine Streifen schneiden. Die Zucchini in Scheiben schneiden, die Selleriestange in kleine Stücke schneiden und die Tomaten mit einer Gabel grob zerdrücken.

2 Die Zwiebeln schälen, waschen, in feine Ringe schneiden und mit dem Olivenöl in eine große Pfanne – wenn möglich aus Ton – geben. Langsam erhitzen und glasig dünsten. Anschließend das übrige Gemüse, den Weißweinessig sowie Salz und Pfeffer hinzugeben.

3 Den Deckel auflegen und bei geringer Hitze etwa 30 Minuten garen. Dabei ab und zu mit einem Holzlöffel umrühren, damit das Gemüse nicht am Boden festbackt. Vom Herd nehmen und in der Pfanne servieren.

1 *Das Gemüse waschen; die Paprikaschoten in feine Streifen schneiden.*

2 *Die in Ringe geschnittenen Zwiebeln mit dem Olivenöl in eine Pfanne aus Ton geben.*

3 *Sobald die Zwiebeln angedünstet sind, das übrige Gemüse hinzugeben.*

4 *Mit Salz und Pfeffer würzen und den Weißweinessig angießen.*

Insalata con la provola

Salat mit Provola

 einfach
 20 Minuten
235 kcal/987 kJ

Zutaten

1 Kopf Endiviensalat
3 Tomaten
2 Frühlingszwiebeln
1 Bund Radieschen
1 geräucherter Provola
3 EL Olivenöl
2 EL Weißweinessig
Salz · Pfeffer

1 Den Salat gründlich waschen, gut trockentupfen und in einzelne Blätter teilen, dabei die größeren noch einmal durchschneiden. Die Tomaten waschen, abtrocknen und in Scheiben schneiden. Die Frühlingszwiebeln von den Wurzeln und den harten äußeren Blättern befreien, waschen und in Ringe schneiden. Die Radieschen von den Wurzeln und Blättern befreien, waschen, trockentupfen und in dünne Scheiben schneiden. Den Provola ebenfalls in dünne Scheiben schneiden.

2 Das Olivenöl mit dem Essig, 1 Prise Salz und etwas frisch gemahlenem Pfeffer in einer kleinen Schüssel mit einer Gabel verschlagen, bis sich alle Zutaten zu einer homogenen Sauce vermischt haben. Das vorbereitete Gemüse in eine Salatschüssel geben, die Sauce darüber gießen, vorsichtig mischen und servieren.

Finocchi al pecorino sardo
Fenchel mit sardischem Schafskäse

🍳 einfach
🕐 1 Stunde
310 kcal/1302 kJ

Zutaten

4 EL Olivenöl
4 Scheiben kräftiges Weißbrot
1 kg Fenchel
Salz
120 g frischer Pecorino sardo

1 In einer großen Pfanne 2 Esslöffel Olivenöl erhitzen und, sobald es sehr heiß ist, die halbierten Weißbrotscheiben darin von beiden Seiten goldbraun rösten. Anschließend aus der Pfanne nehmen und auf Küchenpapier legen, damit das überschüssige Fett aufgesaugt wird.

2 Den Fenchel putzen, waschen und in reichlich kochendem Salzwasser etwa 20 Minuten blanchieren. Anschließend abtropfen lassen, dabei 2 Suppenkellen von dem Kochwasser aufbewahren. Eine feuerfeste Form mit etwas Olivenöl ein-

fetten und das geröstete Brot in einer Schicht hineinlegen. Zunächst mit dem sardischen Pecorino und dann mit dem Fenchel bedecken, die beide zuvor in dünne Scheiben geschnitten wurden. Das Kochwasser darüber gießen und die Oberfläche mit dem restlichen Olivenöl beträufeln.

3 Im vorgeheizten Backofen bei 180 °C etwa 20 Minuten garen. Herausnehmen, sobald die Oberfläche leicht gratiniert ist, und in der feuerfesten Form heiß servieren.

Finocchi all'aceto
Fenchel mit Essigsauce

🍳 einfach
🕐 40 Minuten
150 kcal/630 kJ

Zutaten

4 in Salz eingelegte Sardellen
4 Fenchelknollen
8 schwarze Oliven
Salz · Pfeffer
1/2 EL Weißmehl
Saft von 1/2 Zitrone
4 EL Olivenöl
4 EL Weißweinessig
1 kleines Bund Petersilie

1 Die Sardellen unter fließendem Wasser waschen, um sie vom Salz zu befreien. Die Filets herauslösen, mit Küchenpapier trockentupfen und jeweils halbieren. Die Fenchelknollen putzen, die Blätter und die grünen Teile entfernen, die Knollen am unteren Ende kreuzförmig einschneiden und waschen. Die Oliven entsteinen und halbieren.

2 Einen Topf mit Salzwasser auf den Herd stellen, das Mehl und den Zitronensaft hineingeben, zum Kochen bringen und die Fenchelknollen darin 15 Minuten garen. Das Olivenöl in einer

Pfanne erhitzen und den abgetropften und geviertelten Fenchel anbraten, bis er von allen Seiten gleichmäßig gebräunt ist. Pfeffern, auf einen warmen Teller legen und auf jedes Fenchelviertel ein halbes Sardellenfilet geben.

3 Den Weißweinessig und die Olivenhälften in dieselbe Pfanne geben und unter Rühren stark erhitzen. Zwischen die einzelnen Fenchelviertel je eine Olivenhälfte legen und mit dem kochend heißen Essig beträufeln. Mit der gewaschenen, ausgeschüttelten und gehackten Petersilie bestreuen und servieren.

Finocchi aromatici
Fenchel mit Kräutern

☙ einfach
🕐 1 Stunde
80 kcal/336 kJ

Zutaten

700 g Fenchel
1 Bund Petersilie
1 Selleriestange
1 Thymianzweig
1 Lorbeerblatt
1 TL Koriandersamen
1 TL Fenchelsamen
5 Pfefferkörner
1 EL Zitronensaft
3 EL Olivenöl
Salz

1 Den Fenchel putzen, von den harten äußeren Blättern und den Stielen befreien. In Schnitze schneiden und sorgfältig waschen. Die Petersilie waschen und ausschütteln. Die Fäden und die härteren Teile von der Selleriestange entfernen, diese waschen und klein schneiden.

2 Die Petersilie mit den Selleriestücken, dem Thymianzweig, dem Lorbeerblatt, je der Hälfte der Koriander- und Fenchelsamen und den Pfefferkörnern in einen Topf geben, den Zitronensaft, das Olivenöl, etwas Salz und ½ Liter Wasser hinzufügen.

3 Zum Kochen bringen und etwa 10 Minuten köcheln lassen. Den Fenchel hinzugeben und bei mäßiger Hitze 15–20 Minuten mitgaren lassen. Den Topf am Ende der Garzeit vom Herd nehmen, den Fenchel abtropfen lassen, auf einem Teller anrichten, mit einem Teil des Kochsuds beträufeln, mit den restlichen Koriander- und Fenchelsamen bestreuen und servieren.

Finocchi alle noci
Fenchel mit Walnüssen

☙ einfach
🕐 45 Minuten
390 kcal/1638 kJ

Zutaten

4 Fenchelknollen
30 g Butter
3 EL Vollkornmehl
100 g Fontina
12 Walnusskerne
1 Prise geriebene Muskatnuss
100 g frisch geriebener Parmesan
Salz · Pfeffer

1 Den Fenchel waschen, in Achtel schneiden und in einem Topf mit kochendem Salzwasser etwa 15 Minuten garen. Dann abgießen und gut abtropfen lassen. Den Backofen auf 200 °C vorheizen.

2 Eine feuerfeste Form gut mit Butter einfetten, dünn mit Vollkornmehl bestäuben und die gegarten Fenchelachtel hineinlegen.

3 Den Fontina in kleine Würfel schneiden und über die Fenchelstücke verteilen. Die Walnusskerne mit einem Wiegemesser oder – besser noch – im Mixer fein hacken und über der Masse verteilen. 1 Prise geriebene Muskatnuss, den geriebenen Parmesan, 1 Prise Salz und etwas frisch geriebenen Pfeffer darüber streuen.

4 Mit Butterflöckchen belegen und die Form 15 Minuten in den vorgeheizten Backofen schieben. Wenn die Oberfläche leicht gratiniert ist, die Form aus dem Backofen nehmen und das Gemüse sofort servieren.

Carciofi con le uova
Artischocken mit Eiern

☕ **einfach**
🕐 **40 Minuten**
140 kcal/588 kJ

Zutaten

4 Artischocken
1 EL Zitronensaft
1 Knoblauchzehe
Salz · Pfeffer
3 EL Olivenöl
2 Eier
1 EL geriebener Grana

1 Die Artischocken putzen, von den harten äußeren Blättern und den Stielen befreien, die Spitzen abschneiden und die Böden herauslösen. Kurz unter fließendem kaltem Wasser waschen, abtropfen lassen, halbieren und das im Innern befindliche Heu entfernen. Die so vorbereiteten Artischocken in Schnitze schneiden und in eine Schüssel mit Wasser und dem Zitronensaft legen, damit sie sich nicht dunkel verfärben.

2 Anschließend abtropfen lassen und in eine Pfanne geben. Die geschälte, vom Mitteltrieb befreite und leicht zerdrückte Knoblauchzehe hinzufügen, ½ Glas Wasser hinzugießen, mit 1 Prise Salz und etwas frisch gemahlenem Pfeffer würzen und mit dem Olivenöl beträufeln. Die Pfanne auf den Herd stellen, alles zum Kochen bringen und die Artischocken bei mäßiger Hitze zugedeckt etwa 20 Minuten garen. Den Backofen auf 200 °C vorheizen.

3 In der Zwischenzeit die Eier mit dem Grana, 1 Prise Salz und etwas frisch gemahlenem Pfeffer in einer Schüssel leicht verschlagen. Diese Masse über die Artischocken gießen und überbacken, bis die Eier gestockt, aber noch weich sind. Das Gemüse warm servieren.

Carciofi e patate a funghetto
Artischocken-Kartoffel-Pfanne

☕ **einfach**
🕐 **1 Stunde**
250 kcal/1050 kJ

Zutaten

6 Artischocken · Saft von 1 Zitrone
4 fest kochende Kartoffeln
1 Knoblauchzehe
4 EL Olivenöl
1 Tasse Gemüsebrühe
1 kleines Bund Petersilie
1 Thymianzweig
Salz · Pfeffer
1 Prise Oregano

1 Die Artischocken gründlich putzen, von den äußeren harten Blättern und den Stielen befreien und die Spitzen abschneiden. Die so vorbereiteten Artischocken in nicht zu große Schnitze schneiden und das Heu im Innern entfernen. Die Schnitze sofort in eine Schüssel mit Wasser und dem Zitronensaft tauchen. Die Kartoffeln waschen, schälen und in ½ Zentimeter dicke Scheiben schneiden.

2 Die Knoblauchzehe schälen, zerdrücken und in eine Pfanne mit dem heißen Olivenöl geben. 3–4 Minuten dünsten, anschließend entfernen. Die Artischocken und die Kartoffeln hinzugeben und 5 Minuten durchziehen lassen. Die Gemüsebrühe angießen und 35–40 Minuten bei niedriger Hitze zugedeckt köcheln lassen. Wenn nötig, noch etwas Brühe hinzufügen.

3 Die Petersilie und den Thymian waschen, ausschütteln und zusammen fein hacken. Kurz vor Ende des Kochvorgangs mit Salz und Pfeffer abschmecken und die gehackten Kräuter sowie den Oregano hinzugeben. Alles mit einem Holzlöffel gut umrühren. Vom Herd nehmen und in der Pfanne warm servieren.

Carciofi e fave stufati
Geschmorte Artischocken mit dicken Bohnen

🍴 **einfach**
🕐 **1 Stunde**
145 kcal/609 kJ

Zutaten

1 kg ungeschälte dicke Bohnen
6 Artischocken
Saft von 1 Zitrone
1 Kopfsalat
1 kleines Bund Petersilie
4–5 Basilikumblätter
4 EL Olivenöl
Salz · Pfeffer

1 Die dicken Bohnen schälen, waschen und gut abtropfen lassen. Die Artischocken putzen, von den harten äußeren Blättern und den Stielen befreien und die Spitzen abschneiden. Die Böden mit einem scharfen kleinen Messer herauslösen, dabei das Heu im Innern entfernen. Die Artischocken in dünne Schnitze schneiden und sofort in eine Schüssel mit Wasser und dem Zitronensaft legen.

2 Die Salatblätter, die Petersilie und das Basilikum waschen und trockentupfen. Die Salatblätter in dünne Streifen schneiden und die Kräuter zerkleinern.

3 Die Bohnen, die Salatstreifen, die Kräuter und die gut abgetropften Artischocken in eine Pfanne mit hohem Rand geben, das Olivenöl, 1 Prise Salz und etwas frisch gemahlenen Pfeffer hinzufügen und mit so viel Wasser auffüllen, dass alles bedeckt ist.

4 Bei mittlerer Hitze etwa 40 Minuten ohne Deckel garen, bis das Wasser vollständig aufgesogen ist. Ab und zu mit einem Holzlöffel umrühren. Sobald alles gar ist, die Pfanne vom Herd nehmen, das Gemüse auf einem Servierteller anrichten und heiß servieren.

Torta di carciofi alla siciliana
Sizilianische Artischockentorte

🍴 **einfach**
🕐 **40 Minuten**
285 kcal/1197 kJ

Zutaten

6 Artischocken
Saft von 1 Zitrone
3 EL Weißmehl
Olivenöl zum Frittieren
1 EL Olivenöl
4 Eier
3 EL Milch
Salz · Pfeffer

1 Die Artischocken sorgfältig putzen, von den harten äußeren Blättern und den Stielen befreien und die Spitzen abschneiden. Anschließend vierteln, dabei das Heu im Innern entfernen und sofort in eine Schüssel mit Wasser und dem Zitronensaft legen, damit sie sich nicht verfärben. Abgießen, mit Küchenpapier trockentupfen und mit dem Weißmehl bestäuben.

2 Reichlich Olivenöl in einem Frittiertopf erhitzen und, sobald es siedend heiß ist, die Artischockenviertel hineintauchen. Von allen Seiten goldgelb frittieren, anschließend mit einem Pfannenheber herausnehmen, auf Küchenpapier legen, damit das überschüssige Fett aufgesaugt wird, und leicht salzen, so lange sie noch warm sind.

3 Den Backofen auf 200 °C vorheizen. Eine feuerfeste Form mit Olivenöl einfetten und die frittierten Artischocken hineinlegen. Die Eier in eine Schüssel schlagen und zusammen mit der Milch verrühren. Salzen, pfeffern und die Mischung über den Artischocken verteilen. Im vorgeheizten Backofen garen, bis die Eier gestockt, aber noch weich sind. Auf einem Teller anrichten und nach Belieben warm oder kalt servieren.

Taccole con le patate

Zuckerschoten mit Kartoffeln

einfach

50 Minuten

140 kcal/588 kJ

Zutaten

Salz · Pfeffer

400 g zarte Zuckerschoten

300 g fest kochende Kartoffeln

1 Zwiebel

1 Knoblauchzehe

3 EL Olivenöl

1 Prise geriebene Muskatnuss

1 Zwei Töpfe mit Salzwasser zum Kochen bringen. In der Zwischenzeit die Zuckerschoten putzen, von Fäden befreien, waschen und in einen der Töpfe geben, sobald das Wasser zu kochen beginnt. Bei starker Hitze ohne Deckel etwa 20 Minuten garen.

2 Die Kartoffeln schälen, unter fließendem Wasser waschen und in kleine Würfel schneiden. In das kochende Wasser des zweiten Topfes geben und 10 Minuten kochen. Das Gemüse nach Ende der jeweiligen Garzeit abgießen und getrennt auf einem sauberen Küchentuch ausbreiten.

3 Die Zwiebel in hauchdünne Ringe schneiden und ¹/₂ Knoblauchzehe fein hacken. Beides in eine Pfanne geben und in dem Olivenöl andünsten. Die Kartoffeln hinzugeben und leicht anbraten, danach die Zuckerschoten hinzufügen. Mit frisch gemahlenem Pfeffer und geriebener Muskatnuss würzen. Das Gemüse unter häufigem Rühren bei starker Hitze einige Minuten durchziehen lassen. In der Pfanne heiß servieren.

Insalata saporita di patate
Würziger Kartoffelsalat

einfach
45 Minuten
300 kcal/1260 kJ

Zutaten

1 Ei

400 g fest kochende Kartoffeln

4 EL Olivenöl

1 Selleriestange

4 in Öl eingelegte Sardellenfilets

2 in Essig eingelegte Perlzwiebeln

2 Essiggurken

1 in Essig eingelegte Paprikaschote

15 g in Essig eingelegte Kapern

3 Basilikumblätter

1 Hand voll Petersilienblätter

Salz · Pfeffer

1 Das Ei in einem kleinen Topf mit kochendem Wasser hart kochen. Die Kartoffeln unter fließendem Wasser gut abbürsten und mit der Schale in einem Topf mit reichlich Salzwasser kochen.

2 Das Olivenöl, die gründlich gewaschene Selleriestange, die Sardellenfilets, die Perlzwiebeln, die Essiggurken, die Paprikaschote und die Kapern in den Mixer geben und grob zerkleinern. Das gekochte Ei, die gewaschenen und abge-

trockneten Basilikum- und Petersilienblätter, 1 Prise Salz und etwas frisch gemahlenen Pfeffer hinzufügen. Alles zerkleinern, bis eine fast flüssige Sauce entsteht.

3 Wenn die Kartoffeln gar sind, vom Herd nehmen, schälen, solange sie noch heiß sind, in Scheiben schneiden und in eine Salatschüssel geben. Die Sauce darüber gießen, vorsichtig umrühren und heiß servieren.

Patate all'arrabbiata
Kartoffeln mit scharfer Sauce

einfach
45 Minuten
275 kcal/1155 kJ

Zutaten

800 g fest kochende Kartoffeln

6 EL Olivenöl

3 Knoblauchzehen

2 Rosmarinzweige

5–6 Salbeiblätter

Salz · Pfeffer

1 Die Kartoffeln schälen, waschen und in Schnitze schneiden. Gut abtrocknen und mit dem Olivenöl in eine Pfanne geben. Bei mittlerer Hitze 20 Minuten braten, dabei ab und zu mit einem Holzlöffel umrühren, bis sie von allen Seiten gleichmäßig gebräunt sind.

2 Die Knoblauchzehen schälen, vom Mitteltrieb befreien und zerdrücken. Die Rosmarinzweige waschen und die Blätter vom Stängel abzupfen. Die Salbeiblätter waschen und trockentupfen, anschließend beides fein hacken.

3 Die gehackten Zutaten nach der Garzeit zu den Kartoffeln geben, mit 1 Prise Salz sowie etwas frisch gemahlenem Pfeffer würzen und alles bei niedriger Hitze weitere 15 Minuten durchziehen lassen, dabei gelegentlich mit einem Holzlöffel umrühren.

4 Wenn die Kartoffeln gar sind, mit einem Pfannenheber herausnehmen, so dass das überschüssige Olivenöl abtropfen kann, mit Salz und Pfeffer abschmecken, auf vorgewärmte Teller geben und sofort servieren.

Teglia di patate e funghi
Kartoffel-Pilz-Auflauf

einfach
40 Minuten
220 kcal/924 kJ

Zutaten

500 g fest kochende Kartoffeln
400 g Steinpilze
1 Bund Petersilie
5 EL Olivenöl
Salz · Pfeffer

1 Die Kartoffeln schälen, waschen, in Scheiben schneiden und 2–3 Minuten in Salzwasser kochen (oder im Dampf garen). Die Steinpilze putzen, kurz waschen und in eher dicke Scheiben schneiden. Die Petersilie waschen und fein hacken.

2 Eine Auflaufform mit Olivenöl einfetten und 1 Lage leicht übereinander liegender Kartoffelscheiben darin verteilen. Mit Olivenöl bepinseln, mit 1 Prise Salz und etwas frisch gemahlenem Pfeffer würzen, 1 Schicht Pilze darüber anordnen und mit etwas Petersilie sowie je 1 Prise Salz und Pfeffer bestreuen. Mit einer weiteren Schicht Kartoffeln fortfahren und solange weitermachen, bis alle Zutaten aufgebraucht sind. Zuoberst 1 Schicht Kartoffeln auflegen und mit Olivenöl bepinseln.

3 Den Auflauf mit einem Stück Alufolie abdecken, rundherum gut festdrücken, in den auf 180 °C vorgeheizten Backofen schieben und 20–25 Minuten garen, die Alufolie 5 Minuten vor Ende entfernen. Den Kartoffel-Pilz-Auflauf nach Belieben heiß oder lauwarm servieren.

Patate alla pizzaiola
Kartoffeln mit aromatisch gewürzten Tomaten

einfach
40 Minuten
175 kcal/735 kJ

Zutaten

800 g fest kochende Kartoffeln
8 Eiertomaten
2 in Öl eingelegte Sardellenfilets
1 EL Kapern
1 Knoblauchzehe
Salz · Oregano
1 Suppenkelle heiße Gemüsebrühe

1 Die Kartoffeln schälen, in dünne Scheiben schneiden, waschen und trockentupfen. Die Tomaten blanchieren, abgießen, häuten, die Samen entfernen, das Fruchtfleisch grob zerkleinern und in eine Schüssel geben.

2 Die zerkleinerten Sardellenfilets, die Kapern, die fein gehackte Knoblauchzehe und je 1 Prise Salz und Oregano unter die Tomaten mischen. 1 Lage Kartoffelscheiben in eine Pfanne geben, mit einem Teil der Tomatenmischung bedecken, eine weitere Schicht Kartoffeln darauf verteilen und so fortfahren, bis alle Zutaten aufgebraucht sind.

3 Zuletzt die heiße Gemüsebrühe darüber gießen und den Deckel auf die Pfanne legen. Bei niedriger Hitze so lange garen, bis die Kartoffeln weich sind. Wenn nötig, noch etwas Brühe hinzufügen. Die Masse vom Herd nehmen, wenn die Flüssigkeit vollständig absorbiert ist, mit Salz abschmecken und in der Pfanne servieren.

Purè di fave e cicoria
Bohnen-Chicorée-Püree

 einfach
 1 Stunde 20 Minuten
  + Einweichzeit
410 kcal/1722 kJ

Zutaten für 4 bis 6 Personen

300 g getrocknete dicke Bohnen
1 Knoblauchzehe
2 Lorbeerblätter
Salz · Pfeffer
1 kg Chicorée
5 reife, feste Tomaten
1 Zwiebel
4 EL Olivenöl
2 Petersilienzweige

1 Die dicken Bohnen in eine Schüssel mit reichlich kaltem Wasser geben und 12 Stunden einweichen lassen. Anschließend abgießen, in einen Topf mit 2 Litern Wasser geben, die geschälte Knoblauchzehe und die gewaschenen Lorbeerblätter hinzugeben und bei mäßiger Hitze etwa 1 Stunde kochen. Kurz vor Ende der Garzeit salzen. Abgießen, einige ganze Bohnen beiseite legen und die anderen Bohnen passieren.

2 Den Chicorée putzen, die harten äußeren Blätter und den Strunk entfernen, klein schneiden, mehrmals in kaltem Wasser waschen, in reichlich kochendem Salzwasser 3–4 Minuten blanchieren und anschließend abtropfen lassen. Die Tomaten blanchieren, abkühlen lassen, häuten, die Samen entfernen, die Flüssigkeit abtropfen lassen und das Fruchtfleisch grob zerkleinern. Die Zwiebel schälen, waschen und fein hacken.

3 Das Olivenöl in einer Pfanne erhitzen und die Zwiebel darin glasig andünsten. Die Tomatenstücke hinzugeben, mit 1 Prise Salz und etwas frisch gemahlenem Pfeffer würzen und bei mäßiger Hitze 10 Minuten köcheln lassen. Anschließend den Chicorée und die gewaschene und gehackte Petersilie hinzufügen und 2 Minuten durchziehen lassen. 1 Suppenkelle Chicorée-Masse mit den übrigen Zutaten auf die Teller verteilen, etwas Bohnenpüree hinzugeben, mit den ganzen Bohnen dekorieren und sofort heiß servieren.

Tortiera di catalogna
Chicorée-Auflauf

 einfach
 50 Minuten
310 kcal/1302 kJ

Zutaten

800 g Blattchicorée
200 g geräucherter Scamorza
400 g reife, feste Tomaten
3 EL Olivenöl
3 Eier
2 EL geriebener Grana
Salz · Pfeffer

1 Den Blattchicorée putzen, den Strunk und die harten äußeren Blättern entfernen, waschen und in kochendem Salzwasser blanchieren. Abtropfen lassen, trockentupfen und klein schneiden.

2 Den Scamorza schälen und in dünne Scheiben schneiden. Die Tomaten blanchieren, häuten, die Samen entfernen, die Flüssigkeit abtropfen lassen und das Fruchtfleisch klein schneiden oder würfeln.

3 Eine feuerfeste Form mit Olivenöl einfetten, die Hälfte der Chicorée-stücke hineingeben, die Hälfte der Scamorzascheiben darauf verteilen, darüber einen Teil der Tomaten anordnen und mit den restlichen Zutaten ebenso verfahren, bis sie aufgebraucht sind.

4 Die Eier in einer Schüssel mit dem Grana sowie je 1 Prise Salz und Pfeffer verschlagen, die Mischung über die Zutaten in der Form gießen, mit dem restlichen Olivenöl beträufeln und in den auf 180 °C vorgeheizten Backofen schieben. 20–30 Minuten überbacken, bis die Oberfläche goldbraun ist. Heiß oder lauwarm servieren.

Verdure strascinate
Gedünstetes Gemüse

einfach

1 Stunde

210 kcal/882 kJ

Zutaten

3 fest kochende Kartoffeln

1 kg gemischtes Gemüse (wilder Chicorée, Kohl, Mangold usw.)

4 EL Olivenöl

2 Knoblauchzehen

1 scharfer roter Peperoncino

Salz

1 Die Kartoffeln waschen und mit der Schale in einem Topf mit kaltem Salzwasser zum Kochen bringen. Etwa 40 Minuten garen. Das Gemüse waschen und in reichlich kochendem Salzwasser ohne Deckel etwa 15 Minuten blanchieren, so dass die grüne Farbe erhalten bleibt. Dabei ab und zu mit einem Schaumlöffel unter die Wasseroberfläche drücken.

2 Das Gemüse abgießen, vorsichtig mit den Händen ausdrücken und in einem Sieb abtropfen lassen. Sobald die Kartoffeln gar sind, abgießen, schälen und in Stücke schneiden. Gemüse und Kartoffeln warm halten.

3 Das Olivenöl in einer Pfanne erhitzen, die Knoblauchzehen mit der Schale und den Peperoncino darin einige Sekunden frittieren. Salzen und bei starker Hitze 5–6 Minuten garen, dabei häufig mit einem Holzlöffel umrühren. Heiß servieren.

Verdure miste al pomodoro
Gemischtes Gemüse mit Tomaten

einfach

40 Minuten

230 kcal/966 kJ

Zutaten

500 g Blattchicorée

300 g Mangold

1 Selleriestaude

10 reife, feste Cocktailtomaten

1 Knoblauchzehe

1 Bund Petersilie

5 EL Olivenöl

1 kleines Stück scharfer roter Peperoncino

Salz · 1 EL frisch geriebener Grana

1 Den Blattchicorée putzen, von den harten Blättern und dem Strunk befreien, klein schneiden und in kaltem Wasser waschen. Den Mangold putzen und waschen. Die Selleriestaude von Fäden befreien und klein schneiden.

2 Den Chicorée, den Sellerie und den Mangold einige Minuten in einem Topf mit reichlich kochendem Salzwasser bissfest garen und anschließend abgießen. Die Cocktailtomaten blanchieren, abtropfen lassen, häuten, die Samen entfernen, die Flüssigkeit abtropfen lassen und das Fruchtfleisch klein schneiden.

3 Die Knoblauchzehe schälen und leicht zerdrücken. Die Petersilie waschen und fein hacken. Beides in einer Pfanne mit dem Olivenöl hell andünsten, dann die Tomatenstücke und das kleine Peperoncinostück hinzufügen, salzen und bei mäßiger Hitze zugedeckt etwa 10 Minuten köcheln lassen, dabei ab und zu mit einem Holzlöffel umrühren.

4 Den Mangold, den Chicorée und den Sellerie hinzugeben, umrühren, alles kurz durchziehen lassen, mit dem geriebenen Grana bestreuen und das Gemüse heiß servieren.

Spezzatino di verdure
Delikates Gemüseragout

 einfach
 1 Stunde
175 kcal/735 kJ

Zutaten

2 runde Auberginen · 2 Zucchini
2 Möhren · 2 grüne Paprikaschoten
2 Zwiebeln
4 EL Olivenöl · 1 Knoblauchzehe
500 g geschälte Tomaten
6 Basilikumblätter
Salz · Pfeffer

1 Die Auberginen von Stiel- und Blütenansätzen befreien, waschen, abtrocknen und klein würfeln. Die Zucchini ebenfalls von Stiel- und Blütenansätzen befreien und mit den Möhren waschen, trockentupfen und in Scheiben schneiden. Die Paprikaschoten von Samen und Stegen befreien, waschen und in Streifen schneiden. Die Zwiebeln schälen und in dicke Ringe schneiden.

2 Das Olivenöl mit der geschälten und vom Mitteltrieb befreiten Knoblauchzehe in einer großen Pfanne erhitzen; herausnehmen, sobald sie hell gedünstet ist. Das vorbereitete Gemüse in das heiße Olivenöl geben, die zerkleinerten Tomaten und die gewaschenen, klein gezupften Basilikumblätter hinzugeben.

3 Mit 1 Prise Salz und etwas frisch gemahlenem Pfeffer würzen, den Deckel auflegen und bei mäßiger Hitze 40 Minuten köcheln lassen, dabei ab und zu um-

Bandiera
Grün-weiß-rotes Gemüseragout

 einfach
 1 Stunde
125 kcal/525 kJ

Zutaten

200 g Zwiebeln
3 EL Olivenöl
Salz · Pfeffer
500 g grüne Paprikaschoten
500 g Tomaten

1 Die Zwiebeln schälen, waschen, trockentupfen und in feine Ringe schneiden. Mit dem Olivenöl in eine große Pfanne – möglichst aus Ton – geben, 1 Prise Salz hinzufügen und bei niedriger Hitze zugedeckt dünsten.

2 Die Paprikaschoten von Samen und Stegen befreien, waschen, trockentupfen und in breite Streifen schneiden. Sobald die Zwiebelringe weich sind, die

Paprikastreifen hinzufügen und 10 Minuten dünsten.

3 Die Tomaten in kochend heißem Wasser 1 Minute blanchieren, häuten, die Samen entfernen, die Flüssigkeit abtropfen lassen und das Fruchtfleisch zerkleinern. Zu den Paprikastreifen geben, salzen, pfeffern und zugedeckt 20 Minuten garen, dabei ab und zu umrühren. In der Pfanne heiß servieren.

Insalata di puntarelle e arance
Blattsalat mit Orangen

☺ einfach
🕐 40 Minuten + Ruhezeit
220 kcal/924 kJ

Zutaten

1 Kopf Puntarelle-Salat

1 Kopf krauser Blattsalat

300 g Schwänze von Tiefseegarnelen

1/2 Glas trockener Weißwein

Salz · Pfeffer

2 Tarocco-Orangen

1 Frühlingszwiebel

1 Honigmelone

50 g schwarze Oliven

2 EL Honigessig

5 EL Olivenöl

1 Den Puntarelle-Salat vom harten Strunk befreien, säubern und längs halbieren. Jede Hälfte in dünne Streifen schneiden, die aber an einem Ende nicht durchgetrennt werden. In reichlich Salzwasser legen und über Nacht im Kühlschrank ruhen lassen.

2 Den Blattsalat von den äußeren Blättern befreien, waschen, in feine Streifen schneiden und trockenschleudern. Den Puntarelle-Salat abgießen und ebenfalls trockenschleudern. Die Garnelenschwänze schälen und von den Därmen befreien. Den Weißwein mit wenig Wasser in einer Pfanne erhitzen, salzen und die Garnelenschwänze darin 2–3 Minuten garen. Anschließend abtropfen und abkühlen lassen.

3 Die Orangen schälen, von der weißen Haut befreien und die Filets heraustrennen. Die Frühlingszwiebel von den Wurzeln und den harten äußeren Blättern befreien, waschen und in Ringe schneiden. Das Melonenfruchtfleisch mit Hilfe eines Ausstechers zu kleinen Bällchen formen, die Oliven entsteinen. Den Puntarelle- und den Blattsalat auf einem Servierteller anrichten, die Garnelen darauf verteilen, mit den Melonenbällchen und den Orangenfilets dekorieren und die Oliven in die Mitte setzen. Zum Schluss die Frühlingszwiebelringe darüber streuen.

4 Den Honigessig mit 1 Prise Salz und etwas frisch gemahlenem Pfeffer verrühren, bis das Salz vollständig aufgelöst ist, dann das Olivenöl hinzufügen und mit einer Gabel leicht verschlagen, bis sich die Zutaten zu einer homogenen Sauce verbunden haben. Den Salat damit anrichten, umrühren und servieren.

Insalata di lattuga e cedri
Kopfsalat mit Zedratzitronen

☺ einfach
🕐 20 Minuten
100 kcal/420 kJ

Zutaten

2 Äpfel (Granny Smith)

Saft von 1 Zitrone

2 Zedratzitronen

1 römischer Kopfsalat

Salz, weißer Pfeffer

4 EL Olivenöl

1 Die Äpfel schälen, vom Kerngehäuse befreien, in dünne Scheiben schneiden und in einer Schüssel mit der Hälfte des Zitronensaftes beträufeln. Die Zedratzitronen schälen, häuten, in dünne Scheiben schneiden und zu den Äpfeln geben.

2 Den Kopfsalat von den äußeren Blättern befreien und die hellen, inneren Blätter in reichlich kaltem Wasser waschen. Abgießen, mit einem Küchentuch trockentupfen und in dünne Streifen schneiden.

3 Den gefilterten restlichen Zitronensaft in einer kleinen Schüssel mit 1 Prise Salz und etwas frisch gemahlenem Pfeffer verrühren, bis sich das Salz vollständig aufgelöst hat. Das Olivenöl in einem dünnen Strahl hinzugießen und mit einer Gabel verschlagen, bis sich alle Zutaten zu einer homogenen Sauce verbunden haben. Die Apfel- und Zedratzitronenscheiben mit den Salatstreifen in eine Salatschüssel geben, die Sauce hinzufügen, vorsichtig umrühren und sofort servieren.

Verdure croccanti in agrodolce
Knackiges Gemüse in süßsaurer Sauce

☕ einfach
🕐 20 Minuten
170 kcal/714 kJ

Zutaten

300 g Zucchini

200 g rote Paprikaschoten

150 g Sojasprossen

300 g reife, feste Tomaten

1 gehäufter EL Zucker

3 EL Weißweinessig

Salz

4 EL Olivenöl

1 Bund Schnittlauch

1 Die Zucchini von Stiel- und Blütenansätzen befreien, waschen und in dünne Streifen schneiden. Die Paprikaschoten von Samen und Stegen befreien, waschen und ebenfalls in Streifen schneiden. Die Sojasprossen putzen, kurz in kaltem Wasser waschen und abtropfen lassen. Die Tomaten blanchieren, abkühlen lassen, häuten, die Samen entfernen, die Flüssigkeit abgießen und das Fruchtfleisch grob zerkleinern.

2 Den Zucker in einer kleinen Pfanne mit 1 Esslöffel Wasser erhitzen, bis er leicht karamellisiert ist. Den Essig hinzugießen, das Karamell auflösen, die Tomaten hinzugeben, salzen und die Sauce bei starker Hitze 4–5 Minuten köcheln lassen.

3 Das Olivenöl in einer beschichteten Pfanne erhitzen, die Paprikastreifen darin einige Minuten anbraten, die Zucchini hinzufügen, mit einem Holzlöffel umrühren, die Sojasprossen hinzugeben und 2–3 Minuten durchziehen lassen. Die süßsaure Sauce hinzugießen und unter häufigem Umrühren einige Minuten weiterköcheln lassen. Das Gemüse vom Herd nehmen, mit dem gewaschenen und fein gehackten Schnittlauch bestreuen und nach Belieben lauwarm oder kalt servieren.

Insalata reale
Bunter Salatteller

☕ einfach
🕐 50 Minuten
220 kcal/924 kJ

Zutaten

1 Möhre · ¹/₂ Zwiebel

¹/₂ Selleriestange

einige Petersilienzweige

400 g Hähnchenbrustfilet

200 g Salat der Saison

4 Artischocken

Saft von ¹/₂ Zitrone

1 kleine schwarze Trüffel

3 EL Weißweinessig

Salz · Pfeffer

4 EL Olivenöl

4 Radieschen

1 Die Möhre waschen und schaben, die Zwiebel schälen, die Selleriestange von Fäden befreien und alles waschen. Mit reichlich Wasser in einen Topf geben, die gewaschene Petersilie hinzufügen, zum Kochen bringen und etwa 20 Minuten garen. Anschließend die Hitze reduzieren, das gewaschene Hähnchenbrustfilet hinzugeben und bei kleinster Hitze 20 Minuten mitgaren. Das Fleisch abtropfen und lauwarm abkühlen lassen, dann in dünne Scheiben schneiden.

2 In der Zwischenzeit den Salat waschen und trockentupfen. Die Artischocken putzen, die Stiele, die harten äußeren Blättern und die Spitzen entfernen. In der Mitte durchschneiden, vom Heu im Innern befreien, in dünne Schnitze schneiden und in Wasser mit dem Zitronensaft legen. Die Trüffel abbürsten, waschen, vorsichtig abtrocknen und in hauchdünne Scheiben schneiden.

3 Den Weißweinessig mit je 1 Prise Salz und Pfeffer in einer kleinen Schüssel verrühren, das Olivenöl hinzufügen und mit einer Gabel verschlagen, bis sich die Zutaten zu einer homogenen Sauce verbunden haben. Den Salat auf einem Teller anrichten, die abgetropften und abgetrockneten Artischocken, die Hähnchenstücke, die in Scheiben geschnittenen Radieschen und die Trüffelscheiben darauf verteilen, mit der vorbereiteten Vinaigrette anrichten und servieren.

Insalata prelibata
Köstlicher Salat

🍴 **einfach**

🕐 **30 Minuten**

245 kcal/1029 kJ

Zutaten

2 Artischocken

Saft von 2 Zitronen

200 g Champignons

4 Palmherzen

2 Köpfe roter Blattsalat

1 Avocado

4 EL Olivenöl

Salz · Pfeffer

1 Die Artischocken putzen, von den harten Blättern und den Stielen befreien, in dünne Schnitze schneiden, das Heu im Innern entfernen und die Schnitze sofort in Wasser mit dem Saft von $1/2$ Zitrone legen.

2 Die Champignons putzen und mit einem feuchten Tuch abreiben oder kurz unter kaltem Wasser abwaschen, aber nicht einweichen. Dann abtrocknen und in sehr dünne Scheiben schneiden. In eine Salatschüssel geben und mit dem Saft von $1/2$ Zitrone beträufeln.

3 Die Palmherzen in Scheiben schneiden. Den Blattsalat waschen und in Streifen schneiden. Die Avocado entsteinen und in kleine Würfel schneiden.

4 Alle vorbereiteten Zutaten in die Schüssel zu den Champignonscheiben geben. Das Olivenöl, den restlichen Zitronensaft, 1 Prise Salz und etwas frisch gemahlenen Pfeffer in einer Schüssel verrühren und alles gut verschlagen, bis eine homogene Sauce entsteht. Den Salat damit anrichten, vorsichtig mischen und servieren.

Melanzane capricciose
Auberginen mit Oliven und Kapern

⏱ **45 Minuten + Ruhezeit**
235 kcal/987 kJ

👨‍🍳 einfach

Zutaten

3 Auberginen
1 Zwiebel
2 Knoblauchzehen
10 grüne Oliven
250 g geschälte Tomaten
2 EL Semmelbrösel
Olivenöl zum Frittieren
2 EL Olivenöl
2 EL Kapern
Salz
4 EL Weißweinessig
3 EL Vino Cotto

1 Die Auberginen von Stiel- und Blütenansätzen befreien, schälen, in etwa ½ Zentimeter dicke Stifte schneiden und 30 Minuten in einer Schüssel mit kaltem Salzwasser einweichen. In der Zwischenzeit die Zwiebel und die Knoblauchzehen schälen, waschen und die Zwiebel in feine Ringe schneiden. Die Oliven entsteinen und zerkleinern. Die geschälten Tomaten ebenfalls zerkleinern. Die Semmelbrösel in einer beschichteten Pfanne ohne Fett leicht rösten.

2 Die Auberginenstifte abgießen, mit einem Küchentuch gut abtrocknen und in reichlich Olivenöl frittieren, bis sie leicht gebräunt sind. Anschließend auf Küchenpapier abtropfen lassen, um sie vom überschüssigen Fett zu befreien.

3 In eine Pfanne 2 Esslöffel Olivenöl gießen und die Knoblauchzehen und Zwiebelringe darin glasig andünsten. Die Oliven und die Kapern hinzugeben, kurz durchziehen lassen, die zerkleinerten Tomaten und 1 Prise Salz hinzufügen und bei starker Hitze zum Kochen bringen. Die Auberginenstifte hinzugeben und unter gelegentlichem Rühren 5–6 Minuten weiterköcheln lassen.

4 Nach 2 Minuten die Knoblauchzehen herausnehmen. Den Weißweinessig und den Vino Cotto in die Pfanne gießen und unter Rühren bei starker Hitze verdampfen lassen. Die Auberginen zum Schluss mit den gerösteten Semmelbröseln bestreuen, vom Herd nehmen, abkühlen lassen und servieren.

Melanzane in salsa piccante
Auberginen in scharfer Sauce

👨‍🍳 einfach
⏱ **30 Minuten + Ruhezeit**
40 kcal/168 kJ

Zutaten

400 g Auberginen · Salz
1 kleines Bund Petersilie
1 Knoblauchzehe
3 in Salz eingelegte Sardellen
1 Prise scharfes Paprikapulver
1 Prise Oregano · 50 ml Weißweinessig

1 Die Auberginen waschen. Längs in etwa ½ Zentimeter dicke Scheiben schneiden und in reichlich kochendem Salzwasser 5 Minuten garen. Abgießen und ausdrücken, so dass das aufgesaugte Wasser abfließen kann.

2 Die Petersilie waschen und fein hacken. Die Knoblauchzehe schälen und in Scheiben schneiden. Die Sardellen von Salz und Gräten befreien und klein schneiden. Die Knoblauchscheiben, die Petersilie, das Paprikapulver, den Oregano und die Sardellenstücke in einem Mörser zu einer homogenen cremigen Masse verarbeiten. In eine Schüssel geben und mit dem Essig verrühren.

3 Die Auberginenscheiben auf einem Servierteller anrichten, die Sauce darauf verteilen und 3 Stunden im Kühlschrank ruhen lassen. Nach Belieben mit gehacktem Knoblauch, Petersilie und Paprikapulver bestreuen und servieren.

Melanzane a sorpresa
Überbackene Auberginen

☕ einfach
🕐 40 Minuten
170 kcal/714 kJ

Zutaten

4 Auberginen
Salz · Pfeffer
5 Esslöffel Olivenöl
300 g reife, feste Tomaten
1 Zwiebel
1 Knoblauchzehe
1 Bund Petersilie
1 Bund Basilikum
1 EL Semmelbrösel

1 Die Auberginen waschen, abtrocknen, längs halbieren, mit einem kleinen Löffel etwa die Hälfte des Fruchtfleischs herauslösen und dieses klein würfeln. Die Auberginen innen salzen, auf ein mit Olivenöl eingefettetes Backblech legen und in dem auf 180 °C vorgeheizten Backofen 10–15 Minuten garen.

2 Die Tomaten blanchieren, abkühlen lassen, häuten, die Samen entfernen, die Flüssigkeit abtropfen lassen und das Fruchtfleisch klein schneiden. Die Zwiebel und ½ geschälte Knoblauchzehe waschen und fein hacken. Mit 3 Esslöffeln Olivenöl in eine Pfanne geben und andünsten.

3 Die Auberginenwürfel hinzufügen, mit Salz und Pfeffer würzen und einige Minuten anbraten, bis sie von allen Seiten leicht gebräunt sind. Die Tomaten, etwas von der gewaschenen und fein gehackten Petersilie und dem gehackten Basilikum hinzufügen und etwa 10 Minuten weitergaren, dabei ab und zu mit einem Holzlöffel umrühren.

4 Die restliche Petersilie und das Basilikum mit der anderen Knoblauchhälfte fein hacken. Die Auberginen aus dem Backofen nehmen, mit der Tomatenmasse füllen, mit der Kräuter-Knoblauch-Mischung und den Semmelbröseln bestreuen und in eine mit Olivenöl eingefettete feuerfeste Form legen. In den auf 200 °C vorgeheizten Backofen oder unter den Grill schieben. Herausnehmen, wenn sie leicht gratiniert sind, und nach Belieben lauwarm oder kalt servieren.

Melanzane marinate
Marinierte Auberginen

☕ einfach
🕐 30 Minuten + Marinierzeit
155 kcal/651 kJ

Zutaten

2 runde Auberginen · grobkörniges Salz
100 g in Öl eingelegter Thunfisch
4 in Öl eingelegte Sardellenfilets
10 Basilikumblätter · 3 EL Olivenöl
Saft von 1 Zitrone · Pfefferkörner
2 Salbeiblätter · einige Minzeblätter

1 Die Auberginen von Stiel- und Blütenansatz befreien, waschen, in Scheiben schneiden, in ein Abtropfsieb legen, mit grobkörnigem Salz bestreuen und etwa 1 Stunde ruhen lassen. Den abgetropften Thunfisch und die Sardellenfilets, die gewaschenen und abgetrockneten Basilikumblätter, das Olivenöl, den gefilterten Zitronensaft und die Pfefferkörner in den Mixer geben und zu einer homogenen Sauce verrühren.

2 Die Auberginenscheiben waschen, mit Küchenpapier trockentupfen und auf dem heißen Grill 2 Minuten rösten. Wenden und weitergaren lassen. Auf einem Servierteller anrichten, die vorbereitete Thunfischsauce darüber geben, zu einer einheitlichen Schicht verstreichen und den Teller mit den gewaschenen und abgetrockneten Salbei- und Minzeblättern dekorieren. Heiß oder lauwarm servieren.

Carciofi all'origano fresco
Artischocken mit frischem Oregano

einfach
30 Minuten
225 kcal/945 kJ

Zutaten

8 Artischocken
Saft von 1 Zitrone
5 EL Olivenöl
2 Knoblauchzehen
frische Oreganozweige
Salz · Pfeffer
trockener Weißwein
50 g frisch geriebener Pecorino
50 g Semmelbrösel

1 Die Artischocken von den harten äußeren Blättern befreien, in Schnitze schneiden, die Spitzen abschneiden und das Heu im Innern entfernen. Sofort in eine Schüssel mit Wasser und dem Zitronensaft legen.

2 In einen kleinen Topf 2 Esslöffel Olivenöl geben, die geschälten und halbierten Knoblauchzehen, 1 Oreganozweig und die abgegossenen, aber noch leicht tropfenden Artischocken hinzugeben. Salzen, den Deckel auflegen und bei niedriger Hitze 10 Minuten garen, dabei ab und zu mit wenig Weißwein benetzen.

3 Wenn die Artischocken gar sind, aus dem Topf nehmen und in eine mit Olivenöl eingefettete feuerfeste Form legen. Mit dem geriebenen Pecorino und den Semmelbröseln, dem gehackten Oregano sowie Salz und Pfeffer bestreuen, mit dem restlichen Olivenöl beträufeln und in dem auf 200 °C vorgeheizten Backofen 5 Minuten gratinieren. Nach Belieben warm oder kalt servieren.

Carciofi marinati
Marinierte Artischocken

einfach
45 Minuten
150 kcal/630 kJ

Zutaten

6 Artischocken
Saft von 2 Zitronen
200 g Zwiebeln · 5 EL Olivenöl
1 kleines Bund Petersilie
Salz · Pfeffer
100 g Tomatenpüree
3 EL Weißweinessig

1 Die Artischocken putzen, von den Stielen, den harten äußeren Blättern und den Spitzen befreien und die Böden herausschneiden. Halbieren, das Heu im Innern entfernen und die Artischocken in schmale Schnitze schneiden. In Wasser mit dem Zitronensaft legen.

2 Die Zwiebeln schälen, in Ringe schneiden und mit dem Olivenöl in eine Pfanne geben. Die abgetropften Artischockenschnitze und die gewaschene, fein gehackte Petersilie hinzugeben. Mit Salz und Pfeffer würzen und einige Minuten anbraten.

3 Das Tomatenpüree mit dem Weißweinessig verrühren und in die Pfanne geben. Bei starker Hitze etwas einkochen lassen und etwa 20 Minuten bei niedriger Hitze weiterköcheln lassen. Ab und zu ein wenig heißes Wasser angießen und häufig umrühren. Die Pfanne vom Herd nehmen und die Artischockenschnitze vor dem Servieren abkühlen lassen.

Carciofi con piselli
Artischocken mit Erbsen

☺ einfach
🕐 **45 Minuten**
190 kcal/798 kJ

Zutaten

8 Artischocken
Saft von 1 Zitrone
800 g ungeschälte Erbsen
1 Zwiebel
4 EL Olivenöl
heiße Gemüsebrühe
Salz · Pfeffer

1 Die Artischocken von den harten äußeren Blättern, den Stielen und den Spitzen befreien, in dünne Schnitze schneiden und das Heu im Innern entfernen. Sofort in eine Schüssel mit Wasser und dem Zitronensaft legen. Die Erbsen schälen.

2 Die Zwiebel schälen, in feine Ringe schneiden und mit dem Olivenöl in einer Pfanne andünsten. Sobald sie weich ist, die Erbsen hinzufügen und unter Rühren einige Minuten dünsten.

3 Die Erbsen mit 200 ml Gemüsebrühe übergießen, den Deckel auflegen und alles zum Kochen bringen. Nach 6–7 Minuten die Artischocken hinzufügen und bei niedriger Hitze etwa 10 Minuten weiterköcheln lassen. Gegebenenfalls noch etwas Gemüsebrühe angießen und ab und zu umrühren.

4 Wenn das Gemüse weich und die Sauce etwas eingedickt ist, salzen, pfeffern, alles auf einem großen Teller anrichten und sofort heiß servieren.

Insalata di carciofi crudi
Salat mit rohen Artischocken

☺ einfach
🕐 **20 Minuten + Ruhezeit**
115 kcal/483 kJ

Zutaten

8 Artischocken
Saft von 2 Zitronen
einige frische Minzeblätter
4 EL Olivenöl
1 Knoblauchzehe
Salz

1 Die Artischocken sorgfältig putzen: die harten äußeren Blätter, die Stiele und die Spitzen entfernen, die Böden herausschneiden und die Artischocken vierteln, dabei auch das Heu im Innern entfernen. Sofort in eine Schüssel mit kaltem Wasser und der Hälfte des Zitronensaftes legen.

2 Die Minzeblätter waschen, trockentupfen, klein zupfen und in eine Schüssel geben. Den restlichen Zitronensaft und das Olivenöl darüber gießen, sal-zen und alle Zutaten mit einer Gabel verschlagen, damit sie sich gut verbinden.

3 Die Knoblauchzehe schälen, vom Mitteltrieb befreien, in dünne Scheiben schneiden oder durch die Knoblauchpresse drücken. Mit den gut abgetropften und ebenfalls in dünne Scheiben geschnittenen Artischocken in eine Salatschüssel geben. Die vorbereitete Sauce darüber geben, gut umrühren, mit einem Teller abdecken und vor dem Servieren etwa 1 Stunde ruhen lassen.

Verdure in pinzimonio

Gemüsedip

einfach
30 Minuten
245 kcal/1029 kJ

Zutaten

2 Selleriestangen

4 kleine Möhren

2 Fenchelknollen

2 Artischocken

1 rote Paprikaschote

1 gelbe Paprikaschote

8 Radieschen

2 Chicorée

100 ml Olivenöl

Weißweinessig

Salz · Pfeffer

1 Das Gemüse sorgfältig waschen und abtropfen lassen. Die verschiedenen Gemüsesorten farblich abgestimmt auf 1 oder 2 Tellern dekorativ anordnen: die in Stifte geschnittenen Selleriestangen und Möhren, die Fenchel- und Artischockenschnitze, die Paprikastücke, die in Scheiben geschnittenen Radieschen und die Chicoréeblätter.

2 Das Olivenöl mit dem Weißweinessig, 1 kräftigen Prise Salz und etwas frisch gemahlenem Pfeffer in eine Schüssel geben und mit einer Gabel leicht verschlagen, bis sich alle Zutaten zu einer Sauce verbunden haben. Auf vier kleine Schüsseln verteilen, neben den einzelnen Tellern anordnen und das rohe Gemüse dazu reichen.

Scarola ai capperi e olive
Endivie mit Kapern und Oliven

einfach
40 Minuten
175 kcal/735 kJ

Zutaten

1 kg Endiviensalat
3 Knoblauchzehen
5 EL Olivenöl
40 g in Salz eingelegte Kapern
3 in Salz eingelegte Sardellen
40 g entsteinte schwarze Oliven
Salz

1 Den Salat waschen, die harten äußeren von den zarteren Blättern trennen und beides separat klein schneiden. Die Knoblauchzehen schälen, zerdrücken und in einer Pfanne mit dem Olivenöl dünsten. Die härteren Endivienblätter hinzufügen und bei niedriger Hitze zugedeckt 15 Minuten garen. Nach der Hälfte der Zeit die zarteren Blätter hinzufügen und eventuell etwas Wasser angießen.

2 Die Kapern und die Sardellen vom Salz befreien, die Sardellen entgräten und in kleine Stücke schneiden. Die Kapern und die Oliven zu den Endivienblättern in die Pfanne geben, leicht salzen und bei niedriger Hitze ohne Deckel weitere 10 Minuten köcheln lassen.

3 Etwa 5 Minuten vor Ende der Kochzeit die Sardellenstücke in die Pfanne geben und mit einer Gabel zerdrücken, bis sie zerfallen. Den Pfanneninhalt gut vermischen, vom Herd nehmen, auf einem Servierteller anrichten und heiß servieren.

Cicoria aglio e olio
Chicorée mit Knoblauch und Olivenöl

einfach
30 Minuten
110 kcal/462 kJ

Zutaten

1 kg Chicorée
Salz
1 Knoblauchzehe
4 EL Olivenöl

1 Den Chicorée unter fließendem kaltem Wasser gründlich waschen. Abtropfen lassen und in einem Topf mit reichlich Salzwasser garen, anschließend abgießen.

2 Die Knoblauchzehe schälen, vom Mitteltrieb befreien und zerdrücken. Mit dem Olivenöl in eine Pfanne geben und bei mittlerer Hitze hell dünsten, anschließend entfernen. Den Herd auf geringe Hitze herunterschalten und den gegarten Chicorée, ohne ihn vorher auszudrücken, hinzugeben.

3 Mit Salz abschmecken und etwa 10 Minuten köcheln lassen, bis der Kochsud vollständig verdunstet ist, dabei ab und zu mit einem Holzlöffel umrühren. Die Pfanne vom Herd nehmen, den Chicorée auf einem Teller anrichten und servieren.

Cicoria in umido
Chicorée mit Tomatensauce

☻ einfach
🕐 30 Minuten
130 kcal/546 kJ

Zutaten

800 g Chicorée
Salz
½ Knoblauchzehe
4 EL Olivenöl
½ scharfer roter Peperoncino
300 g Tomatenpüree

1 Den Chicorée putzen und gründlich waschen. In einen Topf mit wenig kochendem Salzwasser geben und 5 Minuten blanchieren. Anschließend abgießen und gut ausdrücken.

2 Die Knoblauchzehe schälen, vom Mitteltrieb befreien und leicht zerdrücken. Das Olivenöl in einer Pfanne erhitzen und den Knoblauch sowie den zerkleinerten Peperoncino hinzugeben.

Sobald der Knoblauch hell gedünstet ist, herausnehmen, den Chicorée hinzugeben und 5 Minuten durchziehen lassen.

3 Das Tomatenpüree hinzugeben, mit 1 Prise Salz abschmecken und bei geringster Hitze unter gelegentlichem Rühren zugedeckt 10 Minuten köcheln lassen. Wenn sich alle Zutaten gut verbunden haben, das Gemüse auf einem Teller anrichten und servieren.

Erbe selvatiche con fagioli
Wildkräuter mit Bohnen

☻ einfach
🕐 2 Stunden 30 Minuten
   + Einweichzeit
205 kcal/861 kJ

Zutaten

120 g getrocknete Augenbohnen
1 kg Wildkräuter (Borretsch,
   Rauke, Brennnessel)
grobkörniges Salz · 4 EL Olivenöl
2 Knoblauchzehen· Salz · Pfeffer

1 Die Augenbohnen in eine große Schüssel geben, mit kaltem Wasser bedecken und mindestens 12 Stunden einweichen lassen. Anschließend abgießen und in einem Topf mit reichlich Wasser etwa 2 Stunden kochen.

2 Die Wildkräuter sorgfältig putzen, waschen, abtropfen lassen und in kochendem Salzwasser 7–8 Minuten blanchieren. Danach abgießen und gut ausdrücken.

3 Sobald die Bohnen gar sind, eine Hand voll grobkörniges Salz hinzufügen und so lange umrühren, bis sich das Salz vollständig aufgelöst hat. Nach einigen Minuten das Wasser abgießen. Das Olivenöl in einer Pfanne erhitzen und die geschälten und zerdrückten Knoblauchzehen darin dünsten. Die Kräuter, die Bohnen, 1 Prise Salz und etwas frisch gemahlenen Pfeffer hinzufügen. Umrühren, einige Minuten durchziehen lassen, den Knoblauch entfernen und servieren.

Peperonata con melanzane
Gedünstetes Paprikagemüse mit Auberginen

einfach

50 Minuten

180 kcal/756 kJ

Zutaten

400 g gemischte Paprikaschoten

300 g Tomaten

300 g Auberginen

1 kleines Bund Petersilie

einige Estragonblätter

einige Basilikumblätter

1 Majoranzweig

1 Selleriestange

2 Zwiebeln

1 Knoblauchzehe

1 fest kochende Kartoffel

4 EL Olivenöl

200 ml konzentrierte Gemüsebrühe

Salz

1 Die Paprikaschoten, Tomaten und Auberginen, die Petersilie, den Estragon, das Basilikum und den Majoran waschen und trockentupfen. Die Selleriestange von den Fäden befreien und waschen, die Zwiebeln, die Knoblauchzehe und die Kartoffel schälen.

2 Die Paprikaschoten, die Tomaten, den Sellerie und die Auberginen klein schneiden. Die gewaschene Kartoffel fein reiben. Die Zwiebeln in feine Ringe und die Knoblauchzehe in dünne Scheiben schneiden. Die Kräuter zusammen fein hacken und alles mit dem Olivenöl und der Gemüsebrühe in eine Pfanne geben. Mit 1 Prise Salz würzen und bei niedriger Hitze zugedeckt 30 Minuten garen.

3 Den Deckel entfernen und die restliche Flüssigkeit verdampfen lassen. Die Pfanne vom Herd nehmen, das Gemüse auf einem Teller anrichten und nach Belieben warm oder kalt servieren.

Mandorlata di peperoni
Paprikagemüse mit Mandeln

einfach

40 Minuten

205 kcal/861 kJ

Zutaten

800 g gelbe Paprikaschoten

2 EL Olivenöl · Salz

40 g Rosinen · 80 g Mandeln

400 g Tomatenpüree · 1/2 EL Zucker

4 EL Weißweinessig

1 Die Paprikaschoten waschen, von Stielen, Samen und Stegen befreien, in dünne Streifen schneiden und mit dem Olivenöl sowie 1 Prise Salz in eine Pfanne geben. Bei mittlerer Hitze ohne Deckel etwa 20 Minuten garen und nötigenfalls etwas Wasser angießen.

2 Währenddessen die Rosinen 15 Minuten in lauwarmem Wasser einweichen. Die Mandeln 1 Minute in kochendem Wasser blanchieren, die dünnen Häutchen abreiben, abtrocknen und klein schneiden.

3 Sobald die Paprikaschoten gar sind, die Mandeln, die abgetropften Rosinen, das Tomatenpüree, den Zucker und den Weißweinessig hinzufügen. Mit Salz abschmecken, umrühren und bei starker Hitze 5 Minuten durchziehen lassen. Das Gemüse heiß servieren.

Peperoni al forno
Überbackenes Paprikagemüse

🍴 einfach
🕐 50 Minuten
300 kcal/1260 kJ

Zutaten

800 g gelbe Paprikaschoten
1 kleines Bund Petersilie
1 Knoblauchzehe
2 EL in Salz eingelegte Kapern
5 EL Olivenöl
100 g entsteinte grüne Oliven
1 Prise Oregano
Salz · Pfeffer
4 EL Semmelbrösel

1 Die Paprikaschoten waschen, von den Stielansätzen befreien und 10 Minuten unter dem Backofengrill rösten, bis die Haut Blasen wirft. Herausnehmen, häuten, von Samen und Stegen befreien und mit einem scharfen Messer in dünne Streifen schneiden.

2 Die Petersilie waschen, die Knoblauchzehe schälen und beides zusammen fein hacken. Die Kapern unter fließendem Wasser vom Salz befreien und mit Küchenpapier trockentupfen. Eine feuerfeste Form mit Olivenöl einfetten und zuerst die Paprikastreifen, dann die Oliven und die Kapern darin verteilen.

3 Mit der Knoblauch-Petersilien-Mischung, dem Oregano, 1 Prise Salz und etwas frisch gemahlenem Pfeffer bestreuen. Die Semmelbrösel darauf verteilen und alles mit dem restlichen Olivenöl beträufeln. In dem auf 200 °C vorgeheizten Backofen etwa 20 Minuten überbacken. Herausnehmen und nach Belieben heiß oder lauwarm servieren.

Filetti di peperoni
Geschmorte Paprikastreifen

🍴 einfach
🕐 40 Minuten
365 kcal/1533 kJ

Zutaten

50 g in Salz eingelegte Kapern
3 EL Olivenöl
800 g rote, grüne und gelbe Paprikaschoten
80 g Semmelbrösel
200 g geriebener Pecorino
1 kleines Bund Petersilie · Salz

1 Die Kapern unter Wasser vom Salz befreien, abtrocknen und fein hacken. Eine feuerfeste Form mit 1 Esslöffel Olivenöl einfetten. Die Paprikaschoten waschen, von Samen und Stegen befreien und in breite Streifen schneiden.

2 Die Paprikastreifen in die Form legen und mit den Semmelbröseln, dem geriebenen Pecorino, den Kapern, der gewaschenen, abgetrockneten und fein gehackten Petersilie sowie 1 Prise Salz bestreuen.

3 Alles mit dem restlichen Olivenöl beträufeln, in den auf 220 °C vorgeheizten Backofen schieben und etwa 30 Minuten garen. In der Form lauwarm oder kalt servieren.

Insalata del fornaio

Brotsalat

🍳 einfach
🕐 **30 Minuten**
485 kcal/2037 kJ

Zutaten

300 g altbackenes Brot
4 EL Olivenöl
3 Tomaten
1 Salatgurke
3 Lauchstangen
1 Mozzarella
1 Knoblauchzehe
einige Basilikumblätter
1 EL Weißweinessig
Salz · Pfeffer

1 Das Brot von der Kruste befreien und klein würfeln. 1 Esslöffel Olivenöl in einer beschichteten Pfanne erhitzen und das Brot darin rösten. Sobald die Würfel goldbraun sind, vom Herd nehmen und in eine Salatschüssel geben.

2 Die Tomaten waschen, abtrocknen und klein schneiden. Die Gurke schälen, längs halbieren und in Scheiben schneiden. Die Lauchstangen von den Wurzeln und den harten äußeren Blättern befreien, waschen, abtrocknen und in dünne Ringe schneiden. Den Mozzarella würfeln. Die Knoblauchzehe schälen und vom Mitteltrieb befreien, das Basilikum waschen, trockentupfen und mit den Fingern klein zupfen.

3 Alle vorbereiteten Zutaten in die Salatschüssel zu dem Brot geben. Das restliche Olivenöl, den Weißweinessig, 1 Prise Salz und etwas frisch gemahlenen Pfeffer mit einer Gabel verschlagen, bis sich alles zu einer homogenen Sauce verbindet, und über den Salat gießen. Vorsichtig durchrühren und servieren.

Süßspeisen und Desserts

Sorbetto di ciliegie
Kirschsorbet

🍴 einfach
🕐 1 Stunde
175 kcal/730 kJ

Zutaten

1 unbehandelte Zitrone
500 g Kirschen
2 EL Kirschwasser
100 g Zucker
1 Eiweiß

1 Die Zitrone waschen, abtrocknen, die äußere gelbe Schale entfernen und aufbewahren. Die Zitrone pressen und den Saft in einen Topf geben. Die Kirschen waschen, abtropfen lassen und entkernen (das Gewicht der Kirschen ohne Kerne sollte etwa 300–350 g betragen). Zu dem Zitronensaft geben, auch die Zitronenschale hinzufügen und bei starker Hitze 3–4 Minuten kochen, dabei gelegentlich mit einem Holzlöffel umrühren.

2 Den Topf vom Herd nehmen, die Kirschen gut abtropfen lassen, die Zitronenschale wegwerfen. Die Kirschen abkühlen lassen, dann im Mixer zu einer homogenen Masse pürieren; das Kirschwasser hinzufügen. In einem kleinen Topf 100 ml Wasser mit dem Zucker langsam zum Kochen bringen und 2–3 Minuten kochen lassen, bis der Zucker vollständig aufgelöst ist. Vom Herd nehmen und erkalten lassen.

3 Dem erkalteten Sirup das Kirschpüree hinzufügen und mit einem Holzlöffel gründlich miteinander verrühren. Die Masse in die Eismaschine geben und entsprechend der in der Bedienungsanleitung angegebenen Zeit gefrieren lassen. Nach der Hälfte der Zeit das verschlagene Eiweiß unterrühren und fertig gefrieren lassen. Das Kirschsorbet in einzelne, zuvor gekühlte Becher füllen und sofort servieren.

Granita alla menta con frutta
Wassereis mit Pfefferminzsirup und Früchten

🍳 einfach
🕐 **40 Minuten**
190 kcal/798 kJ

Zutaten
2 Aprikosen
200 g gemischte Waldfrüchte
100 g Zucker
5 EL Pfefferminzsirup

1 Die Aprikosen in kochendem Wasser blanchieren, halbieren, entkernen und in Achtel schneiden. Die gemischten Waldfrüchte in eiskaltem Wasser waschen, abtropfen lassen und vorsichtig trockentupfen.

2 In eine Pfanne 300 ml Wasser geben, den Zucker hinzufügen und zum Kochen bringen. So lange kochen lassen, bis der Zucker vollständig aufgelöst ist, dabei ab und zu mit einem Holzlöffel umrühren. Den Zuckersirup vom Herd nehmen und abkühlen lassen.

3 Zu dem Zuckersirup 4 Esslöffel Pfefferminzsirup geben und die Masse in der Eismaschine 8–10 Mal verrühren lassen. $1/2$ Minute ruhen lassen, dann erneut 8–10 Mal verrühren lassen, wieder $1/2$ Minute ausschalten und so fortfahren, bis die Granita die richtige Konsistenz gewonnen hat.

4 Den restlichen Pfefferminzsirup in einzelne, zuvor gekühlte Becher füllen, die Granita dazugeben und mit den vorbereiteten Aprikosenachteln und den Waldfrüchten dekorieren.

Granita al caffè
Wassereis mit Kaffee

🍳 einfach
🕐 **40 Minuten**
185 kcal/777 kJ

Zutaten
100 g Zucker
9 EL zubereiteter Kaffee

Zum Dekorieren
100 ml Schlagsahne
4 Kaffeebohnen

1 In eine kleine Pfanne 200 ml Wasser und den Zucker geben, zum Kochen bringen und unter Rühren 2–3 Minuten kochen lassen, bis ein dichter, klarer Sirup entsteht. Vom Herd nehmen und abkühlen lassen.

2 Zu dem kalten Sirup den zubereiteten Kaffee geben, zusammen in die Eismaschine füllen, einschalten und 8–10 Mal verrühren lassen. $1/2$ Minute ausschalten,

erneut 8–10 Mal verrühren lassen, dann wiederum $1/2$ Minute ausschalten und so fortfahren, bis die Granita die richtige Konsistenz gewonnen hat.

3 In der Zwischenzeit die Schlagsahne steif schlagen und in einen Spritzbeutel mit gezackter Tülle geben. Die Granita in einzelne gekühlte Becher füllen und mit der Schlagsahne sowie je 1 Kaffeebohne dekorieren.

Granita all'ananas e limone
Wassereis mit Ananas und Zitrone

mittelschwer
40 Minuten
125 kcal/525 kJ

Zutaten

100 g Zucker
1 Ananas
1 EL Zitronensaft

1 In einen kleinen Topf ¹/₄ Liter Wasser gießen, den Zucker hinzufügen, zum Kochen bringen und unter stetigem Rühren so lange kochen, bis der Zucker völlig aufgelöst ist. Den Topf vom Herd nehmen und zum Abkühlen in kaltes Wasser stellen.

2 Den oberen Teil der Ananas mit dem Blütenansatz abschneiden, das Fruchtfleisch herauslösen und die ausgehöhlte Frucht in den Kühlschrank legen. Das Fruchtfleisch vom harten Strunk befreien, 300 g abwiegen, in Würfel schneiden und mit dem Zitronensaft im Mixer zu einer homogenen Masse pürieren. Durch ein Sieb zu dem vorbereiteten Sirup geben und gut unterrühren.

3 Die Masse in die Eismaschine füllen, einschalten und 8–10 Mal verrühren lassen. ¹/₂ Minute ausschalten, erneut 8–10 Mal verrühren lassen, wieder ¹/₂ Minute ausschalten und so fortfahren, bis die Granita die richtige Konsistenz hat. Die ausgehöhlte Ananas aus dem Kühlschrank nehmen, mit der Granita füllen, nach Belieben mit Maraschinokirschen oder Ähnlichem dekorieren und sofort servieren.

Granita al tè verde
Wassereis mit grünem Tee

einfach
45 Minuten
100 kcal/420 kJ

Zutaten

1 EL grüne Teeblätter
100 g Zucker
geriebene Schale und Saft von 1 Zitrone
1 Tütchen Vanillezucker
1 Zitronenkrautstängel

1 In einem kleinen Topf ¹/₄ Liter Wasser zum Kochen bringen. Die grünen Teeblätter in einer Tasse mit dem kochenden Wasser übergießen, abdecken und etwa 10 Minuten ziehen lassen. Den Tee anschließend durch ein Sieb schütten und abkühlen lassen.

2 In einen zweiten Topf erneut ¹/₄ Liter Wasser, den Zucker und die geriebene Zitronenschale geben, zum Kochen bringen und einige Minuten unter Rühren kochen lassen, bis der Zucker vollständig aufgelöst ist.

3 Den Sirup vom Herd nehmen, den abgekühlten Tee, den Zitronensaft und den Vanillezucker hinzufügen und alles abkühlen lassen. Die dickflüssige Masse in die Eismaschine füllen, einschalten und 8–10 Mal verrühren lassen. ¹/₂ Minute ausgeschaltet lassen, erneut 8–10 Mal verrühren lassen, wieder ¹/₂ Minute ausschalten und so fortfahren, bis die Granita die richtige Konsistenz hat. Die fertige Masse zügig in einzelne, zuvor gekühlte Becher verteilen, mit einigen Zitronenkrautblättern dekorieren und sofort servieren.

Frutta gratinata al Grand Marnier
Gratinierte Früchte mit Grand Marnier

 einfach
 50 Minuten
570 kcal/2394 kJ

Zutaten

4 Eigelb

230 g Zucker

40 g Speisestärke

500 ml Milch

1 kleines Glas Grand Marnier

350 g Aprikosen

250 g Kirschen

1 Zimtstange

60 g gehobelte Mandeln

1 Das Eigelb mit 150 g Zucker schaumig verschlagen. Die Speisestärke sieben und nach und nach unterrühren. Die entstandene Masse mit der Milch verdünnen. In einem Topf unter ständigem Rühren bei niedriger Hitze erwärmen, bis die Creme eindickt. Vom Herd nehmen, mit dem Grand Marnier verrühren und in eine feuerfeste Form geben.

2 Die Aprikosen waschen, abtrocknen, halbieren und entkernen. Auch die Kirschen waschen und entkernen. Den restlichen Zucker mit der Zimtstange und 1 Glas Wasser in eine große Pfanne geben und kochen, bis ein dickflüssiger Sirup entsteht. Die Aprikosenhälften und die Kirschen hineingeben und bei starker Hitze 5 Minuten weiterkochen.

3 Die Früchte aus dem Sirup nehmen, abtropfen lassen, dann abwechselnd Kirschen und Aprikosenhälften mit der runden Seite nach oben auf der Creme in der Auflaufform arrangieren. Den Sirup auf die Hälfte einkochen lassen, die Zimtstange wieder herausnehmen. Die gehobelten Mandeln auf die Früchte streuen und mit dem eingekochten Sirup beträufeln. Die gratinierten Früchte nun einige Minuten in der Auflaufform im Backofen erhitzen und sofort servieren. Diese Süßspeise erfreut sich seit langem großer Beliebtheit.

Sorbetto nell'arancia
Gefrorene Orangen

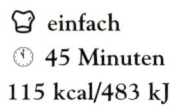

einfach

40 Minuten

240 kcal/1008 kJ

Zutaten

100 g Zucker

4 unbehandelte Orangen

¹/₂ Eiweiß

Zum Dekorieren

30 g kandierte Orange

100 ml Schlagsahne

1 Den Zucker mit 125 ml Wasser in einem kleinen Topf etwa 10 Minuten kochen lassen. Den entstandenen Sirup vom Herd nehmen und den Topf zum Abkühlen in kaltes Wasser stellen.

2 In der Zwischenzeit die Orangen waschen, abtrocknen und den oberen «Deckel» abschneiden. Das Fruchtfleisch vorsichtig herauslösen, dabei auch die weiße Innenhaut entfernen, ohne jedoch die Schale zu beschädigen. Die ausgehöhlten Orangen im Gefrierfach kalt stellen.

3 Das Fruchtfleisch der Orangen passieren, 300 g abwiegen und in eine Schüssel geben. Den Sirup hinzufügen, umrühren und die Sorbetmasse in die Eismaschine füllen. Entsprechend der in der Bedienungsanleitung angegebenen Zeit gefrieren lassen. Nach der Hälfte der Zeit das geschlagene Eiweiß unterrühren, dann den Gefrierprozess fortsetzen.

4 Die ausgehöhlten Orangen aus dem Gefrierfach nehmen, mit dem gefrorenen Sorbet füllen und mindestens weitere 30 Minuten in das Gefrierfach stellen. Kurz vor dem Servieren die kandierte Orange mit einem scharfen Messer in feine Streifen schneiden. Die Sahne steif schlagen und in einen Spritzbeutel füllen. Die gefüllten Orangen aus dem Gefrierfach nehmen, mit Sahnehäubchen und kandierten Orangenstreifen dekorieren und auf einer gekühlten Platte verlockend anrichten.

Sorbetto di gelsomino
Jasminblütensorbet

einfach

45 Minuten

115 kcal/483 kJ

Zutaten

100 g Zucker

1 Vanilleschote

1 kleine runde Wassermelone

¹/₂ EL Jasminblütenwasser

¹/₂ Eiweiß

1 In einer Pfanne 250 ml Wasser mit dem Zucker und der Vanilleschote zum Kochen bringen. 4–5 Minuten köcheln lassen, bis der Zucker vollständig aufgelöst ist. Den Sirup vom Herd nehmen, abkühlen lassen und die Vanilleschote entfernen.

2 Die Wassermelone schälen, etwa 400 g Fruchtfleisch abwiegen, klein schneiden und sorgfältig sämtliche Kerne und Fasern entfernen. Das Fruchtfleisch durch ein Sieb drücken oder im Mixer pürieren, den abgekühlten Sirup und das Jasminblütenwasser hinzugeben und mit einem Holzlöffel umrühren, bis alle Zutaten gut vermengt sind.

3 Die vorbereitete Masse in die Eismaschine füllen und entsprechend der in der Bedienungsanleitung angegebenen Zeit gefrieren lassen. Nach der Hälfte der Zeit das geschlagene Eiweiß unterrühren und den Gefrierprozess fortsetzen. Das fertige Jasminsorbet in vorgekühlte Becher füllen und sofort servieren.

Sorbetto al kiwi
Kiwisorbet

🍳 **einfach**
🕐 **40 Minuten + Ruhezeit**
170 kcal/714 kJ

Zutaten

100 g Zucker
400 g Kiwis
1/2 Eiweiß

Zum Dekorieren

3 Kiwis

1 In einem kleinen Topf 100 ml Wasser mit dem Zucker zum Kochen bringen und 2–3 Minuten kochen lassen, bis der Zucker vollständig aufgelöst ist. Den Topf vom Herd nehmen und den Sirup abkühlen lassen. In der Zwischenzeit die Kiwis schälen, klein schneiden, pürieren, mit dem abgekühlten Sirup vermengen und sorgfältig durchrühren.

2 Die Masse in der Eismaschine entsprechend der in der Bedienungsanleitung angegebenen Zeit gefrieren lassen. Nach der Hälfte der Zeit das geschlagene Eiweiß unterrühren und weiter gefrieren lassen. Das fertige Sorbet in kleine Formen füllen und ins Gefrierfach stellen.

3 Erst kurz vor dem Servieren die Dekoration vorbereiten: die Kiwis schälen, quer in 1/2 Zentimeter dicke Scheiben schneiden und jede Scheibe in 6 Segmente teilen. Die Sorbetformen kurz in heißes Wasser tauchen, das Sorbet auf einen vorgekühlten Teller stürzen und mit den Kiwisegmenten dekorieren.

Sorbetto di limone allo yogurt
Zitronensorbet mit Joghurt

🍳 **einfach**
🕐 **40 Minuten**
165 kcal/693 kJ

Zutaten

100 g Zucker · 2 unbehandelte Zitronen
200 g Naturjoghurt

Zum Dekorieren

150 g Erdbeeren · 2 Kiwis
1 Minzezweig

1 In einen kleinen Topf 300 ml Wasser geben und den Zucker darin einige Minuten kochen, bis er vollständig aufgelöst ist. Den Topf vom Herd nehmen und zum Abkühlen des Sirups in kaltes Wasser tauchen.

2 Die Zitronen pressen, den Saft durchsieben und zu dem abgekühlten Sirup geben. Den Naturjoghurt unterheben, mit einem Holzlöffel gründlich verrühren, dann die Masse in die Eismaschine füllen und entsprechend der in der Bedienungsanleitung angegebenen Zeit gefrieren lassen.

3 In der Zwischenzeit die Erdbeeren in eiskaltem Wasser waschen, abtropfen lassen und vorsichtig trockentupfen. Vom Stielansatz befreien und klein schneiden, die Kiwis schälen und in Scheiben schneiden. Das Sorbet in Becher verteilen und die Ränder abwechselnd mit Kiwischeiben und Erdbeeren dekorieren. In die Mitte jeweils ein Minzeblatt setzen und servieren.

Fragole allo sciroppo
Erdbeeren in Sirup

👨‍🍳 **mittelschwer**
🕐 **30 Minuten + Ruhezeit**
555 kcal/2331 kJ

Zutaten

1 kg Erdbeeren
Saft von 1 Zitrone
500 g Zucker
750 ml kaltes Wasser
1 Vanilleschote

1 Die Erdbeeren in kaltem Wasser mit Zitronensaft waschen. Gut abtropfen lassen und, ohne sie zu zerdrücken, in eine Schüssel geben. Den Zucker mit dem kalten Wasser und der Vanilleschote in einem kleinen Topf bei geringer Hitze kochen, dabei langsam mit einem Holzlöffel umrühren.

2 Sobald der Zucker vollständig aufgelöst ist, den enstandenen Sirup über das Obst gießen und die Schüssel abdecken. Mindestens 30 Minuten ruhen lassen. Die Erdbeeren anschließend vorsichtig aus dem Sirup nehmen, diesen erneut erhitzen und auf die Hälfte einkochen lassen. Die Erdbeeren in einem tiefen Teller anrichten, den Sirup darüber gießen und servieren.

Sorbetto di pesche
Pfirsichsorbet

🍳 **einfach**

🕒 **30 Minuten**

185 kcal/777 kJ

Zutaten

150 g Zucker

250 ml trockener Sekt

600 g Fruchtfleisch von gelben Pfirsichen

einige frische Minzeblätter

1 Den Zucker in einen kleinen Topf geben, den Sekt hinzufügen und unter ständigem Rühren bei geringer Hitze kochen, bis der Zucker vollständig aufgelöst ist. Den Topf vom Herd nehmen und zum Abkühlen in kaltes Wasser setzen.

2 In der Zwischenzeit die Pfirsiche sorgfältig waschen, schälen, entsteinen und in kleine Stücke schneiden. Diese im Mixer pürieren und zu dem Sektsirup geben. Nun die Masse in die Eismaschine füllen und entsprechend der in der Bedienungsanleitung angegebenen Zeit gefrieren lassen.

3 Ohne Eismaschine: Die Sorbetmasse in eine Eisschale füllen und so lange in das Gefrierfach stellen, bis sie fest zu werden beginnt. Gelegentlich umrühren, damit sich keine Eiskristalle bilden und verfestigen. Das Pfirsichsorbet in zuvor gekühlten Glasbechern servieren und mit den Minzeblättern dekorieren.

Coppa di frutta in gelatina
Gemischtes Obst in Gelatine

♟ einfach
🕑 30 Minuten + Ruhezeit
145 kcal/609 kJ

Zutaten

4 Gelatineblätter

50 g Zucker

250 ml Sekt

600 g gemischtes Obst der Saison
  (Erdbeeren, Heidelbeeren, Brombeeren,
  Himbeeren, Äpfel, Birnen)

Saft von 1 Zitrone

1 Die Gelatine in einer Schüssel mit kaltem Wasser einweichen. ¼ Liter Wasser in einem kleinen Topf mit dem Zucker zum Kochen bringen und unter gelegentlichem Rühren einige Minuten kochen lassen, bis der Zucker vollständig aufgelöst ist. Die abgetropfte und ausgedrückte Gelatine hinzufügen und unter Rühren vollständig auflösen, den Topf anschließend vom Herd nehmen. Unter gelegentlichem Rühren abkühlen lassen und zum Schluss den Sekt unterrühren.

2 Die Erdbeeren, Heidelbeeren, Brombeeren und Himbeeren in eiskaltem Wasser waschen, abtropfen lassen und vorsichtig trockentupfen. Die Erdbeeren in Scheiben schneiden, ebenso die geschälten, halbierten, von den Kerngehäusen befreiten Äpfel und Birnen, dann mit dem Zitronensaft beträufeln.

3 Eine Schicht abgekühlte, aber noch flüssige Sekt-Gelatine in eine Schüssel gießen und im Kühlschrank fest werden lassen. Das vorbereitete Obst farblich abgestimmt in einzelnen Schichten darauf verteilen, jede Schicht mit etwas Gelatine bedecken und vor der nächsten Belegung im Kühlschrank fest werden lassen. Zuletzt die restliche Gelatine darüber gießen und die Schüssel mindestens 2 Stunden im Kühlschrank kalt stellen. Anschließend servieren.

Formine di peschenoci
Nektarinenförmchen

♟ einfach
🕑 40 Minuten + Ruhezeit
185 kcal/777 kJ

Zutaten für 4 bis 6 Personen

2 Gelatineblätter

400 g Nektarinen

Saft von 1 Zitrone

100 g Zucker

Für die Sauce

2 Orangen · 50 g Zucker

einige Minzeblätter

1 Die Gelatine in einer Schüssel mit kaltem Wasser einweichen. Die Nektarinen waschen, abtrocknen, halbieren, entsteinen und klein schneiden. Mit dem Zitronensaft im Mixer pürieren, bis eine homogene Masse entsteht.

2 In einem kleinen Topf 100 ml Wasser mit dem Zucker bei mittlerer Hitze kochen lassen, bis der Zucker aufgelöst ist. Vom Herd nehmen, die abgetropfte und ausgedrückte Gelatine hinzugeben und unter Rühren vollständig auflösen. Abkühlen lassen, das Nektarinenpüree hinzufügen, die Masse in kleine Formen füllen und mindestens 2 Stunden im Kühlschrank ruhen lassen.

3 Die Orangen pressen und den Saft in einen kleinen Topf geben. Den Zucker sowie 100 ml Wasser hinzufügen und erhitzen. 5 Minuten köcheln lassen, den Schaum entfernen, die Sauce anschließend 30 Minuten ruhen lassen, dann durch ein Sieb passieren. Die Nektarinenförmchen kurz vor dem Servieren in heißes Wasser tauchen und auf einzelne Teller stürzen. Nach Belieben mit Minzeblättern dekorieren und mit der Orangensauce servieren.

Zuccotto di frutta in gelatina
Früchtedessert in Gelatine

 mittelschwer
 30 Minuten + Ruhezeit
190 kcal/798 kJ

Zutaten

3 Gelatineblätter
1 Mango
1 kg Orangen
6 EL Ahornsirup

1 Vorbereitend eine runde Schüssel in den Kühlschrank stellen. Die Gelatine in einer zweiten Schüssel mit kaltem Wasser einweichen. Die Mango schälen, halbieren, entsteinen und das Fruchtfleisch in Scheiben schneiden. Die Orangen schälen, häuten und die Filets herauslösen. Auf einem Tuch ausbreiten, damit sie leicht antrocknen.

2 In einer kleinen Pfanne 400 ml Wasser mit dem Ahornsirup zum Kochen bringen, 30 Sekunden kochen lassen, dann vom Herd nehmen. Die abgetropfte und ausgedrückte Gelatine hinzugeben und unter Rühren vollständig auflösen.

3 Die gekühlte Schüssel aus dem Kühlschrank nehmen, eine dünne Schicht Gelatine hineingießen, im Kühlschrank fest werden lassen, wieder herausnehmen und abwechselnd Mangoscheiben und Orangenfilets sternförmig auf ihr arrangieren. Mit etwas Gelatine bedecken, erneut im Kühlschrank fest werden lassen und so fortfahren, bis alle Zutaten aufgebraucht sind.

4 Anschließend die Schüssel mindestens 2 Stunden in den Kühlschrank stellen. Kurz vor dem Servieren in heißes Wasser tauchen und auf einen großen Teller stürzen.

Aspic d'uva bianca e nera
Weiße und rote Trauben in Aspik

 mittelschwer
 30 Minuten + Ruhezeit
360 kcal/1512 kJ

Zutaten für 6 Personen

6 Gelatineblätter
150 g Zucker
1 Stück Orangenschale
500 ml trockener Weißwein
500 g weiße Trauben
500 g rote Trauben

1 Vorbereitend eine Schüssel oder Schale in den Kühlschrank stellen. Die Gelatine in kaltem Wasser einweichen. ¹/₂ Liter Wasser in einem Topf mit dem Zucker und der Orangenschale zum Kochen bringen und einige Minuten kochen lassen, bis der Zucker aufgelöst ist. Vom Herd nehmen, die abgetropfte und ausgedrückte Gelatine zu dem Sirup hinzugeben, umrühren, den Wein hinzufügen und die Mischung abkühlen lassen.

2 Die gekühlte Schüssel oder Schale aus dem Kühlschrank nehmen, eine etwa ¹/₂ Zentimeter dicke Gelatineschicht einfüllen und im Kühlschrank fest werden lassen. In der Zwischenzeit die Trauben waschen, von den Stielen befreien und gut abtrocknen. Die Schüssel oder Schale wieder aus dem Kühlschrank nehmen, die Trauben farblich abwechselnd darin verteilen, mit einer dünnen Gelatineschicht bedecken und erneut in den Kühlschrank stellen, bis die Gelatine fest ist. So fortfahren bis sämtliche Zutaten aufgebraucht sind.

3 Die fertigen Trauben in Aspik mindestens 3 Stunden in den Kühlschrank stellen, kurz vor dem Servieren in heißes Wasser tauchen und auf einen vorgekühlten Teller stürzen. Sofort servieren.

Insalata di frutta con gelato alla vaniglia
Obstsalat mit Vanilleeis

🍳 **einfach**
🕐 **30 Minuten + Ruhezeit**
320 kcal/1344 kJ

Zutaten für 6 Personen

800 g gemischtes Obst
  (Erdbeeren, Himbeeren, Heidelbeeren,
  rote Johannisbeeren, Kiwis)
1 Glas Muskatwein
80 g Zucker

Für das Eis

500 ml Milch
1 Vanilleschote
4 Eigelb
125 g Zucker

1 Die Erdbeeren, Himbeeren, Heidelbeeren und roten Johannisbeeren kurz in eiskaltem Wasser waschen, dann abtropfen lassen. Erdbeeren und Himbeeren vom Stielansatz befreien und auf einem Tuch ausbreiten. Die Kiwis schälen, in Scheiben schneiden und in Segmente teilen. Mit den halbierten Erdbeeren, den Himbeeren, den Heidelbeeren und den Johannisbeeren in eine Schüssel geben.

2 Den Muskatwein über das Obst gießen, mit dem Zucker bestreuen, vorsichtig mit einem Holzlöffel umrühren und die Schüssel mit Frischhaltefolie abdecken. Ungefähr 1 Stunde im Kühlschrank durchziehen lassen, dabei ab und zu umrühren.

3 Für das Eis die Milch mit der Vanilleschote zum Kochen bringen. Das Eigelb mit dem Zucker in einer Schüssel verrühren, anschließend die heiße Milch in einem dünnen Strahl dazugießen. Die Masse wieder in den Topf füllen und unter ständigem Rühren bis kurz vor den Siedepunkt erhitzen – dann setzt sich die Creme am Holzlöffel ab.

4 Die Creme vom Herd nehmen, abkühlen lassen und die Vanilleschote entfernen. In die Eismaschine füllen und entsprechend der in der Bedienungsanleitung angegebenen Zeit gefrieren lassen. Den Obstsalat in kleine Schälchen verteilen, in die Mitte jeweils eine Kugel Vanilleeis setzen und servieren.

Pere allo sciroppo
Birnen in Sirup

🍳 **einfach**
🕐 **30 Minuten + Ruhezeit**
230 kcal/966 kJ

Zutaten für 4 bis 6 Personen

1 kg Williams-Birnen
200 g Zucker
100 ml trockener Weißwein
1 kleines Stück Zimtstange
1 Vanilleschote
Schale von 1/2 Orange
Schale von 1/2 Zitrone

1 Die Birnen schälen. 1 Liter Wasser in einen Topf geben, 100 g Zucker, den Weißwein, die Zimtstange, die Vanilleschote, die Orangen- und die Zitronenschale hinzufügen. Die Birnen hineingeben, zum Kochen bringen und etwa 10 Minuten köcheln lassen.

2 Den Topf vom Herd nehmen, die Birnen im Sud abkühlen, dann abtropfen lassen, halbieren, vom Kerngehäuse befreien und jeweils in 8 Schnitze teilen. Den Kochsud aufbewahren.

3 In eine Pfanne 50 ml Wasser geben, den restlichen Zucker hinzufügen und so lange kochen, bis sich dunkles Karamell bildet. Vom Herd nehmen, 1/3 des Birnenkochsuds unter ständigem Rühren in einem dünnen Strahl hinzugießen und erneut zum Kochen bringen. Anschließend noch 1 Minute weiter köcheln lassen.

4 Die Birnenschnitze kurz in den Karamellsirup tauchen, diesen vom Herd nehmen, abkühlen lassen, zudecken und 12 Stunden durchziehen lassen. Die Birnenschnitze kurz vor dem Servieren fächerförmig in einer Schüssel anordnen und gleichmäßig mit dem vorbereiteten Sirup beträufeln.

Carpaccio di frutta al mandarino
Gemischtes Obst mit Mandarinensorbet

☺ einfach
🕐 **1 Stunde**
310 kcal/1302 kJ

Zutaten

Für das Sorbet

100 g Zucker
300 ml Mandarinensaft
1 EL geriebene Mandarinenschale

50 g Zucker
1/2 Ananas
2 Kakis
1 TL rosa Pfefferkörner
1 kleines Stück frischer Ingwer
1 Minzezweig

1 In einem kleinen Topf 150 ml Wasser mit dem Zucker zum Kochen bringen und einige Minuten kochen, bis der Zucker vollständig aufgelöst ist. Vom Herd nehmen, den Sirup abkühlen lassen, den durchgefilterten Mandarinensaft und die geriebene Mandarinenschale hinzufügen. Die Masse in die Eismaschine füllen und entsprechend der in der Bedienungsanleitung angegebenen Zeit gefrieren lassen.

2 In der Zwischenzeit den Carpaccio vorbereiten. 100 ml Wasser in einem zweiten Topf geben, mit dem Zucker unter Rühren langsam zum Kochen bringen und 1–2 Minuten kochen, bis der Zucker sich aufgelöst hat. Den Sirup vom Herd nehmen und abkühlen lassen.

3 Die Ananas schälen, den Strunk entfernen und das Fruchtfleisch in dünne Scheiben schneiden. Die Kakis waschen, abtrocknen, schälen und in Schnitze schneiden. Das Obst in einem tiefen Teller arrangieren, mit dem Sirup begießen und mit dem rosa Pfeffer, dem geschälten und in dünne Scheiben geschnittenen Ingwer sowie den Minzeblättern bestreuen und mindestens 15 Minuten durchziehen lassen. Dann abtropfen lassen und abwechselnd auf die einzelnen Teller verteilen. Jeweils 1 Kugel Mandarinensorbet in die Mitte setzen und servieren.

Macedonia nell'ananas
Gefüllte Ananas

☺ einfach
🕐 **40 Minuten + Ruhezeit**
185 kcal/777 kJ

Zutaten

2 Ananas
2 Orangen
100 g weiße Trauben
100 g rote Trauben
1 Banane
Saft von 1 Zitrone
1 roter Apfel
1 grüner Apfel
50 ml Maraschinolikör

1 Die beiden Ananas längs halbieren, das Fruchtfleisch herauslösen, die Strünke entfernen und die ausgehöhlten Ananashälften im Kühlschrank kühlen. Das Fruchtfleisch in Scheiben schneiden. Die Orangen schälen, häuten und die Filets heraustrennen. Die Trauben waschen, abtrocknen und von den Stielen befreien. Die Banane schälen, in Scheiben schneiden, in eine Schüssel geben, mit etwas Zitronensaft beträufeln und verrühren, damit die Scheiben sich nicht verfärben.

2 Die beiden Äpfel schälen, halbieren, vom Kerngehäuse befreien und in sehr dünne Scheiben schneiden. In eine Schüssel geben und mit dem restlichen Zitronensaft beträufeln. Die Trauben, die Ananasscheiben und die abgetropften Bananenscheiben hinzufügen. Den Maraschino darüber gießen und den Obstsalat mit einem Holzlöffel umrühren. Zum Schluss die Orangenfilets hinzugeben und 1 Stunde durchziehen lassen.

3 Nach Ablauf dieser Zeit das Obst mit dem Zucker bestreuen, den Zucker unter vorsichtigem Rühren auflösen und den Obstsalat zu gleichen Teilen in die gekühlten ausgehöhlten Ananashälften füllen. Mit Frischhaltefolie abdecken und bis zum Zeitpunkt des Servierens im Kühlschrank aufbewahren.

Dessert alle fragole di bosco
Dessert mit Walderdbeeren

Zutaten

4 Pfirsiche

120 g Puderzucker

¹/₂ Glas Weinbrand

50 g Mandeln

200 g Schlagsahne

200 g Walderdbeeren

1 Die Pfirsiche kurz in kochendem Wasser blanchieren, anschließend häuten, halbieren, entsteinen und auf einem Servierteller anrichten. Mit etwas Puderzucker bestäuben und mit dem Weinbrand beträufeln.

2 Die Mandeln im vorgeheizten Backofen rösten, anschließend die dünnen Häutchen abrubbeln. Grob hacken und beiseite stellen. Die Schlagsahne in eine vorgekühlte Schüssel geben und steif schlagen.

3 Die Walderdbeeren in eiskaltem Wasser waschen, mit Küchenpapier trockentupfen und in einer Schüssel mit einer Gabel zerdrücken. Den restlichen Zucker sowie die Schlagsahne hinzugeben und so vorsichtig verrühren, dass die Sahne sich nicht wieder verflüssigt.

4 Die Pfirsichhälften kuppelförmig mit der Walderdbeermasse füllen und mit den gehackten Mandeln bestreuen. Bis zum Servieren – jedoch nicht zu lange – im Kühlschrank aufbewahren.

Gelosia di fichi
Feigen in Blätterteig

👨‍🍳 mittelschwer
🕐 50 Minuten
630 kcal/2646 kJ

Zutaten

1 kg Feigen
50 ml trockener Weißwein
50 g Rohrzucker
1/2 TL Zimt
300 g fertiger Blätterteig
50 g Semmelbrösel
1 Ei
1 EL Puderzucker

1 Die Feigen schälen, in Schnitze schneiden, dann in einer beschichteten Pfanne mit dem Wein, dem Rohrzucker und dem Zimt 5 Minuten bei starker Hitze kochen, dabei ab und zu mit einem Holzlöffel umrühren. Vom Herd nehmen und abkühlen lassen.

2 Den Blätterteig 2–3 Millimeter dick ausrollen und zwei Rechtecke von etwa 20 x 30 Zentimeter ausschneiden. Ein Rechteck in eine beschichtete und mit Wasser besprenkelte Backform legen, mit den Semmelbröseln bestreuen, dabei einen Rand von etwa 1 Zentimeter aussparen und diesen mit etwas verschlagenem Ei bestreichen. Die Feigenschnitze parallel auf den Semmelbröseln arrangieren.

3 Das andere Teigrechteck von der breiten Seite aus bis zur Mitte einschlagen und mit einem Messer der ganzen Länge nach in Zentimeterabständen einschneiden, dabei jedoch einen Rand von etwa 1/2 Zentimeter aussparen. Das Rechteck wieder auseinander klappen, über die Feigenmasse legen und mit den Fingerspitzen ringsherum fest andrücken.

4 Die Pastete mit dem restlichen Ei bestreichen und in dem auf 220 °C vorgeheizten Backofen 15–20 Minuten backen. Dann herausnehmen, mit dem Puderzucker bestreuen und erneut bei großer Hitze backen, bis der Zucker karamellisiert ist. Vor dem Servieren etwas abkühlen lassen.

Crostata di pesche
Mürbeteigkuchen mit Pfirsichen

👨‍🍳 mittelschwer
🕐 1 Stunde
425 kcal/1785 kJ

Zutaten für 6 Personen

700 g Pfirsiche
5 Amaretti (Bittermandelmakronen)
250 g fertiger Mürbeteig
1 kleines Stück Butter zum Einfetten
1 EL Mehl
50 g Zucker
3 Eier
100 ml Milch
1 EL Amaretto-Likör

1 Die Pfirsiche waschen, 1 Minute in einem Topf mit kochendem Wasser blanchieren, abgießen, häuten, halbieren, entsteinen und in breite Schnitze schneiden. Die Amaretti zerbröseln.

2 Den Teig 3 Millimeter dick ausrollen und in eine gefettete und mit Mehl bestäubte Tortenbodenform legen. Den Rand rundum abschneiden und die Teigreste aufbewahren. Den Boden mit einer Gabel mehrmals einstechen, mit den zerbröselten Amaretti bestreuen und die Pfirsichschnitze sternförmig darauf anordnen.

3 Den Zucker, 2 Eier, die Milch und den Amaretto-Likör in eine Schüssel geben und gründlich verrühren. Die Mischung anschließend über die Pfirsiche gießen.

4 Die Teigreste zu einer langen dünnen Schnur rollen und diese um den Rand des Teigbodens legen. Mit einer Gabel andrücken und mit dem dritten verschlagenen Ei einpinseln. Im vorgeheizten Backofen bei 180 °C 40 Minuten backen. Herausnehmen und vor dem Servieren vollständig abkühlen lassen.

Crostata integrale alle susine
Vollkornmürbeteigkuchen mit Pflaumen

mittelschwer

1 Stunde + Ruhezeit

530 kcal/2226 kJ

Zutaten

100 g Vollkornmehl

100 g Weißmehl

130 g Rohrzucker

3 Eier

50 g Butter

geriebene Schale von 1 Zitrone

600 g Pflaumen

1/2 Gläschen Maraschino-Likör

200 ml Milch

1 Das gesamte Mehl mit 60 g Zucker auf ein Küchenbrett sieben. In die Mitte eine Mulde drücken und 1 Ei, die Butter und die geriebene Zitronenschale hineingeben. Die Zutaten zügig verkneten, eine Kugel formen, in ein angefeuchtetes Tuch wickeln und im Kühlschrank 30 Minuten ruhen lassen.

2 In der Zwischenzeit die Pflaumen waschen, abtrocknen, entsteinen, das Fruchtfleisch zerkleinern und in eine Schüssel geben. Mit dem Likör beträufeln und beiseite stellen. Den Teig aus dem Kühlschrank nehmen und 3 Millimeter dick ausrollen. In eine mit Backpapier ausgelegte Tortenbodenform legen und mit einer Gabel mehrmals einstechen.

3 Die beiden übrigen Eier in einer Schüssel mit dem restlichen Zucker verschlagen, die Milch hinzufügen und gründlich verrühren. Die entstandene Creme auf dem Teigboden verstreichen und die abgetropften Pflaumen darauf verteilen. Vorhandene Teigreste ausrollen, in Streifen schneiden und diese gitterförmig über der Crostata anordnen. In dem auf 180 °C vorgeheizten Backofen 40 Minuten backen. Herausnehmen, abkühlen lassen, auf einem Teller anrichten und servieren.

Sfogliata all'ananas
Blätterteigtorte mit Ananas

mittelschwer

50 Minuten

235 kcal/987 kJ

Zutaten für 6 Personen

200 g fertiger Blätterteig

1/2 Ananas

80 g Aprikosengelee

2 klein geschnittene kandierte Kirschen

1 Den fertigen Blätterteig dünn ausrollen. Ein Quadrat von etwa 25 Zentimeter Seitenlänge ausschneiden und auf ein leicht angefeuchtetes Backblech legen. Rundum 4 etwa 1/2 Zentimeter breite Teigstreifen mit einem Messer abschneiden.

2 Die Ränder des Quadrats mit etwas Wasser einpinseln, die abgeschnittenen Teigstreifen auf die Ränder legen und mit einer Gabel festdrücken. Die Streifenenden spiralförmig drehen. Den Teigboden mit einer Gabel mehrmals einstechen und im vorgeheizten Backofen bei 200 °C 20 Minuten backen. Anschlie-ßend herausnehmen und vollständig abkühlen lassen.

3 In der Zwischenzeit die Ananas schälen, den Strunk entfernen und das Fruchtfleisch in etwa 1/2 Zentimeter dicke Scheiben schneiden; jede Scheibe vierteln. Das Aprikosengelee mit 2 Esslöffeln Wasser verrühren und den fertigen Teig dünn damit bestreichen. Die Ananasscheiben darauf verteilen, mit den kandierten Kirschen dekorieren und die Oberfläche der Torte mit dem restlichen Gelee einpinseln. Auf einem großen Teller anrichten und servieren.

Fichi alle noci

Feigen mit Walnüssen

🍫 einfach
🕐 **30 Minuten**
205 kcal/861 kJ

Zutaten

8 reife Feigen
2 EL Zucker
1 kleines Glas Weinbrand
1 kleines Stück Butter
8 halbierte Walnusskerne

1 Die Feigen gründlich waschen, schälen und längs halbieren. Etwas Wasser in einen kleinen Topf geben und den Zucker darin bei geringer Hitze auflösen. Vom Herd nehmen, den Weinbrand angießen und umrühren.

2 Eine feuerfeste Form mit der Butter einfetten, die Feigenhälften hineinlegen und mit dem Weinbrand-Zucker-Sirup beträufeln. Auf jede Feigenhälfte ½ Walnusskern legen und die Form in den auf 180 °C vorgeheizten Backofen schieben. 15 Minuten backen, herausnehmen und in der Form servieren.

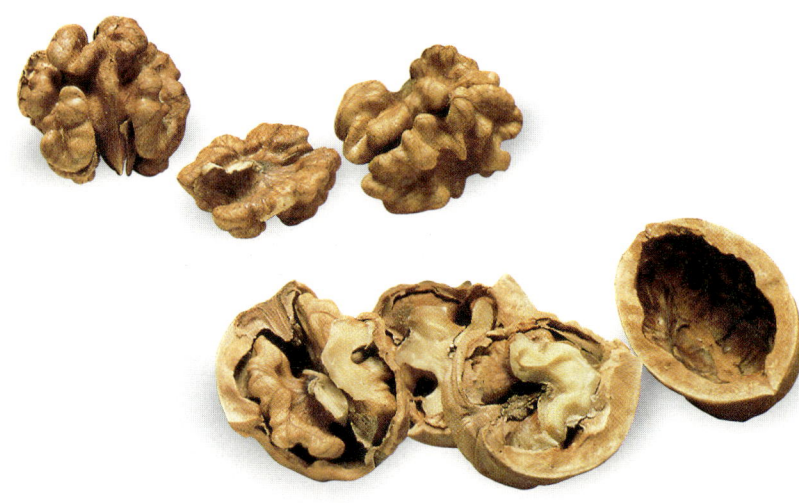

Biscuit con mousse di fragole

Biskuittorte mit Erdbeermousse

🍳 mittelschwer
🕐 45 Minuten + Ruhezeit
205 kcal/861 kJ

Zutaten für 10 Personen

Für den Biskuitboden

60 g geschälte Mandeln
4 Eiweiß
60 g Zucker
40 g Puderzucker
25 g Weißmehl

Für die Backform

20 g Butter
1 EL Weißmehl

Für die Mousse

2 Gelatineblätter
250 g Erdbeeren
120 g Zucker
1 EL Zitronensaft
200 g Sahne

1 Für die Biskuittorte die Mandeln zu Pulver zermahlen. Das Eiweiß in einer Schüssel steif schlagen und den Zucker, den Puderzucker, das Weißmehl sowie die gemahlenen Mandeln vorsichtig unterheben.

2 Eine Springform mit Butter einfetten und mit Weißmehl bestäuben. Die Biskuitmasse hineingeben und gleichmäßig verteilen. Im vorgeheizten Backofen bei 190 °C etwa 20 Minuten backen. Aus dem Backofen nehmen und den Biskuitboden vollständig abkühlen lassen.

3 Für die Erdbeermousse die Gelatine in einer Schüssel mit kaltem Wasser einweichen. Die Erdbeeren kurz in eiskaltem Wasser waschen, auf einem Tuch abtropfen lassen und vorsichtig trockentupfen. Vom Stielansatz befreien, einige für die Dekoration beiseite legen und die anderen in den Mixer geben. Den Zucker und den Zitronensaft hinzufügen und zu einer homogenen Masse pürieren.

4 Die Gelatineblätter abtropfen lassen und ausdrücken. Mit 2 Esslöffeln Wasser in einer kleinen Pfanne auflösen und zu der Erdbeermasse geben. Die steif geschlagene Sahne vorsichtig unterheben. Die Mousse auf den vollständig ausgekühlten Biskuitboden in der Springform verteilen und mindestens 2 Stunden in den Kühlschrank stellen. Die fertige Torte aus der Form lösen, auf einem großen Teller anrichten, mit einigen Erdbeeren dekorieren und servieren.

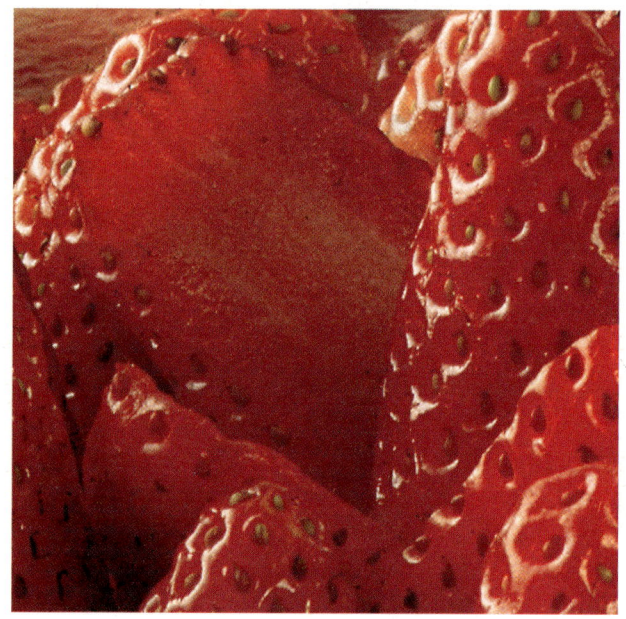

Tartellette ai lamponi
Himbeertörtchen

☕ **mittelschwer**
🕐 **1 Stunde + Ruhezeit**
315 kcal/1323 kJ

Zutaten für 6 bis 8 Personen

200 g fertiger Blätterteig
Reis
200 g Himbeeren
250 ml Sahne
2 EL Aprikosengelee
1 EL Puderzucker

1 Den Blätterteig 2–3 Millimeter dick ausrollen und Kreise mit einem Durchmesser von 5–6 Zentimeter ausstechen. Kleine, mit etwas Wasser ausgespülte Tortenformen mit dem Teig auslegen. Die Böden mehrmals mit einer Gabel einstechen und an einem kühlen Ort etwa 10 Minuten ruhen lassen.

2 Die Teigböden in den Formen jeweils mit einem Stück Alufolie bedecken, mit Reis auffüllen und in dem auf 200 °C vorgeheizten Backofen etwa 15 Minuten backen. Herausnehmen, den Reis und die Alufolie entfernen, die Törtchen vorsich-

tig aus den Backformen heben und vollständig abkühlen lassen.

3 Die Himbeeren kurz in eiskaltem Wasser waschen, dann trockentupfen. Die gut gekühlte Sahne in einer Schüssel steif schlagen, den Puderzucker unterheben und in einen Spritzbeutel mit gezackter Tülle füllen. Das Aprikosengelee mit 1 Esslöffel Wasser in einer kleinen Pfanne erhitzen. Auf jedem Törtchen etwas Schlagsahne gleichmäßig verteilen, darauf die Himbeeren dekorativ arrangieren, mit dem Aprikosengelee bepinseln und servieren.

Gratin di uva e fichi
Trauben-Feigen-Gratin mit Zabaione

☕ **mittelschwer**
🕐 **15 Minuten**
255 kcal/1071 kJ

Zutaten

etwa 250 g Trauben
8 Feigen

Für den Zabaione

3 Eigelb · 80 g Zucker
100 ml Muskatwein

1 Die Trauben waschen, halbieren und von den Kernen befreien. Die Feigen schälen, halbieren und zusammen mit den Trauben in 4 kleinen feuerfesten Formen verteilen.

2 Für den Zabaione das Eigelb mit dem Zucker schaumig verrühren. Den Muskatwein unterheben und im Wasserbad

erhitzen, dabei kräftig mit dem Schneebesen schlagen, bis der Zabaione die richtige Konsistenz aufweist.

3 Den Zabaione über die Früchte gießen, die Formen auf ein Backblech stellen und etwa 3 Minuten in dem auf 230 °C vorgeheizten Backofen leicht gratinieren. Heiß servieren.

Composta di frutta
Früchtekompott

einfach
40 Minuten + Ruhezeit
205 kcal/861 kJ

Zutaten für 4 bis 6 Personen

3 grüne Äpfel
Saft von 1 Zitrone
300 g Apfelsaft
1 EL geriebene Orangenschale
1 Zimtstange
200 g getrocknete Zwetschgen
100 g getrocknete Aprikosen
50 g Walnusskerne

1 Die Äpfel waschen, abtrocknen, schälen, vom Kerngehäuse befreien und in Scheiben schneiden. In einer Schüssel mit dem Zitronensaft beträufeln, damit sie sich nicht verfärben. ¼ Liter Wasser in einen kleinen Topf gießen und den Apfelsaft, die abgeriebene Orangenschale und die Zimtstange hinzufügen. Zum Kochen bringen, dann die getrockneten Zwetschgen und Aprikosen hinzugeben.

2 Bei mäßiger Hitze 15 Minuten köcheln lassen, dabei ab und zu mit einem Holzlöffel umrühren. Die Apfelscheiben hinzufügen und das Kompott vom Herd nehmen, wenn die Äpfel gar, aber noch nicht zusammengefallen sind. Abkühlen lassen, zudecken und vor dem Servieren mindestens 1 Stunde in den Kühlschrank stellen.

3 Die Walnusskerne einige Minuten vor dem Servieren kurz in kochendem Wasser blanchieren, häuten und im heißen Backofen 2 Minuten rösten. Das Kompott aus dem Kühlschrank nehmen, die Zimtstange entfernen und bei mäßiger Hitze wieder erwärmen. Dann in eine Glasschüssel geben, die Walnusskerne vorsichtig unterrühren und nach Belieben warm oder lauwarm servieren.

Banane alla fiamma
Flambierte Bananen

einfach
20 Minuten
360 kcal/1512 kJ

Zutaten

1 Zitrone · 1 Orange
4 Bananen
50 g Butter
100 g Zucker
etwas Rum
1 Tütchen Vanillezucker
50 g flüssige Sahne
6 Stück Würfelzucker

1 Die Zitrone und die Orange waschen und abtrocknen. Mit einem scharfen Messer die Schalen spiralförmig abschneiden, so dass sie an einem Stück bleiben. Die Bananen schälen, zuerst längs und dann quer halbieren.

2 Die Butter bei mäßiger Hitze in einer Pfanne zerlassen, dann vom Herd nehmen und den Zucker, 2 Esslöffel Rum, den Vanillezucker, die Sahne und die Zitrusschalen hinzufügen. Mit einem Holzlöffel gut verrühren, bis sich der Zucker aufgelöst hat. Die Bananenstücke hinzufügen und vorsichtig verrühren, damit sie den Sirup aufnehmen. Die Pfanne wieder auf den Herd stellen und bei niedriger Hitze unter Rühren etwa 3 Minuten garen.

3 Die Zuckerwürfel in den Rum tauchen, in die Pfanne zu den Bananen geben und flambieren. Servieren, so lange die Flamme noch flackert.

Ananas al forno gratinati
Gratinierte Ananas

♟ einfach
🕐 1 Stunde
230 kcal/966 kJ

Zutaten

2 mittelgroße Ananas
6 EL Rohrzucker
2 Gläschen Rum

1 Die beiden Ananas einzeln in Alufolie einwickeln, auf ein Backblech legen und im vorgeheizten Backofen bei 180 °C 45 Minuten backen. Das Blech herausnehmen, die Ananas leicht abkühlen lassen und längs halbieren. Die Stielansätze mit Stanniolpapier umwickeln, die Ananashälften wieder auf das Backblech legen und in den Backofen schieben.

2 Die Ananashälften 10 Minuten unter dem Grill bräunen, anschließend mit dem Rohrzucker bestreuen. Den Rum in eine kleine Pfanne gießen und bei geringer Hitze erwärmen. Den warmen Rum über die Ananashälften gießen, mit einem Streichholz anzünden, flambieren und, sobald die Flamme erlischt, auf einem Teller anrichten und servieren.

Pesche ripiene
Gefüllte Pfirsiche

♟ einfach
🕐 40 Minuten
325 kcal/1365 kJ

Zutaten

24 geschälte Mandeln
4 Pfirsiche mit gelbem Fruchtfleisch
1 Ei
2 EL Zucker
4 Amaretti (Bittermandelmakronen)
200 ml süßer Wein
Minzeblätter

1 Die Mandeln im auf 180 °C vorgeheizten Backofen einige Minuten rösten, herausnehmen und mit den Fingern die Haut abrubbeln. In einem Mörser zerstoßen und in eine Schüssel geben. Reichlich Wasser in einem Topf zum Kochen bringen und die Pfirsiche 1 Minute blanchieren. Mit einem Schaumlöffel herausheben, abtropfen lassen, häuten, quer halbieren, entsteinen und aus jeder Hälfte ein wenig Fruchtfleisch herauslösen.

2 Das Pfirsichfruchtfleisch fein hacken, die Mandeln, das Ei, den Zucker und die zerbröselten Amaretti hinzufügen, sorgfältig umrühren und die Pfirsichhälften mit dieser Masse füllen. Diese nun in eine feuerfeste Form setzen, mit dem Wein übergießen und bei 180 °C etwa 20 Minuten im Backofen backen. Die Pfirsiche aus dem Ofen nehmen, auf einem Teller anrichten, abkühlen lassen, nach Belieben mit Minzeblättern dekorieren und servieren.

Zuppetta di ciliegie
Kirschen in Weinsauce

🍲 einfach
🕐 **30 Minuten**
205 kcal/861 kJ

Zutaten

500 g Kirschen
3 EL trockener Weißwein
80 g Zucker
1 kleines Stück Zimtstange
1 Heftchen Vanillezucker
Schale von 1/2 Zitrone
Schale von 1/2 Orange
200 g Vanilleeis
1 Minzezweig

1 Die Kirschen waschen, von Stielen und Kernen befreien und in einer Pfanne mit dem Weißwein, dem Zucker, der Zimtstange, dem Vanillezucker sowie der Zitronen- und Orangenschale bei mäßiger Hitze 10 Minuten kochen, dabei ab und zu umrühren.

2 Die Zimtstange und die Zitrusschalen herausnehmen und die Kirschen mit der Weinsauce in einzelne Schälchen füllen. Lauwarm oder kalt servieren und das Vanilleeis in die Mitte geben. Nach Belieben mit Minzeblättern dekorieren und Löffelbiskuits dazu reichen.

Arance al Grand Marnier
Orangen mit Grand Marnier

🍲 einfach
🕐 **30 Minuten + Ruhezeit**
240 kcal/1008 kJ

Zutaten für 6 Personen

6 Orangen
150 g Zucker
2 EL Grand Marnier
Saft von 1/2 Zitrone
300 g Vanilleeis

1 Die Orangen waschen, abtrocknen, schälen, gründlich von der weißen Haut befreien, quer in Scheiben schneiden und auf einen großen Teller legen. Die schönsten Teile der Orangenschale von der Innenhaut befreien und in schmale Streifen schneiden. In einem kleinen Topf mit kaltem Wasser bedecken, zum Kochen bringen und sofort abgießen. Nochmals mit kaltem Wasser bedecken, zum Kochen bringen und bei mäßiger Hitze etwa 10 Minuten kochen. Abgießen und auf einen Teller legen.

2 Den Zucker und 4 Esslöffel Wasser in einen kleinen Topf mit hohem Rand geben und bei kleinster Hitze erwärmen, bis er karamellfarben ist. Vom Herd nehmen und weitere 100 Milliliter Wasser zugießen. Durch den Kontakt des Wassers mit dem Karamell beginnt die Masse langsam zu kochen. Sobald sie zu kochen aufhört, den Topf wieder auf den Herd stellen und das Karamell unter Rühren vollständig auflösen.

3 Die Orangenschale hinzugeben und unter Rühren bei niedriger Hitze etwa 2–3 Minuten köcheln lassen. Den Topf vom Herd nehmen, die Masse einige Minuten abkühlen lassen, den Grand Marnier und den durchgesiebten Zitronensaft unterrühren, auf die vorbereiteten Orangenscheiben gießen und etwa 2 Stunden im Kühlschrank ruhen lassen. Nach Belieben mit Vanilleeiskugeln servieren.

Coppe di pompelmo rosa farcite

Gefüllte rosa Grapefruits

😊 **einfach**

🕐 **35 Minuten + Ruhezeit**

160 kcal/672 kJ

Zutaten für 6 Personen

3 rosa Grapefruits · 1 kleine Ananas

1 Mango · 3 Pfirsiche

einige dicke weiße und rote Trauben

3 EL Rohrzucker · 2 EL Zitronensaft

1 Schale Himbeeren

3 EL Granatapfelsirup

einige frische Minzeblätter

1 Die Grapefruits quer halbieren und das Fruchtfleisch so vorsichtig herauslösen, dass die Schalen unversehrt bleiben. Diese anschließend in den Kühlschrank legen. Das Fruchtfleisch von der weißen Haut und den Kernen befreien, klein würfeln und in eine Schüssel geben. Die Ananas schälen, den Strunk herausschneiden und das Fruchtfleisch in kleine Würfel schneiden.

2 Die Ananaswürfel, die geschälte, entsteinte und klein geschnittene Mango, die geschälten und gewürfelten Pfirsiche und die in heißes Wasser getauchten und geschälten Trauben zu den Grapefruitwürfeln hinzufügen.

3 Das Obst mit dem Rohrzucker bestreuen, mit dem Zitronensaft beträufeln und mit einem Holzlöffel vorsichtig umrühren. Mit Frischhaltefolie abdecken und 3 Stunden im Kühlschrank ruhen lassen. Kurz vor Ende der Ruhezeit die Himbeeren hinzugeben.

4 Kurz vor dem Servieren 6 Dessertschüsselchen oder Champagnerschalen mit einer Grundlage aus zerstoßenen, mit dem Grapefruitsirup rosa eingefärbten Eiswürfeln versehen. Die ausgehöhlten Grapefruithälften kuppelförmig mit dem Obstsalat füllen, mit Minzeblättern dekorieren, auf dem Eis anrichten und sofort servieren.

Dolce di mele
Apfelkuchen

☾ **mittelschwer**
🕐 **1 Stunde**
145 kcal/609 kJ

Zutaten für 6 Personen

3 Eier · 100 g Zucker
150 g Weißmehl · Salz
1 Heftchen Backpulver
5 saure Äpfel
1/2 Glas Milch

Für die Backform

20 g Butter
1 EL Weißmehl

1 Die Eier in einer Schüssel mit dem Zucker zu einer schaumigen Masse verschlagen. Das gesiebte Weißmehl esslöffelweise unterrühren, das Salz hinzufügen und die Milch zugießen. Alle Zutaten mit einem Holzlöffel gründlich zu einem homogenen Teig verrühren. Zum Schluss das Backpulver unterheben.

2 Die Äpfel schälen, vom Kerngehäuse befreien und in dünne Scheiben schneiden. In den Teig rühren und den Teig in eine zuvor mit der Butter eingefettete und mit Mehl bestäubte feuerfeste Form füllen. Die Teigoberfläche glattstreichen.

3 Den Apfelkuchen in dem auf 180 °C vorgeheizten Backofen etwa 40 Minuten backen. Anschließend aus der Form heben, abkühlen lassen, in Stücke schneiden und servieren.

Clafoutis d'uva
Trauben-Clafoutis

☾ **einfach**
🕐 **40 Minuten**
460 kcal/1932 kJ

Zutaten

250 ml Milch · 1 Vanilleschote
300 g Trauben
4 Eier
Salz · 125 g Zucker
60 g Weißmehl · 20 g Butter
50 g Puderzucker

1 Die Milch mit der Vanilleschote in einem kleinen Topf zum Kochen bringen, den Topf anschließend vom Herd nehmen und die Mischung etwa 15 Minuten durchziehen lassen. Die Trauben waschen, halbieren und entkernen.

2 Die Eier in einer Schüssel mit 1 Prise Salz und dem Zucker schaumig verschlagen. Das gesiebte Weißmehl unterrühren und schließlich die durchgesiebte Vanille-Milch in einem dünnen Strahl zugießen. Alle Zutaten mit einem Holzlöffel gründlich zu einer homogenen Masse verrühren.

3 Eine feuerfeste Form mit der Butter einfetten, die Trauben darin verteilen, die Eiermasse darüber gießen und das Clafoutis in dem auf 180 °C vorgeheizten Backofen etwa 20 Minuten backen, bis sich eine goldgelbe Kruste gebildet hat. Aus der Form heben und mit Puderzucker bestäubt servieren.

Torta di nonna Tilde
Obstkuchen Tilde

⊕ einfach
⏱ **1 Stunde 30 Minuten**
410 kcal/1722 kJ

Zutaten für 6 bis 8 Personen

200 g Löffelbiskuits
200 g weiche Amaretti
* (Bittermandelmakronen)*
1 kg Obst (Äpfel, Birnen, Pflaumen,
* Pfirsiche)*
Saft und abgeriebene Schale von ¹/₂ Zitrone
50 ml Weißwein
4 EL Zucker
4 Eier
20 g Butter

1 Die Löffelbiskuits und die Amaretti zerbröseln. Die Äpfel und Birnen schälen, vom Kerngehäuse befreien, klein schneiden und mit dem Zitronensaft beträufeln, damit sie sich nicht verfärben. Die Pflaumen und Pfirsiche in kochendem Wasser blanchieren, kalt abschrecken, abtropfen lassen, häuten, entsteinen und klein schneiden.

2 Die Birnen- und Apfelstücke in einer Pfanne mit dem Weißwein und 2 Esslöffeln Zucker 5 Minuten kochen lassen. Anschließend die Pfirsich- und Pflaumenstücke hinzufügen und unter Rühren weitere 7–8 Minuten köcheln lassen.

3 Das Obst in eine Schüssel geben, den restlichen Zucker sowie die zerbröselten Amaretti (2 Esslöffel Amaretti-Brösel aufbewahren) und Löffelbiskuits, die geriebene Zitronenschale sowie die Eier hinzufügen und alles zu einer homogenen Masse verrühren.

4 Eine feuerfeste Form mit der Butter einfetten, die restlichen Amaretti-Brösel hineinstreuen, die Obstmasse hineingeben, glatt streichen und im vorgeheizten Backofen bei 180 °C etwa 1 Stunde backen. Aus dem Ofen nehmen und vor dem Servieren vollständig abkühlen lassen.

Crostata di susine al maraschino
Mürbeteigkuchen mit Pflaumen und Maraschinolikör

⊕ einfach
⏱ **40 Minuten + Ruhezeit**
700 kcal/294 kJ

Zutaten für 6 Personen

1 Packung tiefgefrorener Mürbeteig
800 g Pflaumen
6 EL Zucker · 1 Tütchen Vanillezucker
geriebene Schale von 1 Zitrone
1 kleines Glas Maraschino-Likör
etwas Butter
12 trockene Kekse

1 Den Mürbeteig auftauen lassen. Die Pflaumen waschen, abtrocknen, entsteinen und klein schneiden. In einer Schüssel mit dem Zucker, dem Vanillezucker und der Zitronenschale bestreuen, den Maraschino-Likör zugießen und im Kühlschrank 30 Minuten ruhen lassen.

2 Den Teig dünn ausrollen und in eine mit der Butter eingefettete feuerfeste Form legen. Den Boden mit einer Gabel mehrmals einstechen und mit den zerbröselten Keksen bestreuen.

3 Die Pflaumenstücke so auf dem Teig verteilen, dass der gesamte Boden bedeckt ist. Den Kuchen im vorgeheizten Backofen bei 200 °C etwa 30 Minuten backen, anschließend auf einem Kuchengitter abkühlen lassen, dann servieren.

Dolcetti alla zucca
Kürbisküchlein

⬧ mittelschwer
🕐 40 Minuten
680 kcal/2856 kJ

Zutaten

3 Eier · 200 g Zucker
200 g fein gemahlene Mandeln
Salz
abgeriebene Schale von ¹/₂ Zitrone
1 TL Olivenöl
150 g eingelegter Kürbis mit Zimt
50 g klein geschnittenes Zitronat

1 Die Eier mit dem Zucker schaumig schlagen, die Mandeln, 1 Prise Salz sowie die abgeriebene Zitronenschale unterheben und gut verrühren. Ein Backblech mit dem Olivenöl einfetten und etwas mehr als die Hälfte der Teigmasse esslöffelweise in kleinen Häufchen darauf verteilen. Jedes Häufchen mit einem in Wasser getauchten Löffel in eine fast runde Form modellieren.

2 Jedes Teighäufchen mit etwas eingelegtem Kürbisfleisch und ein wenig Zitronat belegen. Mit dem restlichen Teig so bedecken, dass kegelförmige, makronenähnliche Küchlein mit rundem Boden und spitzem Ende entstehen. Die Kürbisküchlein in dem auf 200 °C vorgeheizten Backofen etwa 20 Minuten backen. Sie sind fertig, sobald sie goldbraun, die Spitzen aber dunkel sind.

Aspic di melone e lamponi
Honigmelone und Himbeeren in Aspik

⬧ mittelschwer
🕐 50 Minuten
130 kcal/546 kJ

Zutaten für 8 Personen

6 Gelatineblätter
700 g Honigmelone
300 g Himbeeren
1 Orange
100 g Zucker
500 ml trockener Weißwein

1 Die Gelatineblätter in kaltem Wasser einweichen. Die Honigmelone in 2 Hälften teilen, die Samen entfernen und das Fruchtfleisch kugelförmig herauslösen. Die Himbeeren vorsichtig waschen und trockentupfen. Die Orange schälen, enthäuten und in dünne Scheiben schneiden. ¹/₂ Liter Wasser mit dem Zucker in einem kleinen Topf etwa 10 Minuten kochen.

2 Den Topf vom Herd nehmen, die abgetropfte und gut ausgedrückte Gelatine hineingeben und unter Rühren mit einem Holzlöffel vollständig auflösen. Abkühlen lassen, den Weißwein hinzugießen und erneut umrühren.

3 Den Boden einer Schüssel mit einer dünnen Schicht Gelatine überziehen und diese im Kühlschrank fest werden lassen. Darauf 1 Schicht Himbeeren verteilen, mit etwas Gelatine bedecken und erneut in den Kühlschrank stellen, bis die Gelatine nahezu fest ist. Auf die gleiche Weise mit den Melonenkugeln verfahren und so fortfahren, bis alle Zutaten aufgebraucht sind.

4 Auf den Rand der Schüssel vor dem Hinzufügen der letzten Schicht die Orangenscheiben so arrangieren, dass sie zur Hälfte über ihn hinausragen. Nun mit der letzten Obstschicht sowie Gelatine bedecken und in den Kühlschrank stellen. Wenn die Gelatine nahezu fest ist, die überstehenden Orangenscheibenhälften nach innen klappen. Mit 1 dünnen Schicht Gelatine abschließen und die Schüssel mindestens 2 Stunden im Kühlschrank kühlen. Kurz vor dem Servieren den Aspik auf einen Teller stürzen.

Torta di carote
Möhrenkuchen

 mittelschwer
 1 Stunde
470 kcal/1974 kJ

Zutaten für 6 Personen

16 Walnusskerne
250 g Möhren
6 Eier · 250 g Zucker
Salz
100 g Speisestärke
1 TL abgeriebene Zitronenschale
1 kleines Stück Butter
1/2 EL Weißmehl
2 EL Puderzucker

1 Die Walnusskerne 1 Minute in einem kleinen Topf mit kochendem Wasser blanchieren, abgießen, häuten, trockentupfen und fein hacken. Die Möhren waschen und fein reiben.

2 Eiweiß und Eigelb getrennt in Schüsseln geben. Das Eigelb mit dem Zucker und 1 Prise Salz zu einer schaumigen Masse schlagen.

3 Die Speisestärke mit den gehackten Walnusskernen mischen, zu der Ei-

gelbmasse geben, die Möhren und die abgeriebene Zitronenschale hinzufügen und gründlich verrühren. Zuletzt auch das zu steifem Schnee verschlagene Eiweiß vorsichtig unterheben.

4 Eine Tortenform mit der Butter einfetten und mit dem Weißmehl bestäuben. Den Möhrenteig hineingeben und glatt streichen. Im vorgeheizten Backofen bei 180 °C etwa 30 Minuten backen. Den Kuchen abkühlen lassen und mit dem Puderzucker bestreut servieren.

Budino di mandorle
Mandelpudding

 mittelschwer
 1 Stunde 15 Minuten
435 kcal/1872 kJ

Zutaten

70 g geschälte Mandeln
750 ml Milch
100 g Zucker
60 g Biskuitboden
3 Eier · 1 kleines Stück Butter

1 Die Mandeln 1 Minute in heißem Wasser blanchieren, abtropfen lassen, die Haut abrubbeln und fein hacken. Die Milch mit dem Zucker und dem zerbröselten Biskuitboden in einen Topf geben, bei geringer Hitze erwärmen, umrühren und die Mandeln hineingeben.

2 Die Mandelmischung 10 Minuten köcheln lassen, dann durch ein Sieb passieren und in eine Schüssel geben. Die

Eier in einer zweiten Schüssel gründlich verschlagen und zu der Milchmischung hinzufügen.

3 Eine Puddingform mit der Butter einfetten und die gut verrührte Puddingmasse hineingeben. Im vorgeheizten Backofen bei 180 °C 40 Minuten im Wasserbad garen. Aus dem Ofen nehmen, abkühlen lassen, auf einen Teller stürzen und servieren.

Aspic di frutta
Früchte in Aspik

🍳 mittelschwer
🕐 30 Minuten + Ruhezeit
160 kcal/672 kJ

Zutaten für 6 Personen

6 Gelatineblätter
150 g weiße Trauben
150 g rote Trauben
200 g Erdbeeren
2 Bananen
Saft von ¹/₂ Zitrone
100 g Zucker
Minzeblätter

1 Die Gelatine in einer Schüssel mit kaltem Wasser einweichen. Die Trauben waschen, abtrocknen, halbieren und entkernen. Die Erdbeeren waschen, abtrocknen und in Scheiben schneiden. Die Bananen schälen, in Scheiben schneiden und mit dem Zitronensaft beträufeln.

2 In einem kleinen Topf ¹/₂ Liter Wasser mit dem Zucker langsam zum Kochen bringen und etwa 10 Minuten köcheln lassen. Vom Herd nehmen, die abgetropfte und ausgedrückte Gelatine hinzufügen und mit einem Holzlöffel unter Rühren vollständig auflösen. Die Masse lauwarm werden lassen, den durchgesiebten Zitronensaft hinzugießen und 1 weiteres Mal gut durchrühren.

3 Den Boden einer Tortenform mit einer dünnen Schicht Gelatine bedecken und im Kühlschrank fest werden lassen. Eine Schicht gemischtes Obst darauf verteilen, mit etwas Gelatine bedecken und erneut in den Kühlschrank stellen, bis die Gelatine fest geworden ist. So fortfahren, bis Obst und Gelatine aufgebraucht sind. Die Früchte in Aspik dann mindestens 2 Stunden in den Kühlschrank stellen. Die Tortenform kurz vor dem Servieren in kaltes Wasser tauchen, den Aspik auf einen Teller stürzen und nach Belieben mit Minzeblättern dekorieren.

Rezeptverzeichnis deutsch

SÜSSSPEISEN UND DESSERTS

Rezeptverzeichnis italienisch

Pesce

Dolci e Dessert